인간과 우주를 이해하는 출발점

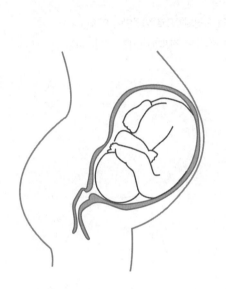

入胎經

현대적 해석

남회근 지도
이숙군 역저
송찬문 번역

마하연

佛說入胎經今釋

南懷瑾 指導　李淑君 譯著

ⓒ　南懷瑾文化事業有限公司.1998

입태경 현대적 해석

ⓒ 송찬문.2021

초판 1쇄 2021년 7월 10일 | 초판 1쇄 발행 2021년 7월 20일

자은이 남회근 지도 이숙군 역저 | 옮긴이 송찬문 | 펴낸이 송찬문 | 펴낸곳 마하연 | 등록일 2010년 2월 3일 | 등록번호 제 311-2010-000006 호 | 주소 10266 경기도 고양시 덕양구 통일로 966번길 84-4 | 전화번호 010-3360-0751
이메일 youmasong@naver.com
다음카페 홍남서원 http: //cafe.daum.net/youmawon

ISBN 979-11-85844-12-1　　03220

*책값은 뒤표지에 있습니다. 잘못된 책은 바꿔 드립니다

역자의 말 2

개명 판을 발행하며

이 책은 중문(中文) 원서가 『불설입태경금석(佛說入胎經今釋)』인데 한글 번역본 이름을 쉽게 한다고 『사람은 어떻게 태어나는가』로 하고 부제목을 「입태경의 현대적 풀이」로 하여 2014년 7월 초판 1쇄를 발행했습니다.

그러나 흔히 볼 수 있는 가정 육아 성교육 책으로 여겼는지 독자들의 손에 별로 가지 못했습니다. 그래서 이번에 원서명대로 『입태경 현대적 해석』이라는 책명으로 다시 발행합니다.

개명 판에서는 부록에 「불설장수멸죄호제동자다라니경(佛說長壽滅罪護諸童子陀羅尼經)」과 「불설부모대은중경(佛說父母大恩重經)」을 추가하였습니다. 그 나머지 내용은 예전 그대로입니다.

2021년 6월 하순
고양시 장령산 심적재에서
송찬문 삼가 씀

역자의 말

그 누가 영문을 알고 태어났을까요

우리들은 저마다 이 세상에 사람으로 태어나 살아가고 있습니다. 그렇지만 그 누가 자신이 어떻게 태어났는지 왜 태어났는지를 알까요? 아마 그 시작을 알 수 없는 아득한 세월 동안 인류가 거의 그래왔듯이 엄마 아빠도 뭐가 뭔지 모른 채 그저 주로 종족 보전의 본능이나 성적 충동에 따라 아들딸을 낳았고 아들딸도 영문을 모른 채 태어났을 것입니다. 그리고 아들딸은 부모가 그랬듯이 역시 뭐가 뭔지 영문을 모른 채 그렇게 아들딸을 낳을 것입니다.

남회근 선생은 말합니다. "여러분이 인생문제를 제게 물으면 저는 늘 말하기를, 사람이 사는 일생이란 바로 다음 세 마디라고 합니다. '영문을 모른 채 태어나, 어쩔 수 없이 살아가고, 까닭을 모른 채 죽어간다.'" 우리는 정말로 그렇습니다. 석가모니불의 가르침에 의하면 무명(無明) 속에 태어나 무명 속에 살다 무명 속에 죽어가는 것입니다. 그리고 그런 삶이 한 번으로 끝나는 것이 아니라 지은 업력에 따라 끝없이 6도(六道)에 윤회한다는 것입니다. 왜냐하면 생명의 실상(實相)을 철저하게 꿰뚫어보는 지혜를 성취하지 못했기 때문입니다.

그러나 우주만유의 차별 현상을 낱낱이 정밀하게 아는 지혜인 일체종지(一切種智)를 성취한 인류의 위대한 스승 석가모니불은 2천 5백 년 전에 벌써 입태경(入胎經)을 설하심으로써 사람의 생명이 어떻게 형성되어 태어나는지 그 38주 동안의 신비한 과정을 요점적으로 말씀하셨습니다. 당시는 오늘날의 엑스선 검사(Xray)나 컴퓨터단층촬영(CT), 또는 자기공명영상(MRI)과 같은 첨단 의료 기술이 없었음에도 놀랍게도 입태경에서 말하는 태아의 성장발달 과정은 현대의학과 부합한답니다. 그러므로 우리는 이 책을 통해 불교는 진정으로 생명 대 과학임을 인식할 수 있습니다.

입태경에서 말씀하고자 하는 것

한편 심오한 부분들은 현대의학이 검증할 수 있는 범위를 벗어나는데, 이에 대해 저자는 말합니다. "현대의학이나 기타 심신과학에 뜻을 둔 연구자들이 직면하고 있는 하나의 도전이기도 한데, 그것은 생명의 본질, 기능, 그리고 각종 현상에 대해서, 어떻게 현대의 과학화된 실험을 통해 객관적이고 계량적인 보고를 제시하느냐 하는 것입니다.

생명이란 도대체 어떤 것일까요?

시간적인 면에서 윤회란 있을까요 없을까요?

공간적인 면에서, 6도(六道)가 있을까요 없을까요? 육안으로 보이는 것과, 나아가 현재 인류가 발명한 기기로 관찰할 수 있는 것 이외에 도대체 타방(他方)세계의 존재가 있을까요 없을까요? 또 천당이나 지옥은 있을까요 없을까요?

생명의 에너지는 무한할까요?

생명의 물질상태는 영원히 청춘으로 머물 수 있는 가능성이 있을까요? 장생불사할 가능성이 있을까요?

태어남은 어디로부터 오고, 죽으면 어느 곳으로 갈까요?

영혼이란 존재가 있을까요? 어떻게 투태(投胎)하여 다시 태어날까요?

이와 같은 점들이 바로 석가모니불께서 이 경전에서 말씀하시고자 하는 것입니다."

태아생명 이해가 곧 인간과 우주 이해의 출발점

인간생명을 바르고 깊게 이해하려면 마땅히 인생의 기점인 태아생명에 관한 이해로부터 시작해야 합니다. 우리는 태어난 뒤 가정·학교·사회·종교의 교육 등을 통해 후천적인 수많은 지식을 습득하지만 정작 인간 이해에 가장 기본이 되어야 할 태아생명에 대한 지식은 별로 없습니다. 대부분은 기껏해야 학교에서 성(性) 교육, 아니 주로 성기(性器) 교육 등을 통해 배운, 아빠 엄마 사이의 성행위를 통하여 정자와 난자가 만나 수태되어 열 달이 지나면 아기가 태어난다는 지극히 피상적인 지식수준일 것입니다. 이 점에서 이 책은 진정한 성교육 교재가 될 수 있습니다.

중국의 도가는 말합니다. "사람의 몸은 하나의 작은 우주요, 우주는 하나의 거대한 사람의 몸이다[人身爲一小宇宙, 宇宙爲一大人身]." 태아생명의 이해를 통해 사람의 몸을 이해하는 것은 곧 우주를 이해하는 길로 통합니다. 남회근 선생은 말하기를 자신의 몸과 마음을 변화시키지 못하고 과학적인 생명의 내원(來源)을 알지 못한다면, 아무리 도를 닦고 수행을 하더라도 헛수고라고 합니다.

그런데 우리는 입태경을 읽고 나면 그 신비한 인간 생명의 형성 과정을 문자를 통해서나마 근원적으로 이해하게 되고 인간 생명을 얻기가 얼마나 어렵고 소중한지를 알게 될 것입니다. 그리하여 올

바른 인생관 세계관을 확립하는 계기가 되고, 자기 생명은 물론이요 모든 사람들의 생명을 존엄하게 여기고 자애[慈] · 연민[悲] · 평등(平等)의 마음으로 대할 것입니다. 더 나아가 범부를 뛰어넘어 성자가 되는 관건도 알게 될 것입니다.

한 인간의 건강과 사람됨은 태양과 태교에서부터

어떤 사람의 일생의 건강과 사람됨의 기초는 그 사람의 업력(業力) 이외에도 태양(胎養)과 태교(胎敎)에 의하여 많은 영향을 받을 수 있습니다. 우리가 경험하듯이 임신 중 건강하게 자라지 못한 태아는 대부분 태어나서도 일생을 병약하게 살아가고, 태양과 태교를 잘 받은 태아는 태어난 뒤 몸과 마음이 건강합니다. 옛사람도 이런 도리를 알았기에 태양과 태교를 중시하였습니다. 태양과 태교는 한 인간의 행복과 그 공동체의 행복으로 나아가는 기초입니다.

"인간은 가장 큰 골치 꺼리인 동시에 유일한 희망이다." 어느 노벨상 수상자의 연설문 한 구절입니다. 오늘날 가정 · 사회 · 국가적으로 끝없이 벌어지고 있는, 아니 동서고금의 인간사회에서 벌어졌고 앞으로도 벌어질, 복잡하게 얽힌 천태만상의 크고 작은 문제는 그 근본 원인을 파고 들어가 들여다보면 대부분 그 구성원 개개인의 건강과 사람됨 그리고 인생관 세계관에서 비롯되는 것들입니다. 특히 사람됨이 가장 큰 골치 꺼리입니다. 우리가 아무리 훌륭한 사회적 제도를 갖추어 시행한다 해도 그 제도를 운용하는 사람의 인성 사람됨이 올바르지 않고 악행을 한다면 그 제도는 제대로 기능할 수 없습니다.

그러므로 인간 사회의 대부분의 문제에 대한 근원적 해결책은 저마다 자기의 처지에서 능력껏 선행을 하며 자기의 의식심리를 정화(淨化)하는 한편, 올바른 태양과 태교를 하는 것으로부터 출발해야 합니다. 후천적 교육만으로 해결하거나 변화시키기란 지난한 일이기 때문입니다. 오늘날 우리는 그 많은 돈을 들여 자녀들에게 공교육과 사교육을 시키고 나아가 종교교육을 하고 있지만 타고난 사람됨은 별로 변화하지 않는 것 같습니다.

행복한 세상을 이룩하려면 무엇보다도 먼저 태양과 태교를 통한 인간과 사회의 개량에 관심을 가지고 깊이 연구하고 실행해야 합니다. 우리는 인류의 위대한 스승인 성인들의 가르침을 배워 건강한 신체 건전한 정신을 지닌 사람을 태아 때부터 양성하기 시작해야 비로소 인간은 가장 큰 골치 꺼리가 아니라 유일한 희망으로 전환될 수 있을 것입니다.

임신 중 성행위는 태아에게 고통이요 독이다

요즈음 이런 주장이 있습니다. "임신 중 섹스는 엄마에게도 태아에게도 아빠에게도 다 좋다. 그리고 머리 좋은 아기를 가지려면 임신 중 섹스를 자주 즐겁게 해야 한다."

그러나 석가모니불께서는 입태경에서 임신 중의 성행위는 태아를 고통스럽게 한다고 말씀하십니다. 우리가 알듯이 소·돼지·개·말 등도 새끼를 갖기 위해 교미한 뒤로는 수컷을 멀리합니다. 태아를 보호하기 위해서입니다. 하물며 만물의 영장이라는 사람이야말로 더 말할 나위가 있을까요?

뿐만 아니라 전통 중의학(中醫學)에서도 성행위 중에 음욕의 불은 모두 뱃속의 태아에게 영향을 주어 아이가 뒷날 천연두나 옴 같은 나쁜 병에 걸릴 수 있다고 경고합니다. 심지어 성행위 시마다 태아에게는 독을 한 번 뒤집어씌우는 것이라고 합니다. 오늘날 수많은 아이들이 아토피 질병에 걸려 시달리는 원인 중 하나도 그 때문일지도 모릅니다. 남회근 선생은 말하기를, 태아 출생 시 탯줄을 자르기 전에 그 입안에 있는 태독을 깨끗이 제거하지 않으면 자른 후 태아가 최초 호흡을 할 때 삼키게 되어 장래에 암 등의 질병원인이 된다고 합니다.

그러므로 부모 된 자는 이를 지키고 더 나아가 자녀들에게도 중요한 성교육으로서 대대로 가르쳐야 한다고 저는 주장합니다. 임신 중 성행위로 나쁜 영향을 받아 태어난 자식 때문에 수십 년 고생하고 후회하느니 그 욕정을 경건한 마음으로 승화시키는 것이 지혜로운 선택입니다.

그 밖에도 오늘날 태아생명 관련 이런저런 여러 견해 주장들이 있으나 이 책을 읽고 독자 여러분들이 비교 연구 판단하기 바랍니다.

이 책은 남회근 선생이 지도하고 그의 학생인 이숙군(李淑君) 씨가 풀이 저술한 『불설입태경금석(佛說入胎經今釋)』을 완역한 것입니다. 부록을 제외한 본문을 전상희(田尙熹), 정태옥(鄭泰玉), 권나연(權奈延) 이 세 분의 학우님들과 2006년 4월 첫 주부터 매주 한 번씩 서울 서대문구 홍은동 소재 요가연수원에 모여 강독했습니다. 그렇게 4개월 동안 모두 16회의 강독으로 원만히 마쳤습니다. 당시 전상희님은 저의 강독 번역을 즉석에서 컴퓨터에 기록한 뒤 1차로 정리하였습니다. 그로부터 목련이 여덟 번 피고 진 뒤인 올

봄에야 제가 원고를 검토 손질하기 시작하였습니다. 좀 더 일찍 출판할 수 있었더라면 좋았을 걸 아쉽게도 이제야 시절인연이 되어 출판하게 되니 감개가 새롭습니다. 강독학우님들께 감사드리며, 특히 기록정리 작업을 하신 전상희님께는 더욱 감사드립니다.

저자는 원서에서 "이 책을 삼가 저의 부모님께 바칩니다."라고 썼습니다. 부모님 생전에 잘해 드리지 못해 후회막급인 저는, 일생 동안 고생만하시고 큰 슬픔을 가슴속에 묻은 채 세상을 떠나가신 가련하고 가련하신 부모님께 삼가 이 책의 작은 공덕이나마 회향합니다.

이제 저는 또 하나의 법공양의 짐을 내려놓으며 이 땅의 모든 남성 여성분들에게 일독을 권하고 싶습니다. 그리고 남회근 선생의 저작인 『생과 사 그 비밀을 말한다』, 『선과 생명의 인지 강의』도 함께 읽어보기를 권합니다. 주제와 내용이 일맥상통하면서 서로 보완하기 때문입니다.

2014년 6월 23일
신평리 심적재에서
송찬문 씁니다

차 례

(부록)

일러두기

1. 이 책은 대만의 노고문화사업고분유한공사(老古文化事業股份有限公司)가 발행한 2003년 9월 대만 2판 4쇄본의『불설입태경금석(佛說入胎經今釋)』을 완역한 것입니다.

2. 인명·지명·책명 등 고유명사는 중국식 발음으로 표기하지 않고 우리식 한자음대로 표기함을 원칙으로 하였습니다.

3. 불교 용어 중 육경(六境)·육근(六根)·육식(六識)·사대(四大)·사성제(四聖諦)·오온(五蘊)·십이처(十二處)·십팔계(十八界)·사선(四禪)·팔정(八定)·구차제정(九次第定)·육도(六道)·육바라밀·삼세(三世) 등 숫자 개념의 용어 등은 아라비아 숫자로 표시하여 6경·6근·6식·4대·4성제·5온·12처·18계·4선·8정·9차제정·6도·6바라밀·3세 등으로 각각 표기함을 원칙으로 하였습니다.

4. 독자의 이해를 돕기 위해 주석을 달거나 보충하였을 경우에는 '역주' 또는 '역자보충'이라 표시하였습니다. 모르는 용어나 내용은 불교사전이나 관련 서적 등을 참고하고, 특히 남회근 선생의 다른 저작들도 읽어보기 바랍니다. 선생의 저작들은 전체적으로 서로 보완관계에 있기 때문입니다.

5. 본문 경전인「불위난타설출가입태경(佛爲難陀說出家入胎經)」의 한글 번역은, 동국역경원 1996년 2월 15일 중판발행본『대보적경3』책에 실린「대보적경 제56권 불설입태장회①」 번역본을 주로 참고하였습니다. 그리고 부록 경전들의 우리말 번역본도 같은 경전 책의 것을 전재하였습니다.「불설장수멸죄호제동자다라니경」과「대부모은중경」은 인터넷으로부터 얻은 것을 전재하였으며 역자는 알 수 없습니다.「음욕을 경계하는 글」은 김지수 옮김 전남대학교출판부 2002년 5월 15일 발행『불가록』에서 발췌 전재하였습니다.

주훈남 서문

어떤 사람들은 이숙군(李淑君)이 번역 저술한 『불설입태경금석(佛說入胎經今釋)』이 곧 출판된다는 말을 듣고서는 놀랍고 이상한 일로 느끼면서, '이게 부처님을 배우면서 수도하는 것과 무슨 관계가 있을까? 태어나기도 이미 태어나버렸는데 또 그걸 연구해서 뭐하자는 것이냐!'는 듯합니다.

사실 이 책은 공자가 "어떻게 태어나는지를 아직 모르는데, 어떻게 죽는지를 어찌 알겠는가[未知生 焉知死]?"라고 말한 것에 대한 가장 좋은 답변이 됩니다(이 말은 논어「선진편」에 나온다/역주). 태어남을 명료하게 이해하면, 자연히 죽음을 이해하는 데 도움이 됩니다. 그 반대의 경우도 마찬가지입니다. 태어남은 어디로부터 오며, 죽음은 어느 곳으로 갈까요? 이것은 바로 인류가 수천만 년 동안 알고 싶어 했고, 모든 종교가 가장 중요하게 해답을 주는 문제이기도 합니다.

그래서 수십 년 전에 남회근 선생님께서 중국문화와 인도문화의 중대한 차이에 대해 이야기하실 때 이렇게 말씀하시던 일이 자신도 모르게 떠올랐습니다. "태어남과 죽음이라는 이 양대 문 앞에서, 중국문화는 『역경(易經)』건괘(乾卦)의 생생불이(生生不已)의 정신에 바탕을 두고 태어남의 문 쪽을 바라봅니다. 그런데 인도문화는 고통과 번뇌의 해탈정신에 바탕을 두고서 죽음의 문 쪽을 바라봅니다. 사실, 중국문화가 말하는 역(易)은 곧 변화(變化)입니다. 그것은 다시 말하면 인도문화가 말하는 무상(無常)에 해당합니다. 변화와 무상은 모두 동일한 현상에 대한 묘사이지만, '언어는 마음의 소리'여서 서로 다른 언어문자는 서로 다른 문화의 심리상태를 표현하는 상징입니다." 남회근 선생님께서는 또 말씀하시길, 이는 단지 거시적인 입장에서 본 것일 뿐, 미시적 입장에서 바라본다면 중국문화를 대표하는 유가(儒家) 또한 '돌아가신 부모의 장례를 정중히 치르고 먼 조상을 정성껏 추모하기 위하여[愼終追遠]' 일찍이 일련의 장중하고 완전한 장례의식을 제정하지 않았느냐고 하셨습니다. 그리고 인도문화를 대표하는 불교에 대해서도 부처님께서 설하신 입태(入胎)·주태(住胎)에 관련된 경전을 우리들에게 특별히 제시하시면서 유의하여 연구해보라 하셨습니다.

그래서 관련문헌에 유의하기 시작하여 마침내 발견하였는데, 일찍이 인생잡지(人生雜誌) 1960년 10월판에 진흠명(陳欽銘)거사가 쓴 '불설입태장회(佛說入胎藏會)와 태생학(胎生學)의 비교연구'라는 글이 있었습니다. 그 내용은 퍽 찬탄할 만 했지만 부족한 듯한 감이 들었습니다. 그래서 국내외의 배태학(胚胎學: 한국에서는 '발생학'이라고 하나 역자는 '배태학'이라는 용어가 더 적절하다고 판단되므로 그대로 씀/역주) 관련 저작물을 계속 수집하였습니다. 이런 저작물들을 두루 읽었고, 또 송대(宋代)의 대동(戴侗)이 말한 "기다리다보면, 책이 완성될 날이 없다[欲於待, 則書之成未有日也]."는 말도 알고 있었지만, 끝내 펜을 들어 저술에 착수하지는 못했습니다.

그런데 지금 이숙군의 책 원고를 보고나니, 제 마음을 깊이 얻었다는 느낌이 흠뻑 듭니다. 40년 전 가까이에 진거사가 쓴 글과 비교해볼 때, 이숙군의 이 번역저술은 네 가지 면에서 청출어람(靑出於藍)이라 할 수 있습니다.

첫째, 전자가 생략해 버리고 논하지 않았던 난타(難陀)의 출가와 입태경(入胎經)을 설하게 된 인연을 보충했습니다. 그런데 이 부분은 흥미롭기도 하고 계발적인 면도 깊이 갖추고 있습니다.

둘째, 대보적경(大寶積經) 제56권(일본 대정장판大正藏版 기준, 즉 당나라 의정義淨 번역인 불설입태장회佛說入胎藏會 제14의 1)을 번역 기술하였을 뿐만 아니라, 해당 경전 제55권(즉 당나라 보리류지菩提流志 번역인 「불위아난설처태회佛爲阿難說處胎會 제13)」을 참작함으로써 글자의 의미를 더욱 분명하게 했습니다.

셋째, 국내외 인체 배태학에 대한 최신 연구 성과에 힘입었기 때문에 자연히 번역서술이 전자에 비해 훨씬 상세합니다. 특히 심혈을 기울여 제작한 삽화를 넣음으로써 사람들이 더욱 일목요연하게 알 수 있게 했습니다.

넷째, 책속에서 사람들로 하여금 깊이 생각해보게 하는 문제들을 제시하고 있습니다. 문장이 신선하고 유려함은 오히려 부차적인 일입니다.

대보적경 제56권을 위주로 한 이 번역저술을 읽고 나서, 한 걸음 더 나아가 탐구해보고 싶은 흥미가 있는 독자는 본서의 부록인 해당 경전의 제55, 56, 57권과 불설포태경(佛說胞胎經)을 함께 연구해 볼 수 있습니다.

예를 들면 여러분들이 비교적 흥미를 느낄지 모르는 중유(中有: 중음신/역주)의 입태에 대해서, 제 56권에서는 이렇게 말합니다.

"부모와 아이가 서로 감응할 업이 있어야 비로소 어머니의 태속에 들어가게 되느니라. 또 저 중유가 태로 들어가려 할 때에는 마음이 곧 뒤바뀌게 되나니, 만약 아들로 태어날 중유이라면 어머니에 대하여 애욕을 일으키고 아버지에 대하여는 증오심을 일으키며, 만약 딸로 태어날 중유이라면 아버지에 대하여 애욕을 일으키면서 어머니에 대하여는 증오심을 일으키느니라. 또 전생에 지었던 모든 업 때문에 망상을 일으키고 삿되게 이해하는 마음을 일으키느니라....또 열 가지 허망한 경계들을 일으킨다."

그런데 제55권에서는 이보다 더욱 강렬하고 노골적으로 말합니다.

"부모가 화합할 때에 만일 그가 남자라면 어머니에 대하여는 사랑을 내고 아버지에 대하여는 성을 내며 아버지가 정액(精液)을 쏟을 때에는 그것이 자기의 것이라고 여기게 되고, 만일 그가 여자라면 아버지에 대하여는 사랑을 내고 어머니에 대하여는 성을 내면서 어머니가 정액을 쏟을 때에는 역시 그것이 자기의 것이라고 여기는 것이니, 만일 이런 성을 내거나 사랑하는 마음을 일으키지 않으면 태 안으로 들어가지 못하느니라."

그리고 전자의 '열 가지 허망한 경계들[十種虛妄之相]'에 대해서는, 복덕이 있느냐 없느냐에 따라 '허망한 경계'에 차이가 있다고 되어있습니다.

제57권에서 세존은 출태 후의 생로병사의 고통에 대해 말씀하시고 제자들에게 이렇게 격려하십니다.

"마땅히 색수상행식(色受想行識) 5온(五蘊)을 바른 생각[正念]과 바른 지혜[正慧]로써 잘 관찰하라. 싫어하여서 집착하지 않으면 해탈을 얻는다. 아울러 해탈하였음을 스스로 알고서 이렇게 말한다. '나의 태어남은 이미 다하였고, 청정한 행은 이미 세워졌다. 해야 할 바는 이미 다 하였고, 후유(後有: 내세에 있어서 생존. 후세의 심신. 미래의 과보/역주)를 받지 않는다.'"

비교적 피동적이고 의존심이 강한 난타(難陀)에 대해 세존은 보기 드문 강렬한 어조로 이렇게 격려합니다. "난타야, 나를 믿지 마라, 나를 따라서 바라지 마라, 내 말에 의지하지 마라, 내 모습도 보지 마라. 사문의 모든 견해에 따르지 마라, 사문에 대해 공경심도 내지 마라. '사문 고타마는 나의 위대한 스승이다.'는 말도 하지 마라. 그렇지만 내가 스스로 깨달아 얻은 법에 대해서는, 홀로 고요한 곳에서 사유하고 관찰해야한다. 마음으로 관(觀)하는 법을 항상 많이 닦고 익혀라, 그 법에 있어 관상(觀想)을 성취하여, 정념(正念)에 머물러라. 자기를 섬으로 삼고, 자기를 돌아갈 곳으로 삼아라. 법을 섬으로 삼고, 법을 돌아갈 곳으로 삼아라."

제57권에서는 또 유정중생이 모태에 들어가는 데는 네 가지 방식이 있다고 말합니다. 첫째는 정념(正念)으로 들어가고 정념으로 머무르며 정념으로 나오는 것이요, 둘째는 정념으로 들어가고 정념으로 머무르며 부정념(不正念)으로 나오는 것이며, 셋째는 정념으로 들어가고 부정념으로 머무르며 나오는 것이요, 넷째는 들어가고 머무르며 나옴이 모두 다 부정념인 것입니다.

정념으로 들어가고 정념으로 머무르며 정념으로 나올 수 있는 유정중생은, '성품이 계율 지니기를 좋아하고 착한 일을 자주 익히며, 훌륭한 일을 하기 좋아하여 갖가지 복된 일을 짓고 극히 잘 방호하여 항상 질박 정직하고 방일하지 않으며, 큰 지혜가 있어서 죽으려 할 때 후회함이 없어 곧 생(生)을 받는다.'고 합니다. 비록 임종, 입태, 주태, 출태 시에 갖가지 고통을 받더라도, 모두 정념이어서 어지럽지 않을 수 있습니다. 다음 세상에서도 사람으로 태어나고자 한다면 마땅히 이를 본보기로 삼아야 합니다. 그 나머지 세 종류는 열거할 필요가 없겠습니다.

서진(西晉)의 축법호(竺法護)가 번역한 불설포태경은 비록 후래의 당나라 때 번역한 대보적경 제57권의 전반부일 뿐이지만, 그것은 축법호가 따로 번역한 수행도지경(修行道地經)과 함께 진(晉)·

남북조(南北朝)·수대(隋代)의 중화문화에 대해 이미 영향을 미쳤습니다. 특히 수행도지경은 "수명이 다해가면서, 사람의 몸에 404가지 병이 생기고, 전후로 점점 꿈이 많아지거나, 상서롭거나 괴이한 것을 목도하면서, 놀라움과 공포를 품게 된다."는 내용에 대해 많은 내용을 쓰고 있습니다. 그런데 입태의 5음(五陰)에 대한 서술은 이렇게 간명합니다. "포태에 들어가는 것이 색음(色陰)이다. 환희를 느낄 때가 수음(受陰)이며, 정자를 내 것이라 생각할 때가 상음(想陰)이다. 본래 죄와 복의 연(緣)에 따라 태에 들어가는 것이 행음(行陰)이며, 신식[神]이 태안에 들어가 거주하는 것이 식음(識陰)이다. 이렇게 화합하는 것을 5음이라 이름 한다. 이에 이어 태에 있을 때 곧 두 가지 근을 얻게 되니, 의근(意根)과 신근(身根)이다."라고 기술하고 있습니다. 그리고 태에 머무르는 동안의 주기변화에 대한 서술도 매우 요점적이어서 북제(北齊)의 서지제(徐之齊)가 지은 축월양태방(逐月養胎方)에 영향을 주었거나 깨우쳐 준 바가 있습니다.

　이 때문에 청대(淸代)의 명의 장로옥(張露玉)은, 당대(唐代)의 손사막(孫思邈)이 전재 서술한 서지제의 양태법(養胎法)은 "대집경(大集經)과 부합하고, 구체적으로 자세한 내용을 살펴보면 수태되어 어머니 뱃속에 있으면서 7일에 한 번씩 변화하며 완성되어진다."고 여기고, 달을 다 못 채우고 태어나더라도 성장 발육하여 장수할 수 있는 것에 대해 "각 경맥(經脈)이 영양분을 섭취하며 7일마다 변화하는데, 기간을 모두 채우지 못하여도 태를 기를 수 있는 기(氣)는 여전히 두루 미치고 있다."는 자신의 견해를 제시합니다. 오늘날의 배태학 연구에 의하면 6개월 된 태아는 독립적으로 생존할 수 있는 경계선에 있는데, 이때에 태어나는 경우 대부분 폐가 제대로 성숙되지 않아 수 일 내에 죽을 가능성이 있습니다. 7개월 말에는 태아의 뇌피질 6층 구조를 이미 변별할 수 있는데, 이때에 태어나면 비록 사망률은 높지만 생존할 수 있다고 합니다.

만약 태아가 죽는다면 임산부나 그의 남편은 물론 슬프겠지요. 하지만, 만약 태아를 살해했다면 '불설장수멸죄호제동자다라니경(佛說長壽滅罪護諸童子陀羅尼經)'에 의하면 그 죄가 아라한을 죽인 것과 같아서, 무간지옥(無間地獄)에 갈 죄에 해당합니다. 근래에 일본에서 마음 편함을 구하기 위해 태아의 영혼을 모시는 그릇된 풍조가 대만에 까지 전해져서 도리어 재물을 끌어 모으는 수단이 되고 있습니다. 이런 일이 있는 사람은 이 경전에 따라 간절히 참회해야 합니다. 아울러 12인연을 닦아 익혀서 청정함을 얻고, 또 생각 생각마다 보리심을 지키고 보호하면 생로병사와 여러 가지의 지옥 고통을 면할 수 있습니다.

두서없이 쓰다 보니 날이 새는 줄도 몰랐군요. 장자(莊子)에 방생방사의 설[方生方死之說]이 있음이 생각나는데 그 의미를 확대하여 풀이하여보면, 잠자는 것은 태에 들어가는 것과 같고 깨어나는 것은 태에서 나오는 것과 같다고 말할 수 있습니다. 인생 수십 년은 하루 밤낮으로 귀납할 수 있고, 하루 밤낮도 무한으로 이어질 수 있다고 말할 수 있습니다. 삼가 이상의 군더더기의 말로써 이숙군의 불설입태경금석을 치하하면서 아울러 이것이 좋은 출발점이 되어 좋은 책을 더 많이 써주시기 바랍니다.

1998년 7월 21일
주훈남(周勳男)

저자 서문

"인간생명의 내원(來源)을 말하자면, 우리는 다시 대보적경 제 56권인 불위난타설출가입태경(佛爲難陀說出家入胎經)을 보아야만 합니다. 즉, 불설입태장회(佛說入胎藏會)입니다. 일이천 년 동안, 옛사람들도 이 경전을 중점으로 연구한 적이 없고, 여러분들도 다들 주의를 기울인 적이 없습니다.

사실 이것은 대단히 중요한 것입니다. 그것은 심물일원(心物一元)과 관련 있으며, 특히 인간본위의 생명 대과학과 관련이 있습니다. 아울러 기맥(氣脈)의 변화나 습기(習氣)의 전환변화와 모두 관계가 있습니다. 일반인들은 부처님 공부를 하면서 다들 범부를 뛰어넘어 성인의 경지에 들어가고 싶어 하지만, 자신의 몸과 마음을 변화시키지 못하고 과학적인 생명의 내원을 알지 못한다면, 아무리 도를 닦고 수행을 하더라도 헛수고입니다. 그러므로 저는 이 자리에 있는 여러분 중 어떤 학우가 발심하여 이를 원문에 근거하여 구어체로 써보기를 바랍니다. 동시에 이를 현대의학 자료와 결합시킨다면 인간본위의 심신과학 입장에서 대단히 의미 있는 일이 됩니다."

이상은 1994년 6월 남회근 선생님께서 '심신과학(心身科學)'이라는 일련의 강좌 중에, 입태경(入胎經)을 강의하시면서 하신 제안입니다. 이러한 계기로 출발하여, 필자는 어려움 속에서도 애써 이러한 시도를 했습니다. 남회근 선생님의 치밀한 가르침 아래 입태경을 현대의학과 결합하는 동시에 전통 중의학 개념과도 일부 결합하는 방법을 시도하였습니다.

그 중 현대 서양의학 부분은 산부인과 권위자인 황창발(黃昌發) 의사께서 자료 제공과 함께 지도해 주신 데 감사드립니다. 아울러 반정송(潘庭松) 선생님께서 삽화처리에 협조해주신데 감사드립니다. 그리고 왕택평(王澤平)·오미진(吳美珍)·주명주(周明珠)·뇌월령(賴月英)·사금양(謝錦揚) 등 여러분들이 몹시 바쁘신 가운데서도 짬을 내어 대신 원고 교정을 보아주시고 소중한 의견까지 제시해 주신 데 대해 감사드립니다.

이 책의 편집 과정 중에 때마침 주훈남(周勳男) 선생님께서 홍콩 문교기금회(香港文教基金會)의 초청에 응해 '태양(胎養)과 태교(胎敎)'라는 주제로 강연을 하신 것과 인연이 닿게 되었습니다. 주 선생님께서는 심리학 연구에 다년간 힘써오셨고 관련 저술도 매우 많으십니다. 동서고금의 국내외의 각가(各家) 학설을 융회하고 서로 비교하여 분명하게 설명하십니다. 근대 심리학 영역에서 독특한 풍격을 수립한 선생님께서 '태교(胎敎)와 태양(胎養)'의 강의원고를 실을 수 있도록 허락하여 이 책을 빛나게 해주셨으니 실로 독자들의 영광입니다. 아울러 부탁을 거절하시지 않고 서문을 써주시고 격려해주셨습니다. 여기서 일괄 감사드립니다.

이 참신한 시도 가운데서, 개인적으로 얻은 이익이 적지 않았음을 느낍니다. 부끄럽게도 수행증득과 의학방면의 한계로 말미암아 책 속에 부족한 점이 있는 바, 이는 모두 필자의 책임입니다. 고명하신 분들의 아낌없는 질책을 바랍니다. 저의 이 하찮은 책이나마 여러분들에게 참고가 되어 더욱 나은 것을 끌어낼 수 있다면, 이것은 제가 더욱 바라는 바로서 매우 다행한 일이 되겠습니다.

이숙군(李淑君)

제1장 연기(緣起)

치정에 빠진 난타에게 광명을 비추며 탁발하시다
그대와의 이 정은 추억이 되리라
어쩔 수 없이 삭발하다
불문에 일단 출가하니 집에 돌아갈 수 없네
영문을 모르다
바다같은 정욕 하늘같은 사랑이 또 한 번 바뀌다
범행은 같아도 서로 다른 정
천상이나 지옥에 태어남이 한 생각에 달렸네

이와 같이 나는 들었다. 어느 때 박가범(薄伽梵)께서 겁비라성(劫比
羅城)의 다근수원(多根樹園)에서 큰 비구 대중의 수많은 사람들과 함
께 계셨다.

그때 세존께는 난타(難陀)라는 이름의 동생이 있었는데, 몸은 황금색
같고 서른 가지 몸매[三十相]를 갖추었으며, 키는 부처님보다 네 손가
락만큼 작았다. 그의 아내 이름은 손타라(孫陀羅)였는데, 그 용모가 단
정함은 세간에서 보기 드물었고, 그 빛나고 화려함은 비할 바 없이 뛰

어났으므로 사람들은 그녀를 보기 좋아하였다. 난타는 그녀에게 사로 잡혀 연모한 나머지 잠시도 떨어지지 않았으며, 애정에 깊이 빠져 목숨이 다할 때까지 함께하기로 맹세하였다.

如是我聞。一時, 薄伽梵在劫比羅城多根樹園, 與大苾芻衆無量人 俱。

爾時世尊有弟, 名曰難陀。身如金色, 具三十相, 短佛四指。妻名孫 陀羅, 儀容端正, 世間罕有, 光華超絶, 人所樂見。難陀於彼纏綿戀著, 無暫捨離。染愛情重, 畢命爲期。

(저자주) 박가범은 범문(梵文) Bhagavat를 음역(音譯)한 것으로, 박가파(薄 伽婆)라고도 한다. 세존(世尊)을 뜻한다.

석가모니불께는 난타(難陀)라는 동생이 있었습니다. 어려서부터 형의 눈부신 광휘(光輝) 아래 있다 보니 그다지 주목 받지 못했지만, 사실 그도 훌륭한 인재였습니다. 고동색이면서 윤기를 띠고 있는 피부는 단정한 오관(五官)과 뛰어나고 늠름한 자태를 돋보이게 했으며, 키는 석가모니불의 우뚝한 키에 비해 대략 세 치(길이의 계량단위인 촌寸의 순 우리말로 한 치가 약 3㎝정도이며, 엄지를 제외한 네 손가락의 굵기가 세 치이다/역주)쯤 작았습니다. 흠 잡을 데 없이 완전무결한 모습의 세존과 함께 서 있지 않는 한 어느 누구라도 마음속으로 "야! 정말 잘 생긴 미남이다." 라고 찬사를 하고 싶을 정도였습니다.

또한 그의 부인인 손타라(孫陀羅)는 전국적으로 유명한 절세미인이어서, 그녀가 얼굴을 드러내는 곳이면 어디든 항상 수많은 사람들이 너무나도 아름다운 그녀의 용모와 자태를 한 번 보고 싶어 했습니다.

이 한 쌍의 부부는 서로 감싸 도는 간절한 사랑이 보통을 넘어서, 세세생생 영원히 부부가 되자고 서로 굳게 맹세했습니다.

치정에 빠진 난타에게 광명을 비추며 탁발하시다

세존께서는 그가 교화 받을 시기가 이르렀음을 관찰하여 아시고, 곧 이른 아침 가사를 입고 발우를 들고서 구수(具壽)인 아난타를 시자로 데리고 성(城)으로 들어가 탁발하셨다. 차례로 탁발하시다가 난타의 집에 이르자 문 앞에 서시더니 대비(大悲)의 힘으로써 황금색 광명을 놓으셨다. 그 광명이 난타의 집 안을 두루 비추니 온통 황금빛 같았다.

그때에 난타는 곧 생각하기를, "광명이 홀연히 비치는 것을 보니 반드시 여래이시리라." 하고는 하인더러 나가 보게 하였다. 하인은 부처님께서 와 계신 것을 보고 곧바로 돌아와 난타에게 말하였다.

"세존께서 집문 앞에 계십니다."

이 말을 듣자 곧바로 빨리 나가 세존을 맞아 절을 하고 싶었다.

世尊觀知受化時至, 卽於晨朝, 著衣持缽。將具壽阿難陀爲侍者, 入城乞食。次至難陀門首而立, 以大悲力放金色光。其光普照難陀宅中, 皆如金色。

于時難陀便作是念：光明忽照, 定是如來。令使出看, 乃見佛至。卽便速返, 白難陀曰：世尊在門。聞此語已, 卽欲速出, 迎禮世尊。

(저자주) 구수(具壽)는 출가한 나이 많은 비구가 나이가 어린 비구를 부르는 호칭. 반대로 출가한 나이 어린 비구가 나이 많은 비구를 부를 때는 대덕(大德)이라고 한다.

새는 노래하고 꽃은 향기로운 어느 계절에, 부처님은 가필라성 다근수 동산에서 큰 무리의 출가제자들을 이끌고서 수행을 하고 계셨습니다. 세존은 동생인 난타(難陀)의 출가인연이 거의 이르렀음을 아셨습니다.

그래서 다음날 이른 아침, 가사를 걸치고 발우를 들고서 아난(阿難)이라는 젊은 스님을 불러 성(城)으로 함께 걸식을 가자고 하셨습니다. 그런데 아난은 본디 부처님의 사촌동생이었습니다.

난타의 집 문 앞에 다다른 석가모니불은 멈춰 서시더니, 무한히 자비롭게 황금색 광명을 놓으셨습니다. 갑자기 난타의 집안은 불가사의하게도 한 덩이 상서롭고 찬란한 황금색 광명 속에 휩싸였습니다.

그때 방안에서 손타라와 한참 화목하고 즐겁게 이야기를 나누고 있던 난타는, 홀연히 나타난 이 신기롭고 상서로운 현상을 보고는, '분명 성불한 형님이 오셨구나.' 라고 속으로 생각했습니다. 신바람이 나 후다닥 일어난 난타는 서둘러 옷을 걸치면서, 하인더러 빨리 가서 무슨 일인지 알아보라고 분부했습니다. 하인이 문 입구에 달려가 보니, 과연 세존께서 한 덩이 광명 속에 자상하고 엄숙한 모습으로 서 계셨습니다. 황급히 절을 하고, 다시 부랴부랴 집안으로 달려와 이 사실을 주인에게 알렸습니다. 난타는 듣자마자 마음이 온통 환희심으로 가득해지면서 곧 밖으로 나가 영접하려고 서둘렀습니다.

그때에 손타라는 생각하기를 "내가 만약 그를 놓아 보내면 세존께서는 반드시 그를 출가시키리라." 하고는, 마침내 난타의 옷을 잡아당기며 나가지 못하게 하였다. 그러자 난타가 말했다. "지금 잠깐 동안만 놓아주시구려. 세존께 예배하고 내 곧바로 돌아오리다." 그러자 손타라는 말했다. "저와 중요한 약속을 하셔야 가실 수 있습니다." 그러면서 화장품을 찍어 난타의 이마에 바르고는 말하기를 "이 화장품의 물기가 마르기 전에 곧 돌아오셔야 합니다. 만일 늦어서 어기면 벌금이 오백 전입니다." 라고 하였다.

時孫陀羅便作是念：我若放去, 世尊必定與其出家。遂捉衣牽不令出去。難陀曰：今可暫放。禮世尊已, 我卽卻迴。孫陀羅曰：共作要期, 方隨意去。以莊溼額, 而告之曰：此點未乾, 卽宜卻至。若遲達者, 罰金錢五百。

출가하여 도를 이룬 세존께서 마침내 집문 앞에 와서 신통으로 황금색 광명을 놓자 남편의 마음이 그 형에게 쏠리는 것을 본 손타라의 마음에는, 남편이 이렇게 한번 가면 아마 십중팔구 꾀여서 출가할 지도 모른다는 한 가닥 불안한 직감이 솟아올랐습니다. 아교풀처럼 딱 달라붙어 잠시도 떨어지기 싫은 끈끈한 깊은 사랑을 어떻게 갈라놓을 수 있단 말인가? 하는 한 바탕 비통한 마음에 비 오듯 흐르는 눈물을 억누르지 못하고, 하염없이 훌쩍거리며 어떻게든 난타를 나가지 못하도록 놓아주지 않았습니다.

난타는 사랑스런 아내가 울자 차마 곧바로 나가지 못하고, 바삐 서두르느라고 어쩔 줄 몰라 하며 좋은 말로 이렇게 달랬습니다.

"걱정하지 말아요. 출가해서 도를 이룬 형이 어렵사리 오셨는데 아무래도 내가 나가서 맞이해야 되지 않겠소? 인사를 드린 후 절대 지체하지 않고 곧바로 돌아오리다." 그러면서 부인의 얼굴에 가득 흐르는 눈물을 알뜰히 닦아 주었습니다.

손타라는 그때서야 마지못해 난타를 놓아주고 자기의 연지를 들어 난타의 이마에 한 점 찍어주면서, 걱정 반 투정 반 어조로 말했습니다. "당신이 그렇게 말하니 그 말을 따르겠어요. 그 대신 그분과 오래 이야기 하지 말고 이 연지점이 마르기전에 돌아와야 해요. 만약 늦으면 당신에게 벌금 오백 전을 매길 거예요."

그 대와의 이 정은 추억이 되리라

난타는 "좋소. 그렇게 합시다." 라고 말하고는 곧 집문 앞으로 가서 부처님의 발에 머리 조아려 예배하였다. 그리고 여래의 발우를 받아 집 안으로 들어와 맛있는 음식을 가득히 담아서 집문 앞으로 들고 갔다.

그런데 세존께서는 마침내 떠나버리시므로 곧 아난타에게 주려하였다. 세존은 신통을 나타내 아난타더러 발우를 받지 못하게 하셨다. 여래 대사의 위엄이 높고 무거워 난타는 감히 세존을 불러 세우지 못하고 다시 아난타에게 발우를 주려고 하였다. 그러자 아난타는 물었다.

"당신은 누구에게서 그 발우를 받으셨습니까?"

난타가 대답했다. "부처님에게서 받았습니다."

아난타가 말했다. "그렇다면 마땅히 부처님께 드려야 합니다."

난타는 대답했다. "저는 지금 감히 대사께 경솔하게 굴지 못하겠습니다." 그리고는 잠자코 뒤를 따라갔다.

難陀曰 : 可爾。卽至門首, 頂禮佛足。取如來鉢, 卻入宅中, 盛滿美食, 持至門首。世尊遂去。卽與阿難陀。世尊現相, 不令取鉢。如來大師威嚴尊重, 不敢喚住, 復更授與阿難陀。

阿難陀問曰 : 汝向誰邊, 取得此鉢? 答曰 : 於佛邊取。阿難陀曰 : 宜授與佛。答曰 : 我今不敢輕觸大師。黙然隨去。

사랑스런 아내와의 약속에 두말없이 그러마고 승낙한 다음 서둘러 문 앞으로 간 난타는, 오래 만나지 못하는 동안 이미 큰 성취를 이룬 형님인 석가모니불께서 한 덩이 빛 가운데에서 고요하고 엄숙하게 서 계신 것을 보았습니다. 난타는 자신의 감정을 억누르지 못하고 몹시 공경스럽게 무릎을 꿇고서 인도의 당시 출가자에 대한 예배법에 따라 세존의 발에 머리 조아려 예배하였습니다. 그런 다음 일어나 세존의 손에 있는 발우를 받아 부랴부랴 집안으로 달려와서는 발우에 가장 정갈하고 입에 맞는 음식을 가득 담았습니다. 이마에 발라 놓은 연지가 마르기 전에 사랑하는 아내에게 돌아와 알려주기 위해, 발우를 받쳐 들고 종종걸음을 쳐서 문 앞에 이르렀습니다. 난타가 아주 공경스럽게 세존께 발우를 드리려고 하는 바로 그 순간, 갑자기 세존께서 몸을 휙 돌려 큰 걸음으로 가버리셨습니다.

난타는 어찌된 일인지 알 수 없어 어리둥절해졌습니다. 다행히도 출가한 사촌동생인 아난이 아직 문 앞에 서있는 것을 보고는 풍성한 음식이 담긴 이 발우를 얼른 아난의 손에 보내주려 하였습니다.

이미 몸을 돌려 가버리신 세존께서 이를 아시고, 멀리서 소리를 전하는 신통으로 아난에게 그 발우 음식을 받지 말라고 분부하셨습니다. 아난은 세존의 분부에 따라 난타의 손으로부터 발우를 받지 않으려 했습니다.

초조해진 난타는 어찌하면 좋을지 몰랐습니다. 출가하여 성불한 형을 불러 세워서 어찌된 일인지 묻고 싶었지만, 여래의 신성하고 엄숙한 위엄에 겁을 먹어 감히 경솔하게 입을 열지도 못했습니다. 조급해진 마음에 아난에게 발우음식을 거두어 줄 것을 다시 한 번 부탁할 수밖에 없었습니다.

아난은 세존의 뜻을 알고 난타에게 물었습니다. "방금 당신은 누구의 손에서 발우를 건네받아 가지고 갔습니까?" "세존입니다." 그러자 아난은 말했습니다. "바로 그겁니다. 당신이 그 분 손에서 건네받았다면 불가의 규범대로 당신이 직접 그 분 손에 돌려드려야만 합니다. 이것이 공양의 예법입니다."

그러자 난타는 애가 탄 나머지 줄곧 이렇게 고통을 호소했습니다. "아이쿠, 이게 도대체 어떻게 된 일이야! 당초에 환희심에서 나와 그분을 뵈었던 일이 어찌 이 모양이 된 거야! 또 어찌된 일인지, 세존을 뵐 때마다 나는 내 생각대로 되지 않으니… 그 분은 몸을 돌려 가셔버리시고, 난 감히 불러 세우지도 못하겠고, 경솔하게 굴었다가는 불쾌해하실까 몹시 두렵고. 그만 두지요 그만 두어, 이일은 그대도 도와줄 수 없는 바에야, 나도 굳이 강요하지는 않겠습니다."

난타는 어쩔 수 없었습니다. 하는 수 없이 억지로 체면을 세우고, 아무소리도 못하고 잠자코 세존을 따라 한 걸음 한 걸음씩 다근수 동산으로 걸어갔습니다.

동산은 고목(古木)들이 하늘을 찌를 듯이 높이 솟아 있었습니다. 한 바탕씩 불어오는 맑은 바람에 가끔 몇 번의 새소리와 벌레소리가 실려 왔습니다. 번거로운 속된 세상을 떠난 분위기가 물씬 넘쳐 흘렀습니다. 오직 난타만은 길을 걷고 있는 내내 사랑스런 아내와의 약속에 고뇌하고 있었습니다. 그래서 사람의 마음을 탁 터주고 기분을 유쾌하게 하는 이 도량에 대해서도 본체만체 전혀 관심이 없었습니다.

세존께서는 절에 도착하시자, 손발을 씻고 나서는 자리에 나아가 앉으셨다. 그제야 난타가 발우를 가져다 바치자 세존은 받아서 잡수시고 나서 말씀하셨다.

"난타야, 너는 내가 남긴 음식을 먹겠느냐?"

난타가 대답하였다.

"저는 먹겠나이다."

그러자 부처님께서 곧 그에게 주셨다.

世尊至寺, 洗手足已, 就座而坐。難陀持鉢以奉, 世尊食已告曰 : 難陀, 汝食我殘不? 答言 : 我食。佛卽授與。

마침내 절에 도착했습니다. 세존께서는 난타는 거들떠보지도 않으시고, 당신 생각만 하시고는 손발을 깨끗이 씻고 난 다음 가부좌를 하고 앉으셨습니다. 좌정하고 난 후에서야 느긋하게 난타의 손에 들린 발우의 음식을 받으셨습니다.

난타는 드디어 내내 들고 왔던 발우의 음식을 건네 드리고는, 정말로 무거운 짐을 내려놓은 양 아주 후련해하였습니다. 그런데 어찌된 일인지 세존과 만나기만 하면 거의 바보가 된 듯 사람이 온통 멍청해지는 것 이었습니다. 발우를 세존께 건네 드린 후에도 그저 어쩔 줄 모르고 원래 서 있던 곳에 서 있었습니다.

잠시 후 석가모니불께서 잘 드시고 나서도 발우 안에 약간의 음식이 남아있었습니다. 세존께서 고개를 돌려 가까이에 있는 난타에게 물으셨습니다. "너는 남아있는 이 음식을 먹겠느냐?" 난타는 듣자마자 미처 어쩔 새 없이 "먹겠습니다, 먹겠습니다."고 대답하며 매우 공경스럽게 발우를 받아왔습니다. 손타라에 대한 걱정으로 속이 타는 가련한 난타는 이미 식어버린 발우안의 음식을 맛도 느끼지 못한 채, 아무렇게나 허겁지겁 뱃속으로 밀어 넣었습니다.

어쩔 수 없이 삭발하다

난타가 먹고 나자 세존께서는 물으셨다. "너는 출가할 수 있겠느냐?" 난타가 대답하였다. "출가하겠나이다."

부처님 세존께서는 옛날 보살도를 행하실 때에 부모와 스승과 어른, 그 밖의 높은 이의 모든 가르침과 분부를 거역한 일이 없었으므로 오늘날 말씀하시면 어기는 이가 없었다. 즉시 아난타에게 말씀하셨다.

"너는 난타의 수염과 머리를 깎아 주어라."

아난타는 대답하였다.

"예, 세존의 분부대로 하겠나이다."

難陀食己, 世尊告曰 : 汝能出家不? 答言: 出家。然佛世尊昔行菩薩
道時，於父母師長及餘尊者所有教令，曾無違逆。故得今時，言無違
者。卽告阿難陀曰 : 汝與難陀剃除鬚髮。答曰 : 如世尊教。

세존께서는 난타가 밥을 다 먹기를 기다렸다가 "너는 출가할 수
있겠느냐?"고 물으셨습니다. 느닷없는 질문에 난타는 머리가 멍해
졌습니다. '나는 집으로 돌아가려하고 있는데 왜 출가하겠느냐고
물으시는 거지?' 그는 대경실색하면서 막연하게 세존을 바라보았
는데, 성불한 이 분 웃어른에게서 온통 엄숙하고 상서로운 분위기
가 넘치는 것만 보일 뿐 감히 이생각저생각하지도 못하고 입에서
나오는 대로 말했습니다. "그러겠습니다. 저 출가하겠습니다."
　석가모니불은 대답을 듣고 머리를 끄덕이셨습니다. 아울러 과거
로부터 지금까지의 부처님이나 조사들이 아직 성취하기 전에는 보
살도를 행하기 위해 대단히 노력했으며 부모 스승 어른들의 가르
침에 대하여 모두 단단히 마음속에 기억해두고 감히 경솔하게 위
반하지 않았다는 것을 그에게 알게 해 주셨습니다. 이렇게 한 번
신신당부한 후에 아난더러 난타를 위하여 삭발할 준비를 하도록
분부하셨습니다.

―――――――

　그리고는 곧 이발사를 불러 난타의 머리를 깎아주게 하였다. 난타는
그 사람을 보고 말하였다.
　"당신은 지금 알고 있습니까? 나는 장차 오래지 않아서 전륜왕(轉
輪王)이 될 터인데 당신이 만일 곧바로 나의 머리를 깎는다면 당신의
손목을 잘라버리겠소."

이 말을 들은 그는 몹시 두려워하면서 머리 깎는 기구를 도로 싸가지고 나오려고 하였다. 그때에 아난타가 부처님께 가서 아뢰자 부처님께서는 몸소 난타에게로 와서 물으셨다.

"난타야, 너는 출가하지 않겠느냐?"

난타는 대답하였다.

"출가하겠나이다."

이때 세존께서는 몸소 병에 든 물을 가져다 그의 머리 위에 부어 주었다. 이발사[淨人]는 곧 그의 머리를 깎았다. 그러자 난타는 이렇게 생각하였다. '나는 지금 세존을 공경하고 받들어서 아침에는 출가하지만, 저녁에는 마땅히 집으로 돌아가리라.'

即覓剃髮人, 爲其落髮。難陀見已, 告彼人曰 : 汝今知不? 我當不久作轉輪王。汝若輒爾剃我髮者, 當截汝腕。彼便大怖, 裹收刀具, 即欲辭出。

時阿難陀便往白佛, 佛便自去, 詣難陀處問言 : 難陀, 汝不出家? 答言 : 出家。是時, 世尊自持瓶水, 灌其頂上, 淨人即剃。便作是念 : 我今敬奉世尊, 旦爲出家, 暮當歸舍。

얼마 지나지 않아, 이발사가 와서 보자기를 풀어놓는데 그 안에는 여러 가지 이발도구가 있었습니다. 난타는 아무리 참으려고 해도 참을 수가 없어 "당신 나 똑똑히 봐! 당신 내가 누군지 알아? 나는 장차 왕위를 계승하여 곧 전륜성왕이 될 사람이야. 당신이 감히 내 머리카락 하나라도 건드리면 내 당신의 손을 끊어 버릴 테니 조심해."라고 심하게 욕을 퍼부었습니다. 그 이발사는 겁먹은 나머지 얼른 보자기를 챙겨 문 쪽으로 달려 나가려고 할 때 세존께서 오셨습니다.

알고 보니, 아난은 문 입구에서 난타의 꾸짖는 소리를 듣고서, 나를 듯이 뛰어가서 이미 세존께 알렸던 것입니다. 세존께서는 화를 내시거나 나무라시지 않고, "너 출가하지 않기로 했느냐?"라고 조용히 물으셨습니다. 난타는 세존을 보자마자 또 억지로 대답할 수밖에 없었습니다. "출가하겠습니다."

석가모니불께서는 몸소 물병을 들어 난타의 머리에 물을 부으셨고, 이발사는 그제야 전전긍긍하면서 난타의 머리를 깎기 시작했습니다.

앉아서 자신의 까맣게 윤이 나는 고불고불한 머리털이 한 줌 한 줌 바닥에 떨어지는 것을 보는 난타의 마음은 몹시 언짢았습니다. '손타라는 집에서 얼마나 애를 태우고 있을까! 어떻게 하지? 세존에 대한 존중 때문에 머리는 깎을 수밖에 없다. 일이 이 지경이 되었으니 우선 낮에 잠시 출가했다가 저녁에는 몰래 집으로 도망가 버리자' 이런 생각이 든 난타는 고분고분하게 앉아서 머리를 깎았습니다.

일단 불문에 출가하니 집에 돌아갈 수가 없네

날이 저물자 길을 찾아 떠나갔다. 그때 세존께서는 그가 가는 길에다 신통변화로 큰 구덩이를 만들어 놓으셨다. 그것을 보고 난타는 문득 생각하기를 '손타라와 멀어지게 되었구나. 갈 수 있는 방법이 없으니 말이다. 나는 지금 손타라를 생각하지만 혹시 죽을 지도 모른다. 만약 목숨이 살아 있다면 새벽이 되거든 떠나야겠다.' 하고, 손타라를 생각하면서 밤새 내내 근심하고 괴로워하였다.

旣至日晚, 尋路有行。爾時, 世尊於其行路, 化作大坑。見已, 便念孫陀羅斯成遠矣。無緣得去, 我今相憶, 或容致死。如其命在, 至曉方行。憶孫陀羅, 愁苦通夜。

날이 저물 때까지 간신히 견뎠던 난타는 승단(僧團)이 모두 깊이 잠들자 마침내 살금살금 빠져나갔습니다. 세존께서는 이미 그의 속셈을 아시고 다시 신통을 베풀어 그가 집으로 돌아가는 길에 큰 구덩이를 하나 만들어 놓으셨습니다. 난타는 줄곧 어둠 속을 헤치며 그곳에 이르렀는데 갑자기 크기도 알 수 없고 깊이도 알 수 없는 커다란 구덩이를 만나게 되자 마음이 참담하였습니다. '하느님은 어찌 이리도 사람을 가지고 놀리시는 걸까! 이별한 손타라와 아무래도 다시 만날 수는 없는 것일까?'

사랑스런 아내에 대한 걱정과 초조함은 그야말로 견디기 힘들었습니다. 오장육부가 다 타들어가고 고통스러워 마치 죽을 것만 같았습니다. 그는 마음속으로 묵묵히 생각했습니다. '만약 날이 밝았을 때 내가 아직 살아있다면 그 때 다시 집으로 돌아가자!'

그때 세존께서 난타의 의도를 아시고 아난타에게 말씀하셨다.

"너는 지금 가서 난타에게 지사인(知事人)으로 삼겠다고 일러 주어라."

그는 곧 가서 일러 주었다.

"세존께서 당신을 지사인으로 삼겠다고 하셨습니다."

그러자 난타가 물었다.

"무엇을 지사인이라 합니까? 무슨 일을 시키려 하십니까?"

"절에서 여러 가지 일들을 보살펴야 합니다."

"어떤 일들을 해야 하는 것입니까?"

爾時世尊知彼意已, 告阿難陀曰 : 汝今宜去告彼難陀, 令作知事人。
卽便往報 : 世尊令爾作知事人。問曰 : 云何名爲知事人? 欲作何事?
答曰 : 可於寺中撿挍衆事。問曰 : 如何應作?

세존께서는 난타의 마음속의 궁리를 아시고는, 날이 밝을 때까지 기다리지 않고 아난타를 불러 난타에게 지사인(知事人)을 삼겠다는 말을 전하게 하셨습니다. 지사인이란 오늘날 절의 집사(執事)에 해당합니다. 아난은 세존의 지시대로 과연 온통 얼굴에 근심과 괴로움이 가득한 난타를 찾아냈습니다.

난타는 아난이 전해주는 말을 듣고서 거의 졸도할 뻔 했습니다. 맥없이 풀이 죽어 물었습니다. "지사인이란 무엇입니까? 어떤 일들을 해야 하는 것입니까?"

아난이 일러주었습니다. "절에서 크고 작은 일들을 돌보는 것입니다." 난타는 듣고서도 영문을 모르겠다는 듯이 다시 물었습니다. "도대체 구체적으로 어떤 일들을 한다는 겁니까?"

영문을 모르다

"구수여, 지사란 만일 모든 비구들이 밥을 빌러 나갔을 때에는 절 안의 도량에 물을 뿌리고 쓸어야 합니다. 절의 땅바닥은 방금 눈 쇠똥을 가져다 차례로 깨끗이 발라야 합니다. 문단속을 잘하여 정신 차리고 지켜서 잃어버리는 물건이 없게 해야 합니다. 정부 관리[平章事]가 오는 일이 있으면 주관 승려에게 알려야 합니다. 만일 향과 꽃이 있으면 마땅히 가서 대중에게 공양이 되게 하여야 하며 밤이 되면 문을 닫고 새벽이 되면 열어 놓아야 합니다. 그리고 크고 작은 길들을 언제나 깨끗이 씻고 닦아야 하며, 만일 절 안에 파손되거나 무너진 곳이 있으면 즉시 보수도 해야 합니다."

이런 가르침을 듣고 나서 대답하였다.

"대덕이시여, 부처님께서 하신 말씀대로 저는 모두 하겠습니다."

答言 : 具壽, 凡知事者, 若諸苾芻出乞食時, 應可灑掃 ; 寺中田地, 取新牛糞, 次第淨塗 ; 作意防守, 勿令失落 ; 有平章事當爲白僧 ; 若有香花, 應行與衆 ; 夜閉門戶, 至曉當開 ; 大小行處, 常須洗拭 ; 若於寺中有損壞處, 卽應修補。聞是敎已, 答言 : 大德, 如佛所言, 我皆當作。

이리하여 아난은 조목조목 설명해 주었습니다. "예를 들어, 비구들이 걸식하러 외출했을 때에는 절에 남아 절 안팎을 청소하며 지키는 책임이 있습니다. 만약에 바닥이 더러우면 냄새가 나지 않는 새로운 소똥들을 가져다가 깨끗이 바릅니다. 문단속을 잘하여 물건을 잃어버리지 않도록 하고, 만약 정부 관리가 오면 일을 주관하는 비구를 기억하고 있다가 그에게 알려드립니다. 만약 향이나 꽃을 공양하는 사람이 있으면 그것을 대중들에게 공양이 되도록 해놓고, 저녁 휴식시간에는 문을 잘 걸어 잠그고, 매일 이른 아침에 문들을 열며, 드나드는 넓고 좁은 길들을 언제나 깨끗하게 해야 합니다. 절에 파손되거나 무너진 것은 재빨리 보수하는 일도 합니다."

난타는 듣고 난 뒤 정말 어찌할 도리가 없어 이렇게 말 할 수밖에 없었습니다. "대덕이여, 부처님의 분부인 이상 저는 꼭 그대로 하겠습니다." 그리하여 천근만근이나 되는 듯한 무거운 걸음을 또 끌면서 아난을 따라 절로 돌아왔습니다.

그때에 모든 비구들은 아침 식사 때가 되었으므로 가사를 입고 발우를 가지고 겁비라성으로 가서 밥을 빌고 있었다. 그때 난타는 사람들이 절에 없는 것을 보고 이렇게 생각했다. '마당을 쓸고 난 뒤 곧 집으로 돌아가야겠다.' 그래서 곧 마당을 쓸었다.

時諸苾芻, 於小食時, 執持衣鉢, 入劫比羅城爲行乞食。于時, 難陀見寺無人, 便作是念 : 我掃地了, 卽可還家。遂便掃地。

그때는 마침 아침 식사 시간이었습니다. 절 안의 비구들은 모두 가사를 걸치고 발우를 들고 성안으로 걸식하러 갔습니다. 난타가 보니 사방주위에 사람이 없는 지라 몹시 신바람이 났습니다. 마음으로 이렇게 생각했습니다. '땅을 깨끗이 쓸기만 하면 얼른 빠져나가 집으로 돌아가야지!' 그래서 빗자루를 들고 나는 듯이 땅을 쓸었습니다.

세존께서는 그의 마음을 관찰하여 아시고, 신통력으로써 깨끗이 쓸어 놓은 곳에 쓰레기가 도로 가득하게 하셨다. 그는 다시 생각하기를 '쓰레기를 다 치운 뒤에 돌아가야겠다.' 라고 하고, 비를 놓아두고 쓰레기를 거두어서 가져다 버렸으나 끝이 없었으므로 다시 생각하기를 '문을 닫아 놓고 떠나가야겠다.' 고 하였다.

세존께서는 곧 그가 한 방문을 닫은 뒤에 다시 다른 방문을 닫으면 먼저 닫힌 방문이 열리게 하였으므로 마침내 그는 근심하고 괴로워하였다.

世尊觀知, 以神通力, 令掃淨處糞穢還滿。復作是念：我除糞穢, 方可言歸。放帚收持, 糞穢無盡。復作是念：閉戶而去。世尊卽令閉一房竟, 更閉餘戶, 彼戶便開。遂生憂惱。

세존은 선정 중에 관찰하고 계시다가 생각을 움직이자마자, 난타가 막 쓸어낸 땅에 똥이나 쓰레기가 다시 쌓이게 하셨습니다. 난타는 미처 여러 생각을 할 겨를도 없이 얼른 또 새로 솟아난 이 쓰레기들을 다시 치웠지만, 뜻밖에도 막 치워놓고 돌아서면 또 한 무더기의 쓰레기가 쌓여 있는 것이었습니다. 분주하게 이리저리 쓸어보았지만 아무리해도 깨끗하게 쓸어버릴 수가 없었습니다. 어찌할 수 없는데다 갈팡질팡하던 난타는 모진 마음을 먹고는 이렇게 생각했습니다. '아예 문들을 다 닫아버리고 절에 사람이 없는 틈을 타서 몰래 얼른 집으로 돌아가 버리자!'

여기까지 생각이 이르자, 난타는 빗자루를 던져버리고 빨리 뛰어가 한 쪽 방문을 닫고 나서는 다시 몸을 돌려 다른 방문을 닫았습니다. 그런데 이상하게도 먼저 닫아놓은 방문이 다시 열리므로 얼른 되돌아가 그 방문을 닫았습니다. 이렇게 이리저리 뛰어다니며 방문을 닫으려했지만 아무리해도 모두 닫을 길이 없었습니다. 시종 허둥지둥 뛰어다니느라 머리에 온통 땀이 줄줄 흐르는 난타는 애가 탄 나머지 어떻게 해야 좋을지 몰랐습니다.

다시 생각하기를 '비록 절에 도둑이 들거나 파손되더라도 무슨 걱정이겠는가? 내가 장차 왕이 되면 수백 수천 개의 좋은 절들을 지어주어 그 보다 많이 배상하면 될 것이다. 나는 그대로 두고 집으로 가야겠다. 만일 큰 길로 가면 세존을 만날까 두렵구나' 하고는 곧 작은 길을 따라 가고 있었다.

　復作是念 : 縱賊損寺, 此亦何傷? 我當爲王, 更作百千好寺, 倍過於是。我宜歸舍。若行大路, 恐見世尊。作是思量, 卽趣小徑。

갑자기 생각이 바뀌어 그는 이렇게 생각했습니다. "나는 곧 왕위에 오를 것이다. 비록 지금은 내가 빠져나가 절에 도둑이 들거나 파괴될 지라도, 내가 왕이 되거든 수 백, 수천 개의 더 좋은 절들을 지어서 배상하면 그런대로 괜찮을 것이다."
　생각이 여기에 이르자 몹시 쾌활해진 난타는 마침내 마음 놓고 빠져나갈 수 있었습니다. 허둥지둥 서둘러 큰 걸음으로 절을 빠져나갔습니다. 큰 길로 가자니 걷기에는 좀 좋지만 세존을 만날까봐 걱정되었습니다. 잠시 생각해보고는 역시 작은 길로 돌아가기로 하였습니다.

걷기도 하고 뛰기도 하면서 길을 가는 동안 내내 머릿속에서 온통 맴도는 것은 사랑스러운 아내 손타라였습니다. "손타라는 지금 도대체 어떻게 하고 있을까? 틀림없이 나처럼 이루 말 할 수 없이 고통스러워하면서 이별의 고통에 시달림을 견디고 있겠지!" 잠시 그런 생각도 하고 잠시 이런 생각도 했습니다. "사랑스런 아내는 마침내 돌아온 나를 보고 어떤 모습을 보일까? 십중팔구 내 품안에 와락 달려들어 한바탕 통곡을 하겠지! 그러면 나는 잘 정성껏 위로하고, 사죄하고, 손타라를 위해 이별로 인한 모든 상처를 어루만져 주어야지!"

부처님께서는 그의 생각을 다 아시고 작은 길을 따라 오고 계셨다. 그는 멀리서 부처님을 보고는 서로 만나고 싶지 않았다. 길 곁에 어떤 나무가 가지의 그늘을 낮게 드리우고 있기에 즉시 그 아래로 들어가 몸을 숨기고 있었다. 부처님은 그 나무의 가지가 위로 높이 들려져 그의 몸이 드러나게 하시고는 부처님은 난타에게 물으셨다.

"너는 어디서 오느냐? 나를 따라오너라."

그는 몹시 부끄러워하면서 부처님의 뒤를 따랐다.

佛知其念, 從小道來。旣遙見佛, 不欲相遇。路傍有樹, 枝蔭低垂, 卽於其下, 隱身而住。佛令其樹擧枝高上, 其身露現。佛問難陀 : 汝何處來? 可隨我去。情生羞恥, 從佛而行。

바로 그런 헛된 생각에 빠져 손타라에 대해 애절한 생각을 하고 있는 동안 작은 길이 다 끝나는 곳에 홀연히 낯익은 사람 그림자가 나타났습니다. "야단났네! 저분은 세존이시잖아? 아이쿠! 원수는 외나무다리에서 만난다더니!" 이렇게 생각하는데 부처님은 바로 맞은편에서 난타를 향하여 걸어오고 계셨습니다.

원래 세존께서는 처음부터 줄곧 난타의 생각의 움직임에 주의를 기울이고 계셨습니다. 난타가 온갖 방법을 생각하여 집으로 돌아가려 하는 것을 보시고, 몸소 나타나시어 직접 가로막을 수밖에 없었습니다.

난타는 세존을 보고서 황급히 길가의 숲 속으로 들어갔습니다. 마침 무성한 가지와 잎을 낮게 드리우고 있는 큰 나무가 한 그루 있었습니다. 그는 숨조차 크게 쉬지 못하고 곧 이 무더기의 나뭇가지와 잎 뒤로 몸을 숨겼습니다.

얼마 지나지 않아 이 큰 나무 곁으로 부처님께서 다가오시더니 생각을 한 번 움직이자 지면에 드리워져 있던 가지와 잎이 갑자기 위로 들려졌습니다. 그 곳에서 웅크리고 있던 난타는 더 이상 숨어 있을 수가 없었습니다. 난처한 나머지 쥐구멍이라도 있으면 들어가고 싶을 뿐 이었습니다

부처님께서는 얼굴이 온통 붉어진 난타를 보시고 아무런 꾸지람도 하지 않으셨습니다. 그저 평온한 마음 온화한 태도로 이렇게 물으셨습니다. "너는 어디에서 오는 것이냐? 너는 이왕 나왔으니 나를 따라 가자꾸나!"

부처님은 생각하시기를 '이는 그의 아내를 몹시 그리워하고 있는

것이니 마땅히 버리고 떠나게 해야겠구나' 하고는, 그를 인도하기 위하여 겁비라성을 나와 실라벌(室羅伐)로 가셨다. 그 곳에 도착하신 뒤에 비사거녹자모원(毘舍佉鹿子母園)에 계시면서 부처님은 생각하시기를 '난타는 어리석고 미혹하여 아직도 그의 아내를 생각하며 애정을 버리지 못하고 있다. 방편을 써서 그의 마음을 쉬게 해야겠구나' 하고는, 곧 그에게 말씀하셨다.

"너는 전에 향취산(香醉山)에 가 본 적이 있느냐?"

그는 대답하였다.

"아직 못 보았나이다."

"그렇다면 나의 옷자락을 잡아라."

그리하여 그는 곧 나아가 옷자락을 붙잡았다.

佛作是念 : 此於其婦深生戀著, 宜令捨離。爲引接故, 出劫比羅城, 詣室羅伐。旣至彼已, 住毘舍佉鹿子母園。

佛念難陀愚癡染惑, 尙憶其妻, 愛情不捨。應作方便, 令心止息, 卽告之曰 : 汝先曾見香醉山不? 答言 : 未見。若如是者, 捉我衣角。卽就捉衣。

동생이 그 아내에게 얼빠져 이토록 정신을 못 차리는 것을 보고, 부처님께서는 '어떻게 인도해야 그로 하여금 철저하게 놓아버리도록 할 수 있을까?' 하고 줄곧 생각하시면서, 겁비라성을 나와 실라벌성의 비사거목자모원에 이르렀습니다. 방법이 생각나신 부처님께서는 걸음을 멈추고 옆에 있는 난타에게 물으셨습니다. "너는 향취산(香醉山)에 가본 적이 있느냐?" 난타가 "없습니다."라고 대답하자 부처님께서는 빙그레 웃으시면서 말씀하셨습니다. "자, 그럼 너는 내 옷자락을 붙잡아라. 너를 데리고 한 번 가마."

바다같은 정욕 하늘같은 사랑이 또 한 번 바뀌다

그때에 세존은 마치 아왕(鵝王)처럼 허공으로 올라가 향취산에 도달하셨다. 난타를 데리고 좌우를 돌아보는데 과일나무 아래에 암컷 원숭이 한 마리가 보였다. 그 원숭이는 눈이 하나 없었는데 곧 얼굴을 들어서 세존을 똑바로 보고 있었다. 부처님은 난타에게 말씀하셨다.

"너는 이 애꾸눈의 원숭이를 보고 있느냐?"

그는 대답하였다.

"예, 보고 있나이다."

"너는 어떻게 생각하느냐? 이 애꾸눈의 원숭이를 손타라와 비교하면 누가 더 뛰어나겠느냐?"

"저 손타라는 석가의 종족으로 마치 천녀와 같아서 용모와 거동이 제일이며 이 세상에서는 견줄 자가 없나이다. 이 원숭이를 그녀에게 비교한다면 천 만억 분의 일에도 미치지 못할 것이옵니다."

于時, 世尊猶如鵝王, 上昇虛空, 至香醉山。將引難陀, 左右顧盼。於果樹下見雌獼猴, 又無一目, 卽便擧面直視世尊。

佛告難陀曰: 汝見此瞎獼猴不? 白佛言: 見。佛言: 於汝意云何? 此瞎獼猴比孫陀羅, 誰爲殊勝? 答言: 彼孫陀羅是釋迦種, 猶如天女。儀容第一, 擧世無雙。獼猴比之, 千萬億分不及其一。

난타는 세존이 말씀하신대로 그의 옷자락을 붙들었습니다. 문득

쳐다보니 세존은 마치 아왕(鵝王)처럼 훨훨 날아올라 푸른 산 흰 구름 사이에 계셨습니다. 난타는 경이로움과 기쁨을 느끼며 세존을 따라 끝없이 넓은 아득한 허공 속으로 날아올랐습니다. 내려다보니 녹자모원(鹿子母園)이 갈수록 작아지면서 멀어지고 있었습니다. 이와 함께 속세의 모든 번뇌와 속박도 멀리 가버리는 듯 하였습니다.

얼마 지나지 않아 향기가 사람을 휩싸고 꽃나무가 무성한 향취산에 도착했습니다. 난타는 생전 처음 보고 듣게 되는, 동서남북 어느 곳이나 사람을 기쁘게 하는 경관을 쭈욱 둘러보았습니다. 이때 과일나무 아래에 있는 한 애꾸눈 어미 원숭이가 세존이 계신 쪽을 바라보고 있었습니다.

세존께서는 자상하게 물었습니다. "너는 저 애꾸눈 원숭이가 보이느냐?" 그러자 난타는 고개를 끄덕이며 대답했습니다. "예. 보입니다." 세존께서는 이어 물으셨습니다. "네 생각에 저 원숭이 모습이 어떠하냐? 손타라와 비교하면 어느 쪽이 더 예쁘냐?" 난타는 이 질문에 웃을 수도 울 수도 없는 심정으로 대답했습니다. "어떻게 비교가 되겠습니까? 손타라는 고귀한 석가족의 여인으로 그 모습이 하늘에서 내려온 선녀와 같습니다. 어떤 모습자태를 보아도 정말 아름다운 일대의 가인입니다. 그런데 어찌 애꾸눈 원숭이에 비교하십니까? 꼭 대답을 해야 한다면 이 애꾸눈 원숭이는 사실 손타라의 천 만억 분의 일에도 못 미칩니다."

———————

부처님께서는 이어 말씀하셨다.

"너는 천궁을 본 일이 있느냐?"

그는 대답하였다.

"아직 못 보았나이다."

"그렇다면 다시 이 옷자락을 붙잡아라."

그가 또 옷자락을 붙잡자, 마치 아왕처럼 허공으로 올라가 삼십삼천에 도달하신 뒤에 난타에게 말씀하셨다.

"너는 천궁의 훌륭한 곳을 모두 구경하여라."

난타는 곧 환희원(歡喜園)과 채신원(婇身園), 추신원(麤身園)과 교합원(交合園)과 원생수(園生樹)며 선법당(善法堂) 등 이러한 천상의 동산과 꽃과 열매와 목욕하는 곳과 재미있게 노는 곳으로 가서 두루 살펴보았고, 다음에는 선견성(善見城) 안으로 들어가서 또 갖가지의 북과 악기며 거문고와 퉁소 등의 미묘한 소리를 들었고, 환히 트인 결채에 평상과 장막을 화려하게 설비하여 놓고 곳곳에서 천상의 아름다운 채녀(婇女)들이 함께 서로 즐기고 있는 것도 보았다.

佛言 : 汝見天宮不? 答言 : 未見。可更執衣角。即便執衣還, 若鵝王, 上虛空界, 至三十三天。告難陀曰 : 汝可觀望天宮勝處。

難陀即往歡喜園。婇身園 麤身園 交合園 圓生樹 善法堂, 如是等處。諸天苑園 花果 浴池 遊戲之處, 殊勝歡娛, 悉皆遍察。次入善見城中, 復見種種鼓樂絲竹微妙音聲。廊宇疏通, 床帷映設。處處皆有天妙婇女, 共相娛樂。

부처님께서는 그의 대답을 듣고는 웃으시며 이어 물으셨습니다. "천궁에 가본 적 있느냐?" 난타가 "아니요."라고 대답하자 부처님께서는 그에게 옷자락을 잘 잡으라고 분부하셨습니다. 곧 난타는 조금 전처럼 세존을 따라 날아올랐는데 정말 유쾌하였습니다. 실컷 날았을 때 삼십삼천에 도착했습니다.

세존께서는 멍하니 눈을 부릅뜨고 있는 난타에게 말씀하셨습니다. "여기는 미묘한 경관이 적지 않게 있으니 너는 사방을 돌아다니며 보아도 무방하다."

세존께서 이렇게 말씀하시자 난타는 기뻐 어쩔 줄 모르며 각처를 돌아다녔습니다. 환희원·채신원·추신원·교합원·원생수·선법당 등을 쭈욱 둘러보았습니다. 천상의 이러한 원림들의 안을 문득 보니, 모두 기이한 꽃들과 진귀한 과일들로 가득 차 있었습니다. 곳곳에 있는 천연의 목욕웅덩이는 물이 너무나 맑아 그 바닥까지 훤히 들여다보이면서 꽃나무가 무성한 원림 속에 서로 어울려 돋보였습니다. 이곳에서 천인천녀들은 아무런 근심 없이 놀며 즐기고 있었는데, 정말 눈에 가득 찬 봄빛이 사람들을 도취시켜 집에 돌아가는 것도 잊게 만드는 정도였습니다.

이 원림에서 나와 난타가 선견성에 들어가자 신선의 음악소리가 산들산들 들려왔습니다. 이 음악은 마땅히 천상에만 있는 것이지 인간세상에서 몇 번이나 들을 수 있겠습니까? 그 속의 궁전, 회랑도 자연히 모두 색다른 모습으로 별천지였습니다. 그 중에서도 가장 사람의 마음을 끄는 것은 곳곳에 있는 낭만적이고 우아한 침대 휘장이었습니다. 천인천녀들은 그 곳 어디서나 즐거워하면서 향유하고 있었습니다.

난타가 이렇게 두루 구경하다가 한 곳을 보았더니 천녀들만 있을 뿐 천자들이 없었으므로 그 천녀들에게 물었다.

"무슨 까닭에 다른 곳에는 남녀들이 뒤섞여서 쾌락들을 누리고 있는데 당신들은 어째서 여인들만이 있고 남자들은 보이지 않습니까?"

천녀가 대답하였다.

"세존께 아우가 있으니, 그 이름이 난타입니다. 부처님을 따라 출가하여 오로지 범행(梵行)만을 닦고 있습니다. 목숨을 마친 뒤에는 이곳에 태어나게 될 것이므로 우리들은 그를 기다리고 있습니다."

난타는 그 말을 듣고 뛸 듯이 기뻐하며 빨리 부처님께로 돌아왔다.

難陀遍觀, 見一處所, 唯有天女, 而無天子。便問天女曰 : 何因餘處男女雜居, 受諸快樂。汝等何故, 唯有女人, 不見男子? 天女答曰 : 世尊有弟, 名曰難陀。投佛出家, 專修梵行。命終之後, 當生此間, 我等於此相待。

難陀聞已, 踊躍歡欣, 速還佛所。

둘러보는 가운데에 매우 다르게 보이는 한 곳이 있었습니다. 멀리 바라보니 모두 자태가 유연하고 아름다운 한 무리의 천녀들이 있었는데, 천자의 모습은 보이지 않았습니다. 난타는 호기심을 참지 못하고 물었습니다. "내가 다른 곳을 보니까 모두 천인과 천녀들이 쾌활하게 놀고 즐거워하고 있는데 왜 당신들은 천녀들만 있고 천자들은 없습니까?"

천녀들이 듣고 나더니 그 중 어떤 한 천녀가 생긋 웃으며 말하였습니다. "세존께는 난타라는 동생이 있는데 출가하여 수행에 전념하고 있답니다. 목숨이 다한 후에는 이 곳 천상에 태어날 것이어서 저와 여기 자매들은 그를 시중들기를 기다리고 있습니다." 사실 구경하는 재미에 빠져 돌아가고 싶지 않던 난타는 이 말을 듣자마자 즐거운 나머지 마음에 꽃이 활짝 핀 듯하면서 온 몸이 나른해졌습니다. 흥분과 감동을 안은 채 부처님 곁으로 뛰어 돌아왔습니다.

세존께서 물으셨다.

"너는 천상의 뛰어나고 미묘한 일들을 보았느냐?"

그는 대답하였다.

"예, 보았나이다."

그가 보았던 그대로를 세존께 자세히 아뢰자, 부처님은 난타에게 말씀하셨다.

"천녀들을 보았느냐?"

"예, 보았나이다."

"그 천녀들을 손타라와 비교하면 누가 더 아름답더냐?"

"세존이시여, 손타라를 그 천녀들에게 비교하는 것은 마치 저 향취산에 살고 있는 애꾸눈의 원숭이를 손타라와 비교하는 것과 같아서 백천만 분의 일에도 미치지 못합니다."

부처님은 난타에게 말씀하셨다.

"청정한 행을 수행한 이는 이런 뛰어난 이익이 있나니, 너는 이제 굳건하게 범행을 닦아 장차 천상에 나서 이러한 쾌락을 누리도록 하여라."

이런 말씀을 듣고 그는 기뻐하면서 잠자코 서 있었다.

그때 세존께서는 난타와 함께 바로 천상에서 사라져 서다림(逝多林)에 도착하셨다.

이때부터 난타는 천궁을 사모하면서 범행을 닦았다.

世尊問言 : 汝見諸天勝妙事不? 答言 : 已見。佛言 : 汝見何事? 彼如所見, 具白世尊。佛告難陀 : 見天女不? 答言 : 已見。此諸天女比孫陀羅, 誰爲殊妙? 白言 : 世尊。以孫陀羅比此天女, 還如香醉山內, 以瞎獼猴比孫陀羅, 百千萬倍不及其一。

佛告難陀 : 修淨行者, 有斯勝利。汝今宜可堅修梵行, 當得生天, 受斯快樂。聞已歡喜, 黙然而住。爾時世尊便與難陀, 卽於天沒, 至逝多林。是時難陀思慕天宮, 而修梵行。

(저자주) 서다림: 예전에는 기타림(祇陀林) 혹은 기원림(祇洹林)이라고도 하였다. 원래 서다(逝多)태자의 원림이라 서다림이라 불렀으나 후에 수달장자(須達長者) 또는 급고독장자(給孤獨長者)라 불리는 이가 이를 사서 정사(精舍)를 지어 부처님께 바쳤으므로 기원정사(祇洹精舍)라고도 한다.

이때 세존께서는 여전히 원래 계시던 곳에 편안하게 앉아 계시다가, 기뻐서 어쩔 줄 모르는 난타를 보시고는 미소를 띤 채 물으셨습니다. "너는 그 수승하고 미묘한 경관들을 보았겠지?" 난타는 신바람이 나서 보았던 것들을 일일이 말씀드렸습니다. 그러자 부처님께서 이어 물으셨습니다. "그 천녀들과 손타라를 비교하면 도대체 어느 쪽이 더 예쁘냐?" 난타는 조금도 망설이지 않고 자신의 머리를 마구 도리질하며 대답하였습니다. "아이구, 손타라는 그 천녀들에 비하면 그야말로 그 애꾸눈 원숭이나 마찬가지입니다. 정말 백 천만분의 일에도 미치지 못합니다!"

부처님께서 들으시고 벙글벙글 웃으시며 난타에게 말씀하셨습니다. "네가 보듯이, 범행을 청정히 닦으면 이 같은 좋은 점이 있을 것이다. 이제 너는 내가 아무런 까닭 없이 너를 속여서 출가시킨 것이 아님을 마땅히 알아야 한다! 네가 신심을 굳건히 하여 수행을 잘 하기만 하면 장래에 하늘나라에 올라 비할 바 없는 환락을 누릴 수 있다." 난타는 이를 듣고 몹시 좋아하며, 마침내 진심으로 납득하고 부처님을 따라서 출가하기를 원했습니다.

이리하여 세존께서는 난타를 데리고 천궁을 떠나서 그들이 수행하는 도량으로 돌아왔습니다. 이때부터 난타는 천상의 미묘함을 생각하며 진지하게 수행하기 시작했습니다.

범행은 같아도 서로 다른 정

부처님은 그런 뜻을 아시고 아난타에게 말씀하셨다.

"너는 이제 가서 비구들에게 알리기를 어느 한 사람도 난타와는 자리를 같이 앉지 말 것이요, 같은 곳에서 거닐지도 말 것이며, 같은 횃대에 옷도 걸지 말 것이요, 동일한 곳에 발우를 놓거나 물병도 두지 말 것이며, 같은 곳에서 경전도 독송하지 말라고 하라."

아난타는 부처님께서 하신 말씀을 모든 비구들에게 전하였으므로 비구들은 받들어 행하기를 모두 임금의 명령처럼 하였다.

이때에 난타는 사람들이 자기에게 함께 모이지 않는 것을 보고 몹시 부끄러워하였다.

佛知其意, 告阿難陀曰 : 汝今可去告諸苾芻, 不得一人與難陀同座而坐, 不得同處經行, 不得一竿置衣, 不得一處安鉢及著水瓶, 不得同處讀誦經典。阿難陀傳佛言教, 告諸苾芻。苾芻奉行, 皆如聖旨。是時難陀旣見諸人不共同聚, 極生羞愧。

부처님은 난타의 속마음을 아시고는 아난을 부르셨습니다. 아난더러 각 비구들에게 전하기를, 난타하고는 한 자리에 앉지 말고, 같은 곳을 경행(經行)하지 말며, 그와 같은 빨래 장대에 옷을 말리지 말 것이며, 같은 곳에 발우를 놓거나, 물을 뜨거나 심지어는 경전을 그와 함께 같은 곳에서 독송하지 말라고 하셨습니다. 비구들은 듣고서 임금의 명령을 받든 것처럼 가르침대로 행했습니다.

줄곧 남들이 자기를 떠받드는데 익숙해져 있던 난타는, 이제 모두 그를 상대하지도 않고 거들떠보지도 않으며, 심지어는 의도적으로 회피해버리자 정말 괴롭기도 하고 난감하기도 하였습니다.

뒷날 어느 때에 아난타와 여러 비구들이 공시당(供侍堂)에서 옷을 깁고 있었다. 난타는 그것을 보고 생각하기를 '이 여러 비구들은 모두가 나를 버리고 자리를 같이하지 않지만 이 아난타는 나의 아우이니 어찌 나를 싫어하겠는가' 하면서, 곧 그곳으로 가서 같이 앉았다.

그때 아난타는 벌떡 일어나 피하므로 그는 말하였다.

"아난타여, 다른 비구들에게 버림을 받는 것은 참을 수 있겠으나 그대는 나의 아우인데 어째서 그토록 싫어한단 말이오?"

아난타는 말하였다.

"진실로 형제의 도리는 있습니다. 그러나 당신은 다른 길을 걸어가고 있고 나는 다른 길을 따르고 있습니다. 그 때문에 피하는 것입니다."

"무엇을 나의 길이라 하고 어떤 것이 당신의 길입니까?"

"당신은 천상에 나기를 좋아하여 범행을 닦고 있고, 나는 원적(圓寂)을 구하므로 욕망에 의한 마음의 더럽혀짐을 없애고 있습니다."

이 말을 듣고 나자 더욱 더 마음이 우울하고 슬퍼졌다.

後於一時, 阿難陀與諸苾芻, 在供侍堂中縫補衣服.
　難陀見已, 便作是念 : 此諸苾芻咸棄於我, 不同一處. 此阿難陀既是
我弟, 豈可相嫌? 卽去同坐, 時阿難陀速卽起避. 彼言 : 阿難陀, 諸餘
苾芻事容見棄, 汝是我弟, 何乃亦嫌? 阿難陀曰 : 誠有斯理, 然仁行別
道, 我遵異路. 是故相避. 答曰 : 何謂我道? 云何爾路? 答曰 : 仁樂生
天, 而修梵行 : 我求圓寂, 而除欲染. 聞是語已, 倍加憂感.

　어느 날, 아난이 비구들과 공시당에서 옷을 깁고 있었는데, 아난
을 본 난타는 갑자기 마음이 따뜻해지기 시작했습니다. 속으로 이
렇게 생각했습니다. '이런 비구들은 나를 푸대접하고 상대해주지
않지만, 아난은 나의 사촌동생이니까 아무래도 나를 싫어하지는
않겠지.' 사람들에게 오랫동안 푸대접을 받은 난타는 드디어 친한
사람을 보게 되자 몹시 위안이 되어 공시당으로 가서 아난의 곁에
앉으려 하였습니다.

　뜻밖에도 아난은 난타가 미처 앉기도 전에 서둘러 일어나 가버
렸습니다. 이 때, 난타는 더 이상 참지 못하고 이렇게 불평을 늘어
놓았습니다. "이 비구들이 까닭 없이 나를 상대해주지 않는 거야
하는 수 없지 뭐! 헌데 그대는 내 동생인데도 어째서 나를 피하는
거요? 당신들 도대체 어찌된 일이요?"

　아난은 말했습니다. "맞습니다. 당신은 제 형입니다. 그렇지만
우리는 지금 각자 제 갈 길을 가고 있고, 우리가 가는 길은 같은
길이 아니라 서로 다른 길입니다. 그래서 당신이 오자 저는 길을
비켜 가는 것입니다. 이것은 자연스러운 일로 탓할 것이 못되는데

왜 제게 불평을 하십니까?"

난타는 언짢은 기색으로 말했습니다. "당신들은 나를 궁전으로부터 나오게 해서, 당신들을 따라 낡은 절에 머무르고 탁발을 하고 정좌하게 하고 다리가 아파도 참게 만들고 있소. 나는 모두 당신들이 하는 대로 따라 했는데, 이제 와서 무슨 각자의 길을 간다니, 이게 무슨 놈의 도리란 말이요!".

아난은 침착하게 말했습니다. "사실은 이와 같지요. 당신은 천상에 태어나 향락을 누리기 위해서 정좌수행을 하지만, 우리들은 열반의 청정(清淨)을 위해 수행하므로 욕망에 의한 마음의 더럽혀짐[欲染]을 없애려 힘씁니다. 우리는 실제로 같은 길을 가는 것이 아닙니다!" 이 말을 들은 난타는 아무런 말도 할 수 없었습니다. 마음속은 더 답답하고 괴로웠습니다.

천상이나 지옥에 태어남이 한 생각에 달렸네

그때에 세존께서는 그의 마음의 생각을 아시고 난타에게 말씀하셨다.

"너는 전에 나락가(捺洛迦)에 가 본 적이 있느냐?"

그는 대답하였다.

"아직 못 가 보았나이다."

부처님이 말씀하셨다.

"너는 나의 옷자락을 붙잡아라."

그가 곧 나아가 옷을 붙잡자, 부처님은 그를 데리고 지옥으로 갔다.

그때에 세존께서는 한편에 서 계시면서 난타에게 말씀하셨다.

"너는 지금 가서 여러 지옥들을 구경하여라."

난타는 곧 가서 먼저 잿물 강을 보았고 다음에는 칼 나무와 똥물 강과 불 강에 이르렀다. 그 곳들에 들어가 자세히 살펴보아 마침내 중생들이 갖가지 고통들을 받고 있는 모습을 보았다. 혹은 쇠 집게로 혀를 뽑고 치아를 비틀고 눈을 도려내는 모습을 보았고, 혹은 때로는 톱으로 몸을 썰어 나누고 혹은 또 도끼로 손발을 자르고 혹은 몽둥이로 때리고 창으로 찌르기도 하였으며, 혹은 쇠몽둥이로 부수어 가루가 되게 하기도 하였고 혹은 이글거리는 구리물을 입에다 부어 넣기도 하였으며, 혹은 칼로 된 산과 칼로 된 나무에 오르게 하고, 방아에 찧고 돌에 갈며 이글거리는 구리 기둥과 쇠 평상에서 극심한 고통을 받기도 하였고, 혹은 맹렬한 불에 펄펄 끓어오르는 가마솥에서 유정중생들을 삶고 있는 모습도 보았다.

爾時世尊知其心念, 告難陀曰：汝頗曾見捺洛迦不? 答言：未見。佛言: 汝可捉我衣角。卽便就執。佛便將去, 往地獄中。爾時世尊在一邊立, 告難陀曰：汝今可去觀諸地獄。

難陀卽去。先見灰河, 次至劍樹糞屎火河。入彼觀察, 遂見衆生受種種苦。或見以鉗拔舌, 捩齒抉目；或時以鋸, [利-禾+皮]解其身；或復以斧, 斫截手足；或以牟[矛+贊]鑽身；或以捧打槊刺；或以鐵鎚粉碎；或以鎔銅灌口；或上刀山劍樹, 碓擣石磨, 銅柱鐵床, 受諸極苦；或見鐵鑊, 猛火沸騰, 熱焰洪流, 煮有情類。

난타의 마음이 일어나고 생각이 움직이는 것을 부처님께서는 줄곧 관조(觀照)하고 계셨습니다. 이때에 부처님께서는 난타에게 물으셨습니다. "너는 나락가(지옥)를 본 적이 있느냐?" 난타는 머리를 가로저으며 대답했습니다. "아니요. 본 적이 없습니다." 그러자 부처님께서는 난타에게 다시 자신의 옷자락을 붙잡으라고 하셨습니다. 눈 깜짝할 사이에 그들은 지옥에 도착했습니다. 전에 천당에 갔을 때와 마찬가지로, 세존께서는 난타더러 뜻대로 이곳저곳을 돌아다녀보라고 하셨습니다.

난타가 호기심에 차서 가 보니, 제일 먼저 눈에 들어오는 것은 한 줄기 어두운 잿빛의 강물이었었습니다. 그 다음에는 칼로 된 나무와 똥으로 된 거대한 강을 지나갔습니다. 소용돌이치는 강물 안은 온통 똥으로 가득했고, 강의 양쪽은 한 그루 한그루마다 온통 칼날이 꽂혀있는 나무숲이었습니다. 계속 걸어가자 곳곳마다 참혹하여 차마 볼 수 없는 잔혹한 형벌의 모습이었습니다. 어떤 중생은 쇠 집게로 혀를 뽑히고 있었고, 어떤 중생은 치아를 두들겨 맞아 부서지고, 어떤 중생은 눈알이 파내어지고 있었습니다. 심지어 어떤 중생은 톱으로 몸이 베어지고 있고, 도끼에 팔다리가 찍혀 잘려지고, 쇠 송곳에 온 몸이 찔리고 있었습니다. 또 어떤 중생은 후려치는 날카로운 가시 몽둥이를 맞고 있었고, 쇠망치에 다듬이질 당하듯 두드려 맞아 뼈와 살이 튀고 있는 중생도 있었고, 펄펄 끓어 녹아 흐르는 구리물, 철물이 입에 부어지는 이도 있었습니다. 어떤 중생은 또 칼산이나 칼나무에 내던져지고, 또 어떤 중생은 돌절구 안에 집어넣어 찧어져 피와 살이 구분이 되지 않았고, 불로 달구어진 구리기둥이나 쇠 평상에 묶여져 있는 중생도 있었습니다. 이들은 저마다 끔찍한 시련을 당하면서 공포의 비명을 지르고 있었습니다.

이렇게 고통 받는 일들을 보고 나서 다시 한 가마솥을 보았더니 거기에 물은 펄펄 끓고 있었으나 속에 유정중생은 없었으므로 두려워하면서 옥졸에게 물었다.

"무슨 인연으로 다른 가마솥에서는 모두 유정중생들을 삶고 있는데 이 가마솥만은 끓기만 하고 비어 있습니까?"

옥졸이 대답하였다.

"부처님의 아우 난타는 오로지 천상에 태어나기만을 원하면서 범행을 닦으므로 천상에 태어나서 잠시 동안 쾌락을 누리다가 거기서 목숨을 마친 뒤에는 이 가마솥 안으로 들어올 것입니다. 그 때문에 나는 지금 끓이기만 하면서 그를 기다리고 있습니다."

난타는 이 말을 듣고 몹시 두려워서 몸의 털이 모두 곤두서고 구슬 같은 식은땀이 줄줄 흘렀으므로 생각하기를 '만일 내가 난타인 줄 알면 산 채로 작살로 찔러서 가마솥에 넣겠구나' 라고 하면서 급히 달려 세존께서 계신 곳으로 돌아왔다.

見如是等受苦之事。復於一鐵鑊空煮炎熱, 中無有情。 睹此憂惶, 問獄卒曰 : 何因緣故, 自餘鐵鑊皆煮有情, 唯此鑊中空然沸涌? 彼便報曰 : 佛弟難陀, 唯願生天, 專修梵行, 得生天上, 暫受快樂。彼命終後, 入此鑊中。是故我今然鑊相待。

難陀聞已, 生大恐怖。身毛皆豎, 白汗流出。作如是念 : 此若知我是難陀者, 生叉鑊中。卽便急走, 詣世尊處。

난타는 지옥을 둘러보는 내내 손발에 힘이 빠지면서 될 수 있으면 빨리 몸을 돌려 돌아가고만 싶었습니다. 그러다 여기 저기 커다란 쇠 가마솥에 물이 펄펄 끓고 있고, 그 끓는 물 안에는 삶겨져 피부가 찢기고 터진 중생들이 뒹굴고 있는 것을 보게 되었는데, 그 중의 한 쇠 가마는 끓는 물만 보일뿐 물 안에는 아무것도 없었습니다. 난타는 호기심을 참지 못하고 걸어가 가마솥 옆에 있는 옥졸에게 물었습니다. "다른 가마솥에는 과보를 받는 중생들을 삶고 있는데 유독 이 가마솥은 물만 부글부글 끓고 있고, 안에는 왜 아무것도 없는 것입니까?"

옥졸은 듣고 나서 무표정한 얼굴로 말했습니다. "석가모니불께는 난타라는 동생이 하나 있는데, 그는 출가 후 천상세계에 태어날 복보를 위하여 정좌수행에 노력하고 있습니다. 그가 장래에 천상세계로 올라갔다가 천당의 욕락을 누리고 난 다음에는 이 펄펄 끓는 물속으로 내려와 과보를 받을 것입니다. 시간은 매우 빨리 흐르므로, 얼마 지나지 않아 그가 올 것이기 때문에, 우리는 여기서 물을 펄펄 끓이면서 그를 기다리고 있습니다."

난타는 이를 듣고 기겁하여 온 몸에서 식은땀이 흘러내리면서 생각했습니다. '만약 그들이 내가 바로 그 난타임을 안다면 나를 지금 솥에다 집어던질지도 모른다.' 여기에 생각이 이르자, 저도 모르게 두 다리에 힘이 풀린 난타는 죽어라고 뛰어 세존께로 돌아갔습니다.

───────────

부처님은 말씀하셨다.

"너는 지옥들을 보았느냐?"

그러자, 난타는 슬피 흐느끼고 눈물을 줄줄 흘리면서 목 메인 가느다란 소리로 아뢰었다.

"예, 보았나이다."

부처님은 말씀하셨다.

"너는 어떤 것들을 보았느냐?"

그는 곧 보았던 그대로를 세존께 자세히 아뢰자, 부처님은 난타에게 말씀하셨다.

"혹 인간을 원하고 혹은 천상을 구하면서 범행을 부지런히 닦는 이라면 이러한 허물이 있는 것이니, 그러므로 너는 이제 마땅히 열반을 구하며 범행을 닦아야 하고 천상에 태어나기를 바라면서 애써 수고하지 말 것이니라."

난타는 이 말씀을 듣고 나서 몹시 부끄러워하며 대답조차 못하고 있었다.

그때 세존께서는 그의 뜻을 아시고 나서 지옥을 나와 서다림으로 돌아오신 뒤에 곧 난타와 여러 비구들에게 말씀하셨다.

"안에는 세 가지의 더러움이 있나니, 음욕과 성냄과 어리석음이 그것이니라. 이것을 버려야 하고 이것을 멀리 떠나는 법을 닦고 배워야 되느니라."

佛言 : 汝見地獄不? 難陀悲泣雨淚, 哽咽而言, 出微細聲白言 : 已見。佛言 : 汝見何物? 卽如所見, 具白世尊。佛告難陀 : 或願人間, 或求天上, 勤修梵行, 有如是過。是故汝今當求涅槃。以修梵行, 勿樂生天, 而致勤苦。難陀聞已, 情懷愧恥, 黙無所對。

爾時世尊知其意已, 從地獄出。至逝多林, 卽告難陀及諸苾芻曰 : 內有三垢, 謂是婬欲 瞋恚 愚癡。是可棄捨, 是應遠離, 法當修學。

난타가 세존의 곁으로 돌아오자 세존께서는 예전처럼 그에게 무엇을 보았느냐고 물으셨습니다. 난타는 미처 입을 떼기도 전에 눈물이 비처럼 쏟아지면서 우는 바람에 목소리가 제대로 나오질 않았지만, 목메어 흐느끼면서 보았던 것을 말씀드렸습니다.

부처님은 듣고 나서 자상하게 말씀하셨습니다. "난타야, 네가 출가 수행하면서 인간세상의 부귀공명을 바라거나, 천상세계의 욕락을 누리기를 바란다면, 그 어느 쪽이든 이런 엄중한 과보를 받게 될 것이다. 그러므로 이제부터는 발심을 잘해서 청정원명(淸淨圓明)을 성취하도록 뜻을 세우고, 다시는 절대로 천상세계의 욕락을 탐해서 구하지 말아라."

난타는 듣고 나서 부끄러워 말을 할 수 없었습니다.

부처님께서는 난타가 철저하게 뉘우치고 있음을 아시고, 다시 그를 지옥에서 데리고 나오셨습니다. 서다림의 기원정사로 돌아온 세존께서는 간곡하고 의미심장하게 난타와 그곳에 있는 다른 비구들에게 말씀하셨습니다. "음욕 · 성냄 · 어리석음은 세 가지의 근본적인 더러움으로 3독(三毒)이라고 부른다. 이것은 수행자가 특별히 주의하고, 아울러 제거하도록 노력해야 하는 것이다."

이때부터 난타는 차분히 마음을 안정시키고 착실히 서다림에서 수행생활을 시작하였습니다.

그때 세존은 서다림에 머무르신지 며칠이 되기도 전에 인연 따라 중생들을 제도하시려고 모든 제자무리와 함께 점파국(點波國)으로 가셔서 게가 연못[揭伽池]가에 머물러 계셨다.

그때 저 난타와 오백 명의 비구들도 부처님을 따라와서 세존께 나아가 모두가 부처님 발에 예배하고 한쪽에 앉아 있었다.

그때 부처님·세존은 대중이 다 앉은 것을 보시고 난타에게 말씀하셨다.

"나에게 가르침의 요점[法要]이 있으니 처음도 중간도 나중도 훌륭하고 글과 뜻이 교묘하며 순일하고 원만하며 청백한 범행이니, 이른바 입모태경(入母胎經)이 그것이니라. 너는 자세히 듣고 지극히 주의를 기울여 잘 사념할지니, 나는 이제 너를 위하여 설하리라."

난타가 말하였다.

"그러하겠습니다. 세존이시여, 즐거이 듣고자 하나이다."

爾時, 世尊住逝多林未經多日。爲欲隨緣化衆生故, 與諸徒衆往占波國, 住揭伽池邊。時彼難陀與五百苾芻, 亦隨佛至往世尊所, 皆禮佛足, 在一面坐。

時佛世尊見衆坐定, 告難陀曰 : 我有法要, 初中後善, 文義巧妙。純一圓滿, 淸白梵行。所謂入母胎經。汝當諦聽。至極作意, 善思念之。我今爲說。難陀言 : 唯然世尊, 願樂欲聞。

며칠 후에, 인연 따라 제도교화하기 위하여 세존께서는 점파국의 게가 연못 주변에 머무셨습니다. 난타와 5백 명의 비구들도 함께 따라갔는데, 이 제자들은 세존께서 자리를 잡고 앉으시자 몹시 경건하게 부처님의 발에 정례한 다음 세존의 주위에 가부좌하고 앉았습니다.

세존께서는 모두 자리를 잡고 앉자 난타에게 말씀하셨습니다.
"나는 이제 처음부터 끝가지 모두 중요한 어떤 설법을 하겠다. 그 내용은 매우 흥미로울 뿐만 아니라 청정한 범행과도 관계가 있다. 내가 설하고자 하는 것은 입모태경(入母胎經)으로, 생명이 모태에 들어가는 과정과 모체 내에서의 성장변화에 대한 것이다. 난타야, 이는 주로 너를 위해 설하는 것이니 주의 깊게 잘 듣도록 하여라!"

난타는 매우 간절하게 말했습니다. "예, 꼭 주의 깊게 잘 듣겠습니다."

제2장 입태와 불입태

기수의 오묘함
수태가 될 수 없는 경우들
모태에 들어가는 모습

부처님께서 난타에게 말씀하셨다.

"비록 어머니의 태(胎)가 있다 하더라도 들어감[入]과 들어가지 못함[不入]이 있느니라. 어떻게 어머니의 태속으로 들어가 생(生)을 받는가?

　佛告難陀 : 雖有母胎, 有入不入。云何受生入母胎中?

부처님께서 설하기 시작하셨습니다. "비록 모체가 있다 하더라도 임신하여 수태될 수 있는 때가 있고 그럴 수 없는 때가 있다. 도대체 어떻게 해야만 모태로 들어가 수태가 될까?"

부모가 더러운 마음으로 음행을 하고 그 어머니의 뱃속이 깨끗하고 월기(月期)의 때가 이르고 중온(中蘊)이 그 앞에 나타나게 되면 그러한 때에 어머니의 태속에 들어간다는 것을 알아야 하느니라.

若父母染心, 共爲婬愛, 其母腹淨, 月期時至, 中蘊現前。當知爾時, 名入母胎。

"뱃속이 깨끗하다[腹淨]"란, 월경이 지난 후에 모체의 생식기관에 감염이 없을 뿐만 아니라 다른 질병상태가 없는 상태를 가리킵니다.

"월기(月期)"란, 사람들에게 먼저 월경 주기를 떠올리게 하지만 사실상 그것은 매달마다 있는 배란기를 가리킵니다. 뒤에서 더 자세히 설명할 것입니다.

"중온(中蘊)"은 소위 말하는 중음신(中陰身)으로 중유신(中有身)이라고도 합니다. 6도(六道: 중생이 의지에 기초한 생활행위인 업業에 의해 생사를 반복하는 여섯 가지 세계로 지옥도, 아귀도, 축생도, 아수라도, 인간도, 천상도를 말한다. 육취六趣라고도 한다/역주)중의 어떤 한 생명 존재가 끝난 뒤, 다시 육도 중의 어떤 생명 존재로 아직 환생하지 않은 단계의 생명상태를 통틀어서 중음신이라 합니다.

이제 우리는 이 단락의 경문을 한 번 보겠습니다. 부처님께서 말씀하시기를, 예를 들어 여성의 월경기가 지나고 때마침 배란기에 부모 두 사람의 정욕이 움직여 방사(房事)를 행하고 있을 때, 태에 들 준비를 하고 있는 중음신이 때마침 나타나면, 곧 태에 들어간다고 합니다.

이러한 입태의 대원칙을 말씀하시고 난 뒤, 석가모니불께서는 이어서 또 중음신에 대하여 소개하십니다.

───────────

이 중온의 형상에는 두 가지 부류가 있나니, 한 가지 부류는 형색이 단정한 것이요, 또 한 가지 부류는 용모가 추루한 것이니라.

지옥에 태어날 중유(中有)는 용모가 추루하며 마치 불에 탄 등걸과 같고, 축생으로 태어날 중유는 그 빛이 마치 연기와 같으며, 아귀로 태어날 중유는 그 빛이 마치 물과 같고, 인간과 천인으로 태어날 중유는 형상이 마치 금빛과 같으며, 색계(色界)에 태어날 중유는 형색이 새하얗고, 무색계천(無色界天)에는 원래 중유가 없나니, 형색이 없기 때문이니라.

此中蘊形, 有其二種。一者形色端正, 二者容貌醜陋。
地獄中有, 容貌醜陋, 如燒杌木；傍生中有, 其色如煙；餓鬼中有, 其色如水；人天中有, 形如金色；色界中有, 形色鮮白；無色界天元無中有, 以無色故。

이 중음신의 모습은 대체로 두 가지 부류로 나뉩니다. 하나는 형색이 단정한 것이고, 하나는 용모가 추한 것으로 마치 불에 타서 그슬린 비틀어진 나무 모양 같은 것도 있습니다.

만약 축생으로 떨어질 중음신이라면 대개 수종(水腫)과 같은 모습이며, 인간세계나 천상세계에 태어날 중음신은 왕왕 황금빛을 띠고 있기도 합니다. 색계천(色界天: 불교의 세계관에서는 유형 무형의 전체 세계를 욕계欲界, 색계色界, 무색계無色界로 나누는데 이를 삼계三界라고 한다. 이에 대해서는, 남회근 지음 송찬문 번역 '생과 사 그 비밀을 말한다'의 부록 2. '능엄경이 말해주는 중생의 생사윤회 인과 대원칙'을 참고하기 바람/역주)으로 올라갈 중음신은 대단히 새하얗고, 만약에 더 높은 층인 무색계천으로 올라갈 중음신은 보이지 않습니다. 왜냐하면 무색계는 형상이 없기 때문입니다.

―――――――

중온의 유정중생은 혹 두 손과 두 발이 있기도 하고, 혹은 네 발 또는 여러 개의 발이 있기도 하며 혹은 발이 없기도 하나니, 그가 전생에 지은 업에 따라 의탁하여 태어날 곳에 감응하는 중유이므로 곧 그 업도의 생명 형상과 같다.

中蘊有情, 或有二手二足, 或四足多足, 或復無足。隨其先業, 應託生處, 所感中有, 卽如彼形。

이런 중음신들은, 두 팔 두 다리 인 것도 있고, 어떤 것은 다리가 넷 이거나, 더 많은 수의 다리를 가진 것도 있고 다리가 없는 것도 있습니다. 생명마다 이전에 지은 업인(業因: 고락의 보답을 받는 원인이 되는 선악의 행위/역주)에 따라 어떤 업도(業道)에 태어나는 지가 결정되므로, 중음신은 그 업도의 생명의 영상(影相)을 드러냅니다.

―――――――

만일 천인으로 태어날 중유이라면 머리를 곧 위로 향하고 가고, 인간이나 축생이나 아귀로 태어날 중유이라면 몸을 가로로 해서 가며, 지옥에 태어날 중유이라면 머리를 곧장 아래로 향하고 가느니라.

若天中有, 頭便向上 ; 人 傍生 鬼, 橫行而去 ; 地獄中有, 頭直向
下。

만약 선업(善業)에 감응하여 천상세계에 태어날 중음신이라면 그 머리를 위로 향하여 솟구쳐 올라갑니다. 만약 사람이나 축생이나 아귀로 태어날 중음신이라면 몸을 가로로 해서 가며, 만약 지옥으로 떨어질 중음신이라면 머리를 아래로 향하고 갑니다.

───────────

무릇 모든 중유는 저마다 신통을 갖추고 있어서 허공을 타고 가며 마치 천안(天眼)과 같이 그가 태어날 곳을 멀리서 보게 되느니라.
월기가 이르렀다 함은 태속으로 받아들이는 시기를 말하는 것이다.

凡諸中有, 皆具神通, 乘空而去。猶如天眼, 遠觀生處。
言月期至者, 謂納胎時。

(저자주) 신통: 중음신의 상사(相似)신통을 가리키는 것으로, 업력의 제한 때문에 완전히 자유자재할 수는 없다. 자연스럽게 드러날 때도 있고, 그런 작용이 일어나지 않을 때도 있기 때문에 수련을 해서 얻어진 신통과는 다르다. 엄격히 말하자면 성불하여 제 6통(六通)인 누진통(漏盡通:모든 번뇌를 소멸하고 다시는 이 세상에 태어나지 않는다는 것을 깨닫는 능력)을 얻어야만 진정한 신통이라 할 수 있다. 누진통을 얻기 전에는 설사 수련하여 천안통(天眼通: 무엇이든 꿰뚫어볼 수 있는 능력), 천이통(天耳通: 모든 소리를 분별해 들을 수 있는 능력), 타심통(他心通: 타인의 마음 속을 들여다 볼 수 있는 능력), 숙명통(宿命通: 전생에 생존했던 상태를 알 수 있는 능력), 신족통(神足通: 어떤 곳이든 임의로 갈 수 있는 능력)을 얻었다 하더라도 그것은 오종통력(五種通力), 즉 간단히 말해 오통(五通)을 얻은 것뿐이다. 여기에서 신통이라 한 것은

어떤 종류의 중음신이든지 그들은 모두 신통력이 있어서, 업력이 감응하는 바에 따라 허공을 타고 갑니다. 산하대지나 집이나 담벼락 같은 유형의 물질적인 것들은 조금도 장애가 되지 않습니다.

그들은 동시에 천안과 같은 특수기능을 갖고 있어서, 설사 만 리밖에 떨어져있다 할지라도 자기와 인연이 있는 수태의 기회에 감응할 수 있습니다. 그러므로 만약 어떤 여인의 배란기가 되면, 그녀의 신변에는 각지에서 몰려와서 태에 들어가기를 기다리는 중음신들이 있습니다.

기수(期水)의 오묘함

난타야, 모든 여인들은 혹은 삼 일 동안이기도 하고 혹은 오 일 동안또는 반 달 동안 또는 한 달 동안이기도 하며, 혹은 인연을 기다리면서오랫동안 있다가 기수(期水)가 비로소 이르기도 하느니라.

難陀, 有諸女人, 或經三日, 或經五日 半月 一月, 或有待緣, 經久, 期水方至。

여기서 말하는 "기수(期水)"란, 현대 서양의학에서 말하는 주기적으로 분비되는 여성호르몬에 해당합니다. 난소의 배란은 물론이고, 배란 후 자궁의 수태준비도 모두 체내 성호르몬의 영향을 받습니다.

호르몬(Hormone)을 격소(激素) 또는 내분비소(內分泌素)라고도 부르는데, 이것은 일종의 분비물로, 일종의 체액이라고도 할 수 있습니다. 이러한 도관(導管)이 없는 선체(腺體)의 분비물은, 직접 혈류 속으로 분비되어 온몸을 흘러 지나면서 각 기관의 생장과 기능을 통제하고 조절할 수 있습니다. 이러한 사실은 현대의학이 발견한 지 겨우 백 년 가까이 되었습니다.

2천5백여 년 전, 석가모니불께서 현대의학적 술어를 사용하신 것은 물론 아니지만, '기수'라는 명사를 제시하셨습니다. 그 중에서 '수(水)'는 현대의학에서의 호르몬의 액체 상태와 딱 부합할 뿐만 아니라, 두 글자 중에서 또 다른 글자인 '기(期)'는 여성호르몬의 '주기성(週期性)' 변화와 딱 맞아 떨어집니다.

매우 간단한 기수라는 두 글자로 호르몬이라는 수태의 관건을 이처럼 핵심적으로 풀이하고 있습니다. 제 생각에는 중국의학뿐만 아니라 설사 서양의학에 종사하는 사람이라 할지라도 이에 대해 감탄해 마지않을 것이라 여겨집니다.

이 단락에서 기수와 관련된 경문을 해석하기 위해서는, 수태에 영향을 미치는 호르몬에 대한 비교적 자세한 이해가 필요하므로 우리는 먼저 서양의학에서의 모체 수태에 대한 일련의 연구 성과들을 살펴보겠습니다.

1. 난자(卵子)

우리가 알듯이, 태아는 수정란에서 발육한 것이므로 먼저 난자에 대해 살펴볼 필요가 있습니다.

여아는 태어날 때 난소 내에 수백만 개의 원시난소여포(原始卵巢濾泡：Primary Follicle)가 있는데, 간단히 난포(卵泡: 난소 속에서 성장과정에 있는 세포성의 주머니/역주)라고도 합니다. 이후에 부분적으로 퇴화하여 사춘기가 시작할 때에 이르면, 대략 30만개 내지 40만개가 남아있습니다. 여자가 폐경기에 이르면 셀 수 있을 정도의 몇 개만이 남게 됩니다.

여성이 성장 발육하여, 아이를 낳을 수 있는 기간에는 매달 월경주기에 열 몇 개의 난포가 동시에 성숙하는데, 그들의 생장발육의 정도는 다릅니다. 매주기 중에 통상 오직 하나의 난자만이 발육 성숙하지만, 두 개 혹은 그 이상의 난자가 동시에 성숙하는 경우도 있습니다.

2. 여성호르몬

난자 이외에 또 하나 수태의 주요한 관건은 바로 여성호르몬입니다. 만약 난자는 있는데 여성호르몬의 분비가 부족하다면, 우리들은 그 수많은 난자를 바라보고 탄식할 수밖에 없습니다. 왜냐하면 그 난자들은 수태할 수 없기 때문입니다.

호르몬은 영문인 Hormone의 발음을 딴 용어로, 중국어로의 의역은 격소(激素)라고도 합니다. 여성호르몬이란 하나의 통칭으로, 그것은 몇 가지 상이한 작용을 하는 호르몬을 포함하고 있습니다. 각각 난자의 성숙을 촉진하거나, 수태를 촉진하거나, 나아가 2차 성징의 발육을 촉진하기도 합니다.

본 경전에서 기수와 수태의 관건에 대하여 비교적 철저하게 이해하기 위하여, 우리는 여성호르몬에 대해 대략적인 소개를 할 필요가 있는데, 여성 호르몬의 분비는 대체로 두 시기로 나눌 수 있습니다.

(1) 난포기(Follicular Phase)

이 시기에 분비되는 호르몬의 주요기능은 난자의 성숙을 촉진하는 것입니다.

매월 월경기가 지난 후에 뇌하수체 전엽(前葉)에서는 난포자극호르몬(Follicular Stimulating Hormone: FSH로 약칭)이 분비됩니다. 이 호르몬은 뇌하수체에서 분비된 후, 직접 혈액으로 들어가 난소 내 난포의 생장발육을 촉진합니다.

난포가 생장 발육할 때에, 난소에서 에스트로겐(Estrogen: 자격소 雌激素)이라하는 또 다른 호르몬이 분비되는데, 이도 마찬가지로 혈액 순환에 직접 들어가 자궁내막이 점점 두꺼워지도록 촉진하고 자궁벽의 선체와 모세혈관의 숫자도 같이 증가시킵니다.

(2) 황체기(Lutein Phase)

이 시기에 분비되는 호르몬의 주요기능은 자궁이 수태에 적합하도록 하는 것입니다.

대개 매달 월경주기의 14일 전후 즉 배란 뒤에, 뇌하수체 전엽에서는 일종의 여성호르몬을 또 분비하는데 황체생성호르몬(Luteeinizing Hormone, LH로 약칭)이라고 합니다. 이 호르몬도 혈액에 직접 들어가, 난포를 터뜨려 황체(Lutein: 배란 후 난자가 빠져버린 난포가 노랗게 변한 것을 말함/역주)의 증식을 자극합니다. 이때에 난소는 두 번째 종류의 난소 호르몬을 분비하는데, 그것이 바로 임신호르몬으로, 황체호르몬(Progesterone)이라고도 합니다.

황체호르몬이 배합되기 전의 기간 동안, 역시 난소로부터 분비된 에스트로겐에 의해, 자궁내막에서 상호 경쟁적으로 자궁내막이 더욱 두꺼워지고 선체와 모세혈관의 수가 더욱 증가하게 하며 자궁선소(子宮腺素)의 분비도 증가합니다. 이리하여 이 시기에 자궁내막은 더욱 두

터워지고, 부드러워지고, 따뜻하고 윤택해지고, 혈액공급이 더욱 풍부해집니다. 수정란이 착상하기에 따뜻하면서도 적합하고 풍성한 상태가 준비되는 것입니다.

3. 여성 월경주기

난자와 여성호르몬에 대해서 좀 개괄적인 이해를 했으니, 이제 여성의 월경 주기에 대해 살펴보겠습니다. 매달의 월경 주기는 대략 28일로 세 기간으로 구분합니다.

(1) 증식기(增殖期)

이 시기에는, 난소내의 난포가 성숙하여 난자를 배출해서 자궁으로 내보내게 되는데, 그래서 난포기라고도 합니다. 대개 월경주기의 제4일부터 제14일까지에 해당합니다(월경이 시작된 날이 제1일입니다).

난포의 성숙과정 중에 에스트로겐을 분비하여, 지난 달 월경 후의 자궁내막의 복구와 증식을 하며, 자궁내막의 선체와 혈관을 증가시킵니다.

(2) 분비기(分泌期)

대개 월경주기 제15일부터 제28일까지로 이시기는 난소 내에서 황체가 형성되므로 황체기라고도 부릅니다. 황체에서 분비되는 임신호르몬(프로게스테론)은, 그 전에 난소에서 분비된 에스트로겐과 함께 자궁내막을 뚜렷하게 증식하고, 혈관이 증가되게 하며, 자궁선체에서 짙은 점액이 분비되도록 합니다.

(3) 월경기(月經期)

월경 주기 중의 제1일부터 제4일 전후로, 만약 난자가 수정되지 않으면 황체가 아주 빨리 위축되고, 에스트로겐과 프로게스테론 분비가 감소합니다. 그리하여 자궁내막이 퇴화하여 탈락하고 혈관이 파열되어 출혈하므로 월경을 하게 됩니다.

월경주기는 대부분 1달 정도지만 극소수의 예외도 있습니다. 어떤 여성들은 두 달에 한 번 월경을 하거나, 40일이 한 주기인 경우나, 심지어 3개월 내지 1년에 겨우 한 번 생리가 나타나는 경우도 있습니다.

따라서 일반적인 상황에서, 매달 한 번의 월경이 있다면, 월경의 제3일에서 제5일이 지난 뒤에는 에스트로겐이 분비되기 시작합니다.

이제 우리는 2천5백 년 전 어떠한 의학연구 기기도 없을 때에 석가모니불께서 하신 이 단락의 말씀으로 돌아가 살펴보겠습니다.

경문에는 "난타야, 모든 여인들은 혹은 삼 일 동안이기도 하고 혹은 오 일 동안 또는 반 달 동안 또는 한 달 동안이기도 하며, 혹은 인연을 기다리면서 오랫동안 있다가 기수가 비로소 이르기도 하느니라"고 하셨습니다.

이 단락을 구어로 번역한다면, 어떤 여인은 3일이 지나서, 어떤 여인은 5일이 지나서, 혹은 반 달 이나, 한 달이 지난 후, 심지어는 부정기적으로, 오랜 시간이 지난 후, 각 방면의 조건이 다 갖추어졌을 때야 "기수방지(期水方至)", 즉 주기적인 내분비가 있게 된다는 말입니다.

입태경의 이 단락은 여성호르몬과 수태의 관건에 대하여 물론 현대의학만큼 상세히 말하고 있지는 않지만, 그 옛날 2천여 년 전에 생명 수태에 대해 이러한 기본개념을 파악하였다니 우리는 공경스런 마음이 저절로 일어납니다.

만약 우리들이 현대의학 상식을 빌려 이 단락의 경문을 간략하게 풀어보면 다음과 같습니다. : 월경기의 제3일째나 혹은 며칠 더 후에 여성호르몬의 주기적인 분비는 다시 시작됩니다. 그러나 월경기의 반이나 혹은 한 달 후, 혹은 더 오랜 시간이 지난 후에야 여성호르몬이 다시 분비되는 예외적인 경우도 있습니다.

부처님은 이어서 말씀하십니다.

만약 어떤 여인이 몸에 위세가 없으면, 고통을 많이 받고, 용모가 추루하며, 음식을 좋아함이 없어서, 월기가 비록 온다 하더라도, 빨리 그쳐버림이 마치 마른땅에 물을 뿌렸을 때 마르기 쉬움과 같으니라.

若有女人, 身無威勢, 多受辛苦, 形容醜陋, 無好飲食, 月期雖來, 速當止息。猶如乾地, 灑水之時, 卽便易燥。

"몸에 위세가 없으면[身無威勢]"이란 무슨 의미일까요? 중국 고대에는 환관들의 생식기를 제거하는 것을 일컬어 '거세(去勢)'라고 하였습니다. 중국 고문(古文)에서는 '세(勢)'가 성적능력을 상징하는 경우도 있는데, 만약 현대어로 말한다면 2차 성징(性徵)의 태세(態勢)라고도 말할 수 있습니다.

어떤 여성이 만약 여성호르몬이 부족하다면 이차성징 발육에 영향을 미쳐 가슴이 빈약하고 둔부가 좁고 작습니다. 살펴보면 여성적인 기세가 부족하게 보이는데, 이게 바로 "몸에 위세가 없다"입니다.

만약 여성호르몬은 부족하고 상대적으로 남성호르몬이 많은 여성이라면, 그녀의 피부는 거칠고 얼굴에는 수염이 나기도 하고, 몸에 털도 비교적 많으며 골격도 굵습니다. 심지어는 울대가 나와 있고 흔히 목소리도 비교적 굵습니다. 요컨대 여성 본래의 부드럽고 윤기 있는 아름다움이 부족하기 때문에, 경문에서는 "용모가 추루하며[形容醜陋]"라 하여 그 모습이 추하다고 말하고 있습니다.

내분비계는 생명을 유지하는데 가장 주요한 기관이 아니기 때문에, 일단 외부의 자극이나 압력에 직면하게 되면 이 계통이 가장 먼저 영향을 받게 되고, 심지어는 닫혀져 버립니다. 그렇기 때문에 만약 어떤 여성이 과로하거나 혹은 극도의 영양불량이 되면 여성호르몬은 그 영향을 모두 받게 되어 분비가 감소하게 됩니다. 그래서 "비록 월기가 오더라도, 빨리 그쳐버린다[月期雖來速當止息]"라고 말할 수 있습니다. 여기서 '월기(月期)'가 가리키는 것은, 바로 주기적으로 분비되는 여성호르몬을 말합니다. 만약 분비가 되더라도, 곧 멎어 버립니다. "마치 마른 땅에 물을 뿌렸을 때 마르기 쉬움과 같느니라[猶如乾地 灑水之時 卽便易燥]", 마치 메마른 땅에 설사 약간의 물을 뿌린다 하더라도 아주 빨리 말라버리는 것과 같습니다.

───────────

만약 어떤 여인이 몸에 위세가 있으면, 항상 안락함을 느끼고 용모가 단정하며 음식을 좋아하게 되어서 월기가 빨리 그치지 않음이 마치 축축한 땅에 물을 뿌렸을 때 마르기 어려움과 같으니라.

若有女人, 身有威勢, 常受安樂, 儀容端正, 得好飮食, 所有月期, 不速止息。猶如潤地，水灑之時，卽便難燥。

　반대로 어떤 여인이 "몸에 위세가 있으면[身有威勢]", 여성호르몬이 충분하고, 생활환경과 심리상태 어느 것이나 쾌활하고 유쾌하며[常受安樂], 건강이 충만하고[儀容端正] 또한 잘 먹게 되어 영양이 충분하면, 여성호르몬이 충족되므로 조금 분비되고 멈춰버리는 일은 없게 됩니다. 마치 윤택한 땅 위에 물을 뿌리면 그 물이 곧바로 마르지 않는 것과 같습니다.

　석가모니불께서는 임신출산을 결정하는데 가장 관건이 되는 요소인 여성호르몬에 대하여 대략적인 소개를 하신 다음, 다시 자세히 말씀하시는 것을 꺼려하지 않고 수태할 수 없는 상황들을 계속해서 서술하십니다.

수태가 될 수 없는 경우들

　어찌하여 태에 들어가지 못할까?

　云何不入?

어떤 경우에 입태할 수 없을까요?
불경에서 말하는 '입태'란, 현대의학용어로는 수태(受胎)입니다.

　아버지의 정자가 나올 때에 어머니의 난자가 나오지 않거나,

父精出時, 母精不出。

여기서의 '모정(母精)'이란 모체의 난자를 말합니다. 부친이 사정하여 정자를 방출했지만, 모친이 그때에 배란하지 않았거나 체내에 아예 난자가 없는 경우입니다.

_____

어머니의 난자가 나올 때에 아버지의 정자가 나오지 않거나,

母精出時, 父精不出。

"아버지의 정자가 나오지 않거나[父精不出]"에 대해 현대의학적으로 해석한다면 다음의 몇 가지 이유를 들 수 있습니다.
1. 임포텐츠[陽萎], 성불능, 발기불능으로도 정상적인 사정을 할 수 없는 경우.
2. 비록 사정을 했더라도 정액 중에 정자의 농도가 충분치 않은 경우
3. 사정을 했다 하더라도 정액 중에 정자가 없는 경우
이러한 몇 가지 상황에서는 설사 모체가 배란을 하더라도 여전히 수태할 수 없습니다.

_____

둘 다 같이 나오지 않거나 하면, 모두 수태하지 못하느니라.

若俱不出, 皆不受胎。

남성이 사정을 하지 않거나 혹은 정자의 농도가 부족하거나, 아예 정자가 없거나, 그리고 여성이 배란하지 않았다면 더욱 수태할 수 없음은 당연합니다.

─────────

만약 어머니의 생식기관이 깨끗하지 않은데 아버지의 생식기관은 깨끗하거나, 아버지의 생식기관이 깨끗하지 않은데 어머니의 생식기관은 깨끗하거나, 들 다 깨끗하지 않거나 하면 역시 수태하지 못하느니라.

若母不淨, 父淨 ; 若父不淨, 母淨 ; 若俱不淨, 亦不受胎。

여기서의 "깨끗하지 않음[不淨]"이란, 주로 생식기관의 각종 감염이나 질병을 가리킵니다.

만약 부친은 병이 없이 건강하지만 어머니 쪽에 감염이 있거나, 혹은 어머니는 건강하여 병이 없는데 아버지가 감염이 있는 경우, 혹은 부모 쌍방이 모두 병이 있는 경우는 수태할 수 없습니다. 현대의학적 논거에 비추어보면, 이러한 상황 하에서는 설사 수태할지라도 아이가 이 때문에 선천적인 각종 결함을 갖게 될 가능성이 높습니다.

─────────

또 어머니의 음처(陰處)에 풍병(風病)을 가지고 있거나, 혹은 황대(黃帶)가 있거나, 혹은 혈기(血氣)가 태에 맺혀 있거나, 혹은 살덩이가 생겨 있거나, 혹은 약을 먹었거나, 혹은 맥복병(麥腹病)·의요병(蟻腰病)이 있거나, 혹은 산문(産門)이 약간 빠져나와 마치 낙타의 입과 같

거나, 혹은 그 가운데가 마치 뿌리 많은 나무와 같거나, 혹은 쟁기의
머리와 같거나, 혹은 수레의 끌채와 같거나, 혹은 등나무의 줄기와 같
거나, 혹은 나뭇잎과 같거나 혹은 보리의 까끄라기 같거나, 혹은 뱃속
아래가 깊거나, 혹은 위가 깊거나, 혹은 태의 그릇이 아니거나, 혹은
항상 피가 흘러나오거나, 혹은 물이 흐르거나, 혹은 까마귀의 입과 같
아서 늘 열려만 있고 다물어 있지 않거나, 혹은 위아래와 주위가 넓기
도 하고 좁기도 하여 같지 않거나, 혹은 높고 낮아서 볼록하기도 하고
오목하기도 하거나, 혹은 속에서 벌레가 파먹어서 문드러지고 깨끗하
지 않거나 하는, 이러한 허물이 있는 어머니는 다 같이 수태하지 못하
느니라.

若母陰處, 爲風病所持 ; 或有黃病痰[广+陰] ; 或有血氣胎結 ; 或爲
肉增 ; 或爲服藥 ; 或麥腹病蟻腰病 ; 或産門如駝口 ; 或中如多根樹 ;
或如犂頭 ; 或如車轅 ; 或如藤條 ; 或如樹葉 ; 或如麥芒 ; 或腹下深 ;
或有上深 ; 或非胎器 ; 或恒血出 ; 或復水流 ; 或如鴉口常開不合 ; 或
上下四邊, 闊狹不等 ; 或高下凹凸 ; 或內有蟲食, 爛壞不淨 ; 若母有此
過者, 並不受胎。

이 큰 단락은 부인과(婦人科)의 각종 질병을 서술하고 있습니다.
만약 모체에 위에서 말하는 병이 하나라도 있다면 수태할 수 없습
니다. 설사 수태되었다 하더라도 유산이 될 수도 있고, 태아가 기
타 여러 가지 선천적 결함을 갖게 될지도 모릅니다.
　이 경전은 천여 년 전의 문자일 뿐만 아니라 산스크리트어로부
터 번역한 것이어서, 이러한 부인과 질병에 대한 서술이 이상하게
보이는 것은 당연합니다. 그러나 우리는 여전히 이런 문자들을 통

하여, 이러한 부인과 질병들이 결국 무엇을 가리키는지 대략 추측할 수 있습니다.

예를 들어보겠습니다.

1. 풍병(風病) : 중의학 이론에 의하면 '음허생풍(陰虛生風)'으로, 음부에 비감염성 가려움이 있을 수 있습니다. 이러한 상황에서 소위 '음허(陰虛)'란, 신수(腎水)가 부족하다는 것입니다. 서양의학 측면에서 보면, 성호르몬 분비의 부족과 관련이 있습니다. 예컨대 월경이 끝난 후 부녀자는 음부에 비감염성 가려움이 있는 경우가 있습니다. 이런 여성호르몬 부족인 음허 상황 아래서는 당연히 수태할 수 없습니다.

2. 황병담음(黃病痰疒+陰) : 황대(黃帶: 몸 안에 습열濕熱이 성해서 생긴 것으로, 여성생식기에서 누런 점액이 흐르는 것/역주)

3. 혈기태결(血氣胎結) : 현대의학에서 말하는 자궁내막이위(子宮內膜異位: 자궁내막 조직이 자궁내막이 아닌 곳에서 증식하여 기능이상을 일으키는 부인과적 상태/역주)

4. 육증(肉增) : 식육(息肉: 자궁내막의 조직이 국소적으로 과잉 증식하여 자궁안쪽에 돌출된 조직의 덩어리를 형성한 경우/역주)

5. 복약(服藥) : 2천여 년 전 인도에서 피임약이나 낙태하기 위한 약이 있었을 것입니다. 여기서 말하는 '복약'이란 약물 복용이 '궁한(宮寒: 자궁이 차가와지는 것/역주)'을 일으켜, 성호르몬의 분비에 영향을 줌으로써 수태에 영향을 주는 부작용을 가리킬 가능성도 있습니다.

6. 산문여타구(産門如駝口) : 여기서 산문이란, 마땅히 자궁구(子宮口)를 가리킵니다. 자궁구가 약간 빠져나와 있으면[脫垂] 그 모양이 낙타의 입과 같습니다.

7. 여려두(如犁頭) : 자궁이 완전히 빠져나와 있으면 마치 쟁기 머리처럼 보이는 것을 말합니다.

8. 중려다근수(中如多根樹) : 자궁기류(子宮肌瘤: 자궁근종/역주)

9. 여등조(如藤條), 여수엽(如樹葉) : 자궁기류(子宮肌瘤)

10. 복하심(腹下深) : 자궁하수(子宮下垂)

11. 항출혈(恒出血) : 자궁출혈

12. 여아구(如鴉口) : 자궁구가 열려있는 것을 말함

13. 내유충식, 난괴부정(內有蟲食, 爛壞不淨) : 자궁경부 미란(자궁경부의 질 쪽이 허는 상태/역주)

이 가운데에는 아직도 의미가 충분히 명확치 않은 부인과 질병들이 있지만 우리는 멋대로 추측하지 않기로 합니다.

이상은 석가모니불께서 말씀하신, 생리적 방면에서 수태할 수 없는 병과 증상들이며, 그 중 많은 것들이 현대 의학적 논거와 부합합니다.

그 다음에 석가모니불께서 계속해서 말씀하시는 것은 현대의학이 검증할 수 있는 범위를 벗어납니다. 바꾸어 말하면, 이 역시 현대의학이나 기타 심신과학에 뜻을 둔 연구자들이 직면하고 있는 하나의 도전이기도 한데, 그것은 생명의 본질, 기능, 그리고 각종 현상에 대해서, 어떻게 현대의 과학화된 실험을 통해 객관적이고 계량적인 보고를 제시하느냐 하는 것입니다.

생명이란 도대체 어떤 것일까요?

시간적인 면에서 윤회란 있을까요 없을까요?

공간적인 면에서, 6도(六道)가 있을까요 없을까요? 육안으로 보이는 것과, 나아가 현재 인류가 발명한 기기로 관찰할 수 있는 것

이외에 도대체 타방세계의 존재가 있을까요 없을까요? 또 천당이나 지옥은 있을까요 없을까요?

생명의 에너지는 무한할까요?

생명의 물질상태는 영원히 청춘으로 머무를 수 있는 가능성이 있을까요? 장생불사할 가능성이 있을까요?

태어남은 어디로부터 오고, 죽으면 어느 곳으로 갈까요?

영혼이란 존재가 있을까요? 어떻게 투태(投胎)하여 다시 태어날까요? 이 점이 바로 석가모니불께서 이 경전에서 말씀하려고 하시는 것입니다.

이제 우리 석가모니불께서 입태 할 수 없는 경우에 대하여 말씀하시는 또 한 부분을 살펴보겠습니다. 이 또한 현대의학에서도 아직 증명할 방법이 없는 것들입니다.

또 부모는 존귀한데 중유가 비천하거나, 혹은 중유는 존귀한데 부모가 비천하면, 이러한 종류도 수태가 되지 않는다.

或父母尊貴, 中有卑賤 ; 或中有尊貴, 父母卑賤。如此等類, 亦不成胎。

혹은 부모는 존경받고 고귀한 사람들인데 입태를 기다리는 중음신이 비천한 경우, 혹은 부모는 비천한데 입태를 기다리는 중음신은 존귀한 경우는 쌍방의 격국(格局: 짜임새와 격식/역주), 운세, 인연이 잘 맞지 않아 수태될 수 없습니다.

만약 부모와 중유가 다 같이 존귀한데도 그들의 업(業)이 화합되지 못한다면 역시 수태가 이루어지지 않는다.

若父母及中有俱是尊貴, 若業不和合, 亦不成胎。

또 만약 부모와 입태를 기다리는 중유가 모두 존귀하지만 기타 일련의 업연(業緣: 행위의 간접적인 조건. 업이 연이 되어 작용하는 것/역주)들이 결합될 수 없는 경우입니다. 예를 들어 이 부모에게는 마땅히 효순하는 아이가 있어야 하는데 입태를 기다리는 중음신은 그들의 원수로서 그들에게 효순하지 않는다면 역시 태에 들어갈 수 없게 됩니다.

만약 그 중유가 앞의 경계에 있어도 남녀 둘 사이의 음욕행위가 없다면 역시 수태하지 못하느니라.

若其中有, 於前境處, 無男女二愛, 亦不受生

만약 입태를 기다리는 중유가 남녀 양성의 성행위를 만나지 못할 경우도 수태할 수 없습니다.

모태에 들어가는 모습

_____

난타야, 어떻게 중유가 어머니의 태속에 들어갈 수 있을까?

難陀, 云何中有得入母胎?

그렇다면 중음신은 어떤 상황이라야 모태에 들어갈 수 있는 걸까요?

_____

어머니의 뱃속이 깨끗하고, 중유가 그 앞에 나타나서 음욕을 행하는 일을 보고, 위에서의 설명과 같은 여러 허물들이 없고, 부모와 아이가 서로 감응할 업이 있어야 비로소 어머니의 태속에 들어가게 되느니라.

若母腹淨, 中有現前, 見爲欲事, 無如上說衆多過患, 父母及子, 有相感業, 方入母胎。

만약 모체가 월경중이 아니고 어떠한 부인과(婦人科)의 문제들도 없으며, 양성(兩性)관계를 가지고 있을 때 마침 중음신이 나타나고, 또한 부모 어느 쪽에도 위에서 말한 각종 결함이 없고 아울러 부모와 입태를 기다리는 중음신이 상호 감응하는 업연이 있다면, 이 중음신은 비로소 입태 할 수 있습니다.

_____

또 저 중유가 태로 들어가려 할 때에는 마음이 곧 뒤바뀌게 되나니,

만약 아들로 태어날 중유이라면 어머니에 대하여 애욕을 일으키고 아버지에 대하여는 증오심을 일으키며, 만약 딸로 태어날 중유이라면 아버지에 대하여 애욕을 일으키면서 어머니에 대하여는 증오심을 일으키느니라. 또 전생에 지었던 모든 업 때문에 망상을 일으키고 삿되게 이해하는 마음을 일으키느니라.

又彼中有欲入胎時, 心卽顚倒。若是男者, 於母生愛, 於父生憎 ; 若是女者, 於父生愛, 於母生憎。

於過去生所造諸業, 而起妄想, 作邪解心。

중음신이 입태하려고 할 때에 전도망상(顚倒妄想)들이 일어날 수 있습니다. 만약 남아(男兒)로 투태할 중음신이라면 모친에 대해서 애욕을 일으키고 부친을 몹시 싫어합니다. 그와 반대로 여아(女兒)로 투태할 중음신이라면 부친에 대해 애욕을 일으키고 모친을 몹시 싫어합니다.

과거 다생의 업연으로 말미암아, 한 쌍의 남녀가 교합하는 것을 보게 되면 그 중음신은 더욱 한 걸음 더 나아간 삿된 생각[邪念]과 망상(妄想)을 일으킵니다.

▶ 현대적 이해

(1) 이러한 심리상태의 서술은 서양의 프로이드 성심리학(性心理學)과 유사한 점이 있습니다.

차이점은, 프로이드 성심리학에서는 꿈의 해석을 통해 2~3세 때 유아시기로 거슬러 올라간다는 것입니다. 남자아이는 잠재의식적인 이

성 관계를 바탕으로 어머니에 대해서 호감을 가지며, 마찬가지로 여아는 잠재의식적인 이성 관계를 바탕으로 부친에 대해서 호감을 갖는다고 생각합니다. 그렇지만 태아시기의 심리상태에 대해서는 프로이드뿐만 아니라, 심지어 서양 심리학계 전체도 다룰 길이 없으니, 생명이 입태 되기 전인 이 단계에 대해서는 더 말할 나위가 없습니다.

하지만 석가모니불의 관찰은 실증적인 사실 그대로의[如實] 앎(知)과 관찰[觀]을 통하여 온 것이어서, 태어남으로부터 죽음에 이르기까지, 죽음으로부터 태어남에 이르기까지 매 단계의 구체적인 과정들까지 말씀하고 계십니다.

(2) 경전에서 "망상(妄想)을 일으키고 삿되게 이해하는 마음을 일으킨다"는 단락은 몹시 함축적인 의미입니다. 중유론(中有論) 같은 다른 경전에서는, 중음신의 변화와 다른 생으로 태어나는 것에 대해 전문적으로 설하고 있는데, 이 부분을 비교적 구체적으로 말하고 있습니다. 만약 중음신이 여아로 투태(投胎)할 것이라면 이 때 중음신의 눈 앞 에는 남성의 생식기가 보이게 되고, 이와 동시에 그 중음신은 아주 강렬한 욕망이 일어납니다. 곧바로 이어 하나의 점 같은 작은 움직임에 수많은 변화가 따르는데, 그녀는 더 이상 다른 어떤 남녀의 교합을 보고 있는 것이 아니라, 강렬한 욕망이 그녀로 하여금 완전히 몰입하게 만들어, 그녀 자신의 세계 안에서 그녀는 이미 취한 것도 같고 멍한 것도 같은 상태로 원래의 여자 주인공의 역할을 대신해 버립니다. 이 한 생각 성욕에 따라, 부모의 증상연(增上緣)(앞서 말한 각종의 입태가능조건)에 결합되어 유혼(遊魂)같은 이 중음신은 어머니의 태속으로 뚫고 들어가 수정란과 한데 뒤섞이게 됩니다. 이는 생명의 정신상태가 다시 물질과 함께 결합되는 것으로, 이로부터 피가 있고 살이 있는 생명의 한 역정이 다시 시작되는 것입니다.

이것은 바로 욕계의 생명이 입태되는 욕념경계입니다. 다시 말해, 분단생사(分段生死)의 발단인 한 생각(一念) 근본무명(根本無明)입니다.

(3) 넓은 의미에서 보면, 중음신이 바로 한 덩이 무명(無明)입니다. 무명이기 때문에 생명의 멈추지 않는 운‘행(行)’ 동력은 곧 ‘행음(行陰)’의 경계에 처하게 됩니다.

중음신의 생명상태는 마치 꿈속에 있는 것과 같습니다. 한 토막의 꿈 경계가 출현하면, 꼭 오래 지속되는 것은 아니지만 흐리멍덩한 상태로 영문을 모른 채 또 다른 한 토막의 꿈 경계로 다시 전환합니다. 시시각각 분분초초 ‘쉬지 않고 달려 흘러가는’ 업기(業氣: 업력/역주)는 ‘행음(行陰)’의 굴림으로 말미암아, 무시이래로 ‘식음(識陰)’이 지니고 있는 갖가지 종자와 결합하여, 끊임없이 유전(流轉)하고 있습니다.

중음신 뿐만이 아니라, 우리들이 지금 지니고 있는 이 생명의, 생리적인 면에서의 생로병사나 심지어 세포의 신진대사, 더 나아가 심리적인 면에서의 이런 저런 생각이 일어났다 사라지고 하는 것도 모두 ‘행음’의 포위와 영향을 받고 있습니다. 정좌하게 되면 잡념이 어지럽게 일어나고 고요히 있을 수 없으며, 기가 머무르고 맥이 멈출 수 없는 것[氣住脈停]도 모두 행음과 밀접한 관계가 있습니다.

범부의 입장에서 보면 이런 것이 행음이지만, 성인(聖人)의 입장에서 보면 도리어 그것은 바로 “천체의 운행은 강건하니, 군자는 이를 본받아 스스로 강건해지도록 잠시도 쉬지 않는다[天行健, 君子以自强不息]”라는 한 가닥 분발의 동력입니다.

이른 바 “땅에 걸려 넘어진 자는 그 땅을 딛고 일어선다[因地而倒, 就地而起].”라고 했듯이, 심신수련을 통해 3계(三界)를 뛰어넘어서 이러한 생사업력의 견제를 받지 않고, 자유자재하고 자기 뜻대로 가서 태어날 수 있는 신통묘용(神通妙用)도, 마찬가지로 이 ‘행(行)’의 역량의 발휘에 의지합니다.

(4) 만약 욕계 생명의 12인연(十二因緣)과 결합시켜 본다면, 무명(無明)인 중음신이, 행음(行陰)의 운전과, 뒤섞여있는 식음(識陰)에 의지하여 남녀의 교합에 감응합니다. 한 찰나에, 거의 동시적으로 이 중음신은 대단히 강렬한 욕념(欲念)을 불태워 일으킵니다. 이것이 바로 아뢰야식(阿賴耶識)인 '식(識)'으로, 무시이래로 뒤섞여 지녀온 애욕의 종자입니다. 곧 이어 이 한 생각 종자의 움직임으로 인하여 다시 무지몽매한 상태에서 일련의 기타 뒤죽박죽된 종성(種性)이 뒤따라 갑자기 나타납니다.

이를 다시 생명의 12연기로 간단히 귀납해서 말한다면, 이 단계는 '무명을 조건으로 행이 생겨나고, 행을 조건으로 식이 생겨나는[無明緣行, 行緣識]' 단계입니다. 이어서 이 생명은 무슨 경계에 진입할까요?(12연기에 대한 풀이는 '생과 사 그 비밀을 말한다' 중의 제5강, '선과 생명의 인지 강의' 중 제2일 강의 부분을 참고하기 바랍니다/역주)

이제 우리 입태경의 다음 부분에서 어떻게 설하는지 살펴보겠습니다.

___

춥다는 생각과 큰 바람이 불고 큰 비가 오고 구름과 안개가 끼었다는 생각을 내며 혹은 대중들이 떠드는 소리를 듣기도 한다. 이런 생각을 한 뒤에 업의 우열(優劣)에 따라 곧바로 또 열 가지 허망한 경계들을 일으킨다. 어떤 것이 열 가지이냐 하면 '나는 지금 집으로 들어간다. 나는 누각에 오르려 한다. 나는 누대나 큰 건물로 올라간다. 나는 높은 자리에 올라간다. 나는 초가집으로 들어간다. 나는 나뭇잎으로 엮은 작은 우리로 들어간다. 나는 풀무더기로 들어간다. 나는 숲 속으로 들어간다. 나는 담장 구멍으로 들어간다. 나는 울타리 사이로 들어간다'고 하느니라.

生寒冷想, 大風大雨及雲霧想, 或聞大衆鬧聲。
作此想已, 隨業優劣, 復起十種虛妄之相。
云何爲十? 我今入宅, 我欲登樓, 我昇臺殿, 我昇床座, 我入草菴, 我入葉舍, 我入草叢, 我入林內, 我入牆孔, 我入籬間。

입태할 때, 각자의 아뢰야식에 간직되어 있는[含藏] 여러 가지 다른 종자들의 결합으로 말미암아 어떤 것들은 춥다는 느낌을 일으키고, 어떤 것들은 큰 바람과 큰 비의 경계가 나타납니다. 온통 운무(雲霧)가 출현하는 경우도 있고, 많은 사람들이 시끄럽게 떠드는 소리를 듣기도 합니다.

이러한 경계가 나타난 후에 추위나 바람, 비, 또는 떠드는 소리를 피하기 위하여, 각자의 서로 다른 업력에 따라 곧바로 허망한 경계들이 또 나타납니다. 예를 들면,

이들을 피해서 집으로 들어가거나, 누각에 올라가거나, 누대에 올라가거나, 높은 곳에 앉거나 또는 초가집으로 들어간다든지,

그렇지 않으면 나뭇잎으로 엮어진 작은 우리 안으로 피해 들어가거나, 풀무더기, 숲 속, 벽의 구멍이나, 울타리 사이로 뚫고 들어가기도 합니다.

▶ 현대적 이해

(1) 이 단락을 통해 우리는 이른바 '마음이 일어나면 갖가지 법이 일어남[心生種種法生]'을 볼 수 있습니다. 남녀의 욕념(慾念)이 일어남

에 따라, 아뢰야식 중의 색법(色法) 종자가 꿈틀거리며 움직입니다. 예컨대 경문에서 말하기를 "춥다는 생각이 일어난다"고 했는데, 이는 바로 화대(火大)의 변화입니다. "큰 바람, 큰 비와 운무생각"은 풍대(風大)와 수대(水大)의 변화입니다. "혹은 대중이 시끄럽게 떠드는 소리를 듣는"는 것은 풍대(風大)가 지대(地代)의 변화와 결합한 것입니다.

그러므로 이 단계는, 정신세계가 물질세계로 진입하려는 것으로, 정신이 물질과 결합하고자 하는 최초의 임계(臨界)라고 말할 수 있습니다.

(2) 만약 한 걸음 더 나아가 이 문제를 탐구해 보고자 한다면, 능엄경(楞嚴經)에서 말하는 "자성본체의 기능 중에는 화성(火性)인 빛과 열의 본능이 갖추어져 있으면서 그 본체는 원래 공한[空] 것이다[性空眞火, 性火眞空]", "자성본체의 기능 중에는 풍성(風性)의 유동(流動)을 산생할 수 있는 본능을 갖추고 있으며 그 본체는 원래 공한 것이다[性空眞風, 性風眞空]", "자성본체의 기능 중에는 물의 유동을 산생하는 본능이 갖추어져 있으면서 그 본체는 원래 공한 것이다[性空眞水, 性水眞空]"에서부터 "자성본체의 기능 중에는 색상을 산생할 수 있는 본능이 갖추어져 있으면서 그 본체는 원래 공한 것이다[性空眞地, 性地眞空]"에 이르는 내용 등을 보아야 합니다 (능엄경 제3권 중 18계가 여래장이라는 부분을 참고하기 바랍니다/역주). 이는 크나큰 문제이자, 생명과학에서 최종의 핵심 문제 중의 하나이기도 합니다. 생명이란 도대체 유심(唯心)일까요? 아니면 유물(唯物)일까요? 정신력이 제1원인으로 일체를 주도(主導)할까요? 혹은 물질적 기초가 가장 근본적인 원동력이 될까요? 먼저 마음이 있을 까요? 아니면 먼저 물질이 있을까요? 마음과 물질은 어떻게 다시 결합하는 것일

까요? 이러한 문제들은 사실 한 두 마디로 설명할 수 있는 것이 아니므로, 우리는 여기서 잠시 문제만 제기하고 이후에 다시 토론하도록 하겠습니다.

이 단락은 중음신이 입태하는 관건이 되는 곳으로, 이제 우리 다시 경문으로 돌아가 계속 살펴보겠습니다.

─────────────

난타야, 그때에 중유는 이러한 생각을 한 뒤에 곧 어머니의 태로 들어가는 것이니,

難陀, 其時中有作此念已, 卽入母胎。

이러한 경계들은 비록 몽환 같지만, 심념(心念)이 이를 따라가기만 하면 신식(神識)이 곧 태에 들어갑니다.

▶ 현대적 이해

(1) 각자의 업력이 다름에 따라 나타나는 경계도 다르고 수태의 과보 또한 다릅니다. 만약 경계가 나타나는 것이 아주 높은 건물이거나, 혹은 높은 자리에 앉아 있다면 좋은 가정에 출생하게 됩니다. 만약 이 경계에서 초가집으로 들어간다면 빈궁한 집에 태어날 가능성이 높으며, 만약 풀 더미나 숲 속으로 들어간다면 대부분 축생도로 전입합니다.

(2) 예전에 어떤 수행자가, 한 번은 정좌하는 중에 음신(陰神: 후천의 식신識神으로 자기 자신의 내부경계에만 있어 자신만이 볼 수 있는 것/역주)

이 나가 공부방 뒤에 있는 작은 길을 따라 숲 속으로 걸어갔습니다. 계속 가다보니, 평소에 산보하는 오솔길이 나왔고, 더 나아가니 평소에 들어가 본 적이 없는 곳에 큰 빨간 색의 문이 있는 집 한 채가 있었습니다. 이 큰 빨간 문은 지금까지 본 적이 없었던 것인데 어찌된 일인가? 하고 이상한 생각이 든 그는, 호기심에 다가가 그 문의 주렴을 걷고 안으로 고개를 내밀고 살펴보았습니다. 그랬더니 그 곳에는 어떤 여자가 침대에 누워 두 다리를 벌리고 때마침 아이를 낳고 있는 중이었습니다.

수행자가 이를 보고 소스라치게 놀라 얼른 몸을 움츠리며, 자신이 너무 무례했다는 생각을 하는데, 그 안에 있던 산파 같은 어떤 부인이 빙그레 웃으며 그에게 들어오라고 손짓을 하는 것이었습니다. 하지만 그는 아무래도 마음이 내키지 않아 서둘러 얼른 되돌아 나왔습니다.

이렇게 서둘러 정신을 차리고 보니 자신은 뜻밖에도 방안에서 정좌를 하고 있었습니다.

그가 방금 전의 경계를 돌이켜 생각해보니, 일반적으로 일어나는 망상이 아닌 듯해서 자리에서 일어나 집 뒤편의 숲 속으로 걸어갔습니다. 평소에 산보하는 그 작은 길을 따라 간 곳은 분명 음신이 나갔을 때 걸었던 바로 그 곳이었습니다. 길이 끝나는 곳에는 대나무 울타리가 막고 있었는데, 평소에 사람들이 들어가지 못하도록 하고 있었기에 그는 지금까지 안으로 들어가 보지 않았습니다. 하지만 방금 전 정좌 중의 경계가 정말 이상하여 이번에는 계속 안으로 걸어갔더니, 그곳을 지키는 사람이 큰 소리로 들어가지 못하게 하였습니다. 한참 동안 시비를 한 후에, 자신이 정좌 중에 있었던 이상한 경계현상을 말하자 그 사람은 결국 마지못해 들어가라고 했습니다. 대나무 울타리 안으로 들어가 작은 길을 따라 계속 걸어가며 어디에 무슨 큰 빨간 문의 집이 있을까 했더니, 그것은 바로 돼지우리였습니다. 그 곳을 지키던 사람의 말을 들으니, 방금 어미돼지가 새끼를 낳았는데 그 중 한 마리는 낳자마자 죽었다는 것이었습니다.

이 수행자는 이를 듣고 놀라서 온 몸에 식은땀이 났습니다. 그렇게 오랫동안 수행했음에도 하마터면 돼지로 변할 뻔 한 것이었습니다. 만약 그 때 마음속에 정념(正念)을 품지 않고, 만약 여인의 하체에 대하여 한 가닥 삿된 생각을 품었거나, 혹은 얼떨결에 그 산파의 말을 듣고 방안에 들어가 인사를 나누었더라면 그는 어미 돼지 뱃속으로 들어갔을 겁니다.

이것은 근대인의 한 공안(公案)으로 일본과의 전쟁 시기에 발생한 것입니다. 이 공안을 통해 우리는 또한 '수행자가 평소 무상(無想)경계에 들어가서 그것으로 만족한다면, 내생의 과보는 돼지일 가능성이 높다.'는 고덕(古德)대사의 말이 생각납니다.

(3) 바로 앞에서 기술한 공안을 보면, 우리들은 수행의 어려움과, 평소에 마음이 일어나고 생각이 움직이는 것을 가볍게 여겨서는 안 된다는 것에 대한 경각심을 다시 한 번 갖게 됩니다. 그러므로 여러 해 동안 남회근 선생님께서는 수행에서 가장 중요한 것은 '심리결사(心理結使: 결사란 속박과 집착, 굴레. 번뇌와 동의어이다. 인간을 고통에 묶어두고 또한 부리기 때문이다/역주)'의 해탈에 있다고 재삼 강조하였습니다. 반야종의 대표적 경전인 금강경(金剛經)에서는 수지방법 면에서 '생각을 잘 보호하는 것[善護念]'이 중요함을 강조합니다.

(4) 밀교(密敎)의 '육성취(六成就)'수행법은, 이러한 인식에 기초를 두고서 대단히 구체적이고 단계가 분명한 수증(修證)체계를 제시합니다. 첫 단계는 기맥을 수련하는 '영열성취(靈熱成就)'입니다. 신체의 기맥을 수련하여 통하게 하는 것은 색신(色身)방면에서의 기초공부입

니다.

두 번째 단계는 '환관성취(幻觀成就)'의 수지입니다. 심리적으로 모든 외부경계를, 나아가 개인의 심신까지도 모두 허환(虛幻)한 가상(假相)으로 보는 것입니다. 이 방법의 묘한 점은 이런 관법을 통해서 심리적인 번뇌가 아주 자연스럽게 비교적 쉽게 엷어지면서 전환 변화[轉化]한다는 데에 있습니다.

그다음 세 번째 단계는 '몽성취(夢成就)'입니다. 밤낮으로 꿈의 경계 속에서 계속하여 심념을 살펴보아 생각 생각이 청명하도록 하고, 나아가 심념을 전환 변화시키며, 심지어 꿈의 경계도 전환 변화시킵니다. 만약 꿈의 경계조차 전환시킬 수 없다면, 생사가 닥쳐올 때 어떻게 해탈할 수 있겠습니까!(불학의 관점에서 보면 잠과 꿈은 작은 생사입니다) 엄격히 말하면, 몽성취를 이룬 뒤에 더 나아가 자나 깨나 한결같은 오매일여(寤寐一如)가 되어야, 낮에도 비로소 진정으로 몽환 같은 환관성취에 진입합니다.

네 번째 단계는 심신이 청정한 '정광성취(淨光成就)'입니다.

앞서 말한 단계들의 기초가 있고난 후에 그 다음 단계인 '중음신성취(中陰身成就)'나 '파와성취(頗哇成就)'—전식성취(轉識成就)에 도달할 수 있어야, 임종 시에 부처님의 힘이나 타력에 의지하여 타방불토에 왕생합니다.

만약 앞에서 말한 네 단계의 마음과 몸 쌍방의 튼실한 토대가 없이, 오로지 중음성취나 파와법만을 전심으로 수지함으로써 생사가 닥쳐왔을 때에 자신을 갖고 싶어 한다면, 그것은 어려운 일입니다.

이러한 한 단계 한 단계의 진실한 수행증득을 거쳐야 비로소 생사가 닥쳐왔을 때 자신의 뜻대로 할 수 있게 됩니다.

일반적으로 현교(顯教)에서는 밀교(密教)가 너무 기맥(氣脈)을 중시하고 색신(色身)에 집착한다고 공격합니다만, '육성취(六成就)'의 수증

차제로부터 우리가 볼 수 있듯이 밀교는 기맥성취를 기초로 할 뿐, 주요한 핵심은 여전히 심성의 해탈에 있습니다. 아울러 우리는 몸과 마음이 서로 상보상성(相補相成)의 관계이며, 이러한 수지 단계들을 건너뛸 수 없다는 것을 더욱 명확히 이해할 수 있습니다.

───────

　마땅히 알아야 한다. 이때의 수태를 갈라람(羯羅藍)이라 하는데 아버지의 정자와 어머니의 난자로서 다른 물건이 아니다. 아버지의 정자와 어머니의 난자가 화합하는 인연으로 말미암아 중유의 신식[識]이 그것을 자기 자신으로 여겨[所緣] 의지하여 머무는 것이다.

　應知受生, 名羯羅藍。父精母血, 非是餘物。由父母精血, 和合因緣, 爲識所緣, 依止而住。

　'갈라람(羯羅藍)'이라는 말은 범어의 번역음입니다. '응활(凝滑)'이나 '부모부정화합(父母不淨和合)'이라고도 번역하는데, 수정란 제1주간 단계를 가리킵니다.

　'위식소연(爲識所緣)'이란, 중유의 신식(神識)이 앞서의 생각의 움직임[動念]으로 말미암아, 태에 들어가 수정란과 결합하는데, 이것이 바로 생명의 12연기 중에서 '식을 조건으로 명색이 생겨난다[識緣名色]'에 해당합니다. 방금 전의 정신세계 중의 물리성분으로부터, 한 걸음 더 나아가 물질세계와 결합하는 것입니다.

　'중유의 신식이 그것을 자기 자신으로 여겨 의지하여 머무는 것이다'의 '위식소연, 의지이주(爲識所緣, 依止而住)'라는 이 몇 글자는 매우 의미가 있습니다. 우리가 알고 있는 것처럼, 연(緣)에는 친인연(親因緣), 소연연(所緣緣), 등무간연(等無間緣), 증상연(增上緣)

의 4가지가 있습니다. 현대의학에서는 수정란을 생명 발육성장의 근원으로 여기지만, 불학의 관점에서 보면, 이 수정란은 단지 '유정중생이 죽을 때는 몸에서 가장 나중에 떠나가고 태어날 때는 몸으로 가장 먼저 와서 주인공이 되는[去後來先作主公: 팔식규구송八識規矩頌 중 아뢰야식송2 중에 나옴. 남회근 선생 저작 '능가경 강의' 팔식규구송관주해를 참고하기 바랍니다/역주)' 아뢰야식(阿賴耶識)의 소연(所緣)의 연(緣)일 뿐입니다.

아뢰야식의 집장(執藏) 특성으로 말미암아(이는 또한 근본무명의 소재이기도 함), 이 작은 알갱이의 수정란을 자기 자신으로 여겨 '그에 의지하여 머무릅니다'. 이로부터 이 작은 덩어리의 배태(胚胎)의 성장발육에 집착하면서 하나의 분단생사(分段生死) 과정이 시작합니다.

동서고금의 거의 모든 사람들은, '이 하나의 생명'을 신성하고, 진귀하며, 값을 매길 수 없는 것으로 여겨왔습니다. 그러나 부처님의 눈으로 보면, 그것은 단지 인연의 화합들로 어떤 한 기간 동안 시간과 공간 안에서 존재하고 변화하는 현상일 뿐입니다.

(역자보충) 친인연(親因緣), 소연연(所緣緣), 등무간연(等無間緣), 증상연(增上緣)의 이해를 돕기 위하여 남회근 선생의 '원각경 강의' 중 제6장 청정혜보살장에서 발췌하여 보충합니다.

종교란 것은 사람들의 생각과 정서로 하여금 기댈 곳이 있도록 하는 데에 있습니다. 뿐만 아니라 이러한 종교는 여러분의 생각과 정서를 장악할 수 있습니다. 종교철학을 한 걸음 더 나아가 탐구해 보면, 내가 신뢰하고 의탁하는 것, 그것이 궁극적으로 존재하느냐 존재하지 않느냐를 묻고 싶어집니다. 이것은 크나큰 문제입니다. 일반적인 종교는 신뢰하고 의탁하는 이러한 대상을 인격화 내지는 신격화·초인화(超人化) 하고 있습니다.

인간의 역량이란 부족하기 때문에 하나의 초월적인 신을 믿고 의지하는 것입니다. 그래서 사람은 자아를 버리고 자아를 상실해버렸습니다. 만약 신이 존재한다면 이 신은 어디에서 왔을까요? 이러한 문제를 탐구하는 것도 역시 종교철학의 과제입니다. 그 다음에는 우리는 또 이렇게 묻고 싶습니다. 나는 왜 그를 믿어야 할까? 내가 믿는 대상은 옳은 것일까 옳지 않는 것일까? 만일 옳지 않다면 그건 또 어떻게 할까? 이런 것들을 모두 연구해 볼 필요가 있습니다. 최후까지 연구해가다 보면 모든 문제가 분명해집니다. 생명의 본래를 보고 우주의 본래를 본 사람을 '불(佛)'이라고 하고 혹은 '불타(佛陀)'라고 번역합니다. 불타는 '깨닫다[覺悟]'는 뜻으로서 우주와 인생 등의 일체의 문제를 분명하게 알았다는 것입니다.

수천 년 전에 모든 문제를 철저하게 해결한 이 사람을 석가모니불이라고 합니다. 그 분도 처음에는 우리와 마찬가지로 인생의 문제에 대해서, 생명의 문제에 대해서 회의로 가득 차 있었습니다. 어렸을 때부터 이러한 인생 가운데의 생로병사 등등의 문제에 대해서 사색하였습니다. 뿐만 아니라 어렸을 때 일반인보다도 훌륭한 교육을 받았습니다. 그는 궁정교육을 받았는데 선발된 가장 우수한 선생님들로부터 가장 알맹이의 학식을 전수받았습니다. 게다가 그는 타고난 자질이 탁월했습니다. 그래서 그는 십여 세에 벌써 각종 천문이나 수학 등등의 학문에 정통했습니다. 그는 독자였기에 당시에 경선(競選)할 필요 없이 황제가 될 수 있었습니다. 그러나 자신의 지혜로 살펴보니 한 국가 사회에는 진정한 30년간의 태평이 없었고 인류는 안락한 세월을 지낼 수가 없었습니다. 그래서 황제를 하고 싶지 않았습니다.

인생에서 해결할 길이 없는 번뇌 문제를 탐구하기 위하여 열아홉 살에 왕위를 버리고 출가하였습니다. 그러나 출가하기 전에 자신의 의무를 다 했습니다. 장가를 들어 아들을 낳고 난 다음에 출가한 것입니다. 이 점을 특별히 유의해야 합니다. 석가모니불의 행위는 가정의 효도를 위반하지 않았다는 겁니다.

그는 대철대오 하고나서 그 해답을 얻었습니다. 우주와 인생의 이치를 이해했습니다. 우주 인생 일체의 사물은 주재자가 없다는 겁니다. 염라대왕이 당신의 생명을 주재하는 것도 아니요 하나님이 당신의 운명을 주재하는 것도 아니라는 겁니다. 그렇지만 자연(自然)도 아니요 유물(唯物)이 변화한 것도 아닙니다. 일체 만유의 생명과 사물은 인연소생(因緣所生)이라는 겁니다. 무엇을 인연이라고 할까요? 인(因)은 앞선 하나의 동기입니다. 앞에서 한 번 움직이면 연쇄적인 관계가 오게 되는데 그게 바로 연(緣)입니다. 인연의 연쇄관계는 어떻게 오는 것일까요? 스스로 오는 것입니다. 주재자가 없습니다. 타력(他力)도 아니요 자연도 아닙니다.

인연은 다시 친인연(親因緣)과 소인연(疏因緣)으로 나누어 구별합니다. 무엇이 친인연일까요? 자기의 마음을 일으키고 생각을 움직이는 모든 행위입니다. 예를 들면 보리씨 하나가 한 군데에 오래 있다 보면 자동적으로 변화가 일어납니다. 그것은 타력 때문이 아닙니다. 그러나 타력과도 서로 관련이 있습니다. 친인연은 과거의 시간·공간과 자아의 누적이 가져온 종자(種子)입니다. 그 사이에 얽혀 있는 관계는 대단히 복잡합니다. 종자가 현행(現行)을 낳고 현행은 다시 미래의 종자로 변해서 끊임없이 순환합니다. 무엇이 소인연일까요? 증상연(增上緣)과 소연연(所緣緣) 그리고 등무간연(等無間緣)이 소인연에 속합니다. 예를 들면 우리들의 생명의 근원은 반드시 남성의 정자와 여성의 난자가 서로 결합하고 그 위에 정신체(精神體)가 더해져서 이 세 가지 연이 화합하여 이루어지는 것입니다. 이 세 가지 연이 친인연이 되고, 정자와 난자 속에 지니고 있는 부모의 유전자가 증상연입니다. 유전의 요소는 우리들의 생명에 크나큰 영향을 미칩니다. 사람의 생각·행위동작은 아버지나 어머니를 몹시 닮을 수 있습니다. 어떤 사람들의 개성은 부모와는 완전히 상반된 사람도 있습니다. 예를 들면 부모는 얌전한데 태어난 자식은 아주 까불어댑니다. 이것은 유전과 무관할까요? 아닙니다. 이것은 유전의 반동(反動)입니다. 얌전한 사람도 까불어대는 일면이 있기 때문입니다. 다만 그가 억눌러서 감히 드러나지 않다가 다음 대에 나타나게 된 겁니다. 사람은 태어난 다음에는 생각이나 개성 면에서 학교교육이나 가정교육 사회풍조의 영향을 서서히 받게 되는데, 이러한 요소들이 증상연에 해당합니다. 이 밖에 소연연이 있습니다. 현재의 생명은 과거의 종자가 현행을 낳은 것입니다. 전생에 누적된 습성과 부모의 유전자 그리고 받은 교육과 당대 사회의 사상적 조류의 영향 등 갖가지 요소가 더하여져 주관적인 생각의식을 형성합니다. 그리고 다시 새로운 생각과 행위를 낳아 다른 사람 및 사물과의 관계를 발생하여 서로 영향을 미치는데, 이것이 바로 소연연입니다. 이러한 현상들이 다시 종자로 변하여 파생하여 갑니다. 이와 같이 끊임없이 순환하는데, 이것이 바로 윤회의 이치입니다. 종자가 현행을 낳고 현행이 종자를 낳아서 영원히 간단(間斷)없이 도는 것을 등무간연이라고 합니다.

우리들의 생명은 이처럼 쉬지 않고 돌아가고 있습니다. 만약 생사를 벗어나 이런 연쇄적인 생명역량의 속박을 받지 않으려고 한다면 반드시 이 인연의 작용을 잘라 끊어야 합니다. 우리들의 생각은 영원히 정지해 본 적이 없습니다. 잠잘 때도 영원히 생각하고 있습니다. 그래서 잠을 자면 꿈을 꾸는 것입니다. 진정으로 잠을 자본 사람은 한 사람도 없습니다. 어떤 사람들은 꿈이 없다고 생각하는데 사실은 깨어나서 잊어버린 것입니다. 그럼 사망 이후에는 생각을 할 까요 안 할까요? 마찬가지로 생각을 합니다. 그것은 또 다른 경계입니다. 만약 우리의 생각을 그 가운데로부터 끊어버릴 수 있다면 그것을 '삼제탁공(三際托空)'이라고 합니다. 과거의 생각은 이미 과거가 되었으니 더 이상 존재하지 않습니다. 미래의 생각은 아직 오지 않았으니 당연히 존재하지 않습니다. 지금은 어떨까요? 역시 현재라는 게 없습니다. 막 현재라고 말했을 때에 현재는 즉시 과거로 변해버립니다. 우주 간에는 과거도 없고 미래도 없습니다. 오직 현재만이 있습니다. 영원히 한결같이 현재일 뿐입니다. 그러나 현재도 붙들어 쥘 수가 없습니다. 그것은 끊임없이 흘러가고 있기 때문입니다. 이러한 현상을 잠시 우리는 '공(空)'이라고 부릅니다. 석가모니불은 우주의 생명 속의 이러한 도리는 필경에 주재자가 없고 자연이 아님을 이해했습니다. "인연으로 생기하는 법을 나는 곧 공이라고 말한다[因緣所生法, 我說卽是 空]." 공(空)은 우주 생명의 본체요, 인연의 일어남은 우주 생명의 작용입 니다. 이를 '연기성공, 성공연기(緣起性空, 性空緣起)'라고 합니다. 예를 들어 제가 말을 하는데 반드시 연기(緣起)가 있어야 합니다. 저의 생명 생 각 신체 호흡계통 성대 입 혀 치아 등등 많은 요소가 결합되어야 소리를 낼 수 있는데, 이것을 '인연소생법'이라고 합니다. 말을 마치고 나면 곧 사라져버립니다. 그래서 "곧 공이라고 나는 말한다."고 합니다.

석가모니불은 이 문제를 해결하고 대철대오했고, 생명은 자재함을 얻 었습니다. 그는 한 가지 결론을 얻었습니다. "사람이 바로 부처이다[人卽 是佛], 마음과 부처와 중생 이 세 가지는 차별이 없다[心、佛、眾生三無差 別]." 석가모니는 보리수 아래에서 밤에 밝은 별을 보고 도를 깨닫고서 말 했습니다. "이상하다! 일체 중생은 저마다 여래의 지혜 기능을 갖추고 있 건만, 단지 망상집착 때문에 증득할 수 없구나[奇哉! 奇哉! 一切眾生皆具 如來智慧德相, 只因妄想執着, 不能證得].", 이상하다! 정말 이상하다! 저마 다 모두 부처이다, 사람만이 아니라 동물을 포함한 지각이 있는 생명체는 모두 다 부처와 똑같은 지혜 기능을 갖추고 있다. 그렇다면, 인간 중생은 왜 부처가 아닐까? 단지 자기의 생각이 자기를 장애하고 있기 때문이다. 자기의 허망부실한 생각을 진짜로 여기고서 꼭 붙들어 쥐고 놓지 않고 있 기 때문이다. 그래서 부처의 경계를 증득할 수 없다. 부처님이 도를 깨닫 고 한 말씀을 간단히 말하면 이렇습니다. "아이구, 이런! 수행을 한참 동 안 했지만 알고 보니 내가 바로 도이네." 이렇게 도를 깨달은 석가모니 불은 원래는 곧바로 열반하고 싶었습니다. 열반이란 생명을 원래의 자리 로 회귀시키는 것입니다. 예를 들면 얼음을 녹여서 물로 변화시키는 것과 같습니다. 그러나 대범천(大梵天)의 천주는 부처님께서 열반하시지 말고 법을 널리 전하여 중생을 제도해주시라고 청하였습니다. 석가모니불은 이렇게 말했습니다. "지(止)! 지(止)! 오법묘난사(吾法妙難思)", 됐다! 말하지 말라! 말하지 말라! 내가 이해한 이치는 불가사의하여 표현할 길이 없다. 저마다 부처인데 나더러 뭘 말하라는 것인가?

석가모니불은 서른두 살 때부터 세상에 나와 이 이치를 널리 알리기 시작했습니다. 당시의 인도 사람들은 석가모니불이 설한 이런 이치에 대단히 큰 충격을 받았습니다. 주재자가 없고 자연이 아니라고 설하자 그들은 석가모니불을 무신론자(無神論者)로 여겼습니다. 사실은 그들이 잘못 안 겁니다. 석가모니불은 신의 존재를 결코 부정하지 않았습니다. 다만 신과 인간을 동일한 생명으로 보았습니다. 신과 인간이 평등하여 둘이 없는 동일한 본체로 본 겁니다. 석가모니는 사람들에게 모든 생명이 함께 갖고 있는 이 본체를 찾아내야 한다고 제창했습니다. 이 생명의 본체를 찾아낸 것을 '무상정등정각(無上正等正覺)'이라고도 하고 '아뇩다라삼먁삼보리'라고도 합니다. 그러므로 불법은 미신이 아니라 대지혜의 성취입니다. 석가모니불은 자신의 일생 동안의 설법에 대하여 만년에 이렇게 말씀했습니다. "나는 49년간 설법하였지만 한 글자도 설한 적이 없다." 이것은 무슨 이치일까요? 연기성공(緣起性空)의 이치로, 일체 현상의ㆍ일체 경계의 본체는 모두 공(空)하다는 것입니다. 본체에 대해서는 말로 표현할 수가 없습니다. 하나의 공(空)이라고 말했더라도 이미 옳지 않은 것입니다. 왜냐하면 그것은 무아상(無我相)ㆍ무인상(無人相)ㆍ무중생상(無眾生相)ㆍ무수자상(無壽者相)이기 때문입니다. 집착이 없음이 부처님의 경계입니다. 그는 그래도 사람들이 믿지 않을까 걱정이 되어 금강경에서는 재삼 이렇게 강조합니다. "여래는 진어자요ㆍ실어자요ㆍ여어자요ㆍ불광어자요ㆍ불이어자이다[如來是真悟者, 實語者, 如語者, 不誑語者, 不異語者]." (부처님은 자신이 몸소 깨달은 실상반야의 참 지혜를 말씀하시는 분이요, 자신이 몸소 깨달은 제법실상의 이치를 말씀하시는 분이요, 시방삼세의 모든 부처님과 똑 같이 말씀하시는 분이요, 중생을 속이는 말씀을 하시지 않는 분이요, 궁극적으로는 일체 중생이 다 부처가 되도록 이끌기 위한 가르침이지 이와는 다른 말씀을 하지 않는 분이시다/역주)

그렇기 때문에 석가모니불께서는 계속 말씀하십니다.

예를 들면 우유와 가공하는 사람의 공력에 의지하여 끊이면서 휘저어주는 움직임이 그치지 않아야 버터[酥油]가 나올 수 있고 이와 다르다면 생겨나지 않는 것처럼, 부모의 깨끗하지 못한 정자와 난자로 이루어진 갈라람의 몸도 그와 같다는 것을 알아야 하느니라.

譬如依酪 瓶鑽人功, 動轉不已, 得有酥出, 異此不生。當知父母不淨精血, 羯羅藍身, 亦復如是

석가모니불께서는 버터[酥油]의 형성을 예로 들고 계십니다. 당시의 인도에서 버터를 만드는 방법은, 솥에 우유를 따른 후 작은 치즈[乳酪] 덩어리 하나를 그 속에 집어넣고 끓이면서 계속 저어줍니다. 어느 정도 시간이 지나면 그것을 통 속에 따라 식힌 후, 맨위의 응결된 층을 걷어내고 다시 정련하여 버터를 만듭니다. 그 나머지는 다시 가공을 거쳐 치즈가 됩니다. 그러므로 버터는 신선한 우유에 치즈를 섞어 정련(精鍊)하여 만들어지는 것입니다.

먼저 아버지의 정자와 어머니의 난자, 그리고 뒤에 신식(神識)이 붙은 배태(이를 갈라람의 몸[羯羅藍身]이라 하기도 함)와의 관계도 이와 같습니다. 가장 초기의 이 분단생명은 바로 각종 인연이 모여서 생겨난 일종의 현상입니다.

또 난타야, 네 가지 비유가 있나니, 너는 마땅히 잘 들어라. 마치 푸른 풀에 의지해야 풀벌레가 비로소 생겨나는 것이지만 풀 그 자체가 풀벌레는 아니요, 그렇다고 풀벌레가 풀을 떠나서 있는 것도 아니며, 풀에 의지하여 인(因)과 연(緣)이 화합하여야 비로소 풀벌레가 생기며 그 몸이 푸른 색깔로 되는 것과 같다. 난타야, 마땅히 알아야 한다, 아버지의 정자와 어머니의 난자로 이루어진 갈라람의 몸도 이와 같아서 인과 연이 화합하여 4대[大種]와 6근[根]이 생겨나는 것이니라.

復次難陀, 有四譬喩, 汝當善聽。如依靑草, 蟲乃得生。草非是蟲, 蟲非離草 ; 然依於草, 因緣和合, 蟲乃得生, 身作靑色。難陀當知, 父精母血, 羯羅藍身, 亦復如是。因緣和合, 大種根生。

난타가 아직 명확히 알지 못할까봐 석가모니불께서는 이어서 또 몇 가지의 비유를 하십니다.

먼저 풀벌레를 예로 듭니다. 그 풀벌레들은 푸른 풀에 의지하기 때문에 생장하기 시작합니다. 푸른 풀이 결코 벌레의 생명 그 자체는 아니지만, 풀벌레는 이 푸른 풀이라는 조연(助緣)에 의존하기 때문에 생존할 수 있습니다. 게다가 풀을 자기 삶의 원인으로 삼기 때문에 몸이 왕왕 푸른 풀의 색깔과 같습니다. 또 예컨대 채소 안의 작은 벌레도 흔히 채소와 같은 색깔입니다.

갈라람 몸과 아버지의 정자, 어머니의 난자 사이의 관계도 마찬가지여서, 아버지의 정자와 어머니의 난자와의 인연화합을 빌려서 한 기간의 새로운 생명인 4대 6근을 발전시킵니다.

마치 쇠똥에 의지하여 벌레가 생기나 쇠똥 그 자체가 벌레는 아니

요, 그렇다고 벌레가 쇠똥을 떠나서 있는 것도 아니며, 쇠똥에 의지하는 인과 연이 화합하여야 벌레가 비로소 생겨나게 되어 몸이 누런 색깔로 되는 것과 같다. 난타야, 마땅히 알아라. 아버지의 정자와 어머니의 난자로 이루어진 갈라람의 몸도 이와 같아서 인과 연이 화합하여 4대와 6근이 생겨나는 것이니라.

如依牛糞生蟲, 糞非是蟲, 蟲非離糞 ; 然依於糞, 因緣和合, 蟲乃得生, 身作黃色。難陀當知. 父精母血, 羯羅藍身, 亦復如是。因緣和合, 大種根生。

또 비유하면 쇠똥에 생기는 벌레와 같습니다. 쇠똥은 당연히 벌레가 아니지만 쇠똥을 떠나서는 이 벌레도 없습니다. 반드시 쇠똥에 의지하고 붙어있어야 인연이 화합되어 벌레가 생겨납니다. 이런 종류의 벌레 색은 쇠똥의 색에 가깝습니다.

석가모니불께서는 이 예를 들고 나서 계속 난타에게 말씀하시기를, 부모의 정자, 난자와 이 작은 배태와의 관계도 역시 그러하다고 하십니다. 부모의 정자, 난자에 중유의 신식이 더해지고, 여기에 각종 인연이 어울려 합해져야만 비로소 하나의 새로운 생명이 나게 됩니다.

마치 대추에 의지하여 벌레가 생기나 대추 그 자체가 벌레는 아니요, 그렇다고 벌레가 대추를 떠나서 있는 것도 아니며, 대추에 의지하여 인과 연이 화합하여야 벌레가 생겨나게 되어 몸이 붉은 색깔로 되는 것과 같다. 난타야, 알아야 한다, 아버지의 정자와 어머니의 난자로

이루어진 갈라람의 몸도 이와 같아서 인과 연이 화합하여야 4대와 6근
이 생겨나는 것이니라.

如依棗生蟲, 棗非是蟲, 蟲非離棗 ; 然依於棗, 因緣和合, 蟲乃得生,
身作赤色。難陀當知, 父精母血, 羯羅藍身, 亦復如是。因緣和合, 大種
根生。

또 대추에서 벌레가 생기는 것을 예로 들면, 대추는 벌레가 아니
지만 대추를 떠나서는 벌레가 생길 수 없습니다. 이런 종류의 벌레
는 대추와 흡사한 빨간 색입니다.
부모의 정자, 난자와 갈라람 몸과의 관계도 이와 같아서, 각종
인연이 모여야 비로소 이 하나의 새로운 생명이 시작하게 되는 것
입니다.

_____

마치 치즈[酪]에 의지하여 생겨나는 벌레의 몸이 흰 색깔로 되는 것
과 같다. 넓게 말하면 심지어 모든 생명현상은 인연이 화합하여 4대와
6근이 생겨나는 것이니라.

如依酪生蟲, 身作白色。廣說乃至因緣和合, 大種根生。

치즈에서 생기는 작은 하얀 벌레 역시 같은 이치입니다. 사실상
모든 생명 현상은 인연의 모임으로부터 오는 것입니다.

_____

또 난타야, 부모의 정자와 난자라는 부정물[不淨]에 의지하여 생기

는 갈라람이기 때문에 땅의 요소[地界]가 앞에 나타나면서 딱딱한 성질이 되고 물의 요소[水界]가 앞에 나타나면서 축축한 성질이 되며, 불의 요소[火界]가 앞에 나타나면서 따뜻한 성질이 되고 바람의 요소[風界]가 앞에 나타나면서 움직이는 성질이 되느니라.

復次難陀, 依父母不淨羯羅藍故, 地界現前, 堅[革＋更]爲性 ; 水界現前, 濕潤爲性 ; 火界現前, 溫煖爲性 ; 風界現前, 輕動爲性。

배태도 부모의 정자와 난자를 빌려서 오기 때문에, 이 새로운 생명은 부모가 가지고 있는 것과 같은 지수화풍이라는 이 4대의 성질을 간직하게 됩니다.

지대(地大)란 단단한 생리 구조입니다. 예를 들면 골격, 근육 같은 것입니다. 수대(水大)는 축축한 것으로 액체 상태로 나타나는 생리 부분으로 예를 들면 혈액, 임파, 호르몬과 기타 체액들입니다. 화대(火大)는 따뜻한 생리 기능을 가리키며, 예를 들면 체온으로 드러납니다. 풍대(風大)는 가볍고, 움직이는 특질을 갖추고 있는 생리 작용원리입니다. 주로 신체 내부의 기의 운동[氣機]을 가리키는 동시에 흡입하는 산소와 내쉬는 이산화탄소가 포함됩니다.

_____

난타야, 만약 부모의 부정물로 이루어진 갈라람의 몸에 땅의 요소만 있고 물의 요소가 없다면 곧 바짝 말라서 모두 다 분산하게 되리니, 비유하면 마치 손으로 마른 미숫가루나 재 따위를 움켜쥐는 것과 같느니라.

難陀, 若父母不淨羯羅藍身, 但有地界, 無水界者, 便卽乾燥, 悉皆分散, 譬如手握乾糗灰等。

만약 수정란에서 온 갈라람 몸이 지대만 있고 수대 성분이 없다면, 건조해서 분산되어 버립니다. 마치 손으로 마른 밀가루를 한 주먹 쥐는 것과 같아서 아무리해도 한 덩어리로 빚을 수 없습니다.

만약 물의 요소만 있고 땅의 요소가 없다면 곧 분리되어 흩어져서 마치 물위의 기름방울과 같느니라.

若但水界, 無地界者, 卽便離散, 如油渧水。

수대만 있고 지대가 없다면 흘러 흩어져 버릴 것입니다. 마치 물위의 기름방울처럼, 아무리해도 응집이 불가능한 것과 같습니다.

물의 요소 때문에 땅의 요소가 흩어지지 않고 땅의 요소 때문에 물의 요소가 흐르지 않느니라.

由水界故, 地界不散 ; 由地界故, 水界不流。

수대의 작용으로 말미암아 지대가 비로소 한 곳에 응집될 수 있습니다. 상대적으로 지대의 작용으로 말미암아 수대가 비로소 흘러 흩어지지 않습니다.

난타야, 갈라람의 몸에 땅과 물의 요소만이 있고 불의 요소가 없다면 곧 부서지고 무너져서 마치 여름철에 응달에 둔 고깃덩이와 같느니라.

난타야, 갈라람의 몸에 땅·물·불의 요소만이 있고 바람의 요소가 없다면 곧 더 자라지도 못하고 넓고 커지지도 못하느니라.

難陀, 羯羅藍身有地水界, 無火界者, 而便爛壞, 譬如夏月, 陰處肉圍。

難陀, 羯羅藍身但有地水火界, 無風界者, 卽便不能增長廣大。

초기의 배태(여기서 말하는 갈라람 몸)에 오직 지대와 수대의 성분만 있고 화대의 기능이 부족하다면, 그것은 마치 여름날 차고 어두운 곳에 놓여있는 한 덩이 고기와 같아서, 아주 빨리 썩어버릴 것입니다

만약 초기의 배태가 지대·수대·화대 등의 성분을 갖추고 있지만 풍대가 없다면, 이 배태는 성장하지 못할 것입니다

이들은 모두가 전생의 업으로 말미암아 인(因)이 되고 또 서로 연(緣)이 되어서 서로가 함께 부르고 감응하여 아뢰야식[識]이 생명을 형성할 수 있다. 땅의 요소로 지탱할 수 있고 물의 요소로 거두어 모을 수 있으며 불의 요소로 성숙하게 하고 바람의 요소로 성장하게 하느니라.

此等皆由先業爲因, 更互爲緣, 共相招感, 識乃得生。地界能持, 水界
能攝, 火界能熟, 風界能長。

4대의 성분과 그 결합, 그리고 그 이후의 발육 성장상황은 모두
각각의 생명이 이전에 지어놓은 업인(業因)으로부터 옵니다. 그런
후 4대 사이에, 더 나아가 심신 상호간에 서로 연이 되어 상보상성
(相輔相成)하면서 새로운 생명을 형성합니다.

귀납해서 말하자면, 지대는 지탱[把持]하는 성능이 있고, 수대는
거두어들여 당기는[收攝] 작용이 있으며, 화대는 발육, 성숙(成熟)
을 도울 수 있고, 풍대는 성장(成長)을 촉진합니다.

난타야, 또 마치 어떤 사람이나 그의 제자가 엿물을 잘 조제한다면
곧 공기를 불어넣어 그것을 넓고 크게 하여 속이 텅 비게 하는 것이 연
뿌리와 같게 하는 것처럼, 안의 몸의 4대인 땅·물·불·바람과 업력
이 자라나는 것도 이와 같으니라.

難陀, 又如有人, 若彼弟子熟調沙糖, 卽以氣吹, 令其增廣, 於內虛空,
猶如藕根。內身大種, 地水火風, 業力增長, 亦復如是。

석가모니불께서는 자세하게 말씀하시는 것을 꺼려치 않으시고,
계속해서 난타를 위하여 해설하십니다.

"난타야, 물엿을 불어서 갖가지 사탕을 만드는 사람의 예를 들
면, 기술이 매우 좋아서 엿물[糖漿]을 잘 조제할 수 있다. 그들은
특별히 제조한 이 엿물을 푸~후 하고 불어 속이 비어있는 여러 가
지 모양의 물건을 만들어내는데, 마치 속이 비어있는 연뿌리 모양

과 같다. 4대로 구성된 우리들의 생명도 같은 원리여서, 부모의 정
자, 난자라는 물질적 기초를 빌리고, 여기에 자기가 지니고 온 업
기(業氣)가 상호 연(緣)이 되어 점점 성장한다."

난타야, 부모의 정자와 난자인 부정물이 있다고 해서 갈라람의 몸이
있는 것이 아니요, 어머니의 배가 있다고, 업이 있다고, 인이 있다고
연이 있다고, 갈라람의 몸이 있는 것이 아니다. 다만 이들의 여러 가지
연이 어울려 모여야 비로소 태아가 있기 시작하느니라.

難陀, 非父母不淨, 有羯羅藍體 ; 亦非母腹, 亦非是業, 非因非緣, 但
由此等衆緣和會, 方始有胎。

"난타야, 아버지의 정자와 어머니의 난자가 있다고 해서 꼭 생명
이 있는 배태를 형성할 수 있는 것은 아니며, 자궁이 있다고 해서
새로운 생명을 잉태하여 기를 수 있는 것도 아니며, 동시에 아뢰야
식이 각종 선업, 악업의 종자를 지니고 있다고 해서 새로운 생명을
형성할 수 있는 것도 아니다.
이 하나의 새로운 생명은, 반드시 위에서 말한 각종의 인연들이
모여야 비로소 생겨날 수 있다."

마치 새로운 종자를 바람에 쐬고 햇볕을 쬐여 손상되거나 무너지지
않고 단단하고 알차고 구멍이 없게 잘 간직하였다가 좋은 농토에 뿌리
고 아울러 물을 잘 준다면 인과 연이 화합한지라 비로소 싹과 줄기와
가지와 잎이며 꽃과 열매가 차례로 점점 자라나는 것과 같으니라.

난타야, 이 종자는 연과의 화합을 떠나지 않았기에 싹 등이 생겨날 수 있는 것이다.

如新種子, 不被風日之所損壞, 堅實無穴, 藏擧合宜, 下於良田, 并有潤澤, 因緣和合, 方有牙莖, 枝葉花果, 第增長。
難陀, 此之種子, 非離緣合, 芽等得生。

"예를 들어, 어떤 한 알갱이의 새로운 종자를 바람이나 햇볕에 훼손되지 않도록 하며, 기타의 다른 손상도 받지 않도록 잘 보존하여, 좋은 땅에 심고 동시에 정기적으로 물을 잘 준다고 하자. 각종 조건이 잘 어울려 합해져야만, 이 알갱이의 종자가 비로소 싹이 나고 가지와 잎이 자라날 것이며, 그런 후에 꽃이 피고 열매가 맺으면서 부단히 성장할 것이다.

요컨대 한 알갱이의 종자가 만약 다른 인연의 화합이 없다면 싹이 나지 않을 것이다."

———————

이와 같이, 부모만 있다거나 단지 업과 그 밖의 연만이 있다고 해서 태아가 생겨날 수 있는 것이 아니다. 반드시 부모의 정자와 난자와 인연이 화합하여야 비로소 태아가 있다는 것을 알아야 하느니라.

如是應知, 非唯父母, 非但有業及以餘緣, 而胎得生。要由父母精血, 因緣和合, 方有胎耳。

"이를 통해 우리가 알 수 있듯이, 부모 두 사람이 결합한다고 해서 곧 새로운 생명이 생겨나는 것은 아니며, 중음신이 있다고 해서

업식(業識) 종자가 곧 입태 할 수 있는 것도 아니다. 반드시 아버지의 정자와 어머니의 난자가 필요하고 거기에 각종의 인연이 결합되어야 비로소 새로운 생명이 생겨날 수 있다."

───────────

난타야, 마치 눈 밝은 사람이 불을 구하기 위하여 일광주(日光珠)를 햇빛에다 놓아두고 마른 쇠똥을 그 위에다 놓아야 비로소 불이 생기는 것처럼, 부모의 정자와 난자와 인연이 화합하기 때문에 비로소 태아가 생겨난다는 것을 알아야 하느니라.

難陀, 如明眼人, 爲求火故, 將日光珠置於日中, 以乾牛糞而置其上, 方有火生。 如是應知, 依父母精血, 因緣合故, 方有胎生。

석가모니불께서는 여기에서 인도 당시의 불을 취하는 방법을 가지고 비유를 하십니다.

"난타야, 예컨대 불을 취하려고 한다면 볼록렌즈를 햇볕으로 향하고 마른 소똥 위에 놓은 채 일정시간이 지나야 비로소 불이 일어날 수 있는 것과 같다.

같은 이치로 우리가 알아야 할 것은, 아버지의 정자와 어머니의 난자는 또 다른 기타의 인연이 결합되어야 수태할 수 있다는 사실이다."

───────────

부모의 부정물로 이루어진 갈라람을, 색(色)·수(受)·상(想)·행(行)·식(識)이라고 부르고, 바로 그 이름으로서 명색(名色)이라고 말하느니라.

父母不淨成羯羅藍, 號之爲色受想行識, 卽是其名, 說爲名色。

중유의 신식이 일단 태에 들어가면 이 한 알갱이의 작고 작은 수정란은 단순히 생리적인 세포의 조합에 불과한 것이 아닙니다. 동시에 의식 방면의 활동과 화합하여 하나의 새로운 생명이 모체 내에서 형성된 것입니다.

이 작고 작은 한 알갱이의 배아는 불법의 분석과 귀납에 따르면, 이미 이 세계 생명의 다섯 가지 요소인 색(色)·수(受)·상(想)·행(行)·식(識)을 갖추고 있습니다.

색·수·상·행·식에서 '색(色)'은 물질·생리 부분을 가리키는데, 예를 들어 배아의 세포, 조직같이 볼 수 있는 것입니다. 그 나머지인 수(受)·상(想)·행(行)·식(識)은 보이지 않는 것으로 정신에 속하며 정신의식 측면에 속하는 것인데, 우리는 그것들을 하나로 귀납시켜 '명(名)'이라고 할 수 있습니다. 그러므로 불법(佛法)에서는 배아(胚芽)와 배태(胚胎)라는 기간의 생명을 통틀어서 '명색(名色)'이라고 부릅니다. 또 이 때문에 중음신이 입태하여 수정란으로 들어가는 이 과정을 12연기에서는, '식연명색(識緣名色)', 식을 조건으로 명색이 생겨난다고 합니다.

이제 되돌아가 앞 단락의 원문을 살펴보겠습니다. 석가모니불께서는 계속해서 난타에게 설하시기를, 아버지의 정자와 어머니의 난자가 결합하여 이루어진 갈라람은 색·수·상·행·식 이라는 이 다섯 가지 생명의 현상과 기능을 모두 갖추고 있으며, 색·수·상·행·식을 귀납시키면, '명색(名色)'이라고 부를 수 있다고 합니다.

이런 쌓임의 무더기[蘊聚]는 가증스러우므로, 명색이 어느 생명존재[諸有]로 의탁하여 태어나는 것이 심지어 다소의 찰나 동안일지라도, 나는 찬탄 환희하지 않느니라. 왜냐하면, 어떤 생명존재로 태어나든 그것은 큰 괴로움이기 때문이니라.

此之蘊聚可惡, 名色託生諸有, 乃至少分刹那, 我不讚歡。何以故? 生諸有中, 是爲大苦。

색·수·상·행·식을 '5온(五蘊)'이라고도 합니다. '온(蘊)'이란 말은 '모으다'는 의미입니다. 욕계와 색계의 생명은 이 다섯 가지 요소의 취합으로부터 생겨나는 것입니다. 이 5온 안에는 어둡고 부정적인 면이 매우 많이 포함되어 있어, 자성(自性)의 광명을 가로막기 때문에 '5음(五陰)'이라고도 부릅니다.

5온 또는 5음의 모임으로 말미암아, 고통과 번뇌의 생명이 생기기 때문에, 여기서는 "쌓임의 무더기는 가증스럽다[蘊聚可惡]"라고 합니다.

이제 우리는 이어서 이 단락 원문의 두 번째 구절인, "명색이 어느 생명 존재로 의탁하여 태어나는 것[名色託生諸有]"을 보겠습니다.

여기서 '명색(名色)'이란 우리가 앞에서 말했듯이, 5온의 다른 이름인데, 이 단락 문장 안에서는 앞 단락의 '갈라람', 즉 한 알갱이의 아주 작은 수정란을 가리킵니다. 그러면 무엇을 '제유(諸有)'라고 할까요?

불학에서 말하는 '제유(諸有)'란, 각종의 다른 생명존재의 영역을 가리키는 것으로, 3계(三界)에는 모두 25유(二十五有)가 있습니다.

욕계(欲界)는 4가지 악도(지옥, 축생, 아귀, 아수라)에, 인도(人道)의 4대주(四大洲)와 천도(天道)의 6욕천(六欲天)을 더하여, 모두 14유(十四有)가 됩니다.

색계(色界)는 4개의 선천(禪天)에 대범천(大梵天), 정거천(淨居天), 무상천(無想天)을 더하여, 모두 7유(七有)입니다.

무색계(無色界)는 4공천(四空天)으로 4유(四有)입니다.

이상을 합하면 모두 25유(二十五有)가 됩니다. 이 안에서, 욕계·색계의 생명은 모두 5온으로 구성되지만, 무색계에 이르면 형상과 색상이 없기 때문에 색온(色蘊)은 없고 단지 수상행식 4온(四蘊)으로만 구성됩니다(이상의 3계25유에 대하여는 '생과 사 그 비밀을 말한다'의 부록 2 '능엄경이 말해주는 중생의 생사윤회 인과 대원칙'을 참고하기 바랍니다/역주).

이 단락 원문중의 '명색탁생제유(名色託生諸有)'에서의 '제유(諸有)'는, 명색(名色) 즉, 5온에 대응하기 때문에, 무색계가 포함되지 않습니다. 또한 여기서의 명색은 위에서 말한 갈라람을 가리키는 것이기 때문에, 그와 대응되는 '제유'란 욕계의 갖가지 생명에만 국한되어 오로지 14유만 있을 뿐입니다.

이제 우리 되돌아가 이 단락의 원문을 보겠습니다. 석가모니불께서 말씀하십니다. "5온이 모여서 고통·번뇌의 생명을 구성한다. 이 작고 작은 배아가 어느 생명 영역으로 태어나든지, 설사 복보(福報)가 아무리 좋고 고통이 아무리 적다할 지라도, 나는 모두 털끝만큼도 환희 찬탄하는 일이 없을 것이다. 왜냐하면 3계안에 태어나는 한 고통스럽기 때문이다."

마치 더러운 똥은 그 양이 아무리 적더라도 악취가 나는 것처럼, 어떤 생명존재로 태어나든 번뇌가 아무리 적든 괴로움이라고 함을 마땅히 알아야 하느니라.

譬如糞穢, 少亦是臭。如是應知, 生諸有中, 少亦名苦。

"예를 들면 더럽고 냄새나는 똥은 아무리 그 양이 적다 할 지라도 냄새나는 것과 같다. 같은 이치로 육도 중의 어느 영역에 태어나든, 번뇌가 아무리 적다 할 지라도, 여전히 궁극이 아니요, 아직 고통을 벗어나지 못한 것이다."

왜 이렇게 말씀하실까요? 아래에 보다 자세한 해석이 있습니다.

이 5취온인 색·수·상·행·식은 모두가 태어나고[生] 머무르고[住] 자라고[增長] 쇠퇴하여 무너지는[衰壞] 것이다.

此五取蘊, 色受想行識, 皆有生住增長, 及以衰壞。

이른바 '5취온(五取蘊)'이란, '5온'이라고도 합니다. '취(取)'란, 구취(求取)와 집착(執著)의 의미입니다. 소승(小乘)에서의 '취(取)'란 '번뇌(煩惱)'의 대명사입니다. 대승(大乘)의 유식학(唯識學)에서의 '취(取)'는 '탐애(貪愛)'의 대명사입니다. 요컨대 집착하여 취하여서[執取] 탐애의 번뇌 가운데 있는 것이 바로 '취온(取蘊)'의 의미입니다.

앞서 말했듯이, 생명이란 5온의 조합일 뿐만 아니라, 5온 간에 상호 연이 되어 생겨나고, 머무르고, 점점 자라고, 쇠약해져 파괴되는 변화가운데에 있는 모든 존재입니다.

태어남은 곧 괴로운 것이요, 머무름은 곧 병(病)이며, 자라고 쇠퇴하여 무너짐은 곧 늙어 죽는 것이니라. 그러므로 난타야, 누가 생명존재의 바다[有海]에 대하여 애착하는 맛을 내겠느냐. 어머니의 태속에 눕게 되면 이런 극심한 고통을 받게 되는 것이니라.

生卽是苦, 住卽是病, 增長 衰壞卽是老死。是故難陀, 誰於有海, 而生愛味? 臥母胎中, 受斯劇苦

"생즉시고(生則是苦)"란, 간단히 말해서 '태어남' 자체가 바로 고통이라는 겁니다. 수많은 조건의 제약을 받는 생명은 자유롭지 못하고 원만하지도 못합니다. 하물며 5취온으로부터 오는 것이니 어떠하겠습니까? 이른바 '유구개고(有求皆苦)', 구함이 있음은 모두 고통이다란 모든 결사(結使)에서 해탈하여 3계를 뛰어넘지 않는 한 모든 '생(生)'은 고통스러움이라는 겁니다. 이게 바로 "생즉시고(生則是苦)"의 의미입니다.

"머무름은 곧 병이다[住則是病]"란, 이 생명이 존재하는 한 색·수·상·행·식의 어느 온(蘊)이든 완전하지 못한 종자를 지니고 오며, 따라서 '머무름[住]' 자체가 바로 병이라고 할 수 있다는 의미입니다. 여기에는 마음의 병도 있고, 몸의 병도 있습니다.

그 아래의 "자라고 쇠퇴하여 무너짐은 곧 늙어 죽는 것이다[增長衰壞, 卽是老死]"란 말에서, 소위 "자라고[增長] 쇠퇴하고 무너짐[衰壞]"이란, 현대의학적 술어를 이용하면 신진대사라고 말할 수 있습니다. 세포나 조직은 부단히 갱신되고 부단히 성장하는 동시에 날마다 늙어가고, 날마다 죽음을 향하여 달려가고 있습니다. 그러므로 장자(莊子)는 이에 대해 벌써 '생명 존재는 태어남과 동시에 죽어가고, 죽음과 동시에 태어난다[方生方死, 方死方生].'라고 속 시원하게 말했습니다. 이 점을 꿰뚫어보면, 당연히 생명에 대해 연연해함이 적어지고 환상(幻想)과 집착도 적어지므로, 따라서 번뇌와 고통도 적어집니다. 이론상으로는 비록 이와 같더라도, 실제로는 간파할 수는 있지만 참아내지를 못합니다[看得破, 忍不過]. 원태사(袁太師: 원환선袁煥仙으로 남회근 선생의 스승임/역주)께서 "5온은 분명히 허깨비인데도, 그 인연경계들에서는 곳곳마다 어리석네[五蘊明明幻, 諸緣處處癡]."라고 말씀하신 것과 같습니다(이 시의 전문은 선정과 지혜 수행입문 제5강을 참조하기 바랍니다/역주).

그리고 석가모니불께서는 여기에서 여전히 간곡히 타일러 말씀하십니다. "난타야, 생명이 어떤 것인지를 분명히 알면 그 누가 애착하고서 버리지 못할 것이 있겠느냐? 하물며 일단 모태에 들어가자마자 극단적인 고통의 시달림을 당하는데 더 말할 나위가 있겠느냐?"

다음에서 석가모니불께서 모체 내에서의 태아의 성장변화에 대하여 더욱 자세한 소개를 하십니다. 우리가 현대의학의 연구보고서와 대조해보면 대단히 재미있는 유사점을 발견하게 될 것입니다.

―――――――

또 난타야, 이와 같이 알아야 하느니라. 무릇 태 속에 들어가면 대략의 수(數)로 말하여 서른여덟 번의 칠 일씩이 있느니라.

復次難陀, 如是應知, 凡入胎者, 大數言之, 有三十八七日。

여기서는 사람의 입태에 대해 말하는 것인데, 태아는 모체 안에서 대략 38주를 경과합니다.

이 점은 현대 서양의학의 관점과 완전히 일치합니다. 현재의 배태학에서도 태아의 모체 안에서의 변화에 대해서 일주일을 한 구분 단계로 삼습니다.

만약 "사람의 몸은 하나의 작은 우주요, 우주는 하나의 거대한 사람의 몸이다[人身爲一小宇宙, 宇宙爲一大人身]."라는 도가의 말에 비추어본다면, 아주 기묘하게 부합합니다. 기독교의 성경(聖經)에서 하느님이 세계를 창조하는 것도 일주일 과정이었습니다.

(생명과학의 입장에서 보면 불법을 명백히 논술하면서 아울러 다른 종교문명의 성취에 대해서도 그들을 대신해서 좋아하고 찬탄 선양하는 것도 무방합니다. 사실 이것은 어떠한 종교라도 마땅히 지녀야할 정신과 도량입니다)

제3장 배아(胚芽)의 발전

제1주 ~ 제3주

제1주

첫 번째 칠 일 동안, 배태가 어머니의 뱃속에 있을 때에는 마치 한 조각의 작은 나무쐐기 같고 하나의 작은 부스럼 같으면서 똥처럼 더러운 것에 누워 있음이 마치 솥 안에 갇혀 있는 것 같다. 신근(身根)과 의식(識)이 한 곳에 같이 있으며, 왕성한 열에 끓여지고 볶이면서 극심한 고통을 받는데 그 이름을 갈라람이라 하느니라.

그 형상은 마치 한 방울의 죽즙 같기도 하고 진한 유즙 같기도 한데, 칠 일 동안에 안의 열에 끓여지고 삶아지면서 땅의 요소의 단단한 성질과, 물의 요소의 축축한 성질과, 불의 요소의 따뜻한 성질과, 바람의 요소의 움직이는 성질이 비로소 나타나기 시작하느니라.

初七日時, 胎居母腹, 如楣如癰, 臥在糞穢, 如處鍋中。身根及識, 同居一處，壯熱煎熬，極受辛苦，名羯羅藍。

狀如粥汁，或如酪漿，於七日中，內熱煎煮。地界堅性，水界濕性，火界煖性，風界動性，方始現前。

제1주 동안 배태는 모친의 뱃속에서, 마치 한 조각의 작은 나무 쐐기 모양 같기도 하고, 하나의 작은 부스럼[肉瘡] 같은 모양으로, 악취가 나는 혈육더미 속에 누워있습니다. 그 전체의 몸과 정신의 식은 이 작은 물방울 같은 반투명의 배아 속에 있습니다. 마치 공기가 통하지 않는 하나의 뜨거운 솥 안에 갇혀있는 것 같아서 몹시 고통스러운 시달림을 당하고 있습니다.

이 단계의 작은 생명을 '갈라람(羯羅藍)'이라고 합니다. 겉으로 보기엔 한 방울의 죽즙(粥汁)같기도 하고 또 한 방울의 진한 유즙[酪漿] 같기도 합니다.

이 칠일동안 생리방면에서는 지·수·화·풍 이 4대의 '성(性)'과 '질(質)'이 점점 발육하기 시작합니다.

이제 우리 서양의학의 배태학에서 이 단계에 대해 관찰한 결과를 살펴보도록 하겠습니다.

제1일 : 정자와 난자가 혼합되어 한 개의 '접합자(接合子: zygote)'를 만듭니다. 이때는 여전히 단세포입니다. 세포핵 내에 23쌍의 염색체가 형성됩니다. (그림 1)

제2일 : 정자가 난자에 진입한 지 30시간이 지난 후에, 접합자는 두 개의 세포로 분열합니다. (그림 2).

그 후 4시간이 지나면 4개의 세포로 분열됩니다. (그림 3)

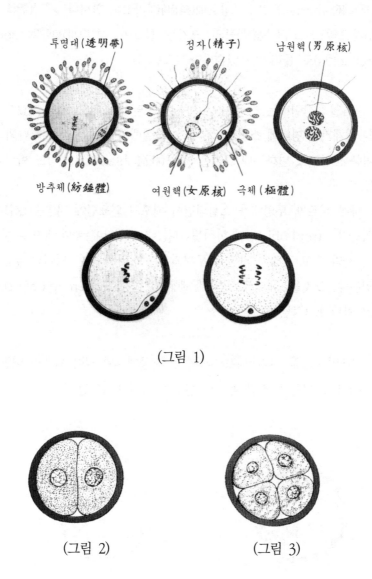

(그림 1)

(그림 2)   (그림 3)

제3일 : 접합자는 이미 16개의 세포로 된 난할구(卵割球)를 이루고 있는데, 외부의 윤곽이 한 알갱이의 뽕나무 열매 모양이어서 '상실배(桑實胚: morula)' 또는 '상심배(桑椹胚)'라고도 합니다. 체적(體積)과 단세포의 분할구(分割球)들의 크기는 같으며, 투명대(透明帶: zone pellucida)로 둘러싸여 있습니다. (그림 4)

제4일 : 상실배는 자궁 내강(內腔)에 도달하게 되고, 자궁 강(腔) 안의 액체가 투명대에 스며들어갑니다. 상실배의 틈새가 점점 하나의 물거품 모양으로 변하는데 그것을 '배포(胚泡: blastocyst)'라고 합니다. (그림 5)

매우 빠르게 투명대가 소실되면서 배포의 외표면에 자양층(滋養層: 영양막 : trophoblast)이 형성됩니다. 배포 내강에는 한 쪽으로 치우쳐 자리 잡고 점점 커가면서 두꺼워지는 하나의 작은 덩어리 부분이 있는데, 그것을 '배태세포군(胚胎細胞群: 내층세포, embryoblast)'라고 합니다. (그림 6)

제5일 – 6일 : 배태세포 자양층이 자궁에 부착되어 최초의 태반을 형성하고, 나중에 점점 배태로 발전해 갑니다. (그림 7)

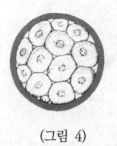

(그림 4)

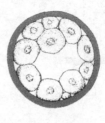

(그림 5)

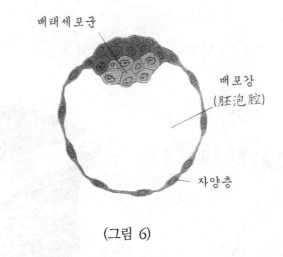

(그림 6)

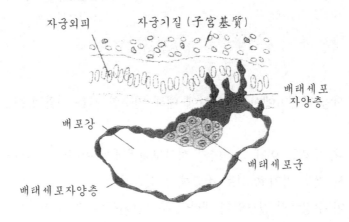

(그림 7)

　난자 수정 후 제1주간의 변화를 간단하게 그림으로 나타내면 다음
과 같습니다. (그림 8)

난자수정제1주변화도

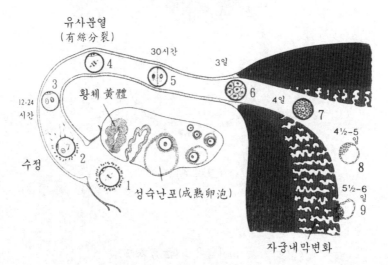

유사분열
(有絲分裂)

30시간

3일

4

5

3

황체 黃體

6

12-24
시간

4일

7

수정

7

2

4½-5
일

8

1

성숙난포(成熟卵泡)

5½-6
일

9

자궁내막변화

(그림 8)

서양 배태학에서 이 시기에 대해 연구한 것을 개괄적으로 소개했

으니, 우리는 이제 되돌아가 석가모니불께서 이 단계에 대해 말씀

하신 것을 가지고 서로 비교해 보겠습니다.

이 수정란의 겉모양에 대하여 부처님께서는, "마치 한 조각의 작

은 나무쐐기 같고 하나의 작은 부스럼 같으면서 똥처럼 더러운 것

에 누워 있음이 마치 솥 안에 갇혀 있는 것 같다"고 하셨습니다.

재질(材質) 면에서는 "한 방울의 죽즙 같기도 하고 진한 유즙 같

기도 하다"고 하셨습니다.

내부 성분에 대해서는, "땅의 요소의 단단한 성질과, 물의 요소

의 축축한 성질과, 불의 요소의 따뜻한 성질과, 바람의 요소의 움직이는 성질"로 개괄하십니다.

현대의학 용어로 말해보면 수정란의 염색체는 뒷날의 골격, 모발, 피부, 근육, 기관(器官), 혈액, 호르몬, 심지어는 신체가 건장할지의 여부 등을 결정하는 유전자를 이미 내포하고 있습니다.

물론 석가모니불께서 말씀하신 것은, 현대의학이 정밀한 기구로 실험을 통해서 관찰한 것만큼 세밀하지는 못하지만, 간단하고 요점적이면서도 적확함을 잃지 않고 있습니다. 뿐만 아니라 2천5백년 전 그 당시 사람들이 받아들일 수 있는 입장을 고려해 보면 기껏해야 이 정도 수준의 개념을 말할 수 있을 뿐이었습니다.

"신근(身根)과 의식(識)이 한 곳에 같이 있으며, 왕성한 열(熱)에 끓여지고 볶이면서 극심한 고통을 받는다"라는 부분의 내용은 내심(內心) 세계 부분과 관련되니, 각자가 내면적으로 수행하여 증득하거나, 앞으로 과학적인 노력을 기다려 보아야 할 것입니다.

제2주

난타야, 두 번째 칠 일 동안 배태가 어머니의 뱃속에 있을 때에도 똥처럼 더러운 것에 누워 있으면서 마치 솥 안에 있는 것과 같은데, 신근과 의식이 한 곳에 같이 있으면서 맹렬한 열에 끓여지고 볶이면서 극심한 고통을 받느니라.

어머니의 뱃속에서는 저절로 일어나는 바람이 있나니 그 이름을 편촉(遍觸)이라 하는데 전생에 지은 업으로부터 생겨나느니라. 이 바람이 태(胎)에 접촉할 때를 알부타(頞部陀)라 하나니, 그 형상은 마치 끈적끈적한 유즙[稠酪] 같기도 하고 혹은 엉긴 버터[凝酥] 같기도 하며, 이 칠 일 동안에 안의 열에 끓여지고 삶아져서 4대가 나타나게 되느니라.

難陀, 第二七日, 胎居母腹, 臥在糞穢, 如處鍋中。身根及識, 同居一處, 壯熱煎熬, 極受辛苦。

於母腹中, 有風自起, 名爲遍觸。從先業生, 觸彼胎時, 名頞部陀。狀如稠酪, 或如凝酥。於七日中, 內熱煎煮, 四界現前。

이 단락 중의 앞부분인 "어머니의 뱃속에 있을 때에도 똥처럼 더러운 것에 누워 있으면서 마치 솥 안에 있는 것과 같은데, 신근과 의식이 한 곳에 같이 있으면서 맹렬한 열에 끓여지고 볶이면서 극심한 고통을 받느니라."는 첫째 주의 묘사 서술과 마찬가지이니 여기서는 중복하지 않겠습니다.

하지만 그 다음의 서술은 다릅니다. "어머니의 뱃속에서는, 저절로 일어나는 바람이 있나니 그 이름을 편촉(遍觸)이라 하는데 전생에 지은 업으로부터 생겨나느니라."

여기에서 문제가 대두되는데, 이 구절은 도대체 어떤 의미일까요? '유풍자기(有風自起)', 바람이 저절로 일어난다고 한 의미는 무엇일까요? 앞서 나온 '바람의 요소의 움직이는 성질[風界動性]'에서의 '바람'과 같은 의미일까요 다른 의미일까요? '종선업생(從先業生)', 전생에 지은 업으로부터 생겨난다는 또 무슨 의미일까요? 이 단락의 의미를 더욱 명확히 파악하기 위하여 「불위아난설처태회(佛爲阿難說處胎會)」를 한 번 참고해 보겠습니다. 이 경전은 아난에게 설한 것으로, 그 주요 내용도 모체 내에서의 태아의 변화를 소개하는 것입니다. 이 경전과 입태경이 동일한 경전인데 번역에 있어 차이가 있다는 설도 있지만, 어쨌든 간에 「불위아난설처태회」는 입태경을 독해하는데 매우 큰 도움이 됩니다.

「불위아난설처태회」에서는, 수정 후 2주째에 대해 다음과 같이 실려 있습니다.

"감응(感應)하여 생기는 업의 바람[業風]이 있나니 이름을 변만(遍滿)이라 하는데 그 바람이 어머니의 왼 겨드랑이와 오른 겨드랑이에 미세하게 불어서 가라라(즉 갈라람)의 몸 모양이 점차로 나타나게 하며, 그 형상이 마치 진한 타락과 같기도 하고 혹은 엉긴 소(酥)와 같기도 하여 속의 열에 끓이고 삶아지며 안부타(安浮陀) 몸으로 바뀌는 것이니, 이와 같이 하여 4대가 점점 이루어지느니라."

所感業風名爲遍滿, 其風微細, 吹母左脇及以右脇, 令歌羅邏 (即羯羅藍)身相漸現, 狀如稠酪 惑似凝酥。內熱煎煮, 便即轉爲安浮陀身。如是四大, 漸漸成就。

수정 제2주에 대한 두 경전의 서술을 종합해보면 다음의 몇 가지 요점으로 귀납시킬 수 있습니다.

(1) 이 부분에서 바람이 '저절로 일어난다' 는 것은 부모의 유전에 의해 오는 것과는 다른 것입니다. 어떻게 '저절로 일어나는 것' 일까요? 입태경에서는 '전생에 지은 업으로부터 생겨난다'라고 해서 중음신인 아뢰야식이 지니고 온 종자라고 되어있습니다. 앞에

서 말한 아버지의 정자와 어머니가 갖추고 있는 풍대(風大)가 혼합된 것이지만, 그 풍대에만 국한되는 것은 아닙니다.

(2) '저절로 일어나는 바람이 있다'에서의 바람은, '편촉(遍觸)'·'편만(遍滿)'이라는 특질을 갖추고, '가라라의 몸 모양이 점차로 나타나게 한다[令歌羅邏身相漸現]', 즉 매우 작은 배아가 점점 생장하게 할 수 있습니다. 따라서 '저절로 일어나는 바람이 있다'에서의 '바람'은 주로 생명의 에너지입니다. 도가와 중의학에서 말하는 '사람에게 있는 세 가지 보물[人有三寶]인 정(精)·기(氣)·신(神)' 중의 '기(氣)'에 해당합니다. 이것은 생명의 정화(精華)이자 생명의 원동력으로, 생명 에너지의 주요성분입니다.

그렇기 때문에, 도가에는 "기를 먹는 자는 장수한다[食氣者壽]"는 설이 있습니다. 불가에서도 마찬가지로 이와 같은 인식에 바탕을 둔 안나반나(安那般那: 석가모니불이 전수한 들숨날숨에 주의를 기울이는 수행법/저자주) 수행법이 있는데, 뒷날 천태종의 수식(數息), 수식(隨息), 지식(止息) 등의 육묘문(六妙門: 천태지관의 수행법문으로, 다음의 6단계로 귀납된다. 수식[數], 수식[隨], 지식[止], 혜관[觀], 반본귀원[還], 청정원만[淨]/저자주. 육묘문에 대하여는 '선정과 지혜 수행입문' 제5강 선관 연구 중 육묘법문을 참조하기 바랍니다/역주)의 수증법으로 발전했습니다. 그런데 밀교에서는 보편적으로 '기'와 '맥'의 수련에 중점을 둡니다. 이 경전도 같은 인식에 바탕을 두고 있어, 매 칠일마다의 변화와 성장은 서로 다른 작용을 지닌 '바람'이 주도하는 것으로 되어있습니다. 여기서 말하는 '바람'은 다시 말하면 '기'의 대명사입니다.

(3) 「불위아난설처태회」를 참고해 보면, '그 바람이 어머니의 원

겨드랑이와 오른 겨드랑이에 미세하게 불어서[吹母左脇及以右脇]'라는 눈에 띄는 구절을 하나 발견하게 됩니다. 여기서 '협(脇)'은 흉부 양옆의 부위를 가리킵니다. 이 작은 조각의 배아와 모체 흉부 양 옆의 부위와는 연계가 성립합니다. 이 말은 또 어떻게 이해해야 될까요?

중의학에 따르면 간경(肝經)의 분포는 생식기관과 양쪽 협부와 딱 연계되어 있으며, 오행 속성상 간은 목(木)에 속합니다.

모체에서 일단 수정이 되면 난소는 즉시 황체호르몬을 분비하는데, 이것은 수대(水大)입니다. 수는 목을 생하므로 간 경락에 변화가 일어나는데, 중의학적인 면에서 간은 혈(血)을 저장합니다. 간은 목에 속하고, 목은 화(火)를 생합니다. 화는 또 심장에 속하고, 심장은 혈맥(血脈)을 주관하므로, 혈액순환도 이끌어갑니다.

그러므로 '그 바람이 어머니의 왼 겨드랑이와 오른 겨드랑이에 미세하게 불어서[其風微細吹母左脇及以右脇]'라는 말은, 앞에서 말한 이런 일련의 생리반응을 포함한다고 말할 수 있습니다.

현대의학적 언어로 말하면, 배태와 모체사이의 혈액순환의 맥도(脈道)가 성립되었다는 의미입니다. 그래서 모체의 혈액이 산소와 기타 양분을 공급하기 시작하는 동시에, 배태 내부의 신진대사 후의 폐기물과 기타 잉여물이 혈액을 통하여 모체 내에 배출됩니다.

수정 2주째는, 제2주기의 배태인데 불경(佛經)에서는 이를 '액부타(額部陀)'라고 합니다. 살펴보면 제1주 때보다 끈적끈적해서, '그 형상은 마치 끈적끈적한 유즙 같기도 하고 혹은 엉긴 버터[凝酥]와 같다[狀如稠酪, 或如凝酥]' 라고 말할 수 있습니다. 이 7일 동안 배태에 붙어있는 신식(神識)은 여전히 고통스러우므로, '속의 열에 끓이고 삶아진다(內熱煎煮)', 뜨거운 가마솥에 갇혀있는 것처럼 고통을 받고 있습니다.

이제 서양의학에서는 이 7일 동안 어떤 것이 관찰되는지 다시 살펴
보도록 하겠습니다.

제8일 : 배포(胚泡)의 한 부분이 자궁내막에 진입합니다. 배태세포
군(胚胎細胞群: 내층세포, embryoblast)은 증장하여 이층의 배아반
(胚芽盤)을 이룹니다. (그림 9)

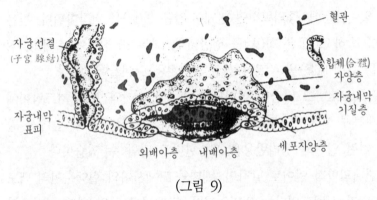

자궁선결
(子宮 腺結)

자궁내막
표피

외배아층   내배아층   세포자양층

혈관

합체(合體)
자양층

자궁내막
지질층

(그림 9)

제9일 : 배포는 자궁내막으로 더 깊숙이 진입니다. 처음 진입할 때
생겼던 함몰부위는 이미 혈액의 섬유소가 응결되어 덮었습니다. 이때
에 자양층에는 작은 열공(裂孔)들이 출현해서, 서로 녹아 합해지며 확
충되어 한 그물 계통 모양을 이루는데 이를 자양층강극망로(滋養層腔
隙網路)라 합니다. 모체의 자궁내벽도 변화를 일으켜 세포가 부어오르
고, 세포장(細胞漿)에 대량의 적원(積原)과 지질(脂質)이 쌓여 모이며,
모세혈관이 충혈 확장되어 혈두(血竇)가 형성되어 있습니다. (그림 10)

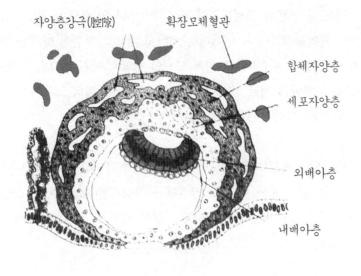

자양층강극(腔隙)　　확장모체혈관

합체자양층

세포자양층

외배아층

내배아층

(그림 10)

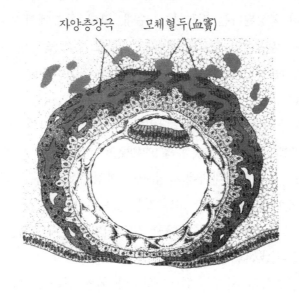

자양층강극　　모체혈두(血竇)

(그림 11)

제12일 전후로 모세혈관이 파열되어 모체의 혈액이 자양층강극망으로 흘러들어갑니다. 이때에는 배아체 자체의 혈관이 아직은 형성되지 않았지만, 삼투작용을 거쳐 모체의 혈액 속에서 필요한 양분을 얻습니다. 태반은 이로 말미암아 모체의 혈액순환과의 교류가 형성되어 있습니다. (그림 11)

제13일 : 융모(絨毛)와 융모강(絨毛腔)이 발전하여 나타납니다.
배아반(胚芽盤)의 머리 끝 부분에는 징심기판(徵心基板)이 출현하여 뒤에 심장으로 발전하며, 꼬리끝 부분은 결체조직병(結締組織柄)과 이어집니다.

짧고 짧은 이 7일 동안에 정말 다양한 변화가 나타나지만, 요점을 말하면 한 조각의 작고 작은 배아는 모체의 혈액순환과의 교류가 확실히 형성된다는 것입니다. 수대, 화대, 풍대에서 지대에 까지 이르는 종합적인 중요발전이라고 말 할 수 있습니다.

불경에서는 이를 간단하게 '4대가 나타난다[四界現前]'라고 개괄하고 있습니다.

이러한 변화를 거친 배아는 당연히 더 이상 반투명의 '한 방울의 죽즙[狀如粥汁]'이나 '진한 유즙'[或如酪漿] 상태가 아닙니다. 이때에 배아는 이미 자궁내벽에 착상하여, 불경에서 말하는 '끈적끈적한 유즙 상태[狀如稠酪]'와 거의 같은 것으로 보입니다. 지대가 점점 발전 응결되어 모아져 한 곳에 고정되기 때문에, '혹은 응결된 버터와 같다[或如凝酥]'고 말하는 것입니다.

물론 불경상의 서술은 현대의학보다 훨씬 간략합니다. 그러나 관건이 되는 중요한 변화, 예를 들어 이 시기에 모체혈액순환과의 연계형성을, 경전 가운데서는 '그 바람이 어머니의 왼 겨드랑이와 오른 겨드랑이에 미세하게 불어서 가라라(즉 갈라람)의 몸 모양이 점차로 나타나게 하며[其風微細, 吹母左脇及以右脇, 令歌羅邏身相漸 現]'라고 개괄하고 있습니다. 현대의학의 관점에서 보면 이 단락의 서술은 정말 너무 뭉뚱그려 얘기한 것처럼 보입니다. 그러나 만약 중의학에서 말하는 장부·경락·그리고 오행의 상생상극[五行生剋] 의 관점을 종합하고, 다시 서양의학에서 말하는 성호르몬의 변화· 배태의 모체혈액순환과의 연계를 결합시켜, 이 두 가지를 자세히 전면적으로 이해한 뒤에 다시 되돌아가 경전상의 이 말을 살펴보 면, 저절로 감탄해 마지않으면서 회심(會心)의 미소를 한 번 짓게 될 것입니다.

제3주

난타야, 세 번째 칠 일 동안의 자세한 설명은 앞서와 같으며, 어머니 의 뱃속에는 바람이 있나니, 그 이름을 도초구(刀鞘口)라 하는데 전생 에 지은 업으로부터 생겨나느니라. 이 바람이 태에 접촉할 때를 폐호 (閉戶)라 하나니, 그 형상은 마치 쇠 젓가락과 같기도 하고 지렁이 같 기도 하며, 이 칠 일 동안에 4대가 나타나고 있느니라.

難陀, 第三七日, 廣說如前。於母腹中, 有風名刀鞘口, 從先業生, 觸 彼胎時, 名曰閉戶。狀如鐵箸, 或如蚯蚓。於七日中, 四界現前。

제3주 동안은 앞서의 성장을 토대로 또 한 가닥의 바람이 있는데 그 바람을 '도초구(刀鞘口)'라고 합니다. 이것 역시 배아에 간직된 하나의 생명 에너지입니다. 이때의 배아를 '폐호(閉戶)'라고 하는데, 마치 한 쌍의 쇠 젓가락 모양이기도 하고 한 마리의 지렁이 같기도 합니다. 지·수·화·풍 4대는 여전히 부단히 성장하고 있습니다.

이제 우리 서양의학적 연구 성과를 살펴보겠습니다.

제 3주에는 2층의 배아반(胚芽盤)이 3층으로 변합니다. (그림 12)

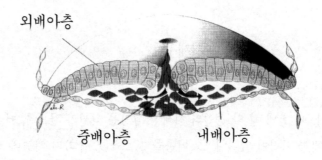

외배아층
중배아층   내배아층

(그림 12)

제18일 전후에, 중배층에서 척삭(脊索)이 발전되어 나옵니다.
척삭이 성장함에 따라서 배아반은 점점 긴 형태로 변화합니다. 세로 단면으로 보면 그 내부 구조는, '마치 한 쌍의 쇠 젓가락 모양이기도 하고, 한 마리의 지렁이 같다'고 경전에서 말한 것과 똑 같습니다. (그림 13)

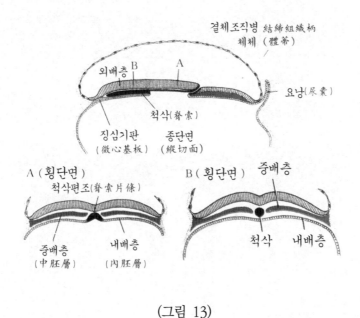

결체조직병 結締組織柄
체체 (體蒂)

외배층 B   A

요낭(尿囊)

척삭(脊索)

징심기판   종단면
(徵心基板) (縱切面)

A (횡단면)   B (횡단면)   중배층
척삭편조(脊索片條)

중배층   내배층   척삭   내배층
(中胚層) (內胚層)

(그림 13)

배아가 발전하여 제3주가 되면, 배아의 전기(前期) 발육은 완성됩니
다. 제4주째부터 배태기로 진입합니다.

제4장 배태(胚胎)의 변화

제4주 - 제9주
3개 배층이 각자 분화하여 특정한 조직과 기관 형성
각 기관 계통이 초보적으로 형성

제4주

난타야, 네 번째 칠 일 동안의 자세한 설명은 앞서와 같으며, 어머니의 뱃속에는 바람이 있나니, 그 이름을 내문(內門)이라 하는데 전생에 지은 업으로부터 생겨나느니라. 이 바람이 태전(胎箭)에 불어칠 때를 건남(健南)이라 하나니 그 형상은 마치 신골[鞋楥] 같기도 하고 혹은 사문석[溫石] 같기도 하며, 이 칠 일 동안에 4대가 나타나고 있느니라.

難陀, 第四七日, 廣說如前。於母腹中, 有風名爲內門, 從先業生, 吹擊胎箭, 名爲健南。狀如鞋楥, 或如溫石。於七日中, 四界現前。

"난타야, 제4주 7일 동안에는 앞서 말했던 대로 각종 조건의 결합 하에서 배태는 계속 발전해 간다. 이 7일 동안에는 '내문(內門)'이라 불리는 한 가닥의 생명에너지가 발전해간다. 이 생명에너지의 작용 하에서 배태의 형상은 발육하여 마치 한 짝의 "신골[鞋楥: 신발을 만들거나 수선할 때 사용하는 목재로 만들어진 발 모형/저자주] 같기도 하고, 사문석(蛇紋石)같기도 하는데 이 단계를 '건남(健南)'이라고도 한다."

이제 우리는 서양 배태학에서 이 주기에 대하여 관찰한 결과를 한번 살펴보겠습니다.

제22일 - 제24일 :
1. 그 속이 비어있고 양쪽 끝 부분이 열려 있는 신경관(神經管)이 발전되어 나옵니다. 대략 이틀 후인 24일째 전후로 그 열려있던 양 끝 부분이 닫혀서 하나의 밀폐된 관(管)조직이 됩니다. (그림 14)
2. 척수(脊髓)가 자라나고, 중추(中樞)신경계통이 생겨나기 시작합니다.
3. 체절(體節)이 생겨나서 자라기 시작하여 매일 대략 3마디가 늘어납니다. 동시에 골절세포(骨節細胞)와 피절세포(皮節細胞), 기절세포(肌節細胞)가 자라납니다.

제25일 : (그림 15)
새궁(鰓弓: 초기의 호흡기관/역주), 뇌포(腦泡), 심포(心泡), 갑상선, 폐, 간, 췌, 중신소관(中腎小管) 등의 원시적인 기초가 발전되어 나오고, 혈액순환과 심장박동이 시작됩니다.

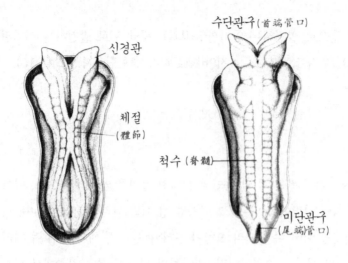

(그림 14)

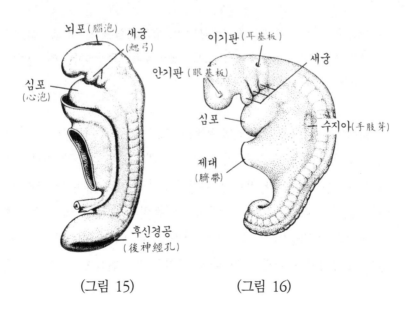

(그림 15)   (그림 16)

제26일 - 제28일 :

뒷날 눈으로 발전하는 안기판(眼基板), 뒷날 귀로 발전하는 이기판
(耳基板), 수지아(手肢芽), 각지아(脚肢芽)가 출현합니다. (그림 16)

제5주

난타야, 다섯 번째 칠 일 동안의 자세한 설명은 앞서와 같으며, 어머
니의 뱃속에 바람이 있나니, 그 이름을 섭지(攝持)라 하는데 이 바람이
태에 접촉할 때에 다섯 개의 모양이 나타나나니, 두 개의 팔과 두 개의
넓적다리와 머리가 그것이니라. 비유하면 마치 봄철에 하늘에서 단비
가 내리면 나무가 울창해지고 가지와 줄기가 더욱 자라나는 것처럼 이
것 역시 그와 같아서 다섯 가지 모양이 나타나느니라.

難陀, 第五七日, 廣說如前。於母腹中, 有風名曰攝持。此風觸胎, 有
五相現, 所謂兩臂、兩[月 + 坐]及頭。譬如春時, 天降甘雨, 樹林鬱茂,
增長枝條。此亦如是, 五相顯現。

"난타야, 제5주 7일 동안에 배태는 계속 발전해 나간다. 이 시기
의 생명에너지를 '섭지(攝持)'라고 하는데, 배태에서 양 어깨, 양
고관절(대퇴가 둔부와 연결된 부위), 그리고 머리 이 다섯 가지 모
습[五相]이 자라나게 한다. 마치 봄에 봄비가 충분히 내려 적셔주
면 수목의 가지들이 자라나오는 것과 같다. 이 단계는 바로 그와
같은 모습이어서 외관상 이 다섯 가지의 생리현상이 발전되어 나

온다.”

이제 서양 배태학을 살펴보면, 제5주 때의 변화는 대체로 다음과 같습니다.

외형적으로는 경곡(頸曲: 목 부위의 굴곡)이 더욱 깊어지고, 중뇌곡(中腦曲)이 출현합니다.

외형적인 특징 이외에도, 내부 구조면에서는 뇌·하구뇌(下丘腦)·상구뇌(上丘腦)의 구역에 국부적인 세포증식이 출현하고, 중신관(中腎管)·수뇨관아(輸尿管芽)·생식결절(生殖結節)등도 모두 발육 중입니다.

제6주

난타야, 여섯 번째 칠 일 동안의 어머니의 뱃속에 바람이 있나니, 그 이름을 광대(廣大)라 하는데 이 바람이 태에 접촉하면서 네 가지 모양이 나타나게 되나니, 두 팔꿈치와 두 무릎이 그것이니라. 마치 봄철에 비가 내리면 싹과 풀이 가지에서 돋아나는 것처럼 이것도 그와 같아서 네 개의 모양이 나타나느니라.

難陀, 第六七日, 於母腹中, 有風名曰廣大。 此風觸胎, 有四相現, 謂兩肘 兩膝。如春降雨, 萬草生枝。此亦如是, 四相顯現。

“난타야, 제6주 7일 동안의 기기(氣機: 기능활동. 생리활동. 기의 운동/역주)를 '광대(廣大)'라고 한다. 이 기간 동안 배태는 양 팔꿈치와 양 무릎이 생겨 자라난다. 마치 봄비가 적셔주면 초목의 가지들이 자라나오는 것과 같이 사지도 이처럼 발전되어 나타난다."

  서양의학적인 관찰에 따르면, 이 시기에는 양 팔꿈치와 양 무릎이
외에도 동시에 두 팔 두 다리가 자라나옵니다. 심지어 10개의 손가락
과 발가락도 어렴풋이 볼 수 있습니다. (그림 17)

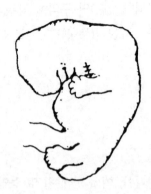

(그림 17)

제7주 - 제8주

  난타야, 일곱 번째 칠 일 동안에도 어머니의 뱃속에 바람이 있나니,
그 이름을 선전(旋轉)이라 하는데 이 바람이 태에 접촉하면서 네 개의
모양이 나타나게 되나니, 두 손과 두 발이 그것이니라. 마치 거품 무더
기와 같기도 하고 혹은 물에 있는 이끼와도 같이 네 개의 모양이 있게
되느니라.

  난타야, 여덟 번째 칠 일 동안에도 어머니의 뱃속에는 바람이 있나

니, 그 이름을 번전(翻轉)이라 하는데 이 바람이 태에 접촉하면서 스무 개의 모양이 나타나게 되나니, 손가락 열 개와 발가락 열 개가 이로부터 처음 생겨나느니라. 마치 새봄에 비가 오면 나무뿌리가 생기기 시작하는 것과 같으니라.

難陀, 第七七日, 於母腹中, 有風名爲旋轉。此風觸胎, 有四相現, 謂兩手兩脚, 猶如聚沫, 或如水苔, 有此四相。

難陀, 第八七日, 於母腹中, 有風名曰翻轉。此風觸胎, 有二十相現, 謂手足十指。從此初出, 猶如新雨, 樹根始生。

서양 배태학에서의 팔다리의 발육성장을 입태경과 비교해보면 대략 며칠 빠릅니다. 아마 2천5백 년의 시간을 지나오면서 모체 내에서의 배태의 부분발육이 약간 앞당겨졌는지도 모릅니다. 오늘날 어린이를 예로 들면 심신 양 방면이 4~5십년 전보다 조숙(早熟)합니다.

현대의 지식으로 말하면, 자연생태와 물질적 조건의 갖가지 변화에 따라, 인체 역시 그에 대응하면서 조정·변화해 갑니다. 불교의 사상관념으로 말하자면, 중생의 공업(共業)이 다르기 때문에 인류의 정보(正報) - 예를 들면 평균수명, 체중, 키 나아가 기타 각종 생리 메커니즘도 따라서 변화합니다.

예를 들어 불교의 겁수관념(劫數觀念)에는 대겁(大劫)·중겁(中劫)·소겁(小劫)이 있고, 소겁은 다시 증겁(增劫)과 감겁(減劫)으로 나뉩니다. 불경에서는 최초의 인류가 살았던 시기에는 수명이 8만 4천 세였다고 말합니다. 그 후에 방일하고, 산만하고, 정념(正念)을 지키지 않고 선행을 하지 않았기 때문에 백년마다 인간의 수명도 한살씩 줄어들며, 뒤로 오면 올수록 사람의 마음도 갈수록 험악해집니다. 중생의 공업의 감응은 인간 자신의 정보(正報) 이외에도 연대하는 의보(依報)도 영향을 받습니다. 자연환경이 갈수록 나빠지고 인위적인 재해와 자연재해도 갈수록 많아지기에 인간의 수명은 갈수록 줄어듭니다. 불경의 기록에 의하면 말법시대의 후기에 이르면 인류의 평균수명은 십 세밖에 안된다고 합니다. 8만4천 세부터 십 세까지의 이 기나긴 역정은 감겁(減劫)에 해당합니다.

훗날 오랜 기간 각종 재해의 시련을 겪은 뒤에 인류는 참회하기 시작하여 선행을 함으로써 백년마다 한살씩 늘어나 인간의 수명은 다시 8만4천 세까지 돌아갑니다. 이 기간의 역정이 바로 증겁(增劫)에 해당합니다.

불경에서 말한 대로라면, 우리는 지금 감겁 중에 있어 인류의 평균수명도 점점 감소합니다. 그렇지만 지금 시점에서 보자면, 전체 지구 인류 평균수명에 대한 장기간의 통계자료가 아직 없기에 불경의 이러한 논점에 대하여 통계수치적인 증명을 제시할 길이 없는 것이 안타깝습니다.

그러나 중국역사의 기록에 따르면 요(堯) · 순(舜) · 우(禹) · 탕(湯) · 문왕(文王) · 무왕(武王) · 주공(周公)등은 다들 백세가 넘게 살았습니다. 이와 비교해보면 인간의 수명은 감소한 것입니다.

비록 물질문명이 부단히 진보하고, 의약과학 기술도 부단히 비약적으로 발전하고 있지만, 환경오염이 갈수록 심각해지고, 자연생태계가 파괴되며, 나아가 바이러스의 내성(耐性)이 강해지고 새로운 변종들이 나타나기 때문에, 인류가 직면한 사망의 위협은 과학기술이 진보했다고 해서 감소하는 것이 아니라, 심지어 더욱 증가

하는 추세를 나타내고 있습니다. 아마 이는 불경에서 말한 것처럼 '사람들의 마음이 옛날 같지 않고, 세상의 기풍이 날로 나빠지는 [人心不古, 世風日下]' 과보인지도 모릅니다!

이로써 유추해볼 때, 2천5백년 후에도 만약 이 불경이 여전히 존재한다면, 경전 속에 기술되어 있는 내용을 그 때의 배태 성장과 비교해볼 때, 더욱 많은 차이를 보이게 될 가능성이 매우 높습니다.

여기서 우리는 이 경전을 설하게 된 동기가 욕락에 빠져 헤매는 난타 때문에 시작되었다는 것을 잊지 말아야 하겠습니다. 난타가 생명의 고(苦)·공(空)·무상(無常)·무아(無我)를 깨닫고, 헤매는 길에서 돌아올 줄 알게 하기 위하여, 석가모니불께서는 각종 방편을 보이시며 그를 천당에도 데려가시고 지옥에도 데려가셨습니다. 그런 다음, 그 번거로움을 마다하지 않으시고 난타에게 입태(入胎)의 과정과 변화를 말씀하고 계신다는 사실을 잊어서는 안 됩니다.

주요 목적은, 생명현상의 변화에는 어떠한 영원한 귀결점도 없으며 어떠한 진실한 행복도 없다는 것을 보여주는 데 있습니다. 아울러 소승(小乘)의 수증의 중심인, '몸을 깨끗하지 않다고 관찰하고, 느낌을 괴로움이라고 관찰하며, 마음을 무상하다고 관찰하며, 법을 무아라고 관찰한다[觀身不淨, 觀受是苦, 觀心無常, 觀法無我]'는 교리를 내포하고 있습니다(이 4념처에 대하여는 '선정과 지혜 수행입문 제5강 선관연구 중 염신법문에 대한 기본 인식과, 역자보충의 대념처경을 읽어보기 바랍니다/역주). 따라서 이 불위난타설출가입태경의 중점은 결코 배태학의 소개와 탐구에 있는 것이 아니라, 단지 석가모니불이 중생을 인도하는 방편 중에서, 부처님의 임시방편의 지혜에 대한 우리의 인식을 한층 높이는 데 있을 뿐입니다.

그렇기 때문에, 9주째부터는 항목 하나하나를 서양의학과 자세하게 비교하고 대조하지 않고, 단지 중요한 대목에서는 현대의학을 빌려서 비교 유추 설명하겠습니다. 그렇지 않고 계속 서양 배태학처럼 자세히 소개하다보면, 이를 보는 독자들이 머리 아프고 재미없다고 느낄 수도 있기 때문입니다.

제9주

난타야, 아홉 번째 칠 일 동안에도 어머니의 뱃속에는 바람이 있나니, 그 이름을 분산(分散)이라 하는데 이 바람이 태에 접촉하면서 아홉 가지의 모양이 나타나게 되나니, 두 눈과 두 귀와 두 콧구멍과 입 그리고 아래에 있는 두 구멍이 그것이니라.

難陀, 第九七日, 於母腹中, 有風名曰分散。此風觸胎, 有九種相現, 謂二眼 二耳 二鼻 幷口, 及下二穴。

여기서 말하는 '아홉 가지 모양[九種相]'은 바로 구규(九竅)입니다. 두 눈, 두 귀, 두 콧구멍, 입의 칠규(七竅)에다 요도와 항문을 더하면 모두 아홉 개의 구멍이 됩니다.

제5장 태아의 발육

제10주 이후
체구(體軀)가 성장
기관과 조직이 정식으로 발육되기 시작

제10주

난타야, 열 번째 칠 일 동안에도 어머니의 뱃속에는 바람이 있나니, 그 이름을 견영(堅鞕)이라 하는데 이 바람이 태를 견실(堅實)하게 만들며, 또 이 칠 일 동안에 어머니의 뱃속에는 바람이 있나니 그 이름을 보문(普門)이라 하는데 이 바람이 태를 불룩하게 하여 마치 공기를 가득 불어넣은 부낭(浮囊) 같게 하니라.

難陀, 第十七日, 於母腹中, 有風名曰堅鞕, 令胎堅實。卽此七日, 於母胎中, 有風名曰普門, 此風吹脹胎藏, 猶如浮囊, 以氣吹滿。

제10주에 이르렀을 때, 이 시기의 생리기능을 '견영(堅鞕)'이라고 하며, 태아가 더욱 튼튼하게 발육하도록 합니다. 동시에 '보문(普門)'이라 부르는 또 한 가닥의 바람이 있어 배태를 포만(飽滿)하게 하는데, 이때의 배태 모습은 마치 공기를 가득 채운 부낭(浮囊)과 같습니다.

서양의학적 측면에서 말하자면, 제3개월째부터 시작하여 출생기까지의 단계를 '태기(胎期)'라고 부릅니다. 이 기간에는 체구가 성장하고 기관과 조직이 정식발육을 시작합니다. 앞서의 배태기(胚胎期)로부터 또 하나의 새로운 단계로 진입하는데, 공교롭게도 입태경에서는 이 단계를 '견영(堅鞕)'이라고 부릅니다.

다른 점이 있다면, 입태경에서는 태아 전체가 '기(氣)를 가득 불어넣는다'는 것을 다시 강조하고 있다는 것 입니다. 주된 점은 역시 기(氣)의 작용으로 말미암아, '태를 견실하게 한다'는 것인데, 이 관점과 오늘날의 서양의학 관점과는 좀 차이가 있습니다.

제11주

난타야, 열한 번째 칠 일 동안에도 어머니의 뱃속에는 바람이 있나니, 그 이름을 소통(疏通)이라 하는데 이 바람이 태에 접촉하면서 태로 하여금 환히 통하게 하여 아홉 개의 구멍이 나타나게 되느니라. 만일 어머니가 걷거나 서거나 앉거나 눕거나 일을 할 때에는 그 바람이 두루 돌면서 빈곳을 통하여 그 구멍들을 커지게 하나니, 곧 그 바람이 위로 향하면 위의 구멍이 열리고 아래를 향할 때에는 곧 아래의 구멍이 통하는 것이니라. 비유하면 마치 대장장이나 그의 제자가 풀무질을 할 때에 위와 아래로 공기를 통하게 하는 것과 같으며, 바람이 제 할 일을 다 하면 곧 가만히 사라지느니라.

　難陀, 第十一七日, 於母胎中, 有風名曰疏通。此風觸胎, 令胎通徹, 有九孔現。若母行立坐臥, 作事業時, 彼風旋轉虛通, 漸令孔大。若風向上, 上孔便開 ; 若向下時, 卽通下穴。譬如鍛師, 及彼弟子, 以囊扇時, 上下通氣。風作事已, 卽便隱滅。

　'견실'해지고 난 후에는, 이어서 '소통'시켜야 합니다. 충실하고 왕성한 이 생기를 온 몸으로 보내야 태아가 비로소 건전하게 발육 성장하게 됩니다. 이 '소통'이라는 기능면에서 당연히 기(氣)의 특질이 더욱 뚜렷하게 드러납니다. 석가모니불께서는 이 단락에서 난타에게 다음과 같이 말씀하셨습니다.

　"제11주 동안 모태 안의 기기(氣機)는 계속 소통의 기능을 발휘한다. 이 시기의 생명 에너지의 작용은 온몸에 모두 퍼져 아홉 구멍인 구규를 더욱 성숙 시킨다.
　산모가 걷거나, 서거나, 앉거나, 눕거나, 혹은 일을 할 때에, 모체의 생명 에너지가 움직임에 따라 태아 내면의 기기(氣機) 운행을 도와서 구규는 점점 발육 성장한다.
　만약 기기가 위로 향하여 운행하면[上行氣], 신체 상부의 공도(孔道; 맥도脈道)를 소통시키고, 만약 기기가 아래로 향하여 운행하면[下行氣], 하반신의 공도를 소통시킨다. 태아와 모체 사이의 기기의 상호 움직임은 마치 야금 기술자(모친에 비유)와 그의 제자(태아에 비유)가 탁선(槖扇: 불을 부채질하는 풀무 부채/역주)을 써서, 위 아래로 기를 통하게 하는 것과 같다. 이러한 상행기와 하행기의 교호작용으로 말미암아 태아는 하루하루 성장해 간다.

기기가 운행하여 어느 단계에 이르면 또 자연스럽게 지식(止息)의 상태에 진입하곤 한다."(이것이 바로 '바람이 제 일을 다 마치면, 곧 가만히 사라지는 것[風作事已卽便隱滅]'입니다)

기기가 멈추었다고 해서 사망한 것은 결코 아니며 생장이 정지한 것도 아닙니다. 오히려 그와 반대로 이때의 생기(生機)는 마치 몸이 휴식하고 있는 것과 같아서, 비유하면 충전하고 있는 것과 같습니다. 노자(老子)의 말을 빌린다면 바로 '공허의 극점에 도달하고, 정신을 집중하여 오로지 굳게 지키니, 우주만물과 산하대지가 시시각각 변화하며 영원히 멈추지 않고 만들어진다[致虛極, 守靜篤, 萬物並作]'는 도리입니다.

현대인들이 일반적으로 비교적 쉽게 이해할 수 있는 예를 들자면, 마치 동물의 동면상태와 같습니다. 이때에는 호흡이 정지되고 생명 에너지가 거의 소모되지 않으므로 먹지도 마시지도 않으면서 긴 잠을 자고, 정신을 충분히 편안하게 하고 있다가, 겨울이 지나면 다시 나와서 활동하는 것입니다.

사실 생명이 성장하는 데에 있어, '식(息)'이 맡은 역할은, 동면(冬眠)의 작용을 훨씬 뛰어넘습니다.

만약 기(氣)를 한 그루의 생명나무라 한다면, '식'은 그 생명나무의 뿌리에 비유할 수 있습니다. 땅 위에서는 그 뿌리를 보지 못하지만 '기'는 그 뿌리로부터 오고, '기'는 그로 말미암아 생겨납니다. 그런데, 만약 우리가 더 캐묻는다면 이 생명나무의 뿌리는 또 어디에 심어져 있는 것일까요? 굳이 말하자면, '공(空)'가운데 있습니다.

여기서의 '공'이란, 물리세계의 허공이라는 '공'이 아닙니다. 이 공은 심물일원(心物一元)으로, 진공(眞空)이 묘유(妙有)를 낳는다고 할 때의 '공'입니다. 여기에 이르면 '오직 체험을 통해서만이 알게 되는[唯證乃知]' 실증적 경계입니다.

태아가 출생한 후에, 후천적인 생명의 성장·물욕(物慾)의 요동이나 심신의 어지러움으로 말미암아, 이 '식(息)'이라는 정지(靜止) 상태가 갈수록 적어지고 갈수록 짧아집니다. 이 때문에 노(老)·병(病)·사(死)도 따라서 피할 수 없는 필연적인 현상이 되어 버립니다.

불가나 도가는 이 악순환을 전환시키기 위하여 각종의 이론과 수증방법을 제시했는데, 지식(止息)은 공교롭게도 불가나 도가의 공통적인 기초공부입니다. 만약 지식(止息)의 상태에 도달하지 못한다면, 4선8정(四禪八定)은 물론이고, '정(精)을 수련하여 기(氣)로 변화시키고, 기(氣)를 수련하여 신(神)으로 변화시키며, 신(神)을 수련하여 허(虛)로 돌아간다[煉精化氣, 煉氣化神, 煉神還虛]'는 것도 얘기할 수 없습니다. 우리가 앞에서 얘기했듯이, 불가의 안나반나(安那般那)나, 육묘문(六妙門)의 수행은 모두 이 기초 위에 건립됩니다.

제12주

난타야, 열두 번째 칠 일 동안에도 어머니의 뱃속에는 바람이 있나니, 그 이름을 곡구(曲口)라 하는데 이 바람이 태에 불면 왼편과 오른편에 대장과 소장을 만드는 것이 마치 연뿌리와 같나니, 이와 같은 것들은 몸에 의지하여 서로 교차되어 엉켜서 머무르게 되느니라. 그리고 이 칠 일 동안에 다시 바람이 있나니, 그 이름을 천발(穿髮)이라 하는데 그것이 태 안에서 일백서른 개의 마디를 만드는데 그 숫자가 늘어나거나 줄어듦이 없으며, 다시 이 바람의 힘으로 말미암아 일백한 개의 금처(禁處)를 만드느니라.

難陀, 第十二七日, 於母腹中, 有風名曰曲口。此風吹胎, 於左右邊作大小腸, 猶如藕絲, 如是依身交絡而住。即此七日, 復有風名曰穿髮, 於彼胎內, 作一百三十節, 無有增減, 復由風力, 作百一禁處。

제12주 7일 동안 단계의 생명 에너지를 '곡구(曲口)'라고 합니다. 대장과 소장이 발육하기 시작하고, 아울러 '천발(穿髮)'처럼 130개의 절(節)과 100개의 금처(禁處)가 생겨납니다.

도대체 '130개의 절'과 '100개의 금처'란 무엇일까요? 여기에서 우리들은 문자가 함축하고 있는 의미가 충분히 명확치 않다고 느낍니다. 그래서 다시 한 번 「불위아난설처태회」를 참고해 보겠습니다. 이 부분의 원문은 아래와 같습니다.

열두 번째의 칠 일 동안에 어머니의 태 안에 있을 때에는 다시 감응하여 생기는 업의 바람이 있나니, 그 이름을 곡구(曲口)라 하는데 이 바람의 힘으로 말미암아 좌우의 겨드랑 사이에서 대장(大腸)·소장(小腸)이 생기는 것이 마치 연뿌리 속에 있는 섬유와 같은 실로 팽팽하게 잡아매어 땅에다 놓아두고 열여덟 번을 빙빙 둘러서 몸에 의지하여 머무르게 하는 것과 같느니라. 다시 또 하나의 바람이 있나니, 그 이름을 천발(穿髮)이라 하는데 이 바람으로 말미암아 삼백 이십의 뼈마디와 일백 하나의 구멍이 몸 속에서 생기게 되느니라.

十二七日, 處母胎時, 復感業風, 名爲曲口。由此風力, 左右脇間生大小腸, 猶如藕絲及緊紡線置在於地, 十八周轉, 依身而住。復有一風名爲穿髮, 由此風故, 三百二十支節, 及一百一穴生在身中。

이 경전에서는, '320개의 지절과 101개의 혈'이라고 기록되어 있어 숫자상으로 볼 때 입태경과 차이가 있지만, 문자를 서로 비교 대조해보면 그 의미가 비교적 명확해 질 것입니다.

▶ 현대적 이해

(1) 태아의 장(腸)은 대부분 배태기의 중장(中腸)으로부터 발육 변천된 것입니다. 배태기 제4주째에 한 가닥의 곧은 관 모양의 중장이 발전되어 나옵니다. 중장은 제6주째부터 둥그렇게 굴곡 되는 회전 형태로 발육하기 시작하여, 제11주에서 제12주에 이르면 그 회전을 완성하면서 소장(십이지장, 공장空腸, 회장回腸을 포함)과 대장(결장, 맹장)을 발육시켜내는데, 공교롭게도 석가모니불께서도 제12주에 대·소장의 형성을 소개하고 계십니다.

(2) 대장·소장은 구불구불한 굴곡이 있기 때문에, 석가모니불께서는 이 시기를 '곡구(曲口)'라고 하셨습니다.
(3) 이어서 이 한주 동안의 생리기능은 또 '천발(穿髮)'의 특성을 발

휘합니다. '천발'이란 무슨 뜻일까요? 그 명칭을 생각해보면, 대체로 머리카락처럼 가늘고 길면서 통과하는 어떤 것입니다. 그렇다면 '320개의 지절'은 신경을 가리킬 가능성이 큽니다. 여기에서 입태경의 '130 절(節)'과, 「불위아난설처태회」에서의 '320 지절(支節)'에 관해 살펴보면, 비록 숫자상으로는 차이가 있지만 각각 '절(節)'과 '지절(支節)'이라는 글자를 쓰고 있습니다. 그리고 신경계통은 꼭 나뭇가지처럼, 체구(體軀), 사지, 그리고 각 장기관(臟器官)에 분포되어 있습니다.

다시 증거를 구하기 위하여 서양 배태학과 비교해 보겠습니다. 아주 기묘하게 부합되는 것이 있는데, 배아 제18일 전후에 이미 신경세포가 출현하기 시작한다는 것입니다. 제12주의 말기가 되어야 신경계통이 기본적으로 형성되고 체외의 자극에 감응하기 시작합니다. 예를 들어 외부에서 건드리거나, 소리, 빛 등에 대하여 미약한 반사적 동작을 하게 됩니다.

(4) 입태경에서의 '100 금처(禁處)'와 「불위아난설처태회」에서의 '101 혈(穴)'은, 중의 침구학 상의 100여개의 상용혈(常用穴)이 아닌가 합니다. 근래에 와서 침구학은 인체해부학과의 공동연구를 통해 경혈(經穴)이 신경선(특히 신경총이나 신경절 부위)을 따라 분포되어 있다는 것을 발견했습니다.

제13주

난타야, 열세 번째 칠 일 동안에도 어머니의 뱃속에는 앞서의 바람의 힘으로써 배고픔과 목마름을 알게 하며, 어머니가 음식을 먹어서 생긴 모든 양분은 배꼽탯줄로부터 들어가 그 몸의 발육을 돕게 되느니라.

難陀, 第十三七日, 於母腹中, 以前風力, 知有飢渴。母飲食時, 所有
滋味從臍而入, 藉以資身。

'앞서의 바람의 힘으로써[以前風力]', 앞서의 이러한 생리기능의
발전으로 말미암아, 배고픔이나 목마름의 느낌[感受]이 있게 됩니
다. 모친이 음식을 먹으면 그 자양분이 태반과 탯줄을 통과하여 태
아에게 전달되기 때문에, 태아는 부단히 발육 성장합니다.
  여기에서, 우리가 주의를 기울여야할 점이 몇 가지 있습니다.

  (1) '앞서의 바람의 힘으로써 배고픔과 목마름을 알게 한다'는
단계의 생리반응은 불학명사를 사용한다면 '수(受)'의 작용에 해당
합니다.
  여기서 우리 앞부분으로 되돌아가 살펴보면, 제9주에 안(眼)·이
(耳)·비(鼻)·설(舌)·신(身)·의(意)라는 6입(六入)이 발전합니다.
제12주에 이르면 신경계통의 구조적 형태가 대체로 형성되는데,
불학명사를 사용하면 감응하는 '촉(觸)'과 '수(受)'의 기초가 발전된
것입니다. 불가에서 해석한 생명연기의 12인연의 개념과 결합하여
보면, 즉 '6입을 조건으로 촉이 생겨나고, 촉을 조건으로 수가 생
겨난다[六入緣觸, 觸緣受]'라고 귀납할 수 있습니다.

  (2) 앞에서 우리가 말했듯이 제2주에 배아는 이미 모체의 혈액
순환과 연계를 형성했습니다. 모체의 양분은 혈액을 통해서 이미
새로운 생명에 스며들었습니다. 그런데 여기서 왜 또 '배꼽탯줄로

부터 들어가 그 몸의 발육을 돕게 된다[從臍而入, 藉以資身]'라고
했을까요? 도대체 무슨 의미일까요?

이제 우리는 「불위아난설처태회」에서 관련 서술을 참고해 보겠
습니다.

모든 영양을 몸의 구멍과 배꼽을 통하여 보급시켜 주느니라.

所有滋味, 於身穴中, 及以臍輪, 資持潤益。

여기를 보면 그 의미가 비교적 명확해지는데, 입태경에서 말하
는 '제(臍)'란 결코 배꼽이나 탯줄에만 국한되는 것이 아니라 주로
제륜(臍輪)을 가리키는 말입니다. 배태 체내의 기기는 가장 초보적
인 기혈(氣穴)과 맥륜(脈輪)을 만들어 발전시킵니다.

(3) 제륜은 밀교에서의 삼맥칠륜(三脈七輪) 중 하나로 '화륜(化
輪)'이라고도 하는데, 이른바 '화(化)'란 생장, 변화의 의미입니다.
밀교의 기맥(氣脈)학설에서는 태아가 모체에서 떠나도, 생명의 기
능이 주로 이곳을 경유하여 부단히 생겨나고 변화한다고 봅니다.

서양의학의 관점에서 보면 모체 안에 있는 태아는 탯줄에 의지
하여 모체로부터 양분을 흡수합니다. 불가와 도가의 수증 학설에
서
는, 새로운 생명은 주로 이 부분의 기화(氣化) 기능으로 말미암아
변화하고 생장한다고 봅니다.

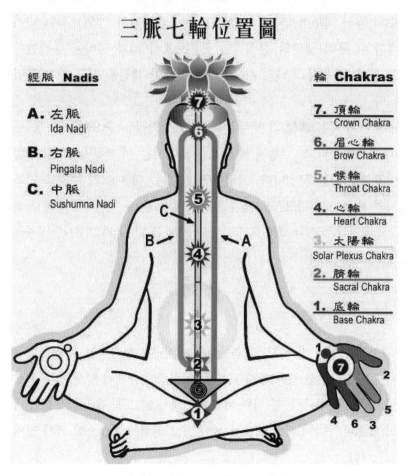

三脈七輪位置圖

經脈 Nadis	輪 Chakras

삼맥(A:좌맥, B:우맥, C:중맥.)
칠륜(1:해저륜, 2:제륜, 3: 대장륜, 4: 심륜, 5:후륜, 6:미심륜, 7: 정륜)

(4) 도가와 중의학의 관점에 따르면, 밀종에서의 제륜의 범위는

'신(腎)'과 관계됩니다. '신(腎)'이란, 서양의학에서의 신장과는 다른 개념입니다. 중의학에서의 신은 신장이라는 유형적인 기관뿐만 아니라 신경(腎經)이라는 경맥도 포함되며, 동시에 성호르몬, 뇌하수체 등의 내분비계와도 관련됩니다. 중의학에서 신(腎)은 수(水)에 속하며, 우리 생명의 선척적인 근본으로서 뇌와 생식을 주관한다고 봅니다. 생식과 뇌의 기능이라는 중대한 책임을 지고 있는 것입니다.

요컨대 제륜(臍輪)의 범위는 생장과 변화라는 중요한 기능을 구비하고 있습니다. 그렇기 때문에 밀교에서는 이 맥륜을 화륜(化輪)이라고도 하는 것입니다. 그렇다면 한 걸음 더 나아가 무엇을 변화시켜 내는 것일까요?(삼맥칠륜 등 기맥에 관해서는 '정좌수도 강의'와 앞으로 출판될 '도가와 밀교 그리고 동방신비학'을 읽어보기 바랍니다/역주)

제14주

_____

난타야, 열네 번째 칠 일 동안에도 어머니의 뱃속에는 바람이 있나니, 그 이름을 선구(線口)라 하는데 그 바람이 태에서 일천 개의 힘줄이 생겨나게 하나니, 몸 앞에 이백오십 개가 있고 몸 뒤에 이백오십 개가 있으며, 오른편에 이백오십 개가 있고 왼편에 이백오십 개가 있게 되느니라.

難陀, 第十四七日, 於母腹中, 有風名曰線口。
其風令胎生一千筋, 身前有二百五十, 身後有二百五十, 右邊二百五十, 左邊二百五十。

제14주 동안의 생리기능을 '선구(線口)'라고 하는데, 태아에서 1000 가닥의 힘줄이 생겨납니다. 신체의 전후좌우에 각각 약 250 가닥이 생겨나는 것입니다.

우리가 앞서 말했듯이, 제륜의 기능은 중의학에서 신(腎)에 관련됩니다. 중의학의 오행학설에서 보자면, 신(腎)은 수(水)에 배속되고, 수는 목(木)을 생하고, 목에는 간(肝)이 속합니다. 중의학에서의 간은 간장이라는 하나의 기관일 뿐만 아니라, 경맥 방면에서의 간경(肝經)도 포함합니다. 간은 근육을 주관하고, 조달과 소설(疏泄: 막힌 것을 소통시키고 몰린 것을 내보내는 기능/역주)을 주관합니다. 근육의 생장발육과 관련되면서, 동시에 조달·소통의 작용을 갖추어 인체의 기기(氣機)가 조화롭게 소통 운행되도록 합니다.

그 전주(前週)인 제13주에 제륜이 초보적으로 나타난 후, 이 화륜(化輪)의 생화(生化)를 거쳐 체내의 기기는 점차적으로 경락·맥륜 계통을 형성하기 시작함으로써, 하나의 규율적인 망락(網絡)을 형성하려고 시작합니다. 이때에 간경(肝經)도 동시에 곧 조달·소설의 기능을 발휘하게 됩니다.

그래서 제14주 동안에 많은 근육들이 생겨나는데, 이는 간경이 경맥계통을 위해 준비함을 상징하는 것으로, 기기의 혼돈상태가 규율화 된 경맥체계로 나아가는 하나의 과정이라고도 말할 수 있습니다.

제15주

난타야, 열다섯 번째 칠 일 동안에도 어머니의 뱃속에는 바람이 있나니, 그 이름을 연화(蓮花)라 하는데 태아에게 스무 가지의 맥이 만들 어지게 하여 모든 양분을 흡수하게 하나니, 몸 앞에 다섯 개가 있고 몸 뒤에 다섯 개가 있으며 오른편에 다섯 개가 있고 왼편에 다섯 개가 있 게 되느니라. 그리고 그 맥에는 갖가지 이름과 갖가지 색깔이 있나니, 혹은 이름을 반(伴)이라 하기도 하고 역(力)이라 하기도 하고 세(勢)라 고 하기도 하며, 그 색깔에는 푸르고 누르고 붉고 흰 색이 있고 콩ㆍ두 소(豆蘇)ㆍ유락(油酪) 등의 색도 있으며, 또 여러 가지 색깔이 함께 서 로 뒤섞여서 된 색도 있느니라.

난타야, 그 스무 개의 맥에는 각각 마흔 개씩의 맥이 권속을 이루고 있으므로 합하면 팔백 개의 기운을 흡수하는 맥이 있나니, 몸 앞뒤와 좌우에 각각 이백 개씩 있느니라.

난타야, 이 팔백 개의 맥에도 각각 일백 개씩의 도맥(徒脈)으로 권속 을 이루어 서로가 연결되어 있으므로 합하면 팔만 개가 되나니, 앞에 이만 개가 있고 뒤에 이만 개가 있고 오른편에 이만 개가 있고 왼편에 이만 개가 있느니라.

난타야, 이 팔만 개의 맥에는 또 여러 개의 많은 구멍이 있나니, 혹 은 한 개의 구멍이 있기도 하고 두 개의 구멍이 있기도 하며, 나아가 일곱 개의 구멍이 있기도 한데 이 하나하나는 저마다 털구멍과 서로 연결되어 있는 것이 마치 연뿌리에 있는 많은 구멍과 같으니라.

難陀, 第十五七日, 於母腹中, 有風名曰蓮花。能與胎子作二十種脈, 吸諸滋味。身前有五, 身後有五, 右邊有五, 左邊有五。

其脈有種種名及種種色。或名伴, 或名力, 或名勢。色有青 黃 赤 白 豆蘇 油酪等色。更有多色共相和雜。

難陀, 其二十脈, 別各有四十脈, 以爲眷屬, 合有八百吸氣之脈。於身

前 後 左 右, 各有二百。難陀, 此八百脈各有一百道脈, 眷屬相連, 合有
八萬。前有二萬, 後有二萬, 右有二萬, 左有二萬。

難陀, 此八萬脈, 復有衆多孔穴, 或一孔 二孔, 乃至七孔, 一一各與毛
孔相連, 猶如藕根有多孔隙。

석가모니불께서 이 단락에서 말씀하신 것은, 현대인들의 입장에
서 보았을 때 더더욱 보통사람이 도무지 이해할 수 없는 허무맹랑
한 이야기 같습니다. 도대체 무엇을 말씀하신 것일까요? 다시 한
번 「불위아난설처태회」를 참고해 보겠습니다.

"열다섯 번째의 칠 일 동안에 어머니의 태 안에 있을 때는 다시 감
응하여 생기는 업의 바람이 있나니 그 이름을 연화(蓮花)라 하는데 이
바람의 힘으로 말미암아 스무 개의 맥(脈)이 생기면서 음식의 양분이
이 맥을 통하여 흘러 들어가 그의 몸을 유익하게 하느니라."

十五七日處母胎時, 復感業風名爲蓮花。由此風力生二十脈, 飮食滋味流入此
脈, 潤益其身。

여기에서도 마찬가지로, 제15주 때의 생리기능의 특징을 '연화
(蓮花)'라고 하며, 태아에게서 20 가닥의 주요 맥도가 생겨난다고
했습니다. 그러나 입태경의 '모든 양분을 흡수하게 한다[吸諸滋味]'
라는 구문보다는, 「불위아난설처태회」의 구문인 '음식의 양분이 이
맥을 통하여 흘러 들어가 그의 몸을 유익하게 한다[飮食滋味流入此
脈, 潤益其身]'가 훨씬 더 분명하게 말하고 있습니다. 모체의 양분
이 맥도의 운화(運化: 음식물을 소화시키고 영양물질과 수분을 흡수하여

온몸에 운반하는 기능/역주)와 생발(生發: 생겨나게 하고 성장 발전시키는 기능/역주)을 거쳐 태아의 온 몸에 공급된다는 것입니다.

이제 다시 입태경으로 돌아가 계속 살펴보겠습니다.

이러한 맥도는 평균적으로 고루 분포되어 있어서 그 20가닥이, 몸 앞쪽 부위에 5가닥, 뒤쪽 부위에 5가닥, 왼쪽 부위에 5가닥, 오른쪽 부위에 5가닥이 있습니다. 그 중 어떤 것들은 종속적인 것이어서 '반(伴)'의 부류로 귀속시킬 수 있고, 어떤 것들은 아주 강력해서 '역(力)'의 부류로 귀납시킬 수 있고, 어떤 것들은 세를 모아서 움직이는 것으로 '세(勢)'의 부류로 귀납됩니다.

각각의 다른 맥은 각자의 다른 생리기능이 있으며, 서로 다른 생리기능은 다른 색을 냅니다. 따라서 청색을 띄는 맥도 있고, 황색이나 홍색, 백색을 띄는 것도 있으며, 어떤 것은 우유 빛을 띄기도 하고, 여러 색이 혼합된 것도 있습니다.

이 20개의 주요 맥은 각각 40개의 지맥(支脈)이 있어, 이를 모두 합하면 800개의 지맥이 있습니다. 또한 각각의 지맥에서 100가닥씩의 미세한 맥이 분포되어 나와 이 미세한 맥들이 서로 연계되어 있습니다. 미세한 맥은 모두 합하면 대략 80,000개로 이들이 신체의 전후좌우의 부위에 고르게 분포되어 있습니다. 이 80,000개의 미세맥 위에는 또 수많은 작은 공혈(孔穴)이 있는데, 어떤 맥 위에는 하나의 구멍이 있기도 하고, 두 개의 구멍이 있는 맥도 있으며, 심지어 많은 것은 7개의 구멍이 있는 것도 있습니다. 이 헤아릴 수 없이 많은 작은 구멍들은 모두 모공(毛孔)과 서로 통해있습니다. 마치 연뿌리 모양처럼 안에는 몇 가닥의 굵은 관도가 있는 동시에 또 수많은 작은 공극(孔隙)이 있습니다.

▶ 현대적 이해

이 단락에서 말하는 것은 복잡하게 뒤섞여 정말 뭐가 뭔지 분명하게 구별할 수 없는 느낌입니다. 마치 아라비안나이트처럼 터무니없는 이야기 같기도 합니다. 그렇지만 이것은 모두 실제적 상황으로, 생명은 참으로 오묘한 것입니다. 이 단락의 내용은 많은 중요한 관점들을 언급하고 있습니다.

(1) 이 시기의 발육의 중점은 '맥(脈)'에 있습니다. 맥이란 무엇일까요? 맥이란 통로입니다. 혈액의 통로는 혈맥(血脈)이고 기기(氣機)의 통로는 기맥(氣脈)입니다.

대다수의 서양 의사들은 무슨 기맥이니 경락이니 하는 말만 듣고도 골치아파합니다. "도대체 어디에 있습니까? 보이지 않는 게 뻔하잖아요! 인체를 해부해서 설사 현미경으로 찾아본다 하더라도, 결국은 볼 수 없잖아요!" 라고 말합니다. 하지만 그렇다고 해서 그 존재를 부정할 수 는 없습니다. 예를 들어 공중의 기류(氣流)나 물속의 해류(海流 : 난류, 한류)는 모두다 구체적이고 형질적인 통로가 없습니다. 그렇지만 그들, 특히 해류는 모두 고정된 노선을 따라가기 때문에 마치 하나의 통로를 따라 가는 것 같습니다. 인체 내의 기맥도 이와 같아서, 보이지는 않지만 형식적인 통로가 있어 고정된 통로를 따라 운행하고 있음이 확실합니다.

(2) 도가와 중의학에서는 인체의 주요 기맥을 12개의 정경(正經), 15개의 낙맥(絡脈)과 기경팔맥(奇經八脈)으로 귀납시킵니다. 경맥을 따라서 경기(經氣)가 모여 있는 혈위(穴位)들이 분포되어 있는데, 이것이 바로 무협소설에 나오는 혈도(穴道)이며, 중의침구에서 말하는 경

혈(經穴)입니다.

이러한 경혈들에 대해, 요 몇 해 사이에 과학적인 실험을 통해 혈위가 지나가는 인체의 표면에는 비교적 큰 전기저항이 발생한다는 초보적인 통계수치를 내놓기도 했습니다.

(3) 불가의 밀교에서는, 실증적 기초에 중점을 두고 더욱 정밀하고 간단하게 귀납하여 기맥을 삼맥(三脈: 좌맥左脈·중맥中脈·우맥右脈)·칠륜(七輪: 범혈륜梵穴輪·정륜頂輪·미간륜眉間輪·후륜喉輪·심륜心輪·제륜臍輪·해저륜海底輪)으로 분류합니다. 선정수련을 통하여 이러한 맥륜들이 점차 드러나게 됩니다.

(4) 만약 삼맥칠륜을 다 통하게 했다면, 밀교를 닦는 입장에서 보았을 때 대단한 것으로 여깁니다. 물론 이러한 성취도 매우 어렵지만, 단지 생리적인 수련 면에서 초보적인 기초를 다졌다고 말할 수 있습니다. 여기서 머무르지 않고 앞으로 나아가, 공부가 세밀하면 할수록 자신의 신체 맥락의 구조에 대하여 더욱 세밀한 체험을 하게 됩니다. 그리고 더욱 수련하여야 비로소 8만 맥락이 어떠한 상황인지를 인식하게 될 것 입니다.

(5) 맥(脈)이 기(氣)의 통로인 이상, 발전과정에서 먼저 기(氣)가 있고 그 다음에야 맥(脈)과 륜(輪)이 있는 것이 분명합니다.

우리 입태경에서의, 이 작은 생명의 변천과정으로 되돌아가 봅시다. 생명의 기초 에너지인 '기'가 발전하여 제13주가 되었을 때, 가장 초보적인 맥륜이 생겨나고, 제륜의 작용이 전개되어 나옵니다.

그 이후인 제14주에 간경(肝經)의 조달·소설 기능이 발휘되어, 기기로 하여금 막연한 혼돈 상태에서 규율성이 있는 궤도가 발전되어 나오도록 도와줍니다.

제15주에 이르면, 마침내 8만 개의 맥락(脈絡)이 발전되어 전개됩니다.

(6) 또 하나의 문제가 있습니다. 여기서는 맥이 '청(靑)·황(黃)·적(赤)·백(白)·두소(豆蘇)·유락(油酪)' 등의 각종 색깔을 가진다고 말합니다. 서양의사들이 이 부분을 보면 더욱더 골치가 아파집니다. 만약 '기'에 대해 말하면, 어쨌든 눈으로는 볼 수 없지만 기맥상 혈위의 피부 표면에서 비교적 큰 전기 저항반응이 나타나는 것을 확인할 수 있습니다. 그러나 여기에서는 이렇게 명확한 색깔을 이야기하고 있는데, 이는 정말 사람들을 아찔하게 합니다. 이런 색깔들은 어디에 있을까요? 어디 가서 볼까요?

매우 재미있게도, 인체 경맥의 구조와 체계에 대해서 도가와 중의학은 밀교와는 다른 견해를 보이며, 이 경전에서 소개하고 있는 것과도 다릅니다. 그러나 그들은 인체 내부의 오장육부를 서로 다른 생리기능에 따라 설명하고, 여러 가지 색에 배속시킵니다. 예를 들어 심(心)은 화(火)에 속하면서 홍색이며, 간(肝)은 목(木)에 속하면서 청색이고, 비(脾)는 토(土)에 속하면서 황색이며, 폐(肺)는 금(金)에 속하면서 백색이고, 신(腎)은 수(水)에 속하면서 흑색입니다.

서양 의사는 말할 것도 없고, 생리학적인 상식이 조금 있는 사람이라 할지라도 이러한 색깔의 결합을 보면, 아마 고개를 가로 저을 겁니다. 간은 피로 가득 차 있는데 어떻게 청색이라는 걸까? 신장을 도려내보면 암홍색이 분명합니다. 아무리 보아도 흑색이 아니지 않습니까!

비교적 포용력이 있는 사람들은, 중의학에서 이러한 학설이 형성될 당시에는 아직 해부학이 없었기 때문에 이런 과학적이지 못한 말을 한 것이라고 생각할 겁니다. 하지만 중의학은 대단히 과학적입니다. 중의학의 허다한 이론들은 모두 실증적 기초에 서있습니다. 만약 충분한 선정(禪定)수양을 갖추고 있다면, 체내 경맥의 순행 내지 장부의 속성이나 광색에 대하여 체험하게 될 겁니다.

비교적 쉬운 예를 하나 들어보겠습니다. 만약 당신이 정좌하고 있을 때 눈앞에 온통 푸른색이 보인다면, 간에 문제가 나타날 가능성이 높으므로 주의해야 합니다. 정(靜)의 상태에 있을 때 보이는 것이 흑색이라면, 신장에 문제가 있을 가능성이 있습니다. 하지만 이러한 광색들이 생리적인 면의 반응이 아닐 가능성도 있습니다. 예를 들어 흑색은 때로는 외부에서 오는 재난을 예시하기도 하고, 홍색은 때로는 피비린내 나는 재앙을 예시하는 때도 있습니다. 예컨대, 이러한 것들은 모두 심신과학의 내용에 속하는 것으로, 대단히 풍부하고 매우 심오한 것이어서 우리는 여기서 언급만하고 지나갈 뿐입니다.

만약 오장육부가 상이한 생리기능에 따라 다른 색에 배속된다면, 기맥도 당연히 마찬가지로 상이한 생리기능에 따라 다른 색을 띠게 됩니다.

이러한 '광색(光色)'은 생명 에너지가 방사하는 빛입니다. 신체내부 각 조직·기관의 '색(色)'과 함께 서로 다른 각각의 범주에 속합니다. 따라서 우리의 생명이 죽었을 때에는 신체내부의 기가 정지되고, 그렇게 되면 각종의 상이한 생리기능에 따라 띠고 있던 광색 또한 사라지게 됩니다. 하지만 각 부분의 생리조직이 무너지기 전에는 그 색깔들은 여전히 변하지 않고 유지됩니다.

현대물리학적 개념이 있는 사람은 알고 있듯이, 광색이 다른 것은 다른 광파(光波)에서 오는 것입니다. 사실 빛은 입자(粒子)라는 특질을 가지는 동시에, 일종의 파동(波動)이기도 합니다. 현대과학에서 수십 년 전에 이미 밝혀낸 것으로 파동은 에너지가 표현되는 일종의 현상이며, 에너지는 일종의 파동상태라고 말할 수도 있습니다. 우주에는 파장이 다른 각종의 파동으로 가득 차 있으며, 우리의 눈으로 볼 수 있는 파동을 가시광선(可視光線)이라고도 하는데, 이것이 우주의 여러 파동 중에서 차지하는 비율은 대단히 작습니다.

파장이 다른 빛은 다른 광파를 띄는 동시에, 다른 광색을 띄게 되고 효과도 다릅니다. 예를 들어 자외선은 살균작용을 하며, 적외선은 통증을 멎게 하는 작용이 있습니다. 이러한 이론적 기초위에서 우리 신체내부의 맥락(脈絡)은, 상이한 생리기능에 따라 당연히 각자 다른 광색을 띄게 됩니다. 생명과 빛의 관계에 대해서는 주문광(朱文光)박사의 '생명의 신광[生命的神光: 한글 번역본은 아직 없음/역주]'이라는 책을 참고해도 좋겠습니다.

(7) 이 시기의 생리기능을 '연화(蓮花)'라고 하는데, 역시 아주 의미가 있습니다.

① 연꽃의 뿌리와 줄기는 다른 식물과는 차이점이 있습니다. 연꽃의 뿌리는 물론이고 줄기의 안에는 한 가닥 가닥마다 분명하게 속이 비어있는 관도(管道)가 분포되어 있고, 관 벽에는 작은 구멍들이 분포되어 있어 꼭 인체의 기맥(氣脈)·망락(網絡)의 분포를 상징하는 것 같습니다.

② 제륜(臍輪)의 형상은 마치 피어난 한 송이의 연꽃처럼 복부에서 거꾸로 펼쳐져있는 우산과 같습니다.

일반 불경에서 말하는 '천엽연화(千葉蓮花)'는, 바로 생명 안의 이화륜(化輪)을 상징하는 것입니다. 일반적으로 현교에서는 여러분에게 기맥을 이야기하지 않지만, 기맥의 도리가 이러한 비유나 명사들 속에 왕왕 감추어져 있습니다. 보통사람들은 이를 보고, 그것이 불경의 과장이거나 신화적인 묘사라고 생각할 뿐 그 안에 바로 심신과학의 내용이 내포되어 있다는 것을 전혀 모릅니다. 밀교의 삼맥칠륜(三脈七輪)

에서는 제륜에 64맥이 있다고 생각하는데 그것은 단지 개요적인 귀납일 뿐입니다. 그 미세한 맥락은 마치 천엽연화(千葉蓮花)와 같아서, 하나하나씩 세어본다면 다 셀 수 없는 것입니다.

연꽃도 물론 활짝 핀 다음에는 다른 꽃송이들과 마찬가지로 점점 시들어 떨어집니다. 그러나 연꽃이 다른 꽃과 차이가 있다면, 연꽃은 꽃과 열매가 동시에 열리는 화과동시(花果同時)라는 점입니다. 꽃이 핀 동시에 연자(蓮子)가 연방(蓮房)안에서 성장하기 때문에, 꽃잎이 시들고 나면 연자도 거의 성숙되어 있습니다. 이 역시 생명 속의 생생불이(生生不已)의 생기(生機)를 상징합니다.

어떠한 사람도 이 생기를 잘 붙들어 주기만 한다면, 곧 생생불이 하면서 천지와 함께 휴식하고 해와 달과 함께 밝을 수 있습니다. 그렇기에 도가에는 '장생불로'라는 것이 있고, 불가에는 '형체를 세간에 남겨 머문다[留形住世]'는 아름다운 이야기가 전해져 옵니다.

(저자주) 석가모니불께서 열반하시기 전에, 라훌라(羅睺羅)·군다발탄(君茶鉢歎)·빈두로(賓頭盧)존자와 가섭(迦葉)등의 4대제자들에게 '유형주세(留形住世)'를 분부하셨다. 즉, 육체적인 생명을 보존하며 살아가면서, 생명의 힘은 불가사의하며 영원히 끝이 없는 것임을 세상 사람들에게 증명하는 것이다.

제16주

난타야, 열여섯 번째 칠 일 동안에도 어머니의 뱃속에는 바람이 있나니, 그 이름을 감로행(甘露行)이라 하는데 이 바람이 방편이 되어 태아의 두 눈이 제자리 잡게 하며, 이와 같이 두 귀와 두 코와 입과 목구멍과 가슴 등도 그렇게 하여 먹은 음식이 들어가 멈추고 저장되는 곳이 있게도 하며, 들이쉬는 숨과 내쉬는 숨이 통과하게도 하느니라. 비유하면 마치 옹기장이나 그의 제자가 좋은 진흙 뭉치를 가져다 물레바퀴 위에 올려놓고 그 만들려는 기물에 따라 형세를 자리 잡게 하여 조금도 어그러짐이 없게 하는 것처럼, 이것도 업의 바람으로 말미암아 그렇게 할 수 있어서 이러한 눈 등의 자리를 그 형세에 따라 잡게 하고, 더 나아가 들이쉬는 숨과 내쉬는 숨이 통과하게 함도 어긋남이 없게 하느니라.

難陀, 第十六七日, 於母腹中, 有風名曰甘露行。

此風能爲方便, 安置胎子二眼處所。如是兩耳 兩鼻 口咽 胸臆, 令食入得停貯之處, 能令通過出入氣息。

譬如陶師及彼弟子, 取好泥團, 安在輪上, 隨其器物, 形勢安布, 令無差舛。

此由業風, 能作如是, 於眼等處, 隨勢安布, 乃至能令通過出入氣息, 亦無爽失。

제16주 중에는, '감로행(甘露行)'이라는 생리기능이 발휘되는데, 이는 태아의 두 눈이 제자리에 자리 잡게 하는 특질이 있습니다.

동시에 두 귀, 두 콧구멍, 구강, 인후, 그리고 음식물이 통과하는 식도, 호흡을 하는 기도가 모두 생장발육하기 시작합니다.

마치 도자기공이 그의 제자와 함께 보드라운 흙을 골라 빚은 덩어리를 물레바퀴 위에 올려놓고 만들고 싶은 물건을 만들어 내는 것과 같습니다.

이 시기의 생리기능은 바로 이와 같아서 두 눈·두 귀·입·코와 식도·기도들을 제자리에 위치하도록 하며, 각각의 기능을 할 수 있도록 준비합니다.

이상은 이 단락을 현대어로 해석한 것인데, 여기서 여러분들의 주의를 필요로 하는 몇 가지 점이 있습니다.

(1) 서양 배태학에서는 제16주 말에 태아의 두 눈이 앞쪽으로 옮겨 나오는 동시에 귀는 머리 양 쪽에 뚜렷이 자라나옵니다.

(2) 석가모니불께서는 여기에서 진흙을 물레 위에 놓고 빚는 것에 비유하셨는데, 매우 의미가 있으며, 꼭 알맞게도 맥륜(脈輪)의 작용을 상징하고 있습니다.

이 단락의 문자가 서술하고 있는 생리변화는, 밀교의 관점에서 보자면 두륜(頭輪)·미간륜(眉間輪)·후륜(喉輪)뿐만 아니라, 심륜(心輪)의 범위까지 관계됩니다.

(3) 이 단락의 문자로 보자면, 단지 상반신만 이야기 한 것 같습니다. '먹은 음식이 들어가 멈추고 저장되는 곳이 있게도 하고 들이쉬는 숨과 내쉬는 숨이 통과하게도 한다'라는 말은 그 의미가 아주 명확하지는 않는데, 소화와 배설계통까지 관련이 있을까요 없을까요? 하반신과 관계가 될 까요 안 될까요? 아니면 위장 부분의 발전까지만 말하고 있는 것일까요?

여기서 다시 한 번 「불위아난설처태회」를 참고해 보겠습니다. 이 단락에 대해 어떻게 말하고 있을까요?

열여섯 번째의 칠 일 동안에 어머니의 태 안에 있을 때는 다시 감응하여 생기는 업의 바람이 있나니, 그 이름을 감로(甘露)라 하는데 이 바람의 힘으로 말미암아 눈과 귀와 코와 입과 가슴과 심장과 네 주위에 있는 아홉 개의 구멍이 모두 열리게 되며, 들이쉬는 숨과 내쉬는 숨이 위아래로 통하면서 막힘이 없게 되느니라. 또 음식을 먹어서 그 몸에 양분을 보급하여 주면 멈추어 쌓이는 곳이 있고 다시 소화하여 아래로 흘러나오게 하나니, 마치 옹기장이와 그의 제자가 진흙을 잘 이겨서 물레바퀴 위에 올려놓고 아래와 위로 돌리면 만들게 될 그릇이 완성되는 것처럼 이것도 그와 같아서 모두가 바람의 힘과 선악의 업으로 말미암아 눈과 귀 등이 점차로 갖추어지게 되느니라.

十六七日處母胎時 復感業風名爲甘露。由此風力 令此眼 耳 鼻 口 胸臆 心臟 四邊 九孔之處 悉令開發。出入氣息上下通徹 無有障礙。若有飮食 滋潤其身 有停積處 復能銷化 從下流出。譬如窯師及其弟子 能善調泥 安布輪繩 下上廻轉 所造器物而得成就。此亦如是 皆由風力及善惡業 令眼耳等 漸漸具足。

(저자주)

1. 사변(四邊): 몸의 전후좌우 부위임

2. 구공(九孔): 우리가 통상적으로 말하는 구규(九竅)이다. 경전원문 중에서 제9주의 구상(九相)과 제11주의 구공(九孔)을 참고하기 바람.

3. '들이쉬는 숨과 내쉬는 숨이 위아래로 통하면서 막힘이 없게 된다[出入氣息上下通徹 無有障礙]': 이 말은 태아가 아직 외부의 대기를 접촉하지 않았으므로, 여기서의 출입기식(出入氣息)은 폐의 호흡만을 지칭하는 것이 아니라, 호흡계통의 전신적 기기를 포괄함.

도가에서 말하는 '지인은 발뒤꿈치로 호흡한다[至人之息以踵]'란 수련이 성취된 사람은 태아처럼 기기가 상하로 통하여 발바닥까지 이르기 때문에 발뒤꿈치로 호흡한다는 것임. '보통사람들은 목구멍으로 호흡한다[常人之息以喉]'란 일반사람들은 바쁘고 어지러운 번뇌가운데에 있어 고요한 정[靜定]의 수련이 이루어지지 못하므로 살아가는 것이 곧 죽어가는 것인 '방생방사(方生方死)'의 상태로 시시각각 모두 밖으로 내보내어 소모하는 것임. 원래 태아시기에는 '상하통철(上下通徹) 무유장애(無有障礙)'하여 상하가 소통되는데 장애가 없던 기기가 점점 쇠약해지고 막히게 되고, 그 이후에는 폐의 호흡만이 남아 소통하기 때문에, 일반사람들은 목구멍으로 호흡하는 '상인지식이후(常人之息以喉)'가 됨.

4. 아래로 흘러나오게 한다[從下流出]: 음식의 통과, 저장, 소화, 배설 등의 기능은 모두 성장발육 상태임.

▶ 현대적 이해

(1) 「불위아난설처태회」의 이 단락 원문을 읽어 보면, 그 의미가 매우 분명해집니다. 제16주 동안의 생리변화가 상반신의 조직과 기능에만 국한되는 것이 아니라, 전신의 범위에 영향을 미친다는 것이 뚜렷하게 나타나 있습니다.

(2) 만약 실제적인 기맥수증의 입장에서 본다면, 해저(海底: 회음 부위/역주)의 기기가 발동한 후에 중맥(中脈)을 따라서 정륜(頂輪)까지 올라가는데 밀종이나 도가에서도 모두 이 노선을 따릅니다. 정륜의 운화는 뇌하수체와 하구(下丘)뇌의 호르몬에 직접적인 영향을 미치기 때문에 전신 호르몬 계통과도 관련됩니다. 여순양(呂純陽)의 백자명(百字銘)에 나오는 '흰 구름은 정상으로 향하고 감로는 수미에 뿌려지네[白雲朝頂上, 甘露灑須彌]'란 이와 같은 상황을 가리키는 것입니다.

모체 내에서의 생명의 발육은 대개 비슷한 노선을 따릅니다. 경맥망락이 발육한 다음에 제16주에 이르면, 제륜(臍輪)이 운화(運化)해낸 생명의 에너지가 아래로 통하여 해저에 이르고, 위로 향하여 심륜(心輪), 후륜(喉輪)과 미간륜(眉間輪)을 거쳐 정륜에 도달하게 됩니다. 따라서 불위안난설처태회에서는 '받침대에 올려놓고 아래와 위로 돌리면 만들게 될 그릇이 완성되는 것처럼'이라고 비유하는데, '받침대와 아래 위로 돌림'이라는 비유를 빌려서 이 단계에서의 맥륜의 운화를 상징하고 있습니다.

정륜이 열리는 것은, 동시에 호르몬계통의 발육과 관련됩니다. 인체의 생장과 신진대사, 각 장기의 기능에 이르기까지 호르몬은 모두 밀접한 관계가 있습니다.

기대(氣大)인 맥륜과 수대(水大)인 호르몬의 결합작용 하에서 태아는 성장 발육합니다. 그러므로 「불위아난설처태회」에서 '이 바람의 힘으로 말미암아 눈과 귀와 코와 입과 가슴과 심장과 네 주위에 있는 아홉 개의 구멍이 모두 열리게 되며, 들이쉬는 숨과 내쉬는 숨이 위아래로 통하면서 장애가 없게 되느니라' 라고 말하는 것입니다.

(3) 우리가 앞서 말한 대로 매 종류의 '업풍(業風)'이라는 명칭은 저마다 다 함축된 의미가 있습니다. 만약 주태(住胎) 과정 중의 업풍의 명칭들을 쭉 열거한다면 우리는 '감로행(甘露行)'이라는 이 이름의 특수성을 어렵지 않게 발견하게 됩니다.

제16주 이전의 업풍과 그 이후의 업풍의 명칭을 차례대로 이름 하면 다음과 같습니다.(임신주기별 업풍의 명칭표 참조)

전후를 대조해 보면 감로행(甘露行)이라는 명칭은, 체내 내분비선의 성장과 운행을 매우 두드러지게 나타내고 있는 것처럼 보입니다. 이를 보고나면, 서양 배태학에서는 이 단계에 대해 어떤 연구 성과가 있는지에 대한 호기심을 피할 수가 없습니다.

(4) 배태학 연구결과에 의하면 제 4개월이 되면, 뇌하수체의 각 조성부분은 이미 기본적으로 분화되어 있습니다. 세포가 분화하는 동시에 뇌하수체의 분비기능도 같은 보조로 발전하고 있습니다.

(임신 주기별 업풍의 명칭표)

주 수	업풍(業風)	주 수	업풍(業風)
제 1주	갈라람(羯羅藍)	제 16주	감로행(甘露行)
제 2주	변촉(遍觸)	제 17주	모불구(毛拂口)
제 3주	도초구(刀鞘口)	제 18주	무구(無垢)
제 4주	내문(內門)	제 20주	견고(堅固)
제 5주	섭지(攝持)	제 21주	생기(生起)
제 6주	광대(廣大)	제 22주	부류(浮流)
제 7주	선전(旋轉)	제 23주	정지(淨持)
제 8주	번전(翻轉)	제 24주	자만(滋漫)
제 9주	분산(分散)	제 25주	지성(持城)
제 10주	견영(堅鞭)	제 26주	생성(生成)
제 11주	소통(疏通)	제 27주	곡약(曲藥)
제 12주	곡구(曲口)	제 29주	화조(花條)
제 14주	선구(線口)	제 30주	철구(鐵口)
제 15주	연화(蓮花)	제 38주	남화(藍花)

뇌하수체의 분비로 말미암아 기타 내분비계통도 따라서 움직이기 시작합니다. 딱 알맞게도 제 4개월째 태아의 체내에서는 인슐린과 미량의 부신(副腎) 호르몬이 생겨나며, 동시에 100일을 전후하여 태아의 혈액 중에서 갑상선호르몬을 측정해낼 수 있습니다.

위에서 말한 각종의 내분비계의 발전이외에도, 태아 체내의 기타 분비, 예를 들어 흉선과 골수분화로부터 나오는 임파 세포도 제4개월째가 되어야 혈액순환에 진입하게 됩니다. 태아의 땀샘은 제15~16주 전후에 손바닥과 발바닥 부위에 나타나기 시작합니다. 태아의 지방분비 역시 제16~17주 때에 활동하기 시작합니다.

이 부분을 보고나면, 우리는 또 한 번 놀라움을 금할 길이 없습니다. 2천5백년 년 전 석가모니불께서는 어떻게 이렇게 미묘한 변화까지 아실 수 있었을까요? 또 어떻게 이 시기의 생리기능을 '감로행'이라 이름하고, 이처럼 간단명료하게 서술하셨을까요?

제17주

난타야, 열일곱 번째 칠 일 동안에도 어머니의 뱃속에는 바람이 있나니 그 이름을 모불구(毛拂口)라 하는데 이 바람이 태아의 눈·귀·코·입·목구멍·가슴 및 음식이 들어가는 곳을 매끄럽고 축축하게 하며, 들숨·날숨이 통하게 하는 곳도 제자리를 잡게 하느니라. 비유하면 마치 솜씨 좋은 장인인 저 남자나 여자가 먼지 낀 거울을 기름이나 재로써 혹은 부드러운 흙으로 닦고 씻어서 깨끗하게 하는 것처럼 이러한 업의 바람으로 말미암아 그렇게 할 수 있어서 제자리를 잡게 함에 장애가 없느니라.

難陀, 第十七七日, 於母腹中, 有風名曰毛拂口。此風能於胎子 眼 耳 鼻 口 咽喉 胸臆 食入之處, 令其滑澤, 通出入氣息, 安置處所。
譬如巧匠, 若彼男女, 取塵翳鏡, 以油及灰, 或以細土, 揩拭令淨。此由業風, 能作如是安布處所, 無有障礙。

제17주의 생리기능을 '모불구(毛拂口)'라 하는데, 태아의 눈·귀·코·입·인후 내지는 호흡계통·순환계통·소화계통 등등에 이르기까지 더욱 더 윤택하고 소통이 잘 되도록 합니다.

마치 솜씨 좋은 기술자가 거친 재나 또는 아주 부드러운 가는 흙에 기름을 먹여 먼지가 두껍게 앉아있는 거울을 닦아 깨끗하게 하는 것과 같이, 이 주의 생리기능은 바로 이처럼 각 부분이 제대로 발육할 수 있도록 합니다.

▶ 현대적 이해

우리가 앞에서 말했듯이 태아가 16~17주 사이에 이르면 지방 분비가 시작하는데 입태경에서는 이때를 '매끄럽고 윤택하게 함[令其滑澤]'이라 하는 동시에 '기름과 재로 문질러 닦아 깨끗하게 만듦[以油及灰, 揩拭令淨]'이라는 비유를 들어 말씀하고 계십니다.

제18주

난타야, 열여덟 번째 칠 일 동안에도 어머니의 뱃속에는 바람이 있나니, 그 이름을 무구(無垢)라 하는데 태아의 6처를 깨끗하게 하느니라. 마치 해와 달을 큰 구름이 가렸을 때에 사나운 바람이 갑자기 일어나서 구름을 사방으로 흩어버리면 해와 달이 깨끗하게 되는 것처럼, 난타야, 이 업의 바람의 힘으로써 태아의 6근을 깨끗하게 하는 것도 이와 같으니라.

難陀, 第十八七日, 於母腹中, 有風名曰無垢, 能令胎子六處淸淨。
如日月輪, 大雲覆蔽, 猛風忽起, 吹雲四散, 光輪淸淨。難陀, 此業風力, 令其胎子六根淸淨, 亦復如是。

제18주에는, '무구(無垢)'라 불리는 생리기능이 태아의 6처(안이

비설신의 등의 전체적 생리기관과 조직)를 말끔하게 합니다.

마치 해와 달이 구름에 가렸다가 갑자기 큰 바람이 일어나면 구름이 흩어져 하늘 한 가운데에 햇빛이나 달빛이 맑게 빛나는 것과 같습니다. 이 시기의 기기(氣機)가 태아의 육근을 정결하게 하는 이치는 대략 이와 같습니다.

▶ 현대적 이해

태아가 성숙해져 가면 갈수록, 각 기관과 조직 사이의 경계가 비로소 완전하게 발육되어 갑니다. 예를 들어 만약 부화중인 계란을 아직 때가 이르지 않은 며칠 전에 앞당겨 깨뜨려보면, 병아리의 눈·귀·융모 등등의 발육이 아직 완전히 완성되지 않아서 피와 살이 모호하고, 깨끗하지 못할 가능성이 있습니다.

모체 안의 태아도 이와 같아서, 발육이 완성되기 전에는 눈·귀 등의 각 부분조직의 경계가 아직 완전하지 않고 당연히 정결하지도 않습니다. 제18주에 이르러야 발육이 비교적 성숙해지므로, 여기서 '태아의 6근을 청정하게 한다[令胎子六根淸淨]'라 말하고 있습니다.

제19주

난타야, 열아홉 번째 칠 일 동안에도 어머니의 뱃속에서 그 태아로 하여금 네 가지 근인 안근·이근·비근·설근을 완성하게 하느니라. 어머니의 뱃속에 들어갔을 때에 먼저 이미 세 가지 근은 얻었나니, 신근(身根)·명근(命根)·의근(意根)이 그것이니라.

難陀, 第十九七日, 於母腹內, 令其胎子成就四根, 眼耳鼻舌。入母腹時, 先得三根, 謂身命意。

태아의 눈·귀·코·혀 등 이 몇 가지 부분의 조직은 앞서의 '무구(無垢)'라는 생리작용을 거쳐 정결해진 다음에, 이 한 주 동안 더욱더 성숙해 집니다. 신근(身根)·명근(命根)·의근(意根)의 세 부분은 처음 태에 들었을 때 이미 갖추어진 것입니다.

제20주

난타야, 스무 번째 칠 일 동안에도 어머니의 뱃속에는 바람이 있나니, 그 이름을 견고(堅固)라 하는데 이 바람이 태에 의지하여 있으면서 왼 다리에 발가락 관절 스무 개의 뼈가 생기게 되고 오른 다리에도 스무 개의 뼈가 생기게 되며, 발꿈치에는 네 개의 뼈가 있게 되고 발목에는 두 개의 뼈가 있게 되며, 무릎에도 두 개의 뼈가 있게 되고 볼기짝에도 두 개의 뼈가 있게 되며, 엉덩이에는 세 개의 뼈가 있게 되고 등골에는 열여덟 개의 뼈가 있게 되며, 갈비에는 스물네 개의 뼈가 있게 되느니라. 또 왼손에 의지하여 있으면서 손가락의 마디 등 스무 개의 뼈가 생기게 되고 또 오른손에 의지하여 있으면서 역시 스무 개의 뼈가 생기게 되며, 팔뚝에는 두 개의 뼈가 있게 되고 팔에는 네 개의 뼈가 있게 되며, 가슴에는 일곱 개의 뼈가 있게 되고 어깨에도 일곱 개의 뼈가 있게 되며, 목에는 네 개의 뼈가 있게 되고 턱에는 두 개의 뼈가 있게 되며, 이에는 스물두 개의 뼈가 있게 되고 해골에는 네 개의 뼈가 있게 되느니라.

난타야, 비유하면 마치 흙으로 형상을 만드는 이나 혹은 그의 제자가 먼저 단단한 나무로 그 모양을 만들고 다음에는 줄로 얽은 뒤에 진흙을 발라 그 형상을 이룩하는 것처럼 이 업의 바람의 힘이 모든 뼈를 만들어 펴는 것도 역시 이와 같으니라. 여기서는 큰 뼈만을 세어서 이백 개가 있다는 것이며 나머지의 작은 뼈들은 제외되었느니라.

難陀, 第二十七日, 於母腹中, 有風名曰堅固, 此風依胎, 左脚生指節二十骨, 右脚亦生二十骨, 足跟四骨, 髀有二骨, 膝有二骨。[月+坐]有二骨, 腰髖有三骨, 脊有十八骨, 脅有二十四骨。復依左手, 生指節二十骨 ; 復依右手, 亦生二十。腕有二骨, 臂有四骨, 胸有七骨, 肩有七骨, 項有四骨, 頷有二骨, 齒有三十二骨, 髑髏四骨。

難陀, 譬如素師, 或彼弟子, 先用鞭木, 作其相狀, 次以繩纏, 後安諸泥, 以成形像, 此業風力, 安布諸骨, 亦復如是。此中大骨, 數有二百, 除餘小骨。

제20주에 이르면, '견고(堅固)'라 불리는 생리기능이 많은 뼈들을 발육시켜 냅니다.

이는 마치 조각이나 소조를 만드는 사람과 그의 제자가 함께 어떤 분의 상(像)을 빚으려고 하면, 제일 먼저 나무로 틀을 만든 다음 그것을 끈으로 잘 얽어맨 후 마지막으로 진흙재료를 발라야 비로소 한 분의 소상(塑像)을 완성하는 것과 같습니다. 이 한 주 동안에 '견고(堅固)'라는 기기(氣機)가 크고 작은 뼈들을 발육해내는 것도 바로 이와 같은 이치입니다 그 가운데에서 아주 작은 것을 제외하고 좀 큰 뼈들을 모두 합하면 200개 정도 됩니다.

▶ 현대적 이해

(1) 일반 성인의 뼈는 206개입니다. 태어날 때에는 300여개이지만, 어떤 뼈들은 그 후에 서로 융합하여 206개가 됩니다.

입태경의 이 부분은, 각 부위의 뼈 숫자가 결코 정확하지 않고 심지어 적지 않은 차이가 있습니다. 이것은 어찌된 일일까요?

우리가 알고 있듯, 불경은 부처님 열반 후 제자들이 기억에 의존하여 기록한 것입니다. 불경의 기록을 위하여 부처님의 제자와 그 제자의 제자들이 상좌부(上座部)와 대중부(大衆部)로 분열하여 서로의 견해 주장만을 고집하고 서로 비난했습니다. 그러므로 이 부분에 대해 전해 내려온 뼈의 숫자가 도대체 부처님 당시에 말씀하신 것인지에 대해서 우리는 확실히 알 수가 없습니다.

그러나 어쨌든 간에 우리가 앞서 여러분의 주의를 환기시켰듯이, 이 경전의 중점은 배태학의 소개에 있는 것이 아닙니다. 석가모니불께서 난타의 여색과 욕락에 대한 미혹을 깨우쳐주시기 위해 입태와 주태의 과정중의 내용을 방편설법의 제재로 삼으신 것일 뿐입니다. 따라서 소개과정 중에 다소의 차이가 있다할지라도 석가모니불께서 이루신 심신수증 방면의 탁월한 성취에 영향을 줄만 것이 못됩니다.

(2) 골격계통의 발육은, 일찍이 제5주 때에 이미 시작되어 점점 연골 내에서 뼈를 이루는 방식을 거쳐 골화되어 뼈가 됩니다.

제21주에 이르면 지체(肢體)의 비례가 이미 출생 시와 거의 같고, 각 부위 관절의 숫자와 형체가 이미 정해집니다. 아마 바로 이 때문에 석가모니불께서 제20주 때에 전신의 관절에 대해서 개요적인 소개를 하셨는지도 모릅니다.

제21주

난타야, 스물한 번째 칠 일 동안에도 어머니의 뱃속에는 바람이 있나니, 그 이름을 생기(生起)라 하는데 태아의 몸 위에 살이 생기게 하나니, 비유하면 마치 미장이가 먼저 진흙을 잘 이긴 뒤에 담장이나 벽을 바르는 것처럼 이 바람이 살을 생기게 하는 것도 이와 같으니라.

難陀, 第二十一七日, 於母腹中, 有風名曰生起, 能令胎子身上生肉。譬如泥師, 先好調泥, 泥於牆壁。此風生肉, 亦復如是。

석가모니불께서는 계속해서 난타에게 제21주 때에 '생기(生起)'라고 하는 생리기능이 태아에게 살이 생겨나게 한다고 말씀하십니다. 마치 미장공이 시멘트를 잘 이긴 후에 벽에 바른 것과 같습니다.

▶ 현대적 이해

현대의학적 연구관찰에 의하면, 제 21주 때부터 태아의 체중이 신속히 늘어납니다.

제22주

난타야, 스물두 번째 칠 일 동안에도 어머니의 뱃속에는 바람이 있나니, 그 이름을 부류(浮流)라 하는데 이 바람이 태아의 몸에 피가 생기게 하느니라.

難陀, 第二十二七日, 於母腹中, 有風名曰浮流, 此風能令胎子生血。

제22주 때에 '부류(浮流)'라는 생리기능이, 태아에게 피가 생겨
나게 합니다.

▶ 현대적 이해

서양 배태학의 연구관찰에 의하면, 혈세포(血細胞)는 제4주쯤에 이
미 난황낭(卵黃囊)으로부터 만들어져 나옵니다. 그 후에 간(肝)과 비
(脾)가 조혈기능을 이어서 대신합니다. 그러나 22주 전후에 이르러서
야 미세혈관이 비로소 뚜렷하게 나타나기 시작합니다.

제23주

난타야, 스물세 번째 칠 일 동안에도 어머니의 뱃속에는 바람이 있
나니, 그 이름을 정지(淨持)라 하는데 이 바람이 태아의 몸에 피부가
생기게 되느니라.

難陀, 第二十三七日, 於母腹內, 有風名曰淨持, 此風能令胎子生皮。

제23주 때에, '정지(淨持)'라고 하는 생명 에너지가 태아의 피부
조직을 발육하여 갖추어지게 합니다.

▶ 현대적 이해

서양 배태학의 관찰에서도 공교롭게 이 한 주 동안 (제160일 전후) 태아의 표피가 만들어지는 성장조직의 특징이 있습니다.

제24주

난타야, 스물네 번째 칠 일 동안에도 어머니의 뱃속에는 바람이 있나니, 그 이름을 자만(滋漫)이라 하는데 이 바람이 태아의 피부를 반드럽게 하느니라.

難陀, 第二十四七日, 於母腹中, 有風名曰滋漫, 此風能令胎子皮膚光悅。

제24주에 '자만(滋漫)'이라는 생리기능이 태아의 피부를 윤기 나게 합니다.

제25주

난타야, 스물다섯 번째 칠 일 동안에도 어머니의 뱃속에는 바람이 있나니, 그 이름을 지성(持城)이라 하는데 이 바람이 태아의 몸에 피와 살이 더욱 불어나게 하고 또한 윤택하게 하느니라.

難陀, 第二十五七日, 於母腹中, 有風名曰持城, 此風能令胎子血肉滋潤。

제25주에 이르면, '지성(持城)'이라는 생리기능이 태아의 혈육(血肉)을 불어나고 윤택하게 합니다.

▶ 현대적 이해

오늘날 서양의학에서는, 제 26주 전후에 피하지방이 점점 축적되어 피부주름이 감소하고 피부색이 짙은 빨간 색에서 선홍색으로 바뀐다고 합니다.

제26주

난타야, 스물여섯 번째 칠 일 동안에도 어머니의 뱃속에는 바람이 있나니, 그 이름을 생성(生成)이라 하는데 태아의 몸에 머리칼과 털과 손발톱이 생기게 되며, 그리고 이 하나하나는 모두 맥과 서로 연결되게 하느니라.

難陀, 第二十六七日, 於母腹中, 有風名曰生成, 能令胎子身生髮毛爪甲, 此皆一一共脈相連。

"난타야, 제26주 때에는 '생성(生成)'이라는 생리기능이 태아의 모발과 손톱이 자라나게 한다. 이러한 모발과 손톱은 체내의 기맥과도 서로 이어지게 한다."

▶ 현대적 이해

(1) 두발과 손톱 같은 이런 각질(角質)조직은 신경이 분포되어 있지 않습니다. 그러나 만약 우리가 상당한 정도의 수양을 거치면, 그들 위에도 무수한 모세공(毛細孔)이 분포되어 있을 뿐 아니라, 기식(氣息) 출입도 있다는 것을 느낄 수 있습니다.

(2) 서양 배태학에서는, 제26주에 발톱이 자라 나오고 손톱은 이보다 1~2주 더 빨리 나타나는 것으로 되어 있습니다.

제27주

───────────

난타야, 스물일곱 번째 칠 일 동안에도 어머니의 뱃속에는 바람이 있나니, 그 이름을 곡약(曲藥)이라 하는데 이 바람이 태아의 머리칼과 털과 손발톱이 모두 다 완성되게 하느니라.

難陀, 第二十七七日, 於母腹中, 有風名曰曲藥, 此風能令胎子, 髮毛爪甲悉皆成就。

"난타야, 제27주에는 '곡약(曲藥)'이라고 하는 생리기능이 태아의 모발과 손발톱 등의 발육을 완성시킨다."

▶ 현대적 이해

석가모니불께서 말씀하신 제27주에 대한 소개는 비교적 특별합니다. 앞에서 26주 동안의 모든 생리변화를 쭉 진술해 오시다가, 이 제 27주에 와서는 생리방면에 대한 소개가 단지 위에서처럼 짧은 한 마디이고, 곧바로 이어서 말씀하시는 긴 단락은 모두 태아의 인과응보와 관련된 것입니다.

이것은 무엇 때문일까요? 먼저 이 주기에 대한 원문을 계속 보고 난 다음에 토론하도록 하겠습니다.

난타야, 그 태아가 전생에 악한 업을 지었으며 간탐을 부리고 인색하였으며 재물들에 몹시 집착하여 보시하기를 좋아하지 않았고 부모와 스승과 어른의 말씀과 가르침을 받지 않았었다면 몸과 말과 마음으로 지었던 착하지 않은 업이 밤낮으로 더욱 자라서 다음과 같은 과보를 받게 되나니, 인간으로 태어날 경우 그 받는 과보가 모두 마음에 맞지 않을 것이니라.

難陀, 由其胎子先造惡業, 慳澁吝惜, 於諸財物, 堅固執著, 不肯惠施 ; 不受父母師長言教. 以身語意, 造不善業, 日夜增長, 當受斯報. 若生人間, 所得果報, 皆不稱意.

만약 태아가 과거에 몹시 인색하여 자기의 재물을 남에게 나누어주기를 아까와 하고, 게다가 부모와 스승과 어른들의 가르침을 따르지 않았으며, 몸[身]·말[口]·마음[意]과 같은 몇 가지 방면에서 업보를 지었다면, 생을 바꾸어 사람이 되었을 때 다음과 같은 자신의 맘에 맞지 않는 갖가지 악한 과보가 있게 됩니다. 이 경전에서는 그것을 대체로 크게 3가지로 분류하고 있습니다.

_____

만약 세간 사람들이 긴 것을 좋아하면 그 반대로 짧게 되고 짧은 것을 좋아하면 그 반대로 길게 되며, 굵은 것을 좋아하면 그 반대로 가늘게 되고 가는 것을 좋아하면 그 반대로 굵게 되며, 팔다리의 마디뼈가 가까운 것을 좋아하면 그 반대로 서로가 떨어지게 되고 서로 떨어진 것을 좋아하면 그 반대로 서로 가깝게 되느니라.

또 세간 사람들이 많은 것을 좋아하면 그 반대로 적게 되고 적은 것을 좋아하면 그 반대로 많게 되며, 살찐 것을 좋아하면 반대로 야위게 되고 야윈 것을 좋아하면 반대로 살찌게 되며, 겁내는 것을 좋아하면 반대로 용감하게 되고 용감한 것을 좋아하면 반대로 겁이 많게 되며, 흰 것을 좋아하면 반대로 검게 되고 검은 것을 좋아하면 반대로 희게 되느니라.

若諸世人, 以長爲好, 彼卽短 ; 若以短爲好, 彼卽長。
以麤爲好, 彼卽細 ; 若以細爲好, 彼卽麤。
若支節相近爲好, 彼卽相離 ; 若相離爲好, 彼卽相近難陀。
若多爲好, 彼卽少 ; 若少爲好, 彼卽多。
愛肥便瘦。愛瘦便肥 ; 愛怯便勇, 愛勇便怯 ; 愛白便黑, 愛黑便白。

위 단락은 주로 태아의 외모 방면의 과보를 설명하고 있습니다.

만약 태어나는 당시의 시대가 사회적으로 기골이 장대한 것이 좋다고 여긴다면 그는 왜소하게 타고나고, 만약 왜소한 것이 좋다고 여긴다면 그는 기골이 장대하게 타고납니다.

만약 일반인들이 거칠고 호방한 것이 좋다고 여긴다면 그는 찬

찬하고 세밀하게 타고나며, 만약 찬찬하고 세밀한 것을 좋아한다면 그는 거칠고 호방하게 타고납니다.

만약 당시 사람들이 팔다리가 짧아야 좋다고 여긴다면 그는 오히려 길게 타고나고, 만약 팔다리가 길어야 좋다고 여긴다면 그는 공교롭게도 짧게 타고납니다.

만약 좀 많아야 좋은 부위가 있다면 그는 적게 타고나고, 그와 반대로 만약 좀 적은 것이 좋은 부위가 있다면 그는 공교롭게도 많게 타고납니다.

당시에 뚱뚱한 것을 좋아한다면 그는 야위게 타고나고, 당시에 만약 야윈 것을 좋아한다면 그는 뚱뚱하게 타고 납니다.

당시에 사람들이 유약하고 점잖은 것을 좋아한다면 그는 늠름하고 용맹스럽게 타고나고, 당시에 사람들이 늠름하고 용맹스러운 것을 좋아한다면 그는 유약하고 점잖게 타고납니다.

하얀 것이 좋다고 여긴다면 그는 검게 타고나고, 반대로 흰 것이 좋다고 여긴다면 그는 검게 타고납니다.

(2)

난타야, 또 악한 업으로 말미암아 얻는 악한 과보는 귀머거리·소경·벙어리며 어리석고 추루한 이가 되고 그가 내는 음성은 사람들이 듣기를 싫어하며 손발이 오그라들어서 마치 아귀와 같이 되므로 친족들조차 모두가 미워하여 서로 보려고도 하지 않거늘 하물며 다른 사람들이겠느냐.

難陀。又由惡業, 感得惡報 ; 聾盲瘖啞, 愚鈍醜陋。所出音響人不樂聞, 手足攣躄, 形如餓鬼。親屬皆憎, 不欲相見, 況復餘人。

위 단락은 주로 태아 생리기능 방면의 과보를 설명하고 있습니다.

"난타야, 과거의 악업 때문에 다른 악한 과보들을 초래할 수 있다. 예를 들면 귀머거리·장님·벙어리나 치매 혹은 그 사람의 음성을 사람들이 듣기 싫어하거나, 혹은 손과 발이 비틀어져 변형되거나, 혹은 생긴 모습이 추하여 마치 아귀와 같아진다. 심지어 친족들도 보기 싫어하는데, 다른 사람들은 더더욱 가까이 하고 싶어하지 아니한다."

(3)

_____

그리고 모든 3업(三業)으로써 남을 향해 말할 때에도 다른 이들이 믿고 듣지도 않고 마음에 두지도 않나니, 왜냐 하면, 그가 전생에 지은 악한 업들로 말미암아 이러한 과보를 얻기 때문이니라.

所有三業, 向人說時, 他不信受, 不將在意。何以故? 由彼先世造諸惡業, 獲如是報。

이 단락은 인간관계 방면의 과보입니다.

과거에 몸·말·마음 방면에 지은 악업으로 말미암아, 일생동안 그 사람의 말을 사람들이 들어도 믿지 않으며, 받아들이지도 않습니다. 설사 아무리 도리에 맞는 말이라 할지라도 마음속에 담아두지 않습니다.

이상의 내용은 전생에 지었던 각종 악업으로 인해, 이생에서 받게 되는 갖가지 악한 과보입니다.

악한 과보를 다 말씀하시고 나서 다음에 계속 소개하는 것은 선한 과보입니다.

―――――

난타야, 그 태아가 전생에 복덕의 업을 닦고 보시를 좋아하고 간탐하지 않았으며 가난한 이들을 가엾이 여기고 재물들에 아끼는 마음이 없었으면 그가 지었던 착한 업이 밤낮으로 점점 자라서 마땅히 훌륭한 과보를 받을 것이니, 인간으로 태어날 경우 그 받는 과보가 모두 다 마음에 맞을 것이니라.

難陀, 由其胎子先修福業, 好施不慳, 憐愍貧乏, 於諸財物, 無客著心, 所造善業, 日夜增長, 當受勝報。若生人間, 所受果報, 悉皆稱意。

"난타야, 만약 이 태아가 과거에 아주 많은 복덕을 닦았고, 자신의 재물에 대해 조금도 인색하지 않고 줄곧 아낌없이 베풀기를 좋아해서 그 공덕을 쌓아왔다면 좋은 과보를 얻게 될 것이다. 만약 사람으로 태어난다면, 얻게 되는 과보는 자기 뜻대로 되는 것이다."

석가모니불께서는 좋은 과보를 말씀하실 때도 마찬가지로 세 가지로 귀납시키셨습니다.

(1)

_____

만약 세간 사람들이 긴 것을 좋아하면 길게 되고 짧은 것을 좋아하면 짧게 되며, 굵고 가는 것도 법도에 맞고 팔다리의 마디도 적당하며, 많고 적고 살찌고 야위고 용감하고 겁이 많고 피부색에 이르기까지 모두 사랑하지 않는 이가 없느니라.

若諸世人, 以長爲好, 則長 ; 若以短爲好, 則短 ; 麤細合度, 支節應宜。多少肥瘦, 勇怯顔色, 無不愛者。

이 부분은 외모에 대한 내용입니다.

만약 태어날 당시의 일반인들이 기골이 장대한 것을 좋아하면 장대하게 타고 나고, 만약 일반인들이 왜소한 것을 좋아한다면 왜소하게 타고 납니다.

요컨대 굵고 가늚·팔다리의 비례·많고 적음·마른 것과 살찐 것·기질·피부색등이 모두 꼭 그 시대의 경우에 적합하면서 사람들이 좋아하게 됩니다.

(2)

_____

6근도 완전하게 갖추고 단정함이 남들보다 뛰어나며, 말씨가 분명하고 음성이 청아하며 사람의 몸매가 모두 갖추어져서 보는 이들이 기뻐하게 되느니라.

六根具足, 端正超倫, 辭辯分明, 音聲和雅, 人相皆具, 見者歡喜。

이 부분은 생리기능과 그에 속해있는 오행 방면에 대한 내용입니다.

오관이 단정하고, 사지가 온전하며, 기질이 장중하고, 말하는 것이 시원스럽고 목소리가 듣기 좋습니다. 요컨대 안팎의 오행이 제대로 갖추어져 있어서, 자연히 흡인력이 있으므로 사람들이 다들 가까이 하고 싶어 합니다.

(3)

그리고 3업으로 남을 향하여 말할 때에도 다른 이들이 모두 믿고 받아 공경하는 생각으로 마음에 새겨두나니, 왜냐 하면, 그가 전생에 지은 모든 착한 업으로 말미암아 이러한 과보를 얻기 때문이니라.

所有三業, 向人說時, 他皆信受, 敬念在心。何以故? 由彼先世造諸善業, 獲如是報。

이 부분은 인간관계 방면에 대한 내용입니다.

과거의 몸·말·마음 세 방면의 선업 공덕으로 말미암아 이생에서 그 사람이 하는 말을 사람들이 다 믿을 뿐만 아니라 몹시 존경하면서 즐거이 받아들입니다.

위에서 열거한 각 방면의 선한 과보는 과거에 지은 갖가지 선행으로부터 오는 것입니다.

태아의 전생과 금생사이의 인과관계를 말씀하시고 난 후 이어서 말씀하시는 것은 태아가 모체 안에 있을 당시 과보를 받는 상황입니다.

난타야, 태아가 만일 남자라면 어머니의 오른편 겨드랑이에 쪼그리고 앉아서 두 손으로 얼굴을 가리고 어머니의 척추를 향하여 있을 것이요, 만일 여자라면 어머니의 왼편 겨드랑이에 쪼그리고 앉아 두 손으로 얼굴을 가리고 어머니의 배를 향하여 있을 것이니라.

難陀, 胎若是男, 在母右脇, 蹲居而坐, 兩手掩面, 向母脊住。
若是女者, 在母左脇, 蹲居而坐, 兩手掩面, 向母腹住。

만약에 태아가 남아라면, 대부분 어머니의 오른 쪽 옆구리에 치우쳐 있으면서 두 팔은 가슴 앞에서 구부리고 두 손이 자기의 얼굴을 대하고 있습니다. 그리고 쪼그리고 앉아 있는 자세로 얼굴이 모친의 척추로 향하고 있습니다.

만약 여아라면, 모친의 왼쪽 옆구리에 치우쳐 있으면서 두 손은 구부려서 자기 얼굴을 대한 채 쪼그리고 앉아있는 자세로 얼굴이 어머니의 배 쪽으로 향하고 있습니다.

생장(生藏)의 아래요 숙장(熟藏)의 위에 있는지라 생것은 아래로 누르고 익은 것은 위를 찌르므로 마치 온몸을 속박하면서 뾰족한 나무 끝에 끼워 놓은 것과 같으니라.

在生藏下, 熟藏之上, 生物下鎭, 熟物上刺, 如縛五處, 揷在尖摽。

▶ 현대적 이해

(1) 만약 생리적인 부위로 말하자면, 생장(生藏)은 위부(胃部)에 해당되고, 숙장(熟藏)은 방광에 해당합니다. 뱃속으로 막 들어온 음식물을 생물(生物)이라 하고, 이것이 분해되어 소화를 거친 후는 숙물(熟物)이라 합니다.

(2) 생장(生藏) · 숙장(熟藏)과 관련된 내용은 석가모니불께서 선비요법경(禪秘要法經)에서도 언급하고 계십니다. 여러분들께서는 남회근 선생님이 이를 현대어로 해석한 『선관정맥연구(禪觀正脈硏究)』라는 책을 참고할 수 있습니다. 그 책 속에는 홍문량(洪文亮) 의사가 서양의학 관점에서 백골관(白骨觀)을 보는 설명도 부록으로 실려 있으며 생장과 숙장에 대한 관점도 언급하고 있습니다.

(3) 이 단락 원문의 마지막 부분인 '뾰족한 나무 끝에 끼워 놓다[揷在尖摽]'는 무슨 의미일까요? 명확히 하기 위하여 다시 「불위아난설처태회」 속의 관련 원문을 참고 해보겠습니다.

생장(生藏)의 아래와 숙장(熟藏)의 위에서 속의 열에 끓여지고 삶아져서 온몸[五處]이 얽매인 것이 마치 가죽 주머니에 있는 것과 같으며,

生藏之下, 熟藏之上, 內熱煎煮, 五處緊縛, 如在革囊。

자궁 속의 태아는, 어머니가 음식물을 먹으면 위부(胃部)가 아래로

처져 압박을 받는 동시에 오줌이 든 방광에 의해 위로 밀리게 됩니다. 온 몸뚱이와 사지가 마치 단단한 이 가죽 주머니에 싸여있으면서 압박받고 있는 것과 같습니다.

만약 어머니가 음식을 많이 먹거나 때로는 적게 먹는다면 모두 괴로움을 받느니라. 이와 같이 아주 기름진 음식을 먹거나 혹은 바짝 마른 음식을 먹거나 매우 차갑거나 매우 뜨겁거나 짜거나 싱겁거나 쓰거나 신 음식을 먹거나 혹은 너무 달거나 매운 이런 음식을 먹을 적에도 모두 고통을 받게 되느니라.

若母多食, 或時少食, 皆受苦惱。如是, 若食極膩, 或食乾燥, 極冷極熱, 鹹淡苦醋, 或太甘辛, 食此等時, 皆受苦痛。

따라서 모친이 많이 먹건 적게 먹건 간에 태아는 감응을 받게 되고 언제나 편하지 않게 느끼게 됩니다. 너무 기름지거나, 너무 건조하거나, 지나치게 차거나 뜨거운 것, 너무 짜거나 싱겁거나, 너무 쓰고 시고 달고 매운 등등 어느 경우에도 태아는 불편함을 느낍니다.

만약 어머니가 음욕을 행하거나 혹은 급히 가거나 달려가거나 때로는 꼿꼿이 앉아 있거나 오래 앉아 있거나 오래 누워 있거나 또는 뛴다면 모두 고통을 받느니라.

若母行欲, 或急行走, 或時危坐, 久坐久臥, 跳躑之時, 悉皆受苦。

만약 모친이 성행위를 하거나, 너무 빨리 걷거나, 너무 꼿꼿이 앉아 있거나, 좀 오래 앉아 있거나 누워있거나, 아래로 뛰어내리거나 뛰어오르면 태아는 몹시 고통스러움을 느끼게 됩니다.

―――――――――

난타야, 마땅히 알아라. 어머니의 태속에 있을 때에는 이러한 갖가지 고통들이 있어서 그 몸을 핍박하는 것을 이루 다 말로는 할 수 없느니라. 인간세계에서도 이러한 고통을 받거늘 하물며 악취(惡趣)인 지옥세계에서야 말할 나위가 있겠느냐. 그 고통이야말로 비유하기조차 어렵느니라.

그러므로 난타야, 지혜 있는 이라면 어느 누가 태어나고 죽음이 끝이 없는 괴로움의 바다에 있으면서 이런 액난을 받기 좋아하겠느냐?!

難陀, 當知處母胎中, 有如是等種種諸苦, 逼迫其身, 不可具說。於人趣中, 受如此苦。何況惡趣地獄之中, 苦難比喩。

是故難陀, 誰有智者, 樂居生死無邊苦海, 受斯厄難?!

"난타야, 너는 알아야 한다. 엄마 뱃속에 있으면서 갖가지 고통을 받는데, 그 자세한 상황은 일일이 다 말할 수 없을 정도이다. 위의 이런 내용은 단지 사람의 태아가 받는 고통일 뿐이고, 만약 기타의 악도나 지옥에 태어난다면 받게 되는 고난은 더욱 상상할 수 없는 정도이다.

그러므로 말한다, 난타야, 지혜가 있는 사람이라면 이 생명에 대해서 어떻게 애착하고 미련을 갖겠느냐? 또 어떻게 이 끝없는 고통의 바다에 빠지고 싶어 하겠느냐!"

▶ 현대적 이해

(1) 이런 과보들을 말씀하시고 난 후 제28주에 진입하는데, 이는 현재의 법률상 태아가 모체로부터 벗어나서 독립적으로 생존할 수 있는 분계선으로 여깁니다. 이 기간에 폐부(肺部)가 이미 발육 완성되었고, 신경계통이 갈수록 더욱 성숙하며, 체온조절과 호흡신경중추의 기능 역시 건립되어, 태아는 이미 모체 밖에서의 생존능력을 구비하기 시작합니다.

(2) 석가모니불께서는 공교롭게도 이러한 분계선인 제28주 전에, 태아의 인과응보에 관한 긴 단락을 삽입하셨는데, 이 또한 교묘한 안배로 생각됩니다.

(3) 이 분계선 제28주에 진입하여서 이 경전은 어떻게 말할까요? 이 부분의 묘사도 아주 의미가 있습니다.

제28주

난타야, 스물여덟 번째 칠 일 동안에는 어머니의 뱃속에서 태아는 여덟 가지 뒤바뀐 생각을 내느니라. 어떤 것이 여덟 가지인가 하면, 집이라는 생각이요 수레라는 생각이며, 동산이라는 생각이요 누각이라는 생각이며, 나무숲이라는 생각이요 평상이라는 생각이며, 강물이라는 생각이요 연못이라는 생각이 그것들이니, 실제로는 이런 경계가 없는데도 허망하게 분별을 일으키는 것이니라.

難陀, 第二十八七日, 於母腹中, 胎子便生八種顚倒之想。云何爲八? 所謂屋想 乘想 園想 樓閣想 樹林想 床座想 河想 池想。實無此境, 妄生分別。

태아는 8가지의 뒤바뀐 망상이 생겨나는데, 집, 수레, 정원, 누각, 숲, 침대, 강물, 연못 등의 경계가 그것입니다.

▶ 현대적 이해

외부세계의 영상이 이 주기에 출현하는데, 이것은 태아가 이미 모체 밖에서 독립적으로 생존할 수 있는 능력을 갖추었다는 것을 우회적으로 표현하는 것인지도 모릅니다.

제29주

─────────

난타야, 스물아홉 번째 칠 일 동안에도 어머니의 뱃속에는 바람이 있나니, 그 이름을 화조(花條)라 하는데 이 바람이 태아에게 불어서 그 피부색을 새하얗고 정결하게 하거나, 혹은 업의 힘 때문에 색을 검게 하거나 혹은 푸른색이 되게 하거나 또 갖가지로 뒤섞인 색깔을 갖게 하거나, 혹은 건조하여 윤기가 없게 하거나 흰 빛과 검은 빛이 그 색에 따라 나오게 하거나 하느니라.

難陀, 第二十九七日, 於母腹中, 有風名曰花條, 此風能吹胎子, 令其形色鮮白 淨潔。或由業力, 令色黳黑, 或復靑色, 更有種種雜類顔色。或令乾燥, 無有滋潤。白光黑光, 隨色而出。

제29주에는 '화조(花條)'라는 생리기능이 태아의 피부색을 새하얗고 정결하게 보이도록 합니다. 업력이 모두 다르므로 피부색이 검을 수도 있고 청황색을 띨 수도 있고, 또 다른 색들일 수도 있습니다. 업력이 좋다면 피부가 윤택하여 빛이 나고, 업력이 나쁘면 피부가 건조하고 껄끄럽습니다.

오늘날 서양의학의 연구에 따르면 대략 제26주에 피하지방이 점점 쌓이기 시작하여, 태아의 피부가 비교적 하얗습니다.

제30주부터 제34주 까지 동안 체내 지방은 대략 체중의 100분의 8을 차지하면서, 그에 따라 태아는 날이 갈수록 포동포동하고 윤기가 나며 피부도 점점 하얘져 갑니다.

제30주

난타야, 서른 번째 칠 일 동안에도 어머니의 뱃속에는 바람이 있나니, 그 이름을 철구(鐵口)라 하는데 이 바람이 태아에게 불어서 머리칼과 손발톱을 자라게 하나니, 희거나 검거나 하는 빛들은 모두가 업에 따라 나타나는데 위에서의 설명과 같으니라.

難陀, 第三十七日, 於母腹中, 有風名曰鐵口。此風能吹胎子髮毛爪甲, 令得生長。白黑諸光, 皆隨業現, 如上所說。

제30주에는 '철구(鐵口)'라는 생리기능이 태아의 모발과 손톱을 발육시켜 온전한 모습을 갖추어 주고 광택이 나게 합니다.

제31주 - 제34주

_____

난타야, 서른한 번째 칠 일 동안에는 어머니의 뱃속에서 태아가 점점 커지며, 이와 같이 서른두 번째 칠 일 동안과 서른세 번째 칠 일 동안과 서른네 번째 칠 일 동안에는 더욱더 자라고 커지느니라.

難陀, 第三十一七日, 於母腹中, 胎子漸大。如是三十二七 三十三七 三十四七日已來, 增長廣大。

석가모니불께서 계속 말씀하시길, "난타야, 제31주부터 제32주, 제33주, 제34주를 거치는 동안 태아는 점점 커지고 살이 찐다."고 하십니다.

▶ 현대적 이해

서양의학의 배태학에 비추어보면, 제30주부터 제34주에 이르는 동안 체내에 지방이 쌓이기 때문에 태아는 피부가 하얘지는 이외에도 손발과 몸통에 점점 살이 찌기 시작합니다. 제 34주가 지나면 태아의 성장은 다시 완만해집니다.

제35주

_____

난타야, 서른다섯 번째 칠 일에 이르면 아이가 어머니의 뱃속에서 신체가 다 갖추어지느니라.

難陀, 第三十五七日, 子於母腹, 支體具足。

"난타야, 제35주에 이르렀을 때 태아는 이미 발육하여 상당히 완비되어 있느니라."

제36주

난타야, 서른여섯 번째 칠 일 동안에는 그 아이가 어머니의 뱃속에 머물러 있기를 좋아하지 않게 되느니라.

難陀, 第三十六七日, 其子不樂住母腹中。

"제36주에 도달하면 태아는 이미 더 이상 모친의 뱃속에 머물러 있기를 좋아하지 않게 된다."

제37주

난타야, 서른일곱 번째 칠 일 동안에는 어머니의 뱃속에서 태아는 세 가지 뒤바뀌지 않는 생각을 내게 되나니, 깨끗하지 못하다는 생각이요, 냄새나고 더럽다는 생각이며, 깜깜하다는 생각이 그것이니라. 이것은 일부분에 의지하는 설명이니라.

難陀, 第三十七七日, 於母腹中, 胎子便生三種不顚倒想。所謂不淨想 臭穢想 黑暗想, 依一分說。

"난타야, 제37주에 이르면 태아는 모친의 뱃속에서 세 가지의 확실한 느낌을 갖게 되는데, 몹시 더럽다고 느끼는 것과, 악취가 난다고 느끼는 것과, 사방이 깜깜하다고 느끼는 것이다."

제38주

난타야, 서른여덟 번째 칠 일 동안에도 어머니의 뱃속에는 바람이 있나니, 그 이름을 남화(藍花)라 하는데 이 바람이 태아로 하여금 몸을 아래로 향하도록 굴리고 두 팔을 길게 펴고 산문(産門)을 향해 나아가게 하며,

그 다음에 또 바람이 있나니, 그 이름을 취하(趣下)라 하는데 업의 힘 때문에 이 바람이 태아에게 붙어서 머리를 아래로 향하고 두 다리를 위로 향하면서 장차 산문으로 나오게 하느니라.

難陀, 第三十八七日, 於母腹中, 有風名曰藍花。此風能令胎子轉身向下, 長舒兩臂, 趣向産門。

次復有風, 名曰趣下, 由業力故, 風吹胎子, 令頭向下, 雙脚向上, 將出産門。

"난타야, 제38주에 '남화(藍花)'라는 생리기능이 태아의 몸을 돌려 아래로 향하게 하여, 자궁 입구 쪽으로 나아가게 한다.

동시에 또 '취하(趣下)'라는 생리기능이 있어서 머리를 아래로 하고 다리는 위로 하고 있는 태아를 산문 밖으로 밀어낸다."

▶ 현대적 이해

현대의학적 연구에 의하면, 모체가 임신 제38주가 되면 뇌하수체에서 분만을 촉진하는 대량의 옥시토신(Oxytocin)이라는 호르몬을 분비하게 됩니다. 옥시토신은 분만 시에 자궁벽을 강렬히 수축하게 함과 동시에 자궁경부의 근섬유를 이완시켜줍니다. 따라서 자궁입구가 확장되는 동시에 자궁벽 근육과 모체의 허리 근육의 수축을 통해서 태아는 점점 모체 밖으로 밀려납니다.

_____

난타야, 만약 그 태아가 전생 몸으로 많은 악한 업을 지었거나 남에게 낙태를 하게 하였었다면 이 인연으로 말미암아 장차 나오려 할 때에 손과 발이 가로로 어지럽게 놓여 곁으로 돌릴 수 없어 어머니의 뱃속에서 죽게 되느니라.

難陀, 若彼胎子, 於前身中造衆惡業, 幷墮人胎。由此因緣, 將欲出時, 手足橫亂, 不能轉側, 便於母腹以取命終。

"만약 사람으로 몸을 받은 태아가 전생에 많은 악업을 지었다면, 출생 시에 선세(先世)의 죄업 때문에 손발이 가로로 있거나, 두부가 순조롭게 아래로 향하지 못해서 자궁을 벗어날 길이 없을 가능성이 많게 되어 태아는 뱃속에서 죽게 된다."

_____

그때 어떤 지혜 있는 여인이나 의술을 아는 의사가 따뜻한 소유(蘇油)나 혹은 느릅나무 껍질 즙이나 혹은 그 밖의 미끄러운 물질을 그의 손에다 바르고 날카롭고 창 끝 같은 얇은 칼을 중간의 두 손가락 사이 낀다. 그 안은 마치 똥 누는 뒷간의 캄캄하고 더러운 냄새가 나서 싫은 구덩이 속 같아, 한량없는 벌레가 항상 살고 있으며, 악취가 나는 즙이 늘 줄줄 흐르고 정혈(精血)이 썩어서 심히 혐오스럽고, 얇은 피부는 악한 업의 몸의 종기를 덮고 있느니라.

時有智慧女人, 或善醫者, 以煖蘇油, 或楡皮汁, 及餘滑物, 塗其手上。卽以中指夾薄刀子, 利若鋒芒, 內如糞廁。黑闇臭穢可惡坑中, 有無量千蟲恒所居止, 臭汁常流, 精血腐爛, 深可厭患, 薄皮覆蓋, 惡業身瘡。

"이 때에는 반드시 영리한 여인이나 의술을 아는 사람이 부드러운 크림이나 느릅나무 즙, 또는 다른 윤활유를 손에 바르고 중간의 두 손가락 사이에 날카로운 칼을 낀 채로 자궁내로 집어넣는다. 그 안은 마치 어둡고 냄새나는 똥구덩이 같아서 셀 수 없는 벌레 들이 있고 도처에 냄새가 나는 썩은 고기이다. 요컨대, 인간의 얇은 피부아래는 온통 악업의 몸 부스럼이다."

저 더러운 곳으로 손을 밀어 넣고 날카로운 칼로써 그 아이의 몸을 조각조각 저미어 끊으면서 빼내는 것이므로 그 어머니는 이로 말미암아 마음에 달갑지 않는 극심한 고통을 받아서 이로 인하여 죽을 수 있으며 설령 산다 해도 죽은 것이나 다름이 없느니라.

於斯穢處, 推手令入, 以利刀子, 臠割兒身, 片片抽出。其母由斯, 受不稱意, 極痛辛苦, 因此命終。設復得存, 與死無異。

"손가락에 칼을 쥐고 자궁 안으로 손을 넣어 태아를 조각조각 내어 꺼낸다. 이 때 모체는 몹시 고통스럽기 때문에 죽을 수도 있고, 다행히 살아난다 해도 원기를 크게 상하여 마치 한바탕 죽었다가 살아나는 것과 같다."

────────────

난타야, 만약 저 태아가 착한 업이 감응하여 가령 머리를 아래로 향하여 그 어머니를 손상하지 않고 안온하게 출생한다면 모진 고통을 받지 않느니라.

難陀, 若彼胎子善業所感, 假令顚倒, 不損其母, 安隱生出, 不受辛苦。

"난타야, 만약 선업 인연으로 아이의 머리가 아래로 향해 순조롭게 출생하면, 어머니와 자식은 평안 하다."

────────────

난타야, 설령 보통 이런 재액이 없다 해도 서른여덟 번째 칠 일이 되어 출산하려 할 때면 그 어머니는 큰 고통을 받게 되어 생명이 거의 죽을 뻔해야 비로소 태에서 나오게 되느니라.
난타야, 너는 자세히 살펴보고 마땅히 생사윤회의 고통에서 벗어나기를 구해야 하느니라."

難陀, 若是尋常無此厄者, 至三十八七日將欲産時, 母受大苦, 性命幾死, 方得出胎。
難陀, 汝可審觀, 當求出離。

"38주에 이르러 분만이 임박하게 되면 모친은 모두 대단히 고통의 시련을 거쳐서야 비로소 태아를 낳는다.

난타야 생명이란 이렇게 인간세계에 온 것이다. 네가 한 번 생각해 보거라. 어디에 조그마한 정토라도 있느냐? 어디에 손바닥 만한 낙원이라도 있느냐? 네가 뚜렷하게 보았으니 잘 발심하여 생사윤회를 뛰어 넘도록 해야 하느니라!"

입태경은 여기서 일단락을 고하지만, 우리들의 문제는 끝나지도 않았고 해결되지도 않았습니다. 예를 들어 석가모니불께서 이 경전의 마지막 부분에서 '마땅히 벗어나기를 구해야 한다[當求出離]'고 신신당부하고 계십니다. 도대체 어떻게 해야 생사를 뛰어 넘을수 있을까요? 어떻게 해야 다시 생사윤회를 하지 않게 될까요? 이 문제를 똑바로 보기 위하여, 우리가 다시 한 번 꼭 강조 설명해야 할 몇 가지 점들이 있습니다.

(1) 진정으로 생사의 윤회가운데서 벗어나 다시는 더 이상 생사번뇌에 굴려지지 않을 수 있어야 비로소 해탈이라 할 수 있습니다. 해탈이 반드시 오도(悟道)와 같은 것은 아닙니다. 한 생각 무명(無明)을 비추어보고 생명의 본래를 깨달은 것이 '반야(般若)'이며, 오도(悟道)라고도 합니다. 오도 후에 수증(修證)과 결합하여 언제 어디서든 5온이 다 공(空)함을 비추어 볼 수 있고, 모두 '상(常)·락(樂)·아(我)·정(淨)'의 경계에 있어야 비로소 해탈입니다. 해탈 후에는 해탈이라는 그 개념마저 놓아버려서, 자기가 해탈 속에 있다고 생각하지 않으며, 자기가 수행중이라는 생각도 없어야만, 진정으로 '생겨나지도 않고 소멸하지도 않으며, 더럽지도 않고 깨끗하

지도 않는[不生不滅, 不垢不淨]' 법신(法身)을 증득했다고 할 수 있습니다.

따라서, 법신(法身)·반야(般若)·해탈(解脫)은 삼위일체(三位一體)이면서 또한 일체삼면(一體三面)이기도 합니다. 당나라 때 영가(永嘉)대사는 이 관건에 대하여, '법신이 어리석지 않으면 곧 반야요, 반야가 집착하지 않으면 곧 해탈이며, 해탈이 청정하면 곧 법신이다[法身不癡即般若, 般若無著即解脫, 解脫清淨即法身].'라고 투철한 해설을 하였습니다.

(2) 우리가 이미 알고 있는 것처럼, 이 생명은 성욕의 고비에서 일념 무명(無明)과 부친의 정자와 모친의 난자가 결합한, 이 세 가지의 인연이 화합하여 온 것입니다.

신식(神識)이 일단 굴러 들어가 이 세 가지 인연이 결합하고 나면, 마치 분유나 흰 설탕을 물과 섞어 놓은 것과 같습니다. 물 속에 설탕과 분유가 있고, 분유 속에 물이 있고 설탕이 있으며, 설탕 속에 물과 분유가 있습니다. 이 세 가지 물질이 혼합되어 일체를 이룬 것으로, 특별한 처리를 거치지 않으면 분리되지 않습니다.

신식(神識)이 일단 배태 안으로 들어가면, 이는 마치 한 마리의 파리가 선풍기 중간에 있는 회전축 위에 앉아 있는 것과 같습니다. 앉고 난 다음에 선풍기가 돌아가면 그 안의 파리는 아무리해도 날아서 빠져나올 수 없게 됩니다.

신식은 입태 전에는 심령(心靈)에 속하여 육안으로는 볼 수 없는 에너지의 상태이고, 정충과 난자는 형상이 있는 물질의 상태입니다. 신식과 수정란이 결합하는 것은, 물질과 에너지가 결합하는 것입니다. 그 다음에는 에너지가 물질의 제약을 받게 되는데, 이것은 곧 정신[心]이 물질[物]에 갇히게 되는 것과 같아서, 마음이 물질에 의하여 굴려지게 되는 것입니다.

(3) 우리가 해탈을 구하고 하면 바로 물질에 갇히지 않을 수 있어야 하고, 심지어는 그와 반대로 마음이 하고자 하는 바에 따라 물질을 주도하고 물질을 조리 · 배합해야 합니다. 이게 바로 이른바 '자기의 마음이 만물의 현상에 미혹되지 않아 업을 짓지 않을 수 있다면 여래와 같아진다[心能轉物, 卽同如來]'는 것입니다.

이 점에 관해서 능엄경(楞嚴經)은 대단히 핵심적인 제시를 하고 있는데, 그것은 바로 '색수상행식 이 5음의 생기(生起) 순서는 식음의 작용이 먼저 있기 때문이며, 그것을 소멸하여 없앰은 먼저 색음으로부터 닦아 없애기 시작하여야 한다[生因識有, 滅從色除]'는 것으로, 해탈하려면 색법(色法)에서부터 착수해야 합니다.

(4) 색법으로부터 착수한다는 것은 색신(色身)을 돌보고[調理], 기맥(氣脈)을 수련하는 것입니다.

불학에서는 색법(물리부분)을 지(地) · 수(水) · 화(火) · 풍(風) · 공(空)의 5대로 귀납합니다.

예를 들어 5대중 어느 대로부터 닦기 시작하든 간에, 즉 부정관(지대에 속함) · 수관(수대에 속함) · 화관(화대에 속함) · 안나반나(풍대에 속함)등을 닦기 시작하든 간에 최후에는 모두 공대(空大)로 통해야 합니다. 그래야만 물질과 색법의 속박을 초월할 수 있기 때문입니다.

그런데 4대(四大)가운데에서 풍대(風大)와 공대(空大)가 가장 가깝습니다. 안나반나는 풍대를 이용하여 닦기 시작하는 것으로, 비교해보면 공성(空性)을 증득하기가 가장 쉽습니다. 바로 이 점에, 석가모니불께서 왜 특별히 안나반나를 제기하시고 이 수행법을 특별히 오묘하다고 여기셨는지 그 관건이 있습니다.

(5) 색법(色法) 부분 이외에도, 우리들 생명에는 심법(心法) 부분이 있습니다. 그리하여 능엄경에서는 5대(五大) 이외에, 각(覺)·식(識)을 더하여 7대(七大)가 됩니다. 만약 풍대로부터 닦기 시작하여 공대(空大)로 들어가 물질과 생리방면의 장애를 뛰어넘는 동시에, 심지(心智)상의 깨달음[覺悟]과 결합하여 각대(覺大)·식대(識大) 이두 가지 대를 해탈해야, 진정으로 자재(自在)를 얻었다고 할 수 있습니다.

그래서 안나반나의 수행법은 단지 호흡 수련만 하는 것이 아니라, 호흡으로부터 시작하여 '칠대는 모두 청정하면서 본래 그러해 법계(法界)에 두루 있는[淸靜本然, 周遍法界]' 진공묘유(眞空妙有), 즉공즉유(卽空卽有), 비공비유(非空非有)를 통달한 후에야 궁극적 완성에 도달하는 것입니다(칠대에 관하여는 『생과 사 그 비밀을 말한다』 제3강 '어떻게 중음신이 생겨날까'에서 관련 글을 읽어보기 바랍니다/역주).

(6) 불법은 비록 '유심(唯心)'을 자꾸 강조하지만, 엄격하게 말하면 아주 중요한 문제가 있습니다. 그것은 바로, 일반적인 수행증득 면에서, 견해든 혹은 공부·경계이든, 거의 모두 '유물(唯物)'쪽으로 구르고 있다는 사실입니다.

도대체 마음이 어떻게 물질로 변할까요? 마음과 물질은 어찌해서 일원(一元)일까요? 이러한 증득을 구할 길이 없다는 것이 크나큰 문제입니다. 진정으로 증득하여서, 정말로 자기의 마음이 만물의 현상에 미혹되지 않아 업을 짓지 않을 수 있게 되었다면[心能轉物], 마음과 물질이 원융무애하게 됩니다. 그래야만 진정으로 도를 본 것이고 도를 증득한 것이라 할 수 있습니다.

(7) 우리가 도를 볼 수 없고 도를 증득할 수 없는 것은, 간단히 말하면 바로 업력(業力) 때문입니다. 우리들의 후천적인 생명이 살아가는 것은 온통 업력의 작용입니다. 이른바 '력(力)'이란 한 가닥의 힘입니다. 비록 유심(唯心)이라고 말하더라도, 동시에 물질과 연계되어 있습니다. 그러므로 엄격히 말하자면 업력도 심물일원(心物一元)입니다.

이른바 업력, 즉 습기(習氣)란 우리들의 지금의 생각만을 가리키는 것은 아닙니다. 우리가 현재 생각하고 느끼고 있는 것은 모두 여전히 이 업력의 현상이요 외면으로의 표현입니다. 각 종류의 사고방식이나 좋아하는 유형을 다르게 하는 그 근원에는 바로 이 업력이 자리 잡고 있습니다. 이것은 볼 수도 없고 만질 수도 없는 것입니다.

자기의 생각이 청정해졌고, 생각이 정지했으며 사라졌다고 해서, 곧 업이 사라졌다고 생각하면 절대 안 됩니다. 수면상태는 온통 모두 업이며, 설사 호흡이 끊어진 죽음의 경계라 할지라도 여전히 업 가운데에 있고, 심지어는 정좌하고 있을 때 한 생각 청정한 것도 업이라는 사실을 알아야만 합니다.

결론적으로, 우리들이 현재 살아가는 동안의 모든 세포와 어떠한 심리상태, 안팎의 모든 것은 업력이요 업기(業氣)가 형성한 것입니다.

일반적으로 습기(習氣)는 전환시킬 수 없고, 전환하기가 어렵다고 말합니다. 이것은 과거 다생동안 누적된 습성이요 습관으로 업습(業習)이라고도 합니다. 이 업습을 전환시킬 수 있어야 수행이라 할 수 있습니다.

(8) 그러므로 '먼저 색음으로부터 닦아 없애기 시작하여야 한다[滅從色除]'라는 이 한 마디를 듣고서, 일률적으로 색신의 기맥만 관리하고 심리결사(心理結使)의 제거에는 주의를 기울이지 않는, 그런 잘못은 절대 하지 말기를 바랍니다. 만약 그렇게 한다면 영원히 해탈할 수 없을 것입니다.

부 록

불위아난설처태회
불설입태장회(1)
불설입태장회(2)
불설포태경
불설장수멸죄호제동자다라니경
대부모은중경
태교과 태양
음욕을 경계하라

대보적경 제55권
불위아난설처태회(佛爲阿難說處胎會)
보리류지(菩提流志) 한역

이렇게 내가 들었다.

어느 때 부처님께서 사위국(舍衛國) 기수급고독원(祇樹給孤獨園)에 계셨다.

존자 아난이 해가 저물 때에 선정에 깨어나서 오백의 비구들과 함께 부처님께로 나아가서 합장 공경하고 부처님 발에 머리 조아려 예배한 뒤에 물러나 한편에 서 있었다.

그때 세존께서 곧 아난과 모든 비구들에게 말씀하셨다.

"나에게 중요한 법[法要]이 있으니, 처음도 중간도 나중도 훌륭한 그 이치는 미묘하여 순전하고 전일하며 뒤섞임이 없으며 청백(淸白)한 범행(梵行)의 모양을 두루 갖추었나니, 이른바 어머니의 태 안으로 들어가는 수다라 법[入母胎藏修多羅法]이니라. 마땅히 자세히 듣고 잘 생각해야 할 것이니, 내가 이제 너희들을 위하여 분별하고 설명할 것이니라."

아난이 부처님께 아뢰었다.

"그리하겠나이다. 세존이시여, 즐거이 듣고자 하옵니다."

그때 세존께서 아난에게 말씀하셨다.

"만일 어떤 중생이 태(胎)에 들고자 할 때에는 인연(因緣)이 두루 갖추어져야 몸을 받을 수 있는 것이요, 만일 두루 갖추지 못하면 몸을 받지 못하느니라. 어떤 것을 인연이 두루 갖추지 못했다고 하느냐 하면, 부모 될 이가 애염(愛染)의 마음을 일으키면 중음(中陰)이 그 앞으로 가서 받아 날 곳을 구하는 것인데 그러나 부모의 적백(赤白)이 어울릴 때에 혹은 먼저이거나 나중이어서 때를 함께 맞추지 못하고, 또는 몸 속에 각각 여러 가지 질병이 있게 되면 태 안에 들어가지 못하느니라.

그 어머니의 태 안이 혹은 풍(風)을 앓아서 황혈(黃血)의 기운으로 막히게 되거나 혹은 태가 박혀 있거나, 혹은 살덩이가 맺혀 있거나 혹은 함병(醎病)이 있거나, 혹은 맥복병(麥腹病)이 있거나 혹은 의요병(蟻腰病)이 있거나 혹은 낙타의 입과 같거나 혹은 수레의 끌채처럼 굽어져 있거나, 혹은 수레의 굴대와 같거나 혹은 수레 바퀴통의 입과 같거나, 혹은 나뭇잎과 같거나 혹은 감겨 회전된 모양이 마치 등나무의 순과 같거나, 혹은 태 안이 마치 보리의 까끄라기와 같거나, 혹은 정혈(精血)이 많이 쏟아지며 잠시도 그치지 않거나, 혹은 대하(帶下)로 물이 흐르거나, 혹은 태 안으로 들어가는 길이 껄끄럽거나, 혹은 위가 뾰족하고 아래가 뾰족하거나, 혹은 굽어 있거나, 혹은 얕거나, 혹은 뚫려서 세거나, 혹은 높기도 하고, 혹은 낮기도 하고, 혹은 짧고 작은 등 여러 가지의 병들이 있으면 태 안으로 들어갈 수 없느니라.

또 부모 될 이는 존귀하고 큰 복덕이 있는데 중음이 낮고 천하거나, 혹은 중음은 존귀하고 복덕이 있는데 그 부모 될 이가 낮고 천하거나, 혹은 양쪽의 복덕이 서로 느낄 업이 없으면 역시 아이를 배지 못하느니라.

이와 같이 중음이 아이가 될 때에는 먼저 두 가지 뒤바뀐 마음을 일으키는 것이니라. 어떤 것이 두 가지냐 하면, 부모가 화합할 때에 만일 그가 남자라면 어머니에 대하여는 사랑을 내고 아버지에 대하여는 성을 내며 아버지가 정액(精液)을 쏟을 때에는 그것이 자기의 것이라고 여기게 되고, 만일 그가 여자라면 아버지에 대하여는 사랑을 내고 어머니에 대하여는 성을 내면서 어머니가 정액을 쏟을 때에는 역시 그것이 자기의 것이라고 여기는 것이니, 만일 이런 성을 내거나 사랑하는 마음을 일으키지 않으면 태 안으로 들어가지 못하느니라.

또 아난아, 어떻게 어머니의 태 안으로 들어가게 되느냐 하면, 아버지와 어머니가 애염(愛染)하는 마음을 일으키고 월경(月經)이 순조롭고 중음이 앞에 나타나고 위에서와 같은 여러 가지 허물이나 병환이 없고 업연(業緣)이 완전히 갖추어지면 곧 태 안으로 들어가게 되느니라.

이와 같이 중음이 태로 들어가려고 할 때에는 또 두 가지가 있느니라. 어떤 것이 두 가지이냐 하면, 하나는 복덕이 없는 이요, 둘은 복덕이 있는 이이니라. 복이 없는 이는 거친 생각[覺]과 세밀한 생각[觀]을 일으켜서 보게 되는 경계에서 생각하기를 '나는 이제 바람이 불고 춥고 비를 만난 데다 대중이 떠들고 많은 위엄이 와서 핍박하고 있으므로 무섭고도 두렵다. 나는 이제 풀로 만든 집으로 들어가거나 잎으로 만든 집으로 들어가야겠다.' 고 하기도 하고, 혹은 '담장 밑으로 가서 숨어야겠다.' 고 하기도 하고, 혹은 '산이나 못이나 우거진 숲이나 굴로 들어가야겠다.' 고 하기도 하며, 또 갖가지 모든 생각을 내어 그가 보는 바에 따라 곧 어머니의 태 안으로 들어가는 것이니라.

큰 복덕이 있는 이도 역시 생각하기를 '나는 지금 바람이 불고 춥고 비를 만난 데다 대중이 떠들고 위엄이 닥쳐와서 핍박하고 있으므로 무섭고도 두렵다. 곧 높은 누각으로 올라가야겠다.' 고 하기도 하고, 혹은 '큰집으로 올라가야겠다.' 고 하기도 하고, 혹은 '전당(殿堂)으로 들어가거나 평상으로 올라야겠다.' 고 하기도 하며, 역시 그 밖의 갖가지 생각들을 내어 그가 보는 바에 따라 곧 어머니의 태 안으로 들어가는 것이니라."

부처님께서 아난에게 말씀하셨다.

"이와 같이 중음이 맨 처음에 태 안으로 들어갔을 때를 가라라(歌羅邏)라 하는데 모두가 부모의 부정(不淨)과 과거의 업(業)에 의거하여 몸을 받게 되나니, 이와 같은 업과 부모의 모든 연(緣)이 저마다 스스로 나지 못하고 화합(和合)하는 힘 때문에 곧 몸을 받는 것이니라. 비유하면 마치 그릇에 담긴 타락[酪]을 사람이 정제함으로써 곧 소(酥)를 내는 것이나 모든 연(緣) 가운데서 모두 얻을 수는 없고 화합하는 힘 때문에 비로소 나게 되는 것처럼 가라라의 몸도 역시 그와 같아서, 인(因)과 연(緣)의 힘 때문에 태 안으로 들어갈 수 있는 것이니라.

또 아난아, 비유하면 마치 푸른 풀이나 소의 똥이나 대추나 타락이 서로 의지함으로 저마다 벌레가 생기는 것이요, 하나하나에서는 벌레가 생길 수 없고 인과 연의 힘 때문에 벌레가 비로소 생기게 되며, 이 벌레가 생길 때에 푸르고 누르고 붉고 흰 것은 저마다 의지한 것에 따라서 그 빛으로 되는 것과 같나니, 그러므로 부모의 부정(不淨)으로써 이 몸이 생기게 하는 것이요, 모든 연(緣) 가운데서는 구한다 해도 모두 얻을 수 없고 또한 연을 여의지 않고 화합하는 힘 때문에 곧 태 안으로 들게 되는 것임을 알아야 하느니라.

이 몸이 생길 때에는 그 부모의 네 가지 요소[四大種]의 성질과 함께 하며 차별이 없나니, 이른바 땅[地]은 단단한 성질이 되고 물

[水]은 축축한 성질이 되며 불[火]은 더운 성질이 되고 바람[風]은 움직이는 성질이 되는 것이니라.

가라라의 몸에 만일 땅의 요소[界]만 있고 물의 요소가 없다면 마치 어떤 사람이 마른 미숫가루나 재를 쥐는 것과 같아서 끝내 어우러지지 않을 것이요, 만일 물의 요소만 있고 땅의 요소가 없다면 마치 기름이나 물의 성질이 물기만 있으므로 단단하거나 속이 차지 않아서 바로 흘러내리고 흩어져버리는 것과 같을 것이며, 만일 땅과 물의 요소만 있고 불의 요소가 없다면 마치 여름철에 응달에 놓아둔 고깃덩이가 햇볕을 쬐지 않으면 곧 썩어서 문드러지는 것과 같을 것이요, 만일 땅·물·불의 요소만 있고 바람의 요소가 없다면 더 자라지 못하는 것이 마치 어떤 사람과 그 제자들이 엿을 잘 둥글려 만들면서 만든 것마다 그 속이 모두 텅 비게 하려는데 만일 바람의 힘이 없으면 끝내 성취하지 못하는 것과 같을 것이니라.

이와 같이 네 가지의 요소는 서로서로 의지하고 부지하면서 이룩하게 되는 것이니, 그러므로 가라라 몸이 부모 되는 이의 네 가지 요소인 업의 바람[業風]을 인(因)하여 생기게 되는 것도 그와 같아서 많은 연(緣) 가운데서는 모두 얻을 수 없고 화합하는 힘 때문에 곧 몸을 받게 되는 것임을 알아야 하느니라.

또 아난아, 비유하면 마치 깨끗한 새 종자를 잘 간수해 두었으므로 벌레가 먹지 않고 썩거나 탔거나 구멍이 뚫리지 않아서 어떤 사람이 물기가 있고 기름진 좋은 밭을 골라서 이 종자를 뿌렸다 하자, 그 종자가 하루 동안에 싹과 줄기와 가지와 잎이 나서 무성해지고 그늘이 지며 꽃과 열매가 주렁주렁 매달리게 되는 것이냐?"

"아니옵니다, 세존이시여."

부처님께서 아난에게 말씀하셨다.

"가라라의 몸도 그와 같아서 모두가 인(因)과 연(緣)을 따라 차례로 자라는 것이요 한꺼번에 모든 감관[根]이 완전하게 갖추어지는 것은 아니리라. 그러므로 부모로부터 이 몸이 있게 된다 하더라도 모든 연(緣) 가운데서 구하면 모두 얻을 수 없고 화합하게 되는 힘 때문에 곧 태어나게 되는 것임을 알아야 하느니라.

또 아난아, 비유하면 마치 눈이 밝은 사람이 일광주(日光珠)를 햇빛에 가져다놓고 마른 쇠똥을 그 구슬과 멀리 떨어지지 않은 곳에 달아 놓으면 불이 곧 일어나게 되지만, 쇠똥이나 일광주는 스스로 저마다 불을 낼 수는 없는데 역시 서로가 여의지 않아서 인과 힘 때문에 불이 나오게 되는 것과 같나니, 부모에게서 나게 되는 몸도 이와 같느니라.

가라라의 몸을 물질[色]이라 하고 느낌[愛]·생각[想]·지어감[行]·의식[識]을 이름[名]이라 하는데 이름과 물질의 오음[五陰]이 찰나 동안에 몸을 받은 것도 벌써 모든 고통을 겪는 것이므로 나는 찬탄하지 않거늘 하물며 오랜 세월 동안 모든 존재[有]에 바퀴 돌 듯 함이겠느냐, 비유하면 마치 적은 똥도 오히려 더러운 악취가 나거늘 하물며 많은 똥이겠느냐, 이와 같아서 오음인 가라라의 몸을 그 누가 사랑하고 좋아하겠느냐.

또 아난아, 이와 같은 몸이 어머니의 태 안에 있어서 서른여덟 번째의 칠 일을 지내야 비로소 출생하게 되느니라.

첫 번째의 칠 일 동안 어머니의 태 안에 있을 때에는 가라라(歌羅邏)라 하는 몸의 모양이 처음 나타나는데 마치 타락[酪]이 생긴 것과 같으며, 이 칠 일 동안에 속의 열[內熱]에 끓이고 삶아지며 네 가지 요소[四大]가 점점 이루어지느니라.

두 번째의 칠 일 동안 어머니의 태 안에 있을 때는 감응(感應)하여 생기는 업의 바람[業風]이 있어서 이름을 변만(遍滿)이라 하는데 그 바람이 어머니의 왼 겨드랑이와 오른 겨드랑이에 미세하게 불어서 가라라의 몸 모양이 점차로 나타나게 하며, 그 형상이 마치 진한 타락과 같기도 하고 혹은 엉긴 소(酥)와 같기도 하여 속의 열에 끓이고 삶아지며 안부타(安浮陀) 몸으로 바뀌는 것이니, 이와 같이 하여 네 가지 요소가 점점 이루어지느니라.

세 번째의 칠 일 동안에 어머니의 태 안에 있을 때에 또 감응하여 생기는 업의 바람이 있어서 그 이름을 장구(藏口)라 하는데 이 바람의 힘으로 점차로 엉기게 되어 그 안부타가 폐수(閉手)로 바뀌면서 그 형상이 마치 약 찧는 공이와 같아 아주 짧고도 작은 것이 그 태 안에서 안의 열에 끓이고 삶아지는 것이니, 이렇게 하여 네 가지 요소가 점차로 자라게 되느니라.

네 번째의 칠 일 동안에 어머니의 태 안에 있을 때에는 또 감응하여 생기는 업의 바람이 있어서 그 이름을 섭취(攝取)라 하는데 이 바람의 힘으로 폐수가 가나(伽那)로 바뀌면서 그 형상이 마치 따뜻하게 달군 돌과 같아지며, 속의 열에 끓이고 삶아지면서 네 가지 요소가 점차로 커지느니라.

다섯 번째의 칠 일 동안 어머니의 태 안에 있을 때에는 다시 감응하여 생기는 업의 바람이 있으니, 그 이름을 섭지(攝持)라 하는데 이 바람의 힘으로 말미암아 가나가 반라사거(般羅奢佉)로 바뀌면서 모든 부스럼[皰]이 열리어 두 개의 넓적다리와 두 개의 어깨와 그 몸의 머리가 출현하는 것이 마치 봄철의 따뜻한 날씨에 때맞추어 비가 내리면 나무의 가지와 줄기가 출현하는 것과 같나니, 업의 바람의 힘으로 인하여 모든 부스럼이 나타나는 때도 그와 같느니라.

여섯 번째의 칠 일 동안에 어머니의 태 안에 있을 때에는 다시 감응하여 생기는 업의 바람이 있으니, 그 이름을 반(飯)이라 하는데 이 바람의 힘으로 말미암아 네 개의 모양이 출현하느니라. 어떤 것이 네 개의 모양인가 하면 두 개의 무릎과 두 개의 팔꿈치이니, 이것을 네 개의 모양이라 하느니라.

일곱 번째의 칠 일 동안에 어머니의 태 안에 있을 때에는 다시 감응하여 생기는 업의 바람이 있으니, 그 이름을 선전(旋轉)이라 하는데 이 바람의 힘으로 말미암아 네 개의 모양이 출현하느니라. 무늬 없는 손바닥과 발바닥의 모양이 그것이니, 그 모양은 부드러워서 마치 무더기의 거품과 같느니라.

여덟 번째의 칠 일 동안에 어머니의 태 안에 있을 때에는 다시 감응하여 생기는 업의 바람이 있으니, 그 이름을 번전(翻轉)이라 하는데 이 바람의 힘으로 말미암아 스무 개의 모양이 나타나는 것이니, 손가락과 발가락의 모양이 생기게 되느니라. 마치 하늘에서 비가 내리면 나무의 가지와 줄기가 점차로 자라게 되는 것처럼 업의 바람의 힘 때문에 모든 모양이 나타나게 되는 것도 그와 같느니라.

아홉 번째의 칠 일 동안에 어머니의 태 안에 있을 때에는 다시 감응하여 생기는 업의 바람이 있으니, 그 이름을 분산(分散)이라 하는데 이 바람의 힘으로 말미암아 아홉 가지 모양이 나타나게 되느니라. 어떤 것이 아홉 가지 모양이냐 하면 눈과 귀와 코와 입과 대소변을 누는 곳이니, 이것을 아홉 가지 모양이라 하느니라.

열 번째의 칠 일 동안에 어머니의 태 안에 있을 때에는 다시 감응하여 생기는 업의 바람이 있으니, 그 이름을 견경(堅硬)이라 하는데 이 바람의 힘으로 말미암아 곧 굳어지고 속이 차게 되느니라. 다시 하나의 바람이 있으니, 그 이름을 보문(普門)이라 하는데 저 태 속에 있는 몸에 불어서 모두 부풀어 뚱뚱하게 하여 마치 부낭 (浮囊)과 같게 하느니라.

열한 번째의 칠 일 동안에 어머니의 태 안에 있을 때에는 다시 감응하여 생기는 업의 바람이 있으니, 그 이름을 금강(金剛)이라 하는데 이 바람의 힘으로 말미암아 태 안에서 오르락내리락하면서 그 몸의 구멍들을 모두 완전하게 뚫리게 하느니라. 그리고 이 바람 의 힘으로써 아이를 밴 이로 하여금 혹은 슬프게 하기도 하고 기쁘 게 하기도 하며, 가고 서고 앉고 눕게 하면서 그 성질의 항상한 것 이 고쳐져서 손과 발을 운동하여 태 속의 몸과 구멍들이 점차로 자 라게 하는 것이며, 그 입 안에서는 검은 피가 나오게 하고 다시 콧 속에서는 더러운 물을 쏟게 하는 등 이 바람이 모든 감관을 빙빙 돈 뒤에는 곧 그쳐 없어지느니라.

열두 번째의 칠 일 동안에 어머니의 태 안에 있을 때에는 다시 감응하여 생기는 업의 바람이 있으니, 그 이름을 곡구(曲口)라 하 는데 이 바람의 힘으로 말미암아 좌우의 겨드랑 사이에서 대장(大 腸)·소장(小腸)이 생기는 것이 마치 연뿌리 속에 있는 섬유(纖維) 와 같은 실로 팽팽하게 잡아매어 땅에다 놓아두고 열여덟 번을 빙 빙 둘러서 몸에 의지하여 머무르게 하는 것과 같느니라. 다시 또 하나의 바람이 있으니, 그 이름을 천발(穿髮)이라 하는데 이 바람 으로 말미암아 삼백 이십의 뼈마디와 일백 하나의 구멍이 몸 속에 서 생기게 되느니라.

열세 번째의 칠 일 동안에 어머니의 태 안에 있을 때에는 다시 감응하여 생기는 업의 바람이 있으니, 그 이름을 기갈(飢渴)이라

하는데 이 바람의 힘으로 말미암아 태 안의 몸이 허기를 느끼게 하여 배고프고 목마르다는 생각을 내게 하므로 그 어머니가 먹는 음식의 모든 영양을 몸의 구멍과 배꼽을 통하여 보급시켜 주느니라.
"

그때 세존께서는 게송으로 말씀하셨다.

그 아이 어머니의 태 안에 있을 때에
이미 열세 번째 칠 일을 지나면
몸은 허기를 깨닫게 되어
배고픔과 목마름의 생각을 내느니라.

어머니가 먹는 모든 음식으로
태 안에서 양분을 보급해 주나니
이로 말미암아 몸과 목숨이 보존되어
점점 더 자라게 되느니라.

"열네 번째의 칠 일 동안에 어머니의 태 안에 있을 때는 다시 감응하여 생기는 업의 바람이 있으니, 그 이름을 선구(線口)라 하는데 이 바람의 힘으로 말미암아 구백 개의 힘줄이 생기게 되어 몸의 앞뒤와 좌우로 서로 엇갈리며 이어지게 되느니라.

열다섯 번째의 칠 일 동안에 어머니의 태 안에 있을 때는 다시 감응하여 생기는 업의 바람이 있어서 그 이름을 연화(蓮花)라 하는데 이 바람의 힘으로 말미암아 스무 개의 맥(脈)이 생기면서 음식의 양분이 이 맥을 통하여 흘러 들어가 그의 몸을 유익하게 하느니라. 어느 것이 스무 개냐 하면, 몸의 앞과 뒤와 왼편과 오른편에 각각 다섯 개의 맥이 있고 이 하나의 맥마다 모두 마흔 개씩의 지맥(枝脈)과 소맥(小脈)이 있으며, 이러한 맥에도 또 각각 일백 개의 지맥이 있게 되느니라. 몸 앞의 이만 개의 맥을 상거(商佉)라 하고 (여기의 말로는 싼다[贏]라고 한다) 몸 뒤의 이만 개의 맥을 역(力)이라 하며, 몸 왼편의 이만 개의 맥을 안정(安定)이라 하고 몸 오른편의 이만 개의 맥을 구세(具勢)라고 이름하나니, 이와 같은 팔만 개의 소·지맥이 이 몸에 생기게 되느니라. 그리고 그 맥에는 다시 갖가지의 빛깔이 있게 되나니, 푸르고 누르고 붉고 흰 빛깔과 소(酥)·타락[酪]·기름의 빛깔 등이 그것이니라. 이 팔만의 맥에는 하나의 맥마다 하나의 뿌리가 있고 그 뿌리 위에는 한 개의 구멍 또는 두 개 내지 일곱 개의 구멍이 뚫려 있으며 그 낱낱의 구멍은 모두가 털구멍으로 이어져 있나니, 마치 연뿌리에 여러 구멍들이 나 있는 것과 같느니라.

열여섯 번째의 칠 일 동안에 어머니의 태 안에 있을 때는 다시 감응하여 생기는 업의 바람이 있으니, 그 이름을 감로(甘露)라 하는데 이 바람의 힘으로 말미암아 눈과 귀와 코와 입과 가슴과 심장(心臟)과 네 주위에 있는 아홉 개의 구멍이 모두 열리게 되며, 들이쉬는 숨과 내쉬는 숨이 위아래로 통하면서 장애가 없게 되느니라. 또 음식을 먹어서 그 몸에 양분을 보급하여 주면 쌓여 멈추는 곳이 있고 다시 소화하여 아래로 흘러나오게 하나니, 마치 옹기장이와 그의 제자가 진흙을 잘 이겨서 받침대에 올려놓고 아래와 위로 돌리면 만들게 될 그릇이 완성되는 것처럼 이것도 그와 같아서 모두가 바람의 힘과 선악의 업으로 말미암아 눈과 귀 등이 점차로 갖추어지게 되느니라.

열일곱 번째의 칠 일 동안에 어머니의 태 안에 있을 네 주위는 다시 감응하여 생기는 업의 바람이 있으니, 그 이름을 모우면(氂牛面)이라 하는데 이 바람의 힘으로 말미암아 그 양쪽 눈에 깨끗한 광명을 얻게 되고 귀와 코의 모든 감관을 점점 완성하게 되나니, 마치 거울에 먼지가 끼어 있을 때 혹은 벽돌가루나 기름이나 재로써 문질러 닦아서 깨끗하게 하는 것과 같느니라. 그러므로 업의 바람의 힘으로써 그 눈 등에 불어서 밝고 깨끗하게 하는 것도 그와 같음을 알아야 하느니라.

열여덟 번째의 칠 일 동안에 어머니의 태 안에 있을 네 주위는 다시 감응하여 생기는 업의 바람이 있으니, 그 이름을 대견강(大堅强)이라 하는데 이 바람의 힘으로 말미암아 그 모든 감관을 점차로 완성시키면서 다시 밝고 깨끗하게 하나니, 마치 해와 달이 구름과 안개가 가렸을 때에 사나운 바람이 갑자기 일어서 사방으로 흩어 버리면 이 해와 달이 홀연히 크게 밝아지는 것처럼 이 업의 바람으로 그 모든 감관에 불어서 더욱 더 밝고 깨끗하게 하는 것도 그와 같느니라.

열아홉 번째의 칠 일 동안에 어머니의 태 안에 있을 네 주위는 앞의 바람의 힘으로 말미암아 눈·귀·코·혀의 네 가지 감관을 완성하게 되고 처음 태 안으로 들어갈 때에 이미 세 가지 감관은 갖추어지나니, 하나는 몸의 감관이요, 둘은 목숨의 감관이며, 셋은 뜻의 감관이니라. 이와 같은 감관은 이미 완전하게 갖추어진 것이니라.

스무 번째의 칠 일 동안에 어머니의 태 안에 있을 때는 다시 감응하여 생기는 업의 바람이 있나니, 그 이름을 견고(堅固)라 하는데 이 바람의 힘으로 말미암아 몸 속에서 갖가지 뼈가 생기게 되느니라. 왼 다리 안에서 스무 개의 뼈가 생기게 되고 오른 다리에서도 스무 개의 뼈가 생기게 되며, 발뒤꿈치에는 네 개의 뼈가 생기게 되고 발목에는 스무 개의 뼈가 생기게 되며, 무릎에도 두 개의 뼈가 생기게 되고 넓적다리에도 두 개의 뼈가 생기게 되며, 엉덩이에 세 개의 뼈가 생기게 되고 등골에는 열여덟 개의 뼈가 생기게 되며, 갈빗대에는 스물네 개의 뼈가 생기게 되고 가슴에는 열세 개의 뼈가 생기게 되며, 좌우의 두 손에는 각각 스무 개의 뼈가 생기게 되고 팔에는 네 개의 뼈가 생기게 되며, 어깨에는 두 개의 뼈가 생기게 되고 턱에도 두 개의 뼈가 생기게 되며, 해골에는 네 개의 뼈가 생기게 되고 그리고 이 뿌리 등에는 서른두 개의 뼈가 생기게 되느니라. 비유하면 마치 흙으로 형상을 만든 사람이나 그의 제자가 먼저 나무를 세우고 그 뒤에 줄로 묶어놓고 여러 형상을 만들 때에 아직 흙을 바르기 전의 이러한 때를 골상(骨相)이라고 하는 것처럼 업의 바람의 힘으로써 모든 뼈를 생기게 할 때에도 역시 그와 같나니, 그러므로 이 칠 일 동안에 그 작은 뼈를 제외한 큰 뼈를 생기게 하는 것만도 그 수가 이백이나 된다는 것을 알아야 하느니라.

스물한 번째의 칠 일 동안에 어머니의 태 안에 있을 때는 다시 감응하여 생기는 업의 바람이 있으니, 그 이름을 생기(生起)라 하는데 이 바람의 힘으로 말미암아 그 아이의 몸에서 살이 생기게 하나니, 비유하면 마치 미장이나 그의 제자가 진흙을 잘 이긴 뒤에 모든 담장이나 벽을 바르는 것처럼 이 업의 바람으로 말미암아 몸의 살이 생기게 되는 것도 그와 같느니라.

스물두 번째의 칠 일 동안에 어머니의 태 안에 있을 때에는 다시 감응하여 생기는 업의 바람이 있으니, 그 이름을 부류(浮流)라 하는데 이 바람의 힘으로 말미암아 몸에서 피가 생기게 되느니라.

스물세 번째의 칠 일 동안에 어머니의 태 안에 있을 때에는 다시 감응하여 생기는 업의 바람이 있으니, 그 이름을 지운(持雲)이라 하는데 이 바람의 힘으로 말미암아 그 피부를 모두 고르게 하고 윤택한 빛이 나게 하느니라.

스물다섯 번째의 칠 일 동안에 어머니의 태 안에 있을 때에는 다시 감응하여 생기는 업의 바람이 있으니, 그 이름을 지성(持城)이라 하는데 이 바람의 힘으로 말미암아 그 아이의 몸의 살과 피를 더 자라게 하면서 점차로 불어나게 하느니라.

스물여섯 번째의 칠 일 동안에 어머니의 태 안에 있을 때에는 다시 감응하며 생기는 업의 바람이 있으니, 그 이름을 생성(生成)이라 하는데 이 바람의 힘으로 곧 머리카락과 손발톱이 생기게 되고 그 하나하나가 모든 맥(脈)과 서로 이어지게 하느니라.

스물일곱 번째의 칠 일 동안에 어머니의 태 안에 있을 때는 다시 감응하여 생기는 업의 바람이 있으니, 그 이름을 곡약(曲藥)이라 하는데 이 바람의 힘으로 말미암아 그 몸의 모양이 점차로 완성되느니라.

혹시 전세에 모든 악업(惡業)을 지으며 모든 살림 도구에 간탐을 부리고 인색하여 보시를 즐기지 않았거나, 혹은 또 부모와 스승과 어른의 가르침을 받지 않았으면 이런 업 때문에 갖가지의 뜻대로 되지 않는 몸을 얻나니, 만일 키가 크고 살지고 희며 부드러운 몸으로 단정하게 될 이가 그와 반대로 키가 작고 여위고 검고 딱딱한 몸을 받게 되며, 만일 키가 작고 여위고 검으며 딱딱한 몸으로 단정하게 될 이가 그와 반대로 키가 크고 살지고 희며 부드러운 몸을 받게 되며, 만일 그의 온몸 안에 높고 낮고 많고 적고 엉성하고 촘촘함이 있음으로써 단정하게 될 이는 그와 반대로 높고 낮은 데와

엉성하고 촘촘한 데도 없고 불구의 몸을 받게 되며, 혹은 또 귀머거리·소경·벙어리가 되기도 하고 손발이 오그라지는 등의 모든 감관이 불구가 되기도 하며, 그런 사람의 음성은 사람들이 듣기를 좋아하지 않고 또 그 몸이 추하고 더러움이 마치 아귀(餓鬼)와 같이 되느니라. 악업 때문에 이러한 갖가지가 뜻대로 되지 않는 몸을 받는 것이니, 부모와 친족조차도 오히려 보기 싫어하거늘 하물며 그 밖의 사람이겠느냐.

만일 전세에 열 가지 선업(善業)을 짓고 보시하기를 좋아하고 간탐과 아첨과 속이는 마음이 없었으며 부모와 스승과 어른의 모든 가르침을 모두 믿고 받았었다면 이런 인연 때문에 사람의 몸이 될 때에는 위와 같은 모든 악업의 몸을 받지 않고 곧 갖가지 빼어나고 묘한[殊妙] 몸을 얻게 되어 얼굴이 단정하고 모든 몸매[相]가 구족하게 되며, 그의 음성이나 하는 말들은 많은 사람들의 사랑을 받나니, 그러므로 이것은 선업 때문에 이렇게 빼어나고 묘한 과보를 얻는다는 것을 알지니라.

아난아, 이러한 몸이 만일 남자라면 어머니 뱃속의 오른쪽 옆구리 아래 쭈그리고 앉아 두 손으로 얼굴을 가리고 등골을 향하여 머무를 것이요, 만일 여자라면 왼쪽 옆구리 아래 쭈그리고 앉아 두 손으로 얼굴을 가리고 등골을 뒤로 하여 머무를 것이니라.

생장(生藏)의 아래와 숙장(熟藏)의 위에서 속의 열(熱)에 끓여지고 삶아져서 온몸[五處]이 얽매인 것이 마치 가죽 주머니에 있는 것과 같으며, 그의 어머니가 음식을 많이 먹거나, 혹은 적게 먹거나 단 것을 먹거나 떫은 것을 먹거나 마른 것을 먹거나 기름진 것을 먹거나 맵고 짜고 쓰고 시고 차고 더운 음식을 먹을 때에, 혹은 또 음행을 할 때에 또는 급하게 다니고 뛰고 머뭇거리거나 오래 누

워 있거나 오래 앉아 있거나 할 때에는 모두가 고통을 받게 되나
니, 그러므로 어머니의 태 안에 있을 때에는 이러한 많은 고통으로
핍박이 있다는 것을 알아야 하느니라.

나는 지금 간략하게 인간에 대하여 오히려 그렇거늘 하물며 지
옥이야 비유하기도 어렵느니라. 그 누가 지혜 있는 이라면 나고 죽
는 바다에서 이러한 몸을 좋아하겠느냐.

스물여덟 번째의 칠 일 동안에 어머니의 태 안에 있을 때에는 여
덟 가지 뒤바뀐 생각을 내게 되느니라. 어떤 것이 여덟 가지이냐
하면, 첫째는 말을 타고 있다는 생각이요, 둘째는 누각에 있다는
생각이며, 셋째는 평상이나 탑 위에 있다는 생각이요, 넷째는 물이
흐른다는 생각이며, 다섯째는 못가에서 있다는 생각이요, 여섯째는
강가에서 있다는 생각이며, 일곱째는 동산에 있다는 생각이요, 여
덟 번째는 울 안에 있다는 생각이 그것이니, 이것을 여덟 가지 생
각이라 하느니라.

스물아홉 번째의 칠 일 동안에 어머니의 태 안에 있을 때에는 다
시 감응하여 생기는 업의 바람이 있으니, 그 이름을 화조(花條)라
하는데 이 바람의 힘으로 말미암아 태 안의 몸빛이 윤택하게 되고
모든 모양이 분명하여지며, 모두가 과거에 지었던 모든 업의 차별
과 같지 않음으로 인하여 그 형류(形類)를 따라 갖가지 빛이 생기
게 되나니, 혹은 흰 빛이 되기도 하고 혹은 검은 빛이 되기도 하며
혹은 희지도 검지도 않은 빛이 되기도 하고 혹은 푸른 빛이 되기도
하며, 혹은 바짝 마른 빛이 되기도 하고 혹은 윤택한 빛이 되기도
하는 등 이러한 색상(色相)을 이루게 되느니라.

서른 번째의 칠 일 동안에 어머니의 태 안에 있을 때에는 다시
감응하여 생기는 업의 바람이 있으니, 그 이름을 철구(鐵口)라 하

는데 이 바람의 힘으로 말미암아 머리칼과 털과 손발톱이 모두 더욱더 자라게 되며 또한 희고 검은 모든 빛을 나타나게 하나니, 업연(業緣)을 따라 이런 모양이 생기게 되느니라.

서른한 번째의 칠 일 동안과 나아가 서른다섯 번째의 칠 일 동안에 어머니의 태 안에 있을 때에는 몸의 모양이 커지고 점점 불어나며 사람의 모습을 완전히 갖추게 되느니라.

서른여섯 번째의 칠 일 동안에 어머니의 태 안에 있을 때에는 싫어하는 마음이 생기며 즐겁다고 여기지 않게 되느니라.

서른일곱 번째의 칠 일 동안에 어머니의 태 안에 있을 때에는 다섯 가지 뒤바뀌지 않는 생각을 일으키게 하나니, 어떤 것이 다섯 가지이냐 하면, 첫째는 깨끗하지 않다는 생각이요, 둘째는 냄새가 나고 더럽다는 생각이며, 셋째는 옥에 갇혀 있다는 생각이요, 넷째는 검고 어둡다는 생각이며, 다섯째는 싫고 밉다는 생각이니, 그 아이는 태 안에 있으면서 이러한 싫증내는 마음을 일으키게 되느니라.

서른여덟 번째의 칠 일 동안에 어머니의 태 안에 있을 때는 다시 감응하여 생기는 업의 바람이 있으니 그 이름이 구연(拘緣)이라 하는데 이 바람의 힘으로 말미암아 곧 회전(回轉)하게 되느니라. 또 하나의 바람이 있으니, 그 이름을 취하(趣下)라 하는데 그 몸의 머리를 아래로 향하게 하고 두 팔을 길게 펴면서 점점 출생하려 하게 되느니라.

그러나 이 아이가 혹은 전세에 일찍이 낙태(落胎)의 업을 쌓았었다면 이 아이의 몸과 손발이 자유자재하게 움직일 수 없게 되나니, 나쁜 업연 때문에 어머니의 뱃속에서 죽게 되고 그 어머니는 이때 큰 고통을 받게 되며 혹은 목숨을 마치게도 되느니라. 만일 전세에 모든 선업을 지었거나 오래 살 인(因)을 지었으면 태어나려 할 때에 어머니와 아이는 편안하게 되고 위에서와 같은 악업에서 받는 모든 고통이 없느니라.

서른여덟 번째의 칠 일 동안을 지난 뒤에 태 안에서 나오려 할 당시는 갖가지 고통을 받고서야 태어나게 되나니, 그러므로 이 몸을 받는다는 것이 실로 큰 고통임을 알아야 하느니라. 처음 태에서 나올 당시는 남자건 여자건 막 태어나 땅에 떨어지면 혹은 손으로 받치기도 하고 혹은 옷으로 대서 받아 혹은 평상에 놓아두기도 하고 혹은 겨울철 여름철에 춥고 더운 바람이 이 몸에 닿기도 하는 등 이러한 때에 처음 태어나 받는 큰 고통을 마치 소를 산 채로 껍질을 벗기면서 담장 벽에다 붙박아 놓은 것과 같으며, 혹은 또 집 밖이면 그 있는 곳에서 벌레에 뜯김은 역시 어떤 사람이 모기와 등에 등의 모든 벌레에 뜯기는 것과 같으며, 게다가 몽둥이와 회초리로 때리고 치는 것과 같나니라. 그리고 처음 태에서 나온 뒤에 따뜻한 물로 그 몸을 씻어 줄 때에 받게 되는 고통도 그와 같으며, 아이가 태어나서 점점 자랄 때에는 어머니 몸에서 나오는 피로 된 젖을 먹고 자라게 되느니라.

나는 나머지 모든 경전에서 먼저 이미 자세하게 설명하였었나니, 그러므로 알아야 하느니라. 이 몸은 모두가 부정(不淨)하고 많은 고통으로 이루어졌나니, 그 누가 지혜가 있는 이면 나고 죽는 가운데서 이와 같은 몸을 사랑하거나 좋아하겠느냐.

또 아난아, 처음 태 안에서 나와 칠 일을 지나면 팔만 마리의 벌레가 몸으로부터 생기어 여기저기서 뜯어먹느니라. 지발(舐髮)이라는 두 마리의 벌레는 머리칼에 의지하여 있으면서 머리칼을 뜯어먹고 또 두 마리의 벌레는 눈에 의지하여 있으면서 눈을 뜯어 먹으며 안승(鞍乘)·유악(有月+㗊)·발병(發病)·원만(圓滿)이라는 네 마리의 벌레는 머리에 의지하여 있으면서 머리를 뜯어먹고 흑도엽(黑稻葉)이라는 한 마리의 벌레는 귀에 의지하여 있으면서 귀를 뜯어먹느니라.

또 장구(藏口)라는 한 마리의 벌레는 코에 의지하여 있으면서 코를 뜯어먹고 요척(遙擲)이라는 벌레와 변척(遍擲)이라는 이 두 마리의 벌레는 입술에 의지하여 있으면서 입술을 쪼아 먹으며, 침구(針口)라는 한 마리의 벌레는 혀에 의지하여 있으면서 혀를 뜯어먹고 이구(利口)라는 한 마리의 벌레는 혀 뿌리에 의지하여 있으면서 혀의 뿌리를 뜯어먹으며 수원(水圓)이라는 한 마리의 벌레는 턱에 의지하여 있으면서 턱을 뜯어먹고 수망(手網)이라는 벌레와 반굴(半屈)이라는 이 두 마리의 벌레는 손바닥에 의지하여 있으면서 손바닥을 뜯어먹느니라.

또 원비(遠臂)라는 벌레와 근비(近臂)라는 이 두 마리의 벌레는 팔에 의지하여 있으면서 팔을 뜯어먹고 철(鐵)이라는 벌레와 근철(近鐵)이라는 이 두 마리의 벌레는 목구멍에 의지하여 있으면서 목구멍을 뜯어먹으며, 금강(金剛)이라는 벌레와 대금강(大金剛)이라는 이 두 마리의 벌레는 염통에 의지하여 있으면서 염통을 뜯어먹고 이(蠃)라는 벌레와 이구(蠃口)라는 이 두 마리의 벌레는 살에 의지하여 있으면서 살을 뜯어먹으며, 구색(具色)이라는 벌레와 구칭(具稱)이라는 이 두 마리의 벌레는 피에 의지하여 있으면서 피를 빨아먹느니라.

또 용건(勇健)이라는 벌레와 향구(香口)라는 이 두 마리의 벌레는 힘줄에 의지하여 있으면서 힘줄을 뜯어먹고 불고(不高)라는 벌레와 하구(下口)라는 이 두 마리의 벌레는 등골뼈에 의지하여 있으면서 등골뼈를 뜯어먹으며, 지색(脂色)이라는 한 마리의 벌레는 비계에 의지하여 있으면서 비계를 뜯어먹고 황색(黃色)이라는 한 마리의 벌레는 쓸개에 의지하여 있으면서 쓸개를 뜯어먹느니라.

또 진주(眞珠)라는 한 마리의 벌레는 폐(肺)에 의지하여 있으면서 폐를 뜯어먹고 적(荻)이라는 한 마리의 벌레는 지라에 의지하여 있으면서 지라를 뜯어먹으며, 월(月)이라는 일백 마리의 벌레와 월구(月口)라는 일백 마리의 벌레와 휘요(輝耀)라는 일백 마리의 벌레와 휘면(輝面)이라는 일백 마리의 벌레와 광대(廣大)라는 일백 마리의 벌레 등 합하여 오백 마리의 벌레는 왼편에 의지하여 있으면서 왼편을 뜯어먹고, 또 다른 이러한 이름을 가진 오백 마리의 벌레가 오른편에 의지하여 있으면서 오른편에 뜯어먹느니라.

또 소천(少穿)이라는 벌레와 대천(大穿)이라는 벌레와 골천(骨穿)이라는 벌레와 골면(骨面)이라는 이 네 마리의 벌레는 뼈에 의지하여 있으면서 뼈를 뜯어먹고 대백(大白)이라는 벌레와 소백(小白)이라는 벌레와 흡력(吸力)이라는 벌레와 호도(虎道)라는 이 네 마리의 벌레는 맥(脈)에 의지하여 있으면서 맥을 뜯어먹으며, 의요(意樂)라는 벌레와 사자력(師子力)이라는 벌레와 토복(兔腹)이라는 벌레와 탐욕(耽欲)이라는 이 네 마리의 벌레는 생장(生藏)에 의지하여 있으면서 생장을 뜯어먹느니라.

또 용맹(勇猛)이라는 벌레와 용맹주(勇猛主)라는 이 두 마리의 벌레는 숙장(熟藏)에 의지하여 있으면서 숙장을 뜯어먹고 염구(鹽口)라는 벌레와 망구(網口)라는 벌레와 온구(蘊口)라는 벌레와 조구(鳥口)라는 이 네 마리의 벌레는 소변보는 곳에 의지하여 있으면서 소변보는 곳을 뜯어먹으며, 응작(應作)이라는 벌레와 대작(大作)이라는 벌레와 쇄말(碎末)이라는 벌레와 억추(臆麤)라는 이 네 마리의 벌레는 대변보는 곳에 의지하여 있으면서 대변보는 곳을 뜯어먹느니라.

또 흑면(黑面)이라는 벌레와 가외면(可畏面)이라는 두 마리의 벌레는 넓적다리에 의지하여 있으면서 넓적다리를 뜯어먹고 질뢰(疾癩)라는 벌레와 소뢰(小癩)라는 이 두 마리의 벌레는 무릎에 의지하여 있으면서 무릎을 뜯어먹으며, 우근(愚根)이라는 벌레는 어깨에 의지하여 있으면서 어깨를 뜯어먹고 흑두(黑頭)라는 벌레는 다리에 의지하여 있으면서 다리를 뜯어먹느니라.

아난아, 나는 지금 너희들을 위하여 팔만 마리의 벌레가 이 몸에 의지하여 있으면서 밤낮으로 뜯어먹고 있음을 간략하게 설명하였나니, 이로 말미암아 또한 기력이 허약해지고 얼굴이 초췌하게 되며 갖가지 병고(病苦)가 이 몸에 모두 모이고 또 그 마음으로 하여금 근심과 슬픔이 생기며, 뜨거운 고뇌에 시달리게 되느니라. 비록 훌륭한 의사가 있다 하더라도 미혹되어서 어느 약으로 이런 병을 다스려야 할지를 모르는 것이니, 지혜 있는 사람이면 어느 누가 나고 죽는 바다에서 이러한 몸을 사랑하거나 좋아하겠느냐.

또 아난아, 처음 태어났을 때부터 장대(長大)해지기까지 옷과 음식으로 돕고 길러 이 몸을 성립시키지만, 그러나 그 수명은 혹은 백 년을 살기도 하고 혹은 그보다 짧게 살기도 하느니라. 그 백 년 동안에는 삼백의 계절[時]이 있나니, 그것은 봄과 여름과 겨울이니라. 봄은 더운 계절이요, 여름은 비가 많이 오는 계절이며, 겨울은 추운 계절이니라. 각각 넉 달씩이 있으므로 일 년은 열두 달이 되고 백 년은 천이백 달이 되며 흑월(黑月)과 백월(白月)로 치면 이천사백이요 이렇게 지나게 되는 밤과 낮은 삼만육천이니라.

하루에 두 끼를 먹으면 칠만이천 끼인데 혹은 먼저 먹지 않는다

해도 그 수(數)는 마찬가지이니, 혹은 병이 들어서 혹은 술에 취하여 어떤 때는 먹지 않아서 혹은 성을 내고 잠을 자고 희롱을 하다가 굶고, 그 밖의 다른 사무 때문에 또는 어머니의 젖을 먹는 때 등이 그것이니라. 이러한 인연들을 먹지 않는다[不食]고 하느니라. 이와 같은 몸이 비록 백 년 동안을 산다 하더라도 반드시 닳아서 없어지고 말거늘 지혜가 있는 사람이면 어느 누가 나고 죽는 바다를 좋아하겠느냐.

또 아난아, 이 몸을 받으면 두 가지 괴로움이 있느니라. 어떤 것이 두 가지이냐 하면, 하나는 많은 질병이 몸에 모이는 것을 안의 괴로움[內苦]이라 하고, 둘은 사람과 사람 아닌 것에게 시달리는 것을 바깥의 괴로움[外苦]이라 하느니라.

어떤 것을 많은 질병이 몸에 모인다 하는가 하면, 눈·귀·코·혀·목구멍·이·가슴·배 및 손발에 모든 병이 생기는 것이요, 혹은 또 중풍과 간질로 눈물과 침을 흘리는 병·미친 병·간소병(乾消病)·상기(上氣)·폐역(肺逆)·소변의 임력[小便淋瀝]·옴·문둥병·종기·현벽(痃癖)·치질 및 악창으로 인한 고름과 피·전한(煎寒)·장열(壯熱) 등 갖가지 모든 병이 이 몸에 모두 모여드는 것이니라.

또 일백 한 가지 종류의 심황(心黃)병과 일백한 가지의 풍병(風病)과 일백한 가지의 담병(痰病)이 있고 풍병·심황병·담병이 함께 합쳐 생긴 병에 다시 일백한 가지가 있나니, 이와 같은 사백 네 병(病)이 그 몸을 몹시 괴롭히므로 이것을 안의 괴로움이라 하느니라.

또 바깥의 괴로움이 있어서 이 몸에 해를 끼치나니, 혹은 감옥에 갇히고 매를 맞으며 쇠고랑·차꼬·칼·쇠사슬 등을 차게 되는 모든 괴로움을 당하기도 하고 혹은 귀와 코를 베이고 손발을 잘리고 머리를 끊기기도 하며, 모든 천신들의 수호를 받지도 못하여 곧 사람 아닌 이와 모든 악귀·야차·나찰 등에게 그 틈을 주거나 또는 모기·등에·벌 등 독충에게 빨아 먹히며, 추위와 더위와 배고픔과 목마름이며 바람과 비가 한꺼번에 닥치는 등 갖가지의 괴로움으로 이 몸이 시달리게 되느니라.

인간에서도 오히려 그렇거늘 하물며 악도(惡道)이겠느냐. 말로는 이루 다하기 어렵느니라. 그러므로 이 모두는 과거에 착하지 않은 업으로 말미암아 이러한 과보를 받는 것임을 알아야 할지니라. 가령 칼과 몽둥이에 해를 당할까 염려하여 모든 성벽(城壁)과 담장을 쌓아 그 몸을 방위한다 해도, 또 모진 바람과 비와 모기와 등에며 벌들 때문에 집을 구하여 들어간다 해도, 또 사백 사병의 안의 괴로움과 바깥의 괴로움 때문에 음식·침구·의약·전원(田園)·실택(室宅) 및 금·은의 칠보(七寶)와 노비·탈 것 등 살림 도구를 구하여 필요한 대로 공급한다 해도 끝내 그 마음을 흡족하게 해주지 못하고 고통만 생길 뿐이며, 또 가령 값진 재물을 얻은 뒤에 간탐을 부리고 애착하고 아끼면서 늘 힘을 더하여 수호한다 해도 때로는 흩어지고 잃어버려 또 다른 큰 고통을 부르게 되느니라.

아난아, 이 오음(五陰)으로 된 몸의 낱낱의 위의로써 가고 서고 앉고 눕는 것마다 모두가 괴롭지 않은 것이 없느니라. 오랜 세월이 흐르도록 잠시도 휴식하지 못하는 것을 곧 괴로움이라 하며, 서고 앉고 눕는 것도 각각 오랫동안 하면 모두가 괴로운 것이니라. 만일 오랫동안 가다가 잠시만이라도 서게 되면 즐거운 마음이 생기기는 하나 실은 즐거운 것이 아니요, 오랫동안 섰다가 잠시만이라도 앉게 되거나 오랫동안 앉아 있다가 잠시만이라도 눕게 되면 부질없는 즐거운 생각이 생기기는 하나 실은 즐거운 것이 아니니라. 그러 므로 이 오음으로 된 몸은 모두 괴로움이라고 하는 것임을 알아야 하느니라.

만일 또 어떤 사람이 혹은 자기의 이익을 위하고 혹은 다른 이의 이익을 위하고 혹은 자기와 남이 똑같이 이익이 되기를 위한다면, 마땅히 이와 같은 모든 괴로움을 싫어하여 집을 떠나 닦고 배우면 서 열반과 해탈의 법을 헛되이 버리지 않게 해야 하며, 만일 또 어 떤 사람이 혹은 의복·침구·의약 등 살림 도구를 이 사람에게 공 양하게 되면 큰 과보와 위덕과 명문(名聞)을 얻게 될 것이니라."

부처님께서 이어 아난에게 말씀하셨다.

"너는 어떻게 생각하느냐. 물질[色]은 항상한[常] 것이냐, 항상함 이 없는[無常] 것이냐?"

아난이 부처님께 아뢰었다.

"세존이시여, 물질은 항상함이 없는 것이옵니다."

"만일 항상함이 없다면 이것은 괴로운[苦] 것이냐, 괴롭지 않은 것이냐?"

"물질은 곧 괴로운 것이옵니다."

"만일 항상함도 없고 오직 괴로운 것이라면 이것은 부서지고 무 너지는 법이니, 만일 견문이 많은 제자라면 이런 말을 들은 뒤에 이러한 물질인 이 몸에 대하여 곧 나[我]와 내 것[我所]이라고 집착 하겠느냐?"

"집착하지 않으리이다. 세존이시여, 물질 가운데는 나도 없고 내 것도 없나이다."

"또 아난아, 너는 어떻게 생각하느냐? 느낌[受]· 생각[想]· 지어감 [行]· 의식[識]은 항상한 것이냐, 항상함이 없는 것이냐?"

아난의 부처님께 아뢰었다.

"세존이시여, 그것은 모두가 항상함이 없는 것이옵니다."

부처님께서 말씀하셨다.

"만일 항상함이 없다면 그것은 괴로운 것이냐, 괴롭지 않은 것이냐?"

"이와 같은 사음(四陰)은 곧 괴로운 것이라 하나이다."

"만일 항상함도 없고 오직 괴로운 것이라면 이것은 부서지고 무너지는 법이니, 만일 견문이 많은 모든 성인 제자라면 이런 말을 들은 뒤에 이러한 사음인 이 몸에 대하여 곧 나와 내 것이라고 집착하겠느냐?"

"집착하지 않으리이다. 세존이시여, 이 사음에는 실로 나와 내 것이 없나이다."

"또 아난아, 이와 같이 나라는 것은 과거·미래·현재에도 있지 않으며 안과 바깥과 거친 것과 미세한 것과 훌륭한 것과 하열한 것과 가까운 것과 먼 것 등 저 모든 법에도 나와 내 것은 있지 않느니라."

"아난아, 그러므로 여실지(如實智)로써 관찰하여 모든 법에는 나가 없다는 것을 알아야 하느니라. 만일 명문(名聞)이 있는 성인 제자라면 이런 관찰을 지은 뒤에는 곧 싫증을 내면서 해탈과 마지막 열반을 얻게 되리니, 이와 같이 닦고 배워서 이러한 법을 증득할 때는 생(生)의 분한이 이미 다하고 범행(梵行)이 벌써 확립되며 할 일을 다 마치고 후생의 몸[後有]를 받지 않을 것이니라."

부처님께서 이 경을 말씀하여 마치시니, 존자 아난은 티끌을 멀리하고[遠塵] 때를 여의어[離垢] 법 눈의 청정함을 얻었고 오백의 비구들은 모든 법을 받지 않고 번뇌가 다하여 뜻이 풀렸으며, 그

때에 모든 대중들은 부처님께서 하신 말씀을 듣고 모두가 크게 기뻐하면서 믿어 받고 행하였다.

대보적경 제56권
불설입태장회(佛說入胎藏會) ①
〈불위난타설출가입태경〉
의정(義淨) 한역

원서에는 이 경의 원문이 부록으로 또 실려 있으나 이미 앞에서 본문으로 나왔기에 지면 관계상 생략합니다.

대보적경 제57권
불설입태장회 ②
의정 한역

그때 세존께서 다시 난타에게 말씀하셨다.

"너는 이제 태 속에서의 고통과 태어날 때의 고통을 이미 알았으니, 마땅히 범인의 태를 받아 나는 것은 극히 괴로운 것임을 알아야 하느니라.

그리고 처음 태어날 때에 남자이건 여인이건 남의 손에 들어가면 옷에 싸여 있기도 하고 혹은 햇볕에 있기도 하고 혹은 그늘진 곳에 있기도 하고, 혹은 흔들리는 수레에 놓이기도 하고 혹은 평상이나 품에 안겨 있기도 하나니, 이런 인연으로 말미암아 모두가 모지고 독한 고통을 받게 되느니라.

난타야, 마치 가죽을 벗긴 소를 담장에다 바짝 붙여서 매놓았을 때에 담장의 벌레에 뜯기는 것과도 같고 또 나무나 풀에 가까이 두면 나무나 풀의 벌레가 뜯어먹으며, 빈 곳에 놓아두어도 다른 벌레들이 쪼아 먹어서 이 모든 고통을 받게 되는 것처럼 처음 태어난 때에도 그러하느니라.

따뜻한 물로 씻을 때에도 큰 고통을 받게 되나니, 마치 문둥이의 피부가 문드러지고 피와 고름이 줄줄 흐르는데 게다가 몽둥이로 맞아 모진 고통을 받는 것과 같느니라. 그리고 태어난 뒤에는 어머니 피 찌꺼기[血垢]를 마시면서 자라게 되나니, 피 찌꺼기라 함은 거룩한 법률 속의 젖 즙이 바로 그것이니라.

난타야, 이미 이와 같은 갖가지 고통이 있어서 하나도 즐거워할 만한 것이 없거늘 지혜 있는 이라면 어느 누가 이런 고통의 바다를 좋아하며 그리워하겠느냐. 언제나 유전(流轉)하면서 휴식함이 없느니라. 그리고 태어나 칠 일이 된 뒤에는 몸 안에 팔만 마리의 벌레가 생겨나서 뜯어먹게 되느니라.

난타야, 식발(食髮)이라는 한 마리의 벌레는 머리 뿌리에 의지하여 있으면서 항상 머리 뿌리를 뜯어먹고 복장(伏藏)이라는 벌레와 추두(麤頭)라는 두 마리의 벌레는 머리에 의지하여 있으면서 항상 그 머리를 뜯어먹으며, 요안(繞眼)이라는 한 마리의 벌레는 눈에 의지하여 있으면서 항상 눈을 뜯어먹고 구축(驅逐)이라는 벌레와 분주(奔走)라는 벌레와 옥택(屋宅)이라는 벌레와 원만(圓滿)이라는 이 네 마리의 벌레는 뇌(腦)에 의지하여 있으면서 항상 뇌를 뜯어먹느니라.

또 도엽(稻葉)이라는 한 마리의 벌레는 귀에 의지하여 있으면서 귀를 뜯어먹고 장구(藏口)라는 한 마리의 벌레는 코에 의지하여 있으면서 코를 뜯어먹으며, 요척(遙擲)이라는 벌레와 변척(遍擲)이라는 두 마리의 벌레는 입술에 의지하여 있으면서 입술을 뜯어먹고 밀엽(蜜葉)이라는 한 마리의 벌레는 이에 의지하여 있으면서 이를 뜯어먹으며, 목구(木口)라는 한 마리의 벌레는 이 뿌리에 의지하여 있으면서 이 뿌리를 뜯어먹느니라.

또 침구(針口)라는 한 마리의 벌레는 혀에 의지하여 있으면서 혀를 뜯어먹고 이구(利口)라는 한 마리의 벌레는 혀의 뿌리에 의지하여 있으면서 혀의 뿌리를 뜯어먹으며, 수원(手圓)이라는 한 마리의 벌레는 턱에 의지하여 있으면서 턱을 뜯어먹고 또 수망(手網)이라는 벌레와 반굴(半屈)이라는 두 마리의 벌레는 손바닥에 의지하여 있으면서 손바닥을 뜯어먹느니라.

또 단현(短縣)이라는 벌레와 장현(長縣)이라는 두 마리의 벌레는 팔뚝에 의지하여 있으면서 팔뚝을 뜯어먹고 원비(遠臂)라는 벌레와 근비(近臂)라는 두 마리의 벌레는 팔에 의지하여 있으면서 팔을 뜯어먹으며, 욕탄(欲呑)이라는 벌레와 이탄(已呑)이라는 두 마리의 벌레는 목구멍에 의지하여 있으면서 목구멍을 뜯어먹고 유원(有怨)이라는 벌레와 대원(大怨)이라는 두 마리의 벌레는 가슴에 의지하여 있으면서 가슴을 뜯어먹느니라.

또 나패(螺貝)라는 벌레와 나구(螺口)라는 두 마리의 벌레는 살에 의지하여 있으면서 살을 뜯어먹고 유색(有色)이라는 벌레와 유력(有力)이라는 벌레 두 마리의 벌레는 피에 의지하여 있으면서 피를 빨아먹으며, 용건(勇健)이라는 벌레와 향구(香口)라는 두 마리의 벌레는 힘줄에 의지하여 있으면서 힘줄을 뜯어먹고 불고(不高)라는 벌레와 하구(下口)라는 두 마리의 벌레는 등골에 의지하여 있으면서 등골을 뜯어먹느니라.

똑같은 이름의 지색(脂色)이라는 두 마리의 벌레는 비계에 의지하여 있으면서 비계를 뜯어먹고 황색(黃色)이라는 한 마리의 벌레는 콩팥에 의지하여 있으면서 콩팥을 뜯어먹고 대진주(大眞珠)라는 한 마리의 벌레는 허리에 의지하여 있으면서 허리를 뜯어먹느니라.

또 미지(未至)라는 한 마리의 벌레는 지라에 의지하여 있으면서 지라를 뜯어먹고 수명(命)이라는 벌레와 대수명(大水命)이라는 벌레와 침구(針口)라는 벌레와 도구(刀口)라는 네 마리의 벌레는 장(腸)에 의지하여 있으면서 장을 뜯어먹으며, 월만(月滿)이라는 벌레와 월면(月面)이라는 벌레와 휘요(暉曜)라는 벌레와 휘면(暉面)이라는 벌레와 별주(別住)라는 다섯 마리의 벌레는 오른 겨드랑이에 의지하여 있으면서 오른 겨드랑이를 뜯어먹느니라.

또 이름이 위의 것과 같은 다섯 마리의 벌레가 역시 왼 겨드랑이에 의지하여 있으면서 왼 겨드랑이를 뜯어먹고, 또 천전(穿前)이라는 벌레와 천후(穿後)라는 벌레와 천견(穿堅)이라는 벌레와 천주(穿住)라는 네 마리의 벌레는 뼈에 의지하여 있으면서 뼈를 뜯어먹으며, 대백(大白)이라는 벌레와 소백(小白)이라는 벌레와 중운(重雲)이라는 벌레와 취기(臭氣)라는 네 마리의 벌레는 맥(脈)에 의지하여 있으면서 맥을 뜯어먹느니라.

또 사자(師子)라는 벌레와 비력(備力)이라는 벌레와 급전(急箭)이라는 벌레와 연화(蓮花)라는 네 마리의 벌레는 생장(生藏)에 의지하여 있으면서 생장을 뜯어먹고, 안지(安志)라는 벌레와 근지(近志)라는 두 마리의 벌레는 숙장(熟藏)에 의지하여 있으면서 숙장을 뜯어먹으며, 염구(鹽口)라는 벌레와 온구(蘊口)라는 벌레와 망구(網口)라는 벌레와 작구(雀口)라는 네 마리의 벌레는 소변보는 곳에 의지하여 있으면서 오줌을 먹고 사느니라.

또 응작(應作)이라는 벌레와 대작(大作)이라는 벌레와 소형(小形)이라는 벌레와 소속(小束)이라는 네 마리의 벌레는 대변보는 곳에 의지하여 있으면서 똥을 먹고 살고, 흑구(黑口)라는 벌레와 대구(大口)라는 두 마리의 벌레는 넓적다리에 의지하여 있으면서 넓적다리를 뜯어먹고, 나(癩)라는 벌레와 소라(小癩)라는 두 마리의 벌레는 무릎에 의지하여 있으면서 무릎을 뜯어먹으며, 우근(愚根)이라는 한 마리의 벌레는 종아리에 의지하여 있으면서 종아리를 뜯어먹고, 흑항(黑項)이라는 한 마리의 벌레는 다리에 의지하여 있으면서 다리를 뜯어먹느니라.

난타야, 이와 같은 몸에는 몹시 싫어하고 근심되는 이와 같은 종류를 지니고서 항상 팔만 마리의 벌레들이 밤낮으로 뜯어먹고 있으므로 이로 말미암아 몸이 세차게 시달리고 파리해지고 피곤하고 배고프고 목마르게 되는 것이요, 또 마음에는 갖가지 고뇌가 있어서 근심 걱정과 기절하는 등의 많은 병이 나타나게 되나니, 좋은 의사로서 이런 병을 고칠 수 있는 이는 없느니라.

난타야, 큰 존재[有]의 나고 죽는 바다 가운데서는 이러한 고통이 있는 것이거늘 어떻게 여기에서 좋아하는 마음을 내겠느냐.

또 모든 신(神)의 병에 붙들리기도 하느니라. 이른바 천신(天神)·용신(龍神)의 팔부신(八部神)에게 붙들리기도 하고 모든 귀신과 나아가 갈타포단나(羯吒布單那)와 그 밖의 모든 길짐승·날짐승이며 모든 도깨비에게 붙들리기도 하며, 혹은 해와 달과 별에서 액(厄)을 주는 등 이러한 귀신들이 모든 병환을 주기도 하며 몸과 마음을 핍박하고 괴롭히는 것이니, 이루 다 설명하기조차 어렵느니라."

부처님께서 이어 난타에게 말씀하셨다.

"그 누가 나고 죽는 어머니의 태 속으로 들어가 극심한 고통을 받기 좋아하겠느냐. 이와 같이 태어나서 자랄 때에 어머니의 피젖을 마시고 모든 음식을 먹으면서도 망령되이 맛있다는 생각을 내면서 점차로 장성하기에 이르는 것이니, 가령 이 몸이 안락하고 병이 없으며 옷과 밥이 족하여 백 살 동안 산다 해도 이 사는 동안에 잠을 자면서 그 반은 지나가고, 처음은 젖먹이였고 다음에는 어린아이였다가 점차로 성장하기에 이르기까지 근심과 슬픔과 환난과 많은 병에 핍박을 받고 한량없는 모든 고통이 그 몸을 괴롭히는 것들은 말로는 다하기 어렵느니라. 몸 안의 모든 고난을 참고 받을 때에도 더 살고 싶지 않고 죽기를 바라게 되나니, 이와 같은 몸은 고통만 많고 쾌락은 적은 것이라 비록 또 잠시 동안 있다고 해도 반드시 사라지고 없어지는 것이니라.

난타야, 나는 것은 모두 죽고 항상하지 못하나니, 가령 약과 음식[藥食]으로 보양하면서 수명을 늘리어 오래 살려 하여도 마침내는 죽는 것이어서 사왕(死王)의 죽임을 면치 못하며 빈 밭으로 보내지느니라. 그러므로 산다는 것이 즐거울 수 없음을 알아야 하리니, 오는 세상의 양식을 부지런히 쌓으면서 방일(放逸)하지 말고 범행을 힘써 닦으면서 게으르지 말지니라. 모든 이로운 행과 법다운 행과 공덕이 되는 행과 순전히 착한 행을 항상 즐거이 닦아 익히고 한결같이 자기 몸의 선과 악의 두 업을 관찰하여 마음에 매어 두어 뒷날 크게 후회함이 없게 할 것이니, 모든 가지고 있는 사랑스럽고 즐거운 일들은 다 이별하여 선업과 악업에 따라 다음 세상으로 나아가게 되느니라.

난타야, 백 년 동안 수명에는 열 가지의 자리[位]가 있느니라. 처음은 젖먹이의 자리로서 포대기에 누워 있을 때요, 두 번째는 어린

아이로서 아이들과 장난을 즐기는 때며, 세 번째는 소년으로서 모든 욕락(欲樂)을 느끼는 때요, 네 번째는 젊어서 의기가 왕성하고 힘이 많을 때며, 다섯 번째는 한창의 나이로서 지혜가 있고 담론(談論)하는 때요, 여섯 번째는 모든 일을 성취하고 잘 생각하면서 교묘히 계책(計策)을 내는 때며, 일곱 번째는 점점 쇠퇴하면서 법식(法式)을 잘 아는 때요, 여덟 번째는 허물어지면서 모든 일이 쇠약해지는 때며, 아홉 번째는 극히 늙어서 아무 일도 할 수 없는 때요, 열 번째는 백 살이 되어 죽게 될 자리이니라.

난타야, 대강 자리를 이렇게 간략히 설명하였지만, 사(四) 개월씩을 한 철[時]로 친다면 백 년 동안에는 삼백 개의 철이 있어서 봄·여름·겨울에 각각 백씩 있고, 일 년은 열두 달이라 모두 천이백개의 달이 있으며, 만일 반 달[半月]씩으로 치면 총 이천사백 개의 반 달이 있고, 세 철[三時] 동안에는 각각 팔백 씩의 반 달이 있으며, 통틀어 말하면 삼만육천의 밤과 낮이 있느니라.

하루에 두 번씩 먹는다 하면, 총 칠만이천 번의 끼니가 되며, 비록 일이 있어서 먹지 않는다 하더라도 역시 그 수(數)에 포함되느니라. 먹지 않게 되는 일이란 성을 내어서 먹지 않고 고통을 만나서 먹지 않으며, 혹은 구하여도 얻을 수 없어서 또는 잠을 자다가 재(齋)를 지내며 들떠 놀다가 먹지 않기도 하고 일에 힘쓰다가 먹지 않기도 하는 따위이니, 먹거나 먹지 않거나 모두 합치면 그만큼의 숫자가 되며 아울러 어머니의 젖을 먹을 때까지도 포함되느니라. 사람이 사는 백 년 동안을 내가 이미 해와 달과 밤과 낮과 그리고 음식 먹는 끼니 수로 자세히 설명하였나니, 너는 마땅히 싫증을 내야 하느니라.

난타야, 이와 같이 태어나서 장대해지기까지 몸에는 많은 병이 있나니 이른바 머리·눈·귀·코·혀·가·목구멍·가슴·배 및 손발에 옴이 오르고 문둥이가 되며, 간질·미치광이·수종(水腫)·기침·풍(風)·황(黃)·열(熱)·음(疒+陰)의 여러 가지 병과 학질이며 뼈마디가 쑤시는 등의 고통들이 그것이니라.

난타야, 사람의 몸에는 이와 같은 병이 있지만 또 다른 백 한 가지의 풍병(風病)과 백 한 가지의 황병(黃病)과 백 한 가지의 담음병(痰疒+陰病)과 백 한 가지 합병증(合倂症)의 병이 있어서 모두 사백 네 가지의 병이 있나니, 그것은 속에서부터 생기는 것이니라.

난타야, 몸은 마치 종기와 같고 화살과 같아서 많은 병으로 이루어져서 잠시도 멈추지 않고 생각생각마다 머무르지 않나니, 몸은 곧 덧없고[無常]·괴롭고[苦], 공(空)하고, 나 없는[無我] 것이어서 죽음에 이르는 부서지고 무너지는 법이라 보존하며 사랑할 수 없는 것이니라.

난타야, 중생이면 모두 다시 이렇게 태어나서 고통을 받게 되나니 이를테면 손과 발·눈·귀·코·혀와 몸뚱이를 잘리기도 하고 또는 옥에 갇히고 칼·쇠사슬·쇠고랑·차꼬를 차고 매를 맞고 고문을 당하고 배고프고 목마르고 고달프고 춥고 덥고 비와 눈을 맞으며, 모기·등에·개미에게 뜯기고 바람과 먼지를 쓰며 사나운 짐승과 모든 나쁜 접촉을 당하는 등 갖가지의 모든 괴로움은 한량없고 끝이 없어서 자세히 다 말하기 어렵느니라.

유정들은 항상 이렇게 굳고 단단한 고통 속에 있으면서 침몰(沈沒)하기를 좋아하며, 모든 하고자 하는 것이 괴로움의 근본인데도 그것을 버릴 줄 모르고 다시 또 추구(追求)하며 밤낮으로 볶이어 몸과 마음에 시달림을 당하나니, 이렇게 안에서 일어나는 불길은 한 때도 휴식함이 없느니라.

이와 같은 나는 괴로움[生苦]과 늙는 괴로움[老苦]과 병드는 괴로움[病苦]과 죽는 괴로움[死苦]과 사랑하는 이와 이별하는 괴로움[愛別離苦]과 원수끼리 만나는 괴로움[怨憎會苦]과 구하여도 얻지 못하는 괴로움[求不得苦]과 다섯 가지 쌓임의 괴로움[五取蘊苦]이며 네 가지 위의 중 가고 서고 앉고 눕는 것 등도 모두가 괴로운 것이니라.

만일 항상 다닌다면 서고 앉고 눕지 못하게 되므로 곧 고통을 받으면서 안락이 없는 것이요, 항상 서 있기만 하면 가고 앉고 눕지 못해서요, 항상 앉아 있기만 하면 가고 서고 눕지 못해서며, 누워 있기만 하면 가고 서고 앉지 못하게 되므로 모두가 극심한 고통을 받는 것이어서 안락함이 없느니라.

난타야, 이들 모두는 괴로움을 버리면서 또 다른 괴로움을 구하는 것이어서 오직 괴로움이 생길 뿐이요 그와 다른 괴로움만 없어질 뿐이니, 모든 지어감[行]의 인연은 계속 일어나는 것이니라. 여래는 이를 분명히 알기 때문에 유정의 나고 죽는 법을 말하는 것이니, 모든 지어감은 일정함이 없어서 진실한 마지막[究竟]이 아닌 것이요 이것은 변하고 무너지는 법이라 보전하여 지킬 수 없는 것이니라. 마땅히 만족할 줄 알고 깊이 싫증을 내면서 부지런히 해탈을 구해야 하느니라.

난타야, 착한 세계[善趣] 속에서의 유정의 무리도 태어나는 곳이 깨끗하지 못하고 고통의 극심함이 이러하며 갖가지의 것이 거짓이어서 말로는 다할 수가 없거늘 하물며 세 가지 나쁜 세계[三惡趣]인 아귀(餓鬼)·방생(傍生)·지옥(地獄)의 유정들이 받게 되는 모진 쓰라림과 참기 어려운 괴로움이야 어찌 말로 설명하겠느냐?

또 난타야, 어머니의 태 속에 들어가는 데에는 네 가지가 있느니

라. 어떤 것이 네 가지인가 하면, 처음은 유정이 바른 기억[正念]으로 들어가고[入] 바른 기억으로 머무르며[住] 바른 기억으로 나오는 [出] 것이요, 두 번째는 바른 기억으로 들어가고 바른 기억으로 머무르며 바르지 않은 기억[不正念]으로 나오는 것이며, 세 번째는 바른 기억으로 들어가고 바르지 않은 기억으로 머무르며 나오는 것이요, 네 번째는 모두가 다 바르지 않은 기억인 것이니라.

그 무엇이 바른 기억으로 들어가고 머무르며 나온다 하는가? 마치 어느 한 무리의 범부 유정의 성품이 계율 지니기를 좋아하고 착한 일을 자주 익히며 훌륭한 일을 하기 좋아하여 모든 복된 일을 짓고 극히 잘 방호하여 항상 정직하고 방일하지 않으며, 큰 지혜가 있어서 죽으려 할 때도 후회함이 없이 곧 생(生)을 받나니, 혹 그는 일곱 번을 오가면서 생을 받는 예류(預流)이기도 하고 혹은 가가(家家)로서 혹은 일래(一來)이기도 하고 혹은 일간(一間)이기도 한 이이니라.

이 사람은 먼저 착한 행을 닦았기 때문에 목숨을 마치려 할 때에 비록 괴로움이 와서 핍박하고 모든 시달림을 받는다 하더라도 마음이 산란하지 않은 바른 기억에서 마치며, 또 다시 바른 기억으로 어머니의 태 속에 들어가는 것이니, 모든 법은 업을 좇아 나고 모두가 인연(因緣)을 따라 생기며 항상 모든 악마가 머무르는 곳이 되어 준다는 것을 분명하게 아느니라.

난타야, 마땅히 알아야 하느니라. 이 몸은 한결같이 깨끗하지 못한 굴집이요 바탕은 항상 머무르는 것이 아닌데 이 어리석은 물건이 유혹하여 사람을 미혹되게 하여 이 몸에 뼈로써 기관(機關)을 만들고 힘줄과 맥이 서로 연결되어 모든 구멍을 트이게 하였고, 비계와 살과 골수가 함께 서로 얽어맨 데다 가죽으로 그 위를 덮었으므로 그 허물들을 볼 수 없느니라.

뜨거운 굴 속에 깨끗하지 못한 것이 가득히 차있고 머리칼과 털과 손발톱이 서로 다르게 나누어져 있는데도 나와 내 것을 고집하기 때문에 항상 구속되어 이끌리면서 자재하지 못하며, 언제나 눈물과 침 등 더러운 것이 땀으로 흘러내리고 황수(黃水)와 담음(痰广+陰)으로 문드러지며 비계·기름·콩팥·쓸개·간·지라·폐·대장·소장과 똥오줌 등의 미워할 만한 것과 모든 벌레들이 온통 가득히 차 있어서 위아래의 모든 구멍에서 항상 더러운 것이 흐르고 있고 생장(生藏)과 숙장(熟藏)이 얇은 가죽으로 덮혀 있으니 이것을 다니는 뒷간[行廁]이라 하는 것이다. 너는 자세히 살필지니라.

무릇 음식을 먹을 때에도 이로 씹고 축축하게 침을 발라서 목구멍으로 삼키며 골수와 뇌가 서로 어울려 진액(津液)을 뱃속으로 흐르게 함이 마치 개가 마른 뼈를 깨물면서 망령되어 맛있다는 생각을 내는 것과 같나니, 음식은 배꼽 사이에서 오르락내리락하다가 도로 다시 삼키는 것이니라.

난타야, 이 몸은 원래 갈라람(羯羅藍)과 알부타(頞部陀)와 폐시(閉尸)와 건남(健南)과 발라사거(鉢羅奢佉)의 부정하고 더러운 물건에서부터 자란 것이요, 젖먹이로 유전(流轉)하여 나아가 늙어 죽음의 윤회(輪廻)에 얽매인 것은 마치 검고 어두운 구덩이와 같고 마치 냄새나고 무너진 우물과 같은데 항상 짜고 싱겁고 쓰고 맵고 신 음식의 맛으로써 돕고 기르고 있느니라.

또 어머니 배 안에서 몸을 태우고 볶이며, 더러운 똥 속에다 항상 뜨거운 고통이 가(加)해지며, 어머니가 가고 서고 앉고 누울 때에는 마치 다섯 개의 줄로 묶인 것과 같고 또한 불로 지지는 것과 같아서 참고 견디기 어려움은 비유조차 할 수 없느니라.

난타야, 저 태 안에서 비록 이러한 똥 찌꺼기의 구덩이 속에 수많은 고통이 절박하다 하더라도 예리한 근기이기 때문에 마음이 산란하지 않은 것이니라.

또 어느 한 무리의 박복(薄福)한 유정이 어머니의 뱃속에서 혹은 가로로 혹은 거꾸로 있게 됨은 그가 전생에 지은 업의 인연의 힘 때문이요, 혹은 어머니가 먹은 차고 덥고 짜고 시고 달고 맵고 쓴 음식이 잘 조화되지 못했기 때문이며, 혹은 음료수를 너무 많이 마셨거나 혹은 음행을 많이 하였거나 혹은 질병이 많거나 혹은 수심을 품었거나 혹은 때로 땅에 넘어졌거나 혹은 타박을 당해서이니, 이러한 일들로 말미암아 어머니의 몸에 심한 열이 나고 몸의 열 때문에 태 속도 불이 타게 되며 불이 타기 때문에 모든 고뇌를 받고 이런 고뇌 때문에 곧 움직이게 되며 움직였기 때문에 혹 몸이 가로 놓여져 나올 수 없게 되느니라.

이렇게 되면 잘 아는 어떤 여인이 소유(蘇油)를 손에 바르고는 어머니의 뱃속에다 넣어 느릿느릿 태를 만지면서 본래 있던 자리로 놓이게 하나 그 손이 닿을 때에 태 속의 아이는 곧 큰 괴로움을 받게 되느니라.

난타야, 비유하면 마치 어린 사내아이나 계집아이가 날카로운 칼로써 살을 베어 놓고 그 위에다 재를 뿌리면 이로 말미암아 곧 큰 고통이 생기는 것처럼 태 속의 아이의 모진 고통도 역시 그와 같느니라. 비록 이런 고통을 받는다 하더라도 예리한 근기이기 때문에 바른 기억이 흩어지지 않느니라.

난타야, 이 태아(胎兒)는 이와 같이 어머니의 뱃속에 있을 때에 이러한 고통을 받게 되지만, 또 해산(解産)하려 할 때에도 모진 고통을 받으면서 나오는 것이니, 그 업의 바람[業風]으로 말미암아 손이 합쳐지고 팔다리를 오므리게 되며 극심한 고통을 받게 되느니라.

또 어머니의 태에서 나오려 할 때에 몸에 푸른 어혈이 있어서 마치 처음에 난 종기를 따기 어려운 것과 같으며, 배고픔과 목마름이 핍박하여 마음은 뜨겁게 시달리고 있는데 업의 인연으로 말미암아 바람에 밀려 나오게 하느니라. 그리하여 태에서 나온 뒤에는 바깥 바람과 접촉하여 마치 깎아 놓은 살에 재를 바른 것과 같으며 손이나 옷이 닿을 때에도 모두 극심한 고통을 받게 되느니라.

비록 이러한 고통을 받는다 하더라도 예리한 상근(上根)이기 때문에 바른 기억이 산란하지 않으며, 어머니의 태 속에 알면서 들어가고 머무르며 나오는 것이지만 모두가 다 고통인 것이니, 난타야, 그 누가 이러한 태 속으로 들기 좋아하겠느냐?

난타야, 그 누가 어머니의 태 속에 바른 기억으로 들어가서 머무르다가 바르지 않은 기억으로 나오냐 하면, 난타야, 마치 어느 한 무리의 범부 유정이 그 성품이 계율 지니기를 좋아하고 착한 일들을 닦아 익히며 항상 훌륭한 일을 하여 복된 일들을 짓고 그 마음이 질박·정직하여 방일하지 않으며 지혜는 적어도 죽으려 할 때에 후회함이 없나니, 혹 그는 일곱 번 오가면서 생(生)을 받는 예류이기도 하고 혹은 가가(家家)로서 혹은 일래(一來)이기도 하고 혹은 일간(一間)이기도 하느니라.

이 사람은 먼저 착한 행을 닦은지라 목숨을 마치려 할 때에 비록 괴로움이 와서 핍박하고 여러 시달림을 받는다 하더라도 마음이 산란하지 않으며 또 바른 기억으로 돌아와 어머니의 태 속으로 들어가며, 모든 법은 업으로부터 나고 모두가 인연을 따라 생기게 된다는 것을 분명히 아나니(이외의 자세한 설명은 위와 같으므로 생략한다) 나아가 태에서부터 나오느니라.

비록 이와 같이 모든 극심한 고초를 받는다 하더라도 그는 중근(中根)이기 때문에 들어가고 머무를 때는 바른 기억이지만, 바르지 않은 기억으로 나오게 되나니(이하의 자세한 설명은 위에서와 같으므로 생략한다), 그 누가 이와 같은 태 속을 들어가기 좋아하겠느냐?

난타야, 어떤 것이 바른 기억으로 태 속으로 들어가고 바르지 않은 기억으로 머무르다가 나오냐 하면, 난타야, 마치 어느 한 무리의 범부 유정이 성품이 계율 지니기를 좋아하고 착한 일들을 닦아 익히며 항상 훌륭한 일을 하여 모든 복된 일을 지으며(이하의 자세한 설명은 위 같으므로 생략한다) 목숨을 마칠 적에는 후회함이 없나니, 혹 그는 일곱 번 오가면서 생을 받는 예류 등이니라.

목숨을 마치려 할 때에 갖가지 고통이 핍박하지만 비록 이런 시달림을 받는다 하더라도 마음이 산란하지 않으며 다시 바른 기억이 돌아와 어머니의 태 속으로 들어가나니, 그는 하근(下根)이기 때문에 태로 들어갈 때는 알지만 머무르다가 나오는 것은 모르느니라(이하의 자세한 설명은 위에서와 같으므로 생략한다). 그 누가 이와 같은 태 속을 들어가기 좋아하겠느냐?

난타야, 어떤 것이 들어가고 머무르다가 나오는 것이 모두 바르지 않은 기억인가 하면, 마치 어느 한 무리의 범부 유정이 깨끗한 계율을 헐뜯기 좋아하고 착한 일들을 닦지 않으며 항상 나쁜 일을 하면서 모든 악행을 짓고 마음이 정직하지 못하고 방일한 행을 많이 하며, 지혜가 없어서 재물에 간탐을 부려 손을 항상 오므리고 펴지 못하며 구제하고 베풀어야 할 사람에게 늘 바라는 것은 있으면서도 마음이 순조롭지 못하여 견해와 행실이 뒤바뀌다가 목숨이 마치려 할 때에는 후회하게 되며, 모든 착하지 않은 업이 모두 다 앞에 나타나 죽게 될 때에는 맹렬한 고통과 시달림에 핍박되므로 그 마음이 산란하여지고 모든 고뇌로 말미암아 스스로 '나는 어떠한 사람이며 어디서 와서 지금은 어디로 가는가'를 기억하지 못하게 되느니라.

난타야, 이것이 세 때의 바른 기억이 없다는 것이니, 자세한 설명은 위에서와 같느니라.

난타야, 이 모든 유정들이 인간 세계에 태어난다면 비록 이러한 한량없는 고뇌는 있으나 그러나 여기는 훌륭한 곳이니, 한량없는 백천 구지(俱胝) 겁 동안에 사람 몸을 얻기는 어려운 것이니라. 만일 천상에 나게 되면 항상 떨어질 것을 두려워하게 되고 사랑하는 사람끼리 이별하는 고통이 있으므로 그가 목숨을 마치려 할 때에는 다른 하늘이 말하기를 '당신은 장차 세간의 착한 세계[善趣]에 나기를 원하시오'라고 하느니라.

어떤 곳을 세간의 착한 세계라 하는가 하면, 이는 곧 인간과 천상을 말하는 것이니라. 사람의 세계[人趣]는 얻기 어려우므로 이 어려운 곳을 멀리 여의게 되면 또다시 그것은 어렵게 되느니라.

어떤 곳을 나쁜 세계[惡趣]라 하는가 하면, 곧 세 가지 나쁜 길[三惡道]이니라. 지옥의 세계에서는 항상 모진 고통과 극히 뜻대로 되지 않은 맹렬한 고초를 받는 것이니, 비유하기조차 어렵느니라.

아귀의 세계란 성을 많이 내고 부드러운 마음이 없으며 아첨을 내고 부드러운 마음이 없으며, 아첨하고 속이고 살해하며 피를 손에 바르고 자비가 없으며 형용이 누추하여 보는 이들이 두려워하나니, 설령 사람을 가까이 하였다 해도 배고픔과 목마름의 고통을 받아 항상 장애를 입느니라.

방생(傍生)의 세계란 한량없고 끝이 없나니, 의리[義] 없는 행동
과 복이 없는 행동과 법이 없는 행동과 선(善)이 없는 행동과 순박
(淳朴)함이 없는 행동을 지어 서로서로 잡아먹으며 강한 것이 약자
를 업신여기느니라.

어떤 방생들은 나고 자라고 죽고 하는 것이 모두 부정하고 똥오
줌이 있는 더러운 곳에 있고 혹은 때로는 잠시 동안 밝은 데로 나
오기도 하나니, 이른바 벌과 나비·모기·개미·가·벼룩 및 구더
기의 무리들이며 그 밖에도 한량없고 끝없이 나고 자라고 하는 항
상 어두운 곳에 있는 것들도 있느니라. 그들은 전생에 어리석은 사
람으로서 경법(經法)을 듣지 않고 몸과 말과 뜻을 멋대로 하여 오
욕(五欲)에 탐착하고 많은 악한 일을 지었기 때문에 이런 무리 속
에 태어나서 어리석고 미혹한 고통을 받고 있느니라.

난타야, 또 한량없고 끝없는 방생의 유정으로서 나고 자라고 죽
는 동안 물 속에만 있는 것들도 있나니, 이른바 고기·자라·악어
·두렁허리·거머리·조개 및 개구리 등의 무리이니라. 전생에 지
은 몸·말·뜻의 악업으로 말미암아(위와 같이 자세히 설명한다)
이런 어리석고 미혹한 고통을 받고 있느니라.

난타야, 또 한량없고 끝없는 방생의 유정으로서 똥·오줌의 냄
새만 맡으면 재빨리 그곳으로 가서 먹고 마시고 하는 것들이 있나
니, 이른바 돼지·양·닭·개·여우·담비·수리·까마귀·파리
및 쇠똥구리 등의 길짐승·날짐승의 무리이니라. 모두가 전생의 악
업으로 말미암아 불러서 이런 과보를 받고 있느니라.

난타야, 또 한량없고 끝없는 방생의 무리로서 항상 풀과 나무와
모든 부정한 것을 음식으로 충당하는 것들이 있나니, 이른바 코끼

리·말·약대·소·나귀 및 노새 등의 족속이니라. 이러다가 목숨을 마치는 것이니, 전생의 악업으로 말미암아 이러한 과보를 받고 있느니라.

또 난타야, 나고 죽고 하는 존재의 바다[生死有海]는 괴롭고도 쓰라린 것이니, 맹렬한 불길에 타는 아주 큰 뜨거운 열은 어느 한 중생도 타고 삶기지 않는 자가 없느니라. 이들은 모두가 눈·귀·코·혀·몸·뜻의 왕성하게 타는 맹렬한 불이 앞 경계인 빛깔·소리·냄새·맛·접촉·법을 탐하고 구하는 까닭이니라.

난타야, 어떤 것을 왕성하게 타는 맹렬한 불이라 하느냐 하면, 바로 탐내고 성내고 어리석음의 불이요 나고 늙고 병들고 죽음의 불이며 근심하고 슬퍼하고 괴로워하는 독해(毒害)의 불이니, 항상 스스로 타고 있으므로 면할 수 있는 이는 하나도 없느니라.

난타야, 게으름을 피는 사람은 많은 고통을 받고 번뇌에 얽히어 착하지 않은 법을 지으며 윤회(輪廻)가 쉬지 않아 나고 죽음을 마침이 없지만, 부지런히 경책하는 사람은 안락을 많이 받고 용맹스런 마음을 내어 번뇌를 끊어 없애며 착한 법을 닦아 익히고 착한 멍에를 버리지 않으면서 쉬는 때가 없으리니, 그러므로 너는 이제 이 몸의 가죽과 살과 힘줄과 뼈와 피와 맥이며 그리고 골수가 오래지 않아 흩어지고 무너질 것이라고 관찰해야 하며, 언제나 한 마음으로 게으르지 말고 아직 증득하지 못한 것이면 힘써 증득하려고 해야 하리니, 이와 같이 마땅히 배워야 할 것이니라.

난타야, 나는 세간과 함께 모든 논쟁을 일으키지 않느니라. 그러나 세간이 나에게 억지로 논쟁을 하려 하나니, 그 까닭은 모든 법을 아는 사람은 다른 이와는 다투지 않기 때문이니라. 나와 내 것을 여의었거늘 누구와 함께 다투겠는가마는 바른 견해(見解)가 없으면서 허망한 고집을 일으키는 까닭이니, 나는 정각(正覺)을 증득하고서 '나는 모든 법을 환히 알지 않음이 없다'고 말하였었느니라.

난타야, 내가 하는 말에 차이가 있느냐?"

난타가 말하였다.

"아니옵니다. 세존이시여, 여래의 말씀에는 차이가 없사옵니다."

부처님께서 말씀하셨다.

"장하고 장하도다. 난타야, 여래가 하는 말은 필연코 차이가 없느니라. 여래는 곧 진실한 말만을 하는 이요, 실상만을 말하는 이요 법에 계합한 말을 하는 이요 다르지 않은 말을 하는 이요, 속이지 않는 말을 하는 이이니라. 세간을 오랫동안 안락하게 하고 크게 뛰어난 이익을 얻게 하기 위함이니, 이는 도(道)를 아는 이요 이는 도를 인식하는 이며 이는 도를 말하는 이요 이는 도를 여는 이며 이는 큰 길잡이로서 여래 · 응공 · 정등각 · 명행족 · 선서 · 세간해 · 무상사 · 조어장부 · 천인사 · 불세존이기 때문이니라.

세간 사람들은 아는 것도 없고 믿는 것도 없이 항상 모든 감관[根]에 종이 되어 오직 손바닥 안만을 보고 큰 이익은 관찰하지 않으며 쉬운 일은 닦지 않고 어려운 것만 항상 짓고 있느니라.

난타야, 우선 이런 지혜의 경계는 그치고 너는 이제 육안(肉眼)을 보는 것으로써 관찰해야 하리니, 보이는 것은 모두 허망한 것임을 알면 그것을 곧 해탈이라 하느니라.

난타야, 너는 나를 믿지도 말고 나를 따라 하려고도 말며 나의 말을 의지하지도 말고 나의 모습을 보지도 말며, 사문의 모든 견해를 따르지도 말고 사문에게 공경심을 내지도 말며 '사문 교답마(喬答摩)가 곧 나의 큰 스승이다.'라는 말도 하지 말지니라. 그러나 다만 내가 스스로 증득하여 얻은 법에 대해서만은 혼자 고요한 곳에 있으면서 헤아리고 관찰하여야 하며, 언제나 쓰는 마음을 따라 관찰한 법을 많이 닦아 익히면 곧 그 법에 대하여 관찰하는 생각이 성취되어 곧 바른 생각에 머무르면서 스스로 섬[洲渚]이 되고 스스로 돌아갈 곳[歸處]이 되며, 법이 섬이 되고 법이 돌아갈 곳이 되며 따로 섬이 없고 따로 돌아갈 곳이 없느니라.

난타야, 어떻게 비구가 스스로 섬이 되고 스스로 돌아갈 곳이 되며, 법이 섬이 되고 법이 돌아갈 곳이 되며 따로 섬이 없고 따로 돌아갈 곳이 없는가 하면, 그러하느니라. 나타야, 만일 어떤 비구가 자기의 안 몸[內身]을 따라 관찰하면서 머무르되 부지런하고 용감하게 생각을 내어 바른 이해[正解]를 얻어 마치고는 모든 세간에 있는 성내는 괴로움을 항상 조복하려고 생각하면 이것이 안의 몸은 곧 괴로운 것이라고 따로 관찰하는 것이니, 바깥 몸[外身]과 안팎의 몸을 관찰하는 것도 이와 같느니라.

난타야, 다음에는 쌓임의 법[集法]에 대하여 몸을 관찰하며 머무르고, 사라짐[滅]을 관찰하며 머무르고, 또 쌓임과 사라짐의 두 법에 대하여 몸을 관찰하면서 머무르면, 곧 이 몸에 대하여 바른 기억이 되어 혹은 지혜만이 있게 되고 혹은 보는 것[見]만이 있게 되고 혹은 기억만이 있게 되며, 의지함이 없이 머무르게 되어 이 세간에 대하여 취할 만한 것이 없음을 알게 되느니라.

이와 같아서 난타야, 이것이 비구가 자기 안 몸을 따라 관찰하며 머무르는 것이니, 바깥 몸과 안팎의 몸도 그렇게 관찰하는 것이니라. 다음에는 안의 느낌[受]과 바깥 느낌과 안팎의 느낌을 관찰하면서 머무르거나 안의 마음[心]과 바깥의 마음과 안팎의 마음을 관찰하면서 머무르거나 안의 법(法)과 바깥 법과 안팎의 법을 관찰하면서 머무르되 부지런하고 용감하게 생각을 내어 바른 이해를 얻어 마치고는 모든 세간에서 있게 되는 성내는 괴로움을 항상 조복하려고 생각하면서 쌓임의 법을 관찰하여 머무르고 사라짐의 법을 관찰하여 머무르고 또 쌓임과 사라짐의 두 법을 관찰하여 머무르면, 곧 이 몸에 대하여 바른 기억이 되어 혹은 지혜만이 있게 되고 혹은 보는 것만 있게 되고 혹은 기억만 있게 되어 이 세간에 대하여 취할 만한 것이 없음을 알게 되느니라.

이와 같아서 난타야, 이것이 비구가 스스로의 섬이 되고 스스로 돌아갈 데가 되며 법이 섬이 되고 법이 돌아갈 데가 되며 따로 섬이 없고 따로 돌아갈 곳이 없는 것이니라.

난타야, 만일 어떤 장부로서 품성(稟性)이 질박·정직하고 아첨과 속임수를 멀리 여읜 이가 이른 아침에 나에게로 왔을 때에 내가 착한 법으로써 근기를 따라 가르쳐 보여주면 그가 저녁때에 와서 스스로 얻은 것을 진술할 것이요, 저녁때에 법으로써 가르쳐 주면 다음날 아침에 얻은 것을 진술할 것이니라.

난타야, 나의 착한 법을 실제로 증득하면 뜨거운 번뇌를 없애고 때로 일어나는 기미를 잘 맞추어 쉽게 방편이 되리니 이것이 스스로 깨달을 법이요, 잘 가리고 수호하면서 몸소 나의 앞에서 내가 말한 법을 듣고 고요함을 따라 보리에 나아가면 이것이 내가 아는 것이니라. 그러므로 너는 이제 자기에게 이익이 있음을 보고 다른 이의 이익과 양쪽 다 이익이 있음을 보면 이와 같은 법을 항상 닦고 배워야 하느니라.

그리고 출가의 법을 삼가 행하면서 헛되이 지나감이 없게 하고 마땅히 훌륭한 과위와 무위(無爲)의 안락을 획득하여 다른 이가 공급한 옷과 음식과 침구와 병에 쓰는 약 등의 물건을 받고는 그 시주(施主)로 하여금 큰 복의 이익을 얻고 훌륭한 과보를 얻어서 존귀해지고 광대해져야 하느니라.

이와 같이 난타야, 마땅히 이렇게 닦고 배울지니라.

또 난타야, 아직 한 물질[色]도 좋아하고 즐길 만한 것이 없고 뒷날에 변하거나 무너지지 않는 것은 있을 수 없으며 근심과 슬픔이 일어나지 않고 번뇌가 생기지 않는 것도 있을 수 없느니라.

난타야, 너는 어떻게 생각하느냐. 이 물질은 항상한[常] 것이냐, 항상함이 없는[無常] 것이냐."

"대덕이시여, 본체는 곧 항상함이 없는 것이오니다."

"난타야, 본체가 이미 항상함이 없다면 그것은 괴로운[苦] 것이냐, 아니냐?"

"대덕이시여, 그것은 괴로운 것이옵니다."

"만일 항상함도 없고 오직 괴로운 것이라면 곧 변하고 무너지는 법인데 모든 견문이 많은 나의 성인 제자들이 '물질은 바로 〈나[我]〉요 〈나〉에는 모든 물질이 있고 물질은 〈나〉에 속하며 〈나〉는 물질 안에 있다'고 헤아리는 것이냐?"

"아니옵니다, 세존이시여."

"너는 어떻게 생각하느냐. 느낌[受]· 생각[想]· 지어감[行]· 의식[識]은 곧 항상한 것이냐, 항상함이 없는 것이냐?"

"대덕이시여, 그것은 모두가 항상함이 없는 것이옵니다."

"난타야, 본체가 이미 항상함이 없다면 그것은 괴로운 것이냐?"

"대덕이시여, 그것은 괴로운 것이옵니다."

"만일 항상함도 없고 오직 괴로운 것이라면 곧 변하고 무너지는 법인데 모든 견문이 많은 나의 성인 제자들이 '느낌 등은 곧 〈나〉요 〈나〉에는 느낌 등이 있고 느낌 등은 〈나〉에 속하며 〈나〉는 느낌 등에 있다'고 헤아리는 것이냐?"

"아니옵니다, 세존이시여."

"그러므로 알아야 하느니라. 무릇 이 모든 물질에는 과거와 미래와 현재의 안이거나 바깥이거나 거친 것이거나 미세한 것이거나 훌륭하거나 하열하거나 멀거나 가깝거나 '이 모든 물질은 모두가 〈나〉가 아니요 〈나〉는 물질에 있지 않고 물질은 〈나〉에 속하지도 않으며 〈나〉는 물질 안에 있지 않다'고 이와 같이 바른 생각과 바른 지혜로써 자세히 관찰하여야 하며, 느낌 · 생각 · 지어감 · 의식도 과거와 미래와 현재의 안이거나 바깥이거나 거칠거나 미세하거나 훌륭하거나 하열하거나 멀거나 가깝거나 '이들도 〈나〉가 아니요 〈나〉에게도 이들이 있지 않으며 〈나〉 또한 이들 안에 있지도 않다'고 이와 같이 바른 지혜로써 자세히 관찰하여야 하느니라.

만일 견문이 많은 나의 성인 제자들이 이와 같이 관찰하면 물질에 대하여 싫증을 낼 것이요. 또 느낌 · 생각 · 지어감 · 의식에 대하여도 싫증을 낼 것이나, 만일 싫증을 내면 곧 염착(染著)하지 않을 것이요 이미 염착함이 없으면 곧 해탈하게 될 것이며, 이미 해탈하고 나면 스스로 해탈을 깨달아서 말하기를 '나의 생(生)은 이미 다하고 범행(梵行)이 성립되었으며 할 일을 다 마치고 뒤의 존재[後有]를 받지 않으리라'고 할 것이니라."

그때 세존께서 이 법을 말씀하여 마치시려 할 때에 구수 난타가 티끌을 멀리하고 때[垢]를 여의어 법 눈[法眼]의 깨끗함을 얻었으며 오백의 비구들은 모든 유루(有漏)에서 마음에 해탈을 얻었다.

그때 세존께서 거듭 계송으로써 난타에게 말씀하셨다.

만일 사람에게 선정[定]의 마음이 없으면

곧 깨끗한 지혜가 없으며
모든 번뇌를 끊을 수도 없나니
그러므로 너는 부지런히 닦아라.

너는 항상 묘한 관(觀)을 닦아서
모든 쌓임[蘊]의 나고 없어짐을 알며
깨끗해지고 또한 원만해지면
모든 하늘이 다 기뻐하게 되느니라.

친한 벗들이 함께 기뻐하면서
오가며 서로가 사랑하리니
이름을 탐내고 이익에 집착하는 일을
난타야, 너는 버려야 하느니라.

집에 있는 이[在家]를 친근하지 말고
집을 떠난 이[出家]도 친근하지 말며
나고 죽음의 바다를 뛰어넘어
괴로움의 맨 끝[苦邊際]까지 다 끊어야 한다.

맨 처음은 갈라람(羯羅藍)으로부터
다음에는 물집(疱)같은 살덩이가 생기고
그 살덩이에서는 폐시(閉尸)가 생기며
폐시에서는 건남(健南)이 생기니라.

건남이 순식간에 바뀌고 변하여

머리와 네 개의 팔다리가 생기고
뭇 뼈가 모여 몸을 이루나니
모두가 업인(業因)으로부터 생기느니라.

정수리 뼈는 합하여 아홉 조각으로 되고
턱과 잇몸은 양쪽 뼈로 이어지며
이[齒]는 서른두 개가 있고
그 뿌리 또한 그러하느니라.

귀와 그리고 목의 뼈와
턱 뼈와 아울러 코의 등성이며
가슴과 또한 목구멍에는
총 열두 개의 뼈가 있느니라.

눈언저리에는 네 개의 뼈가 있고
어깨에 둘씩 짝을 이루며
두 개의 팔과 손가락 끝에는
총 오십 개의 뼈가 있느니라.

목 뒤에는 여덟 개의 뼈가 있고
등골 마루에는 서른두 개가 있으며
이들도 저마다 근본이 있고
그 수(數)도 네 개씩 나누어지느니라.

오른 겨드랑이 쪽에 있는 늑골(肋骨)은

서로 연결되어 열세 개가 있고
왼편 겨드랑이에도 서로 연결되어
역시 열세 개의 뼈가 있느니라.

이들의 모든 뼈는 서로를 잡아매듯
삼삼(三三)으로 서로 이어져 있고
둘둘[二二]로 서로 끌어당기거니와
그 밖의 것은 서로 이어지지 않느니라.

좌우의 두 개의 다리와 발에는
합하여 오십 개의 뼈가 있으며
총 삼백 열여섯 개의 뼈들이
몸과 살을 버티는 기둥이니라.

뼈마디가 갈고리처럼 서로 연결되어
중생의 몸을 만든 것을
진실한 말 하는 이가 기억하여 말하노니
바르게 깨달은 이[正覺]가 알 바니라.

발에서부터 정수리까지
뒤섞인 찌꺼기라 견고하지 않으며
이런 것을 같이하여 몸이 되었으므로
무르고 위태하기 갈대집 같느니라.

곁가지가 없이 뼈만으로 세워져서

피와 살을 두루하게 발랐으므로
기관(機關)과도 같은 나무 사람이요
또한 환술로 된 형상과 같느니라.

이 몸은 힘줄과 맥으로 얽어매고
축축한 가죽으로 싸서 덮은 데에
아홉 개의 상처 난 구멍이 있다고
이와 같이 관찰해야 하느니라.

거기에서 똥·오줌의 부정한 것들이
두루하게 항상 넘쳐흐르는 것은
비유하면 곳집과 둥구미 안에
모든 곡맥(穀麥) 등을 담은 것 같느니라.

이 몸 또한 이와 같아서
뒤섞인 찌꺼기가 그 안에 가득 찼고
뼈로 된 기관이 운동하는 것이므로
위태하고 무르며 견실(堅實)하지 않느니라.

어리석은 범부는 항상 좋아하지마는
지혜로운 이는 염착(染著)함이 없나니
눈물과 침과 땀이 언제나 흐르고
고름과 피가 항상 가득 차 있느니라.

누런 지방에 섞여 젖즙이 나오고

뇌(腦)는 해골 속에 가득 차 있으며
흉격(胸融)에서는 담음(痰疒+陰)이 흐르고
그 속에는 생장(生藏)과 숙장(熟藏)이 있느니라.

비계의 기름과 가죽의 꺼풀이며
오장(五藏)과 모든 장(腸)·위(胃)며
이와 같이 냄새나고 문드러진 것들의
모든 부정한 것이 같이 있느니라.

죄업으로 이룬 몸이라 몹시 두려울 만하여
이것이 바로 원수인데
무식(無識)하고 욕심에 빠진 사람은
어리석게도 항상 보호하느니라.

이와 같이 냄새나는 더러운 몸은
마치 썩은 성곽(城郭)과 같은데
밤낮으로 번뇌에 핍박하면서
천류(遷流)하며 잠시도 멈춤이 없느니라.

몸의 성(城)과 뼈로 된 담장의 벽에
피와 살을 이겨서 바른 것에다
탐냄·성냄·어리석음으로 그림 그리며
곳마다 치장하고 꾸몄느니라.

미워할 만한 뼈와 몸의 성(城)에는

피와 살로 서로가 연결하여 모였는데
항상 나쁜 벗의 해를 입으며
안팎의 고통으로 졸여지느니라.

난타야, 너는 알아야 한다.
내가 말한 것과 같다는 것을
밤낮으로 언제나 염두해 두고
음욕의 경계를 생각하지 말지니라.

만일 멀리 여의고자 하면
언제나 이와 같은 관(觀)을 지으면서
부지런히 해탈하는 곳을 구하여
나고 죽는 바다를 속히 초월할지니라.

그때 세존께서 이 입태경(入胎經)을 말씀하여 마치시니, 구수 난타와 오백의 비구들은 모두 크게 기뻐하며 믿고 받아 받들어 행하였다.

난타비구는 나고 죽는 바다의 험난한 곳을 초월하여 안온하게 마지막 열반에 이르러서 아라한의 과위를 얻고는 스스로 경하하면서 게송으로 말하였다.

공경한 마음으로 받들어 목욕하고
깨끗한 물과 바르는 향으로
모든 복전(福田) 한꺼번에 수행한지라
이러한 훌륭한 과보를 얻었도다.

이때 모든 대중들은 이 말을 듣고 나서 모두 다 의심스러웠으므로 이 의심을 풀기 위하여 큰 스승께 청하여 물었다.

"대덕이시여, 난타비구는 전생에 무슨 업을 지었었기에 그 과보로 금빛의 몸을 얻었고 서른 가지의 상호(相好)로써 스스로 장엄하게 꾸몄으며, 세존보다 키가 네 손가락 마디만큼만 작고 음욕의 경계에서 극히 애착을 내다가 큰 스승께서 가엾이 여기시어 나고 죽는 바다에서 억지로 나오게 하여 방편으로써 마지막 열반에 안전하게 들게 하셨나이까. 원하옵건대 저희들을 위하여 말씀하여 주소서."

부처님께서 대중들에게 말씀하셨다.

"난타비구는 전생에 지었던 업의 과보가 성숙되어 모두 다 그 앞에 나타났나니, 자세한 설명은 다음과 같느니라. 게송으로 말하였다.

　가령 백 겁(劫)을 지난다 해도
　지었던 업은 없어지지 않나니
　인연이 서로 만날 때에
　과보가 돌아와서 받게 된다네.

너희들은 자세히 들어라. 과거 세상의 구십 일 겁에는 사람의 수명이 팔만 세에 비바시(毘鉢尸)여래·응공·정등각·명행족·선서·세간해·무상사·조어장부·천인사·불세존께서 세간에 출현하시어 육만이천의 비구들과 함께 인간 세상을 돌아다니시다가 왕이 도읍한 곳인 친혜성(親慧城)의 친혜림(親慧林)으로 가셔서 그 곳에 머무르고 계셨느니라.

그때 그 세손은 이복 동생이 있었는데 음욕의 경계에 지극히 애착하였으므로 그 비바시여래 · 응공 · 정등각께서는 그를 나고 죽는 바다[生死海]로부터 출가하게 하고 방편으로써 마지막 열반에 편히 들게 하였느니라.

그때 그 나라 왕의 이름은 유친(有親)이었는데 법으로써 세상을 교화하였으므로 백성들이 치성하고 풍요하였으며 안온하여 모든 거짓과 도둑과 질병이 없었고 소와 양과 벼며 사탕풀 등이 곳곳마다 가득 찼으며, 그 왕에게도 이복 동생이 있어 극히 음욕에 빠져 있었느니라.

왕은 부처님과 그 대중이 친혜림에 계신다는 말을 듣고 모든 왕자의 곁의 대신들을 거느리고 내궁이며 백성들의 호위를 받으면서 부처님께로 나아가 부처님 발에 머리 조아리고 물러나 한쪽에 앉아 있었느니라.

그때 세존께서는 그 왕과 대중들을 위하여 묘한 법을 널리 드러내 보여주고 가르쳐 이롭게 하고 기쁘게 하였으므로 그들은 뛰어난 견해를 얻었으나, 그 왕의 동생만은 음욕에 빠져 끝없이 즐기면서 그 문을 나오려고 하지 않았느니라.

그때 대신의 아들과 그 밖에 그와 같이 어울리던 벗들이 그에게로 가서 말하기를 '착한 벗이여, 알지 못하십니까. 왕과 왕자며 모든 내궁 · 대신 · 백성들이 비바시부처님께로 가서 몸소 예배 공경하고 묘한 법을 듣고 받아 뛰어난 견해를 얻었답니다. 사람의 몸은 얻기 어려운 것인데 당신은 이미 얻으셨거늘 어찌하여 지금 음욕만을 즐기면서 문을 나오려고 하지 않습니까'고 하자, 그는 그런 책망을 듣고 나서 부끄러워하면서 고개를 숙이고 그들을 따라 같이갔느니라.

그때 부처님의 아우 되는 비구가 그 동료들이 같이 가는 것을 보고 묻되, '무엇 때문에 그대들은 이 한 사람과 짝이 되어 가고 있는 것입니까'라고 하였느니라. 그때 같이 가고 있는 이들이 그 일을 자세히 말해 주자, 비구는 말하기를 '나는 곧 부처님의 아우입니다. 나도 옛날 집에 있을 적에 모든 음욕의 경계에 극히 탐착하고 있었으나 다행히 큰 스승께서 억지로 출가하게 하시어 안온하게 마지막 열반으로 나아가게 하셨습니다. 그런데 여기도 나와 비슷한 어리석은 무리가 있었군요. 당신들은 자비로 억지로 함께 데리고 가시는데 진실로 잘한 일입니다. 지금 위없는 큰 스승께로 나아가십시오. 부처님께로 가시게 되면 반드시 깊은 믿음을 낼 것입니다'라고 하였느니라.

그때 그 동반자들이 함께 부처님에게 이르자, 부처님은 그들을 관찰하시어 근기와 하고자 하는 성품에 맞추어 설법을 하셨고 그는 설법을 듣고 나서 깊은 신심을 일으켜 자리에서 일어나 오른 어깨를 드러내고 합장하고 부처님을 향하여 아뢰기를 '세존이시여, 원하옵건대 큰 스승과 모든 성인들께서는 내일 저의 집으로 오셔서 따뜻한 물에 목욕을 하시옵소서'라고 하였으므로, 부처님께서 잠자코 수락하시자 그는 허락하셨음을 알고 부처님의 두 발에 예배하고 하직한 뒤에 떠나갔느니라. 그리고 왕에게로 와서 공경하여 예를 드린 뒤에 아뢰기를

'대왕이시여, 저는 부처님께 나아가서 설법을 듣고 신심을 내었으며 음욕의 경계를 싫어하고 여의려는 마음을 냈습니다. 그리고 부처님과 스님들께 내일 저의 집으로 오셔서 따뜻한 물에 목욕하시기를 받들어 청하자, 여래·큰 스승께서는 자비로 수락하셨습니다. 부처님은 곧 인간과 하늘이 공양해야 될 어른이시므로 왕께서

는 이제 거리를 소제하시고 성곽(城郭)을 엄숙하게 장식하셔야 합니다'라고 하였으므로, 왕은 생각하기를 '부처님께서 성으로 들어오신다 하니 나는 엄숙하게 장식해야겠구나. 그런데 나의 아우는 음욕에 빠져서 간(諫)하기 조차 어려웠는데 부처님께서 이제 조복해 주셨으니, 진실로 어려운 일이로다' 하고 대답하되 '아주 잘한 일이다. 너는 이제 가서 목욕에 필요한 물건들을 마련하도록 하라. 나는 힘껏 성곽을 엄숙하게 장식하겠노라'고 하자, 그 아우는 크게 기뻐하면서 왕께 하직하고 떠났느니라. 그리고 왕은 모든 신하들에게 '널리 모든 백성에게 알리도록 하라. 내일 세존께서 성 안으로 들어오신다 하니 이전부터 살고 있는 이들과 먼 곳에서 와 있는 이들은 모두가 함께 힘닿는 대로 성곽을 엄숙하게 장식하고 거리를 소제한 뒤에 모든 향과 꽃을 가지고 나와 큰 스승을 맞아들이도록 하라'고 알렸느니라.

이리하여 신하들은 왕의 명을 받들어 널리 알리고 왕의 칙명을 자세히 전했으므로, 그때의 모든 백성들은 그 성 안에 있는 깨진 기와 조각과 자갈들을 모두 제거하고 향수를 두루 뿌린 뒤에 모든 묘한 향을 사르고 많은 번기와 일산을 달고 꽃을 뿌려 놓고 공양하였으므로 마치 하늘 제석(帝釋)의 환희원(歡喜園)과 같았느니라.

그때 그 왕의 아우는 모든 향탕(香湯)과 향유(香油) 등을 마련하고 욕실을 장엄한 뒤에 자리를 펴 놓았으며, 비바시부처님께서 점차로 오시어 성에 닿으시자 왕과 모든 신하와 태자·후비·궁인·채녀(婇女)와 모든 백성들이 다 함께 나와서 영접하며 멀리서 부처님 발에 예배하고 그 뒤를 따라 성 안으로 들어갔느니라.

그때에 그 왕의 아우는 부처님 세존을 인도하여 따뜻한 욕실 안으로 모신 뒤에 향수 등을 드리면서 목욕하게 하였고, 부처님·세존의 몸이 금빛 같고 삼십이상과 팔십종호로 두루 장엄하신 것을 보고 기뻐하면서 깊은 신심을 내었으며, 목욕을 마치고 옷을 입으시자 곧 세존의 두 발에 머리 조아리고 원을 세웠느니라.

'저는 이제 다행히 위없는 복전(福田)을 만나 미약하나마 공양을 하게 되었나이다. 원컨대, 이 좋은 인[善因]으로 미래의 세상에 몸이 금빛이 되어 부처님과 다름이 없게 하옵시며, 세존의 아우께서 음욕의 경계에 깊이 탐착할 때에 억지로 뽑아내시어 안온한 마지막 열반에 나아가게 하신 것처럼, 저도 장차 오는 세상에 부처님의 아우가 되고 금빛 몸을 얻는 것도 그와 같게 하옵시고, 제가 음욕의 경계에 탐착하여 있을 때에도 억지로 그 애욕의 깊은 강물에서 건져내시어 열반의 안온한 곳으로 나아가게 하옵소서'라고 하였느니라. 너희 비구들은 달리 생각하지 말라. 그 음욕에 빠졌던 친혜왕의 아우가 바로 지금의 난타이니라. 그가 옛날 비바시부처님을 청하여 욕실에 모시어 향탕으로 목욕하게 하였고 깨끗한 마음으로 원을 세운 좋은 인연으로 지금 부처님의 아우가 되고 몸이 금빛이 되었으며, 내가 음욕의 경계에 빠져서 마음껏 즐기는 그를 억지로 불러내어 세속을 버리고 출가하게 하여 마지막 열반의 안온한 곳에 이르게 한 것이니라."

그때 모든 대중은 또 의심이 있었으므로 세존께 물었다.

"대덕이시여, 난타비구는 일찍이 무슨 업을 지었었기에 지금의 몸에 서른 가지의 대장부의 몸[相]을 얻게 되었나이까?"

부처님께서 모든 대중에게 말씀하셨다.

"그가 지었던 모든 업에 대한 자세한 설명은 앞에서와 같거니와, 또 지나간 세상에 한 마을에 어느 한 부자가 있었는데 재물이 많아서 살림에 모자람이 없었으며, 꽃과 열매가 무성하고 흐르는 샘과 목욕하는 못이 있었고 나무와 숲이 빽빽하고 높이 솟아서 출가한 사람이 숨어있을 만한 동산이 있었느니라.

그때에 독각(獨覺)이 세간에 출현하여 중생들을 가엾이 여기면서 고요한 곳에 살고 있었으며 세간에는 부처님이 없었으므로 그가 복전(福田)일 뿐이었느니라. 그때 어느 한 독각의 존자(尊者)가 돌아다니다가 그 마을에 이르러 이리저리 두루 관찰한 뒤에 그 동산에 왔으므로 그 동산지기는 그 존자를 보고 말하기를 '어서 오십시오. 고달픔을 풀기 위해서라면 존자께서는 여기에 와 계십시오'라고 하였으므로, 그는 곧 그곳에 머물면서 한밤 중에 화광정(火光定)에 들어갔느니라. 동산지기는 그것을 보고 생각하기를 '이 대덕께서는 이러한 뛰어난 행을 이루셨구나'하고, 즉시 그 밤에 일어나 상전에게로 가서 말하기를

'주인님, 이제 기쁘신 마음을 내십시오. 동산에 한 대덕이 와서 주무시는데 묘한 행을 성취하고 신통을 구족하여 큰 광명을 놓으시면서 동산을 두루 비추고 있습니다'라고 하였으므로, 장자는 그 말을 듣고 동산으로 급히 가서 두 발에 예배하고 말하기를 '성인께서는 인자하시어 음식을 구걸하고 계신데 제가 복(福)의 인(因)을 짓겠습니다. 이 동산에 머물러 계시면 제가 늘 식사를 올리겠습니다'라고 하였느니라. 그는 태도가 겸손하고 은근함을 보고 즉시 수락하고 이 동산에 머무르면서 뛰어나고 묘한 선정과 해탈의 즐거움에 들어 있다가 다시 생각하기를 '나의 이 악취가 나는 몸은 바퀴 돌 듯 나고 죽고 하는데 이제는 해야 할 일은 다 마쳤으니, 원적(圓寂)에 들어가 영원히 생멸이 없음[無生]을 증득해야겠다'고 하고, 이런 생각을 한 뒤에 즉시 허공으로 올라가 화광정에 들어가서 모든 신통 변화를 나타내며 큰 광명을 놓고 위로는 빛이 번쩍거리

고 아래로는 맑은 물을 흐리면서 그 몸을 버린 뒤에 신식(神識)은 태어나지 않고 영원히 남음이 없는 묘한 열반의 경계를 증득하였느니라.

그때에 그 장자는 그 시체를 취하여 향나무로 태우고 다시 젖을 가져다 그 불을 끈 뒤에 남은 신골(身骨)을 거두어 새 병에 넣고 탑[率堵波]을 조성하고는 모든 번기와 일산을 달고 깊이 공경과 믿음으로 서른 가지의 여러 묘한 향수를 뿌린 뒤에 큰 원을 세우면서 모든 상호(相好)를 구하였느니라.

너희들은 자세히 듣고 딴 생각을 내지 말라. 옛날 그 장자가 바로 지금의 난타이니라. 뛰어나고 묘한 공양과 공경히 믿은 업 때문에 지금은 그 과보를 받아서 서른 가지의 뛰어나고 묘한 상호를 얻은 것이니라."

그때 모든 대중은 다시금 의심이 있었으므로 거듭 세존께 청하였다.

"대덕이시여, 난타비구는 일찍이 무슨 업을 지었었나이까. 만일 출가하지 않고 세속을 버리지 않았다면 필연코 철륜왕(鐵輪王)의 왕위를 계승하였을 것이옵니다."

부처님께서 비구들에게 말씀하셨다.

"난타가 전생에 지었던 업으로 그 과보가 성숙할 때에는 반드시 저절로 받게 되었으리라. 자세한 것은 위의 설명과 같다.

과거 세상의 이 현겁(賢劫) 동안에 사람의 수명이 이만 살일 때에 가섭파(迦葉波)부처님이 세간에 출현하셔서 십호(十號)가 구족하셨으며 바라날사(婆羅广+尼斯)의 선인 떨어진 곳[仙人墮處]인 시록림(施鹿林)에 머물러 계셨느니라. 그때에 그 성의 왕의 이름은 흘율지(訖栗枳)라 하였는데 법으로써 세상을 교화한지라 대법왕(大法

王)이 되었으며(자세한 것은 위의 설명과 같다) 왕에게는 아들 삼형제가 있었느니라.

가섭과 부처님께서 교화하실 일을 다 마치고 마치 불이 다한 것처럼 큰 열반에 드시자 그 왕은 믿음과 공경으로 부처님의 유신(遺身)을 모셔다 전단(栴檀)·침수(沈水)·해안(海岸)·우두(牛頭)·천목(天木) 등의 여러 향나무로 화장하고 향과 젖으로 불을 끈 뒤에 그 사리(私利)를 거두어서 금으로 된 보배 병에다 넣고 큰 탑을 조성하여 모두 네 가지 보배를 써서 높이와 넓이는 꼭 일 유순[踰繕那]이요 높이는 반(半) 유순이나 되게 상륜(相輪)을 장식해 놓았다. 그때에 왕의 가운데 아들이 몸소 그 가운데다 일산을 올렸었느니라. 너희 비구들은 딴 생각을 내지 말라. 그때에 왕의 가운데 아들이 곧 지금의 난타이니라. 옛날 공경하는 마음으로 공양하면서 가운데다 일산을 올려놓은 그 착한 업으로 말미암아 이천 오백의 생(生) 동안 항상 천륜왕이 되어서 일주(一洲) 안을 교화하였었고 지금 이생 동안에서도 만일 출가하지 않았다면 도로 천륜왕이 되어서 크게 자재했을 것이니라.”

그때 모든 대중은 다시 또 의심이 있었으므로 세존께 청하여 물었다.

“대덕이시여, 난타비구는 일찍이 무슨 업을 지었었기에 부처님의 제자로서 감관의 문[根門]을 잘 지키는 데에 맨 첫째이옵니까.”

부처님께서 말씀하셨다.

“그것은 서원의 힘 때문이니라. 난타비구가 가섭파부처님 때에 세속을 버리고 출가하였을 때에 그의 친교사(親敎師)가 그 부처님의 법 중에서 감관의 문을 잘 지키는 이로는 첫째라고 하였으며, 그가 목숨을 다하도록 범행(梵行)을 스스로 지녔으나 그 몸으로는 끝내 깨침이 없었으므로 그가 목숨을 마칠 때에 서원을 세우기를 '저는 부처님 처소에서 이 몸이 다하도록 범행을 스스로 지녔사오나 이 몸은 끝내 깨친 바가 없었사오니, 원하옵건대 저는 이 수행한 선근(善根)으로써 이 부처님·세존께서 미래 세상에 어느 마납바(摩納婆)가 마땅히 정각(正覺)을 이루어 명호를 석가모니라 하리라고 수기(授記)하신데서 저는 그 부처님의 교법 가운데 출가하여 세속을 여의고 모든 번뇌를 끊고는 아라한을 얻게 하옵시며, 마치 친교사가 이 부처님 처소에서 감관의 문을 잘 지키는 데에 맨 첫째인 것처럼 저도 역시 그와 같아서 그 교법 가운데서 감관의 문을 지키는 것에 맨 첫째가 되게 하옵소서'라고 하였느니라.

그의 원력(願力)으로 말미암아 지금 나의 처소에서 모든 제자들 중에서 감관의 문을 잘 지키는 데에 맨 첫째이니라.

이와 같아서 비구들아, 만일 순수한 검은 업[純黑業]을 지으면 순수한 검은 보[純黑報]를 얻고 만일 순수한 흰 업[純白業]을 지으면 순수한 흰 보[純白報]를 받으며, 만일 뒤섞인 업[雜業]을 지으면 마땅히 뒤섞인 보[雜報]를 받는 것이니라. 그러므로 너희들은 순수한 검은 업과 뒤섞인 업은 여의고 순수한 흰 업만을 닦을 것이니, 이와 같이 마땅히 닦아야 하느니라."

불설포태경(佛說胞胎經)

서진(西晋) 월지국(月氏國) 삼장(三藏) 축법호(竺法護) 한역 송성수 번역

이와 같이 들었다.

어느 때 부처님께서는 사위국(舍衛國)의 기수급고독원(祇樹給孤獨園)을 유행하고 계셨다. 그 때 현자 난타(難陀)는 선정에 들어 사유(思惟)하고 있다가 곧 일어나 부처님께 나아갔다. 그리고 5백 비구들도 부처님께서 계신 곳에 나아가 그 발 아래에 머리를 조아리고 한 쪽에 앉아 있었다.

부처님께서는 난타와 비구들에게 말씀하셨다.

"너희들을 위해 경을 말하리라. 이 경은 처음 말도 좋고 중간 말도 좋으며 끝의 말도 좋으니라. 그 뜻을 분별해 보면 범행(梵行)을 깨끗이 닦는 것이 미묘하게 두루 갖추어져 있다. 너희들을 위해 사람이 어머니의 태를 받아 나는 때를 설명하리라. 자세히 듣고 잘 생각하라."

"예, 세존이시여."

현자 난타는 분부대로 듣고 있었다.

부처님께서 난타에게 말씀하셨다.

"무엇 때문에 어머니가 태를 받지 못하는가? 부모가 더러운 마음을 일으켜 인연이 회합할 때, 어머니에 대해 아름답다는 마음이 생겨, 좋은 곳이라는 생각을 가지고 중음신(中陰神)이 와 그 앞에 이르렀을 때, 어머니가 정기(精氣)를 잃거나, 혹 아버지는 정기를 잃는데 어머니가 잃지 않거나, 혹은 아버지는 청정한데 어머니가

청정하지 않거나, 혹은 어머니는 정결한데 아버지가 불결하거나, 혹은 어머니가 그 때에 태 안이 막히면 결국에는 태를 받지 못하게[受胎] 된다.

이와 같은 결과는 혹 어머니가 찬 기운이 성하거나, 혹은 그때 소리가 가까우면 이 정기가 멸하는 수가 있으며, 혹 너무 충만하거나, 혹은 약(藥)과 같거나, 혹은 열매와 같거나, 혹은 필발씨[蓽茇中子]와 같거나, 혹은 날 과일과 같거나, 혹은 새 눈[鳥目]과 같거나, 혹은 의사(懿沙)의 눈과 같거나, 혹은 사갈(舍竭)의 눈과 같거나, 혹은 축가(祝伽)의 눈과 같거나, 혹은 눈동자와 같거나, 혹은 나뭇잎과 같거나, 혹은 때[垢]가 뭉친 것과 같은 경우이다.

혹은 깊거나, 위가 깊거나, 혹은 기우(器祐)가 없거나, 혹은 음성에 가깝거나, 혹은 단단한 씨가 구슬과 같고, 혹은 벌레에 먹히고, 혹은 왼쪽이 가깝거나, 혹은 오른쪽이 가깝거나, 혹은 대청(大淸)하거나, 혹은 너무 갑자기 쏟아지거나, 혹은 고르지 못하여 왼쪽이 마땅하나 반대로 오른쪽에서 나오거나, 혹은 물병[水甁]과 같거나, 혹은 과일씨와 같거나, 혹은 낭당(狼唐)과 같거나, 혹은 여러 흠[衆瑕]이 있거나, 혹은 온갖 냉증이 있거나, 혹은 열이 많거나, 부모가 아무리 노력해도 오는 중음신이 비천하거나, 혹은 오는 중음신은 귀한데 부모가 비천하면 그 때문에 생(生)을 서로 만나지 못하게 된다. 그러나 행이 같고 뜻이 같으며, 귀하고 천함이 같고, 마음이 서로 같으면 곧 어머니 태에 들어간다.

무엇 때문에 어머니가 태를 받지 못하는가? 그 전에 착잡한 일이나 조화되지 않은 일들이 없어 뜻이 같고, 행이 같으며, 귀함과 천함이 같으며, 전생의 인연이면 응당 자식을 낳을 것이니, 오는 중음신이 마땅히 부모를 만나 자식이 될 것이다. 그러나 그 때에 정신이 두 가지 마음을 품어 생각하는 바가 각기 다르면 이와 같은 일은 화합하지 않아 태에 들어갈 수 없는 것이다."

부처님께서 아난에게 말씀하셨다.

"어떻게 어머니의 태에 들어가 있을 수 있는가? 그가 박복한 사람이면 스스로 생각하기를 '물과 찬 바람이 있고, 지금 하늘에서 비가 내리며, 대중들은 와서 나를 때릴 것이다. 나는 저 풀더미 속으로 들어가거나, 잎이 우거진 풀덤불 속으로 들어가거나, 혹은 계곡 깊은 골짜기로 들어가거나, 혹은 높은 산으로 올라가야 하리라. 그러나 나는 저 찬 바람과 큰 비와 대중을 벗어날 수가 없다'고 하고 방으로 들어간다. 그러나 복이 많고 세력이 있으면 스스로 생각하기를 '지금 찬 바람이 불고, 하늘에서 큰 비가 내리며, 대중과 함께 나는 저 집 위의 큰 강당에 올라가거나 단층집의 의자에 앉아 있으리라'고 한다."

부처님께서 아난에게 말씀하셨다.

"중음신이 어머니 태에 들 때에는 그 생각이 여러 가지로 각기 다르니라."

부처님께서 아난에게 말씀하셨다.

"중음신이 그 태에 들면 곧 탯집[藏]을 이룬다. 그 태를 이룬다는 것은 부모의 부정(不淨)한 정(精)을 떠난 것이 아니며, 부모의 부정이 의지할 곳을 빌어 인연이 화합해서 포태(胞胎)를 받는 것이다. 그러므로 그것은 부모가 아니지만 부모를 떠나지도 않는 것이다. 아난아, 비유하면 타락[酪]을 담는 병과 같다. 타락병에 우유를 넣으면 타락을 담았던 인연으로 혹 생소(生蘇)가 되지만 그것 하나만으로는 그렇게 소(蘇)가 될 수는 없고, 생소가 타락에서 나온 것도 아니지만 또한 타락을 떠난 것도 아니며, 인연이 화합해서 생소가 되는 것이니라. 이와 같아서 아난아, 부모의 부정을 좇아 몸이 된 것이 아니지만 부모의 부정을 떠나 몸이 된 것도 아니며, 부모가 반연이 됨으로 인해 포태가 되는 것이니라."

부처님께서 아난에게 말씀하셨다.

"또 비유하면 채소[生草菜]에서 벌레가 생기는 원인과 같으니라. 즉 벌레가 채소에서 생기는 것도 아니지만 또한 채소를 떠난 것도 아니며, 채소에 의해 인연이 화합하여 벌레가 생기는 것이니 이것을 반연하는 가운데 벌레가 자연히 생기는 것이다. 이와 같아서 아난아, 부모의 부정으로 몸이 되는 것도 아니지만 부모의 부정을 떠나서 몸이 되는 것도 아니며, 부모가 반연이 됨으로 인해 포태가 되는 것이다.

또 비유하면 아난아, 밀[小麥]을 인해 벌레가 생기는 것과 같으니라. 즉 벌레가 밀에서 생기는 것이 아니지만 또한 밀을 떠난 것도 아니며, 밀이 반연이 됨으로 인해 벌레가 생기는 것이며, 이 화합으로 인해 자연히 벌레가 생기는 것이다. 이와 같아서 아난아, 부모의 부정에 의한 것도 아니지만 부모의 부정을 떠나 몸이 되는 것도 아니며, 부모가 반연이 됨으로 인해 포태가 이루어져 모든 감관과 4대(大)가 성립되는 것이다.

또 비유하면 아난아, 저 파달(波達) 열매에서 벌레가 생기는 것과 같으니라. 즉 벌레는 파달 열매에서 생기는 것이 아니지만 또한 파달 열매를 떠난 것도 아니며 파달 열매가 반연이 됨으로 인해 저절로 생기는 것이다. 이와 같아서 아난아, 부모의 부정에 의한 것도 아니지만 부모의 부정을 떠나 몸이 되는 것도 아니며, 부모가 반연이 됨으로 인해 포태가 이루어져 모든 감관과 4대(大)가 성립되는 것이다.

또 비유하면 아난아, 타락을 인해 벌레가 생기는 것과 같으니라. 즉 그 벌레는 타락에서 생기는 것이 아니지만 또한 타락을 떠나 생기는 것도 아니며, 타락을 반연으로 삼아 벌레가 자연히 생기는 것이다. 이와 같아서 아난아, 부모의 부정에서 생기는 것도 아니지만 부모의 부정을 떠나 몸이 되는 것도 아니며, 부모가 반연이 됨으로 인해 포태가 이루어져 모든 감관과 4대가 성립되는 것이다. 부모의 반연으로 인해 곧 땅의 요소[地種], 즉 단단한 것과 축축한 물의 요소[水種]와 뜨거운 불의 요소[火種]와 기식(氣息)의 바람의 요소[風種]가 성립되는 것이다.

가령 아난아, 부모로 인해 포태가 이루어질 때, 땅의 요소만 있고 물의 요소는 없을 경우, 마치 미숫가루와 같아서 혹 살점이 어우러지지 못하고 문드러져버릴 것이다.

또 가령 부모로 인해 포태가 이루어질 때, 곧 물의 요소만 있고 땅의 요소가 없을 경우, 그것이 엷어져서 물기와 같이 되기 때문에 마치 기름이나 물과 같을 것이다.

또 아난아, 물의 요소는 땅의 요소에 의해 무너지지 않고, 땅의 요소는 물의 요소에 의해 달라붙는 곳이 없는 것이니라.

가령 아난아, 부모의 인연으로 포태가 이루어질 때, 땅의 요소와 물의 요소만 있고, 불의 요소를 의지하지 않을 경우 곧 무너져 없어지고 말 것이다. 비유하면 마치 여름 5월 한창 더울 때에 놓아둔 고깃덩어리 속의 불의 요소로 인해 더러워지고 냄새가 나면서 문드러져 곧 썩어버리는 것과 같으니라. 이와 같아서 아난아, 가령 부모의 태로 인해 땅의 요소와 물의 요소가 이루어지더라도 그것이 불의 요소로 인해 썩거나 없어지지 않느니라. 가령 아난아, 부모의 태로 인해 땅의 요소와 물의 요소와 또 불의 요소가 이루어질 때 바람의 요소가 없을 경우, 바람의 요소 때문에 존립할 수 없고 자라지 못해 곧 성취하지 못한다.

또 아난아, 중음신은 그 안에 있으면서 그 죄와 복을 반연하여 4대인 땅[地]·물[水]·불[火]·바람[風]을 성취하여 구경(究竟)토록 물의 요소의 서로 부지함과, 불의 요소의 분리함과, 바람의 요소가 불어 성장하게 함으로 성취되는 것이니라."

부처님께서 아난에게 말씀하셨다.

"비유하면 연꽃이 물 속에 나서 청정을 구족하고 꽃이 아직 피지 않았을 때, 바람이 불어 그 꽃을 피우고 자라게 하는 것과 같으니라. 이와 같아서 아난아, 중음신이 안에 있으면서 그 죄와 복을 인해 4대(大)를 이루되, 땅의 요소를 성취하고, 물의 요소의 서로 부지함과, 불의 요소의 분리함과, 바람의 요소가 불어 성장하게 하여 차츰차츰 성취되는 것이니라. 그러나 그것은 부모 포태의 반연으로만 사람의 중음신이 태어나는 것이 아니다. 또 부모의 복도 아니요, 아버지의 몸도 아니요, 어머니의 몸도 아니며, 인연의 화합에 의한 것이니, 공(空)의 인연도 아니요, 여러 반연도 아니며, 다른 반연도 아니다. 또 베풂을 함께하고 그 뜻을 같이 하고 화합하여 배(胚)를 이루어 포태를 에워싸느니라.

또 아난아, 비유하면 5곡 초목의 종자가 완전하여 썩지도 않고 벌레 먹지도 않은 것을 기름진 땅을 갈고 거기 뿌려 그것이 나서 잘 자란다면, 아난아, 어떻게 생각하는가? 그 종자가 혼자서 땅과 물로 인해 그 뿌리와 줄기와 가지와 잎과 열매가 이루어지도록 한 것인가?"

아난이 아뢰었다.

"아닙니다. 천중천(天中天)이시여."

부처님께서 말씀하셨다.

"그렇다. 아난아, 부모의 구정(構精)을 따르지 않고 포과(胞裹)를 이룬다는 것과 같나니, 오직 부모에 의해서만 몸을 받은 것도 아니요, 또한 공허한 인연도 아니다. 인연이 모여 되는 것으로서 4대 등이 화합한 인연이 나타나 부처의 포과를 얻어 배태되는 것이니라.

또 비유하면 아난아, 눈이 밝은 사람이 만일 마니주(摩尼珠)를 햇볕에 가져다 놓고 한낮이 되었을 때 마른 쇠똥이나 쑥이나 베를 가까이 두면 곧 불이 붙어 불꽃이 일어날 것이다. 그러나 그 불은 해에서 난 것도 아니요, 마니주에서 난 것도 아니며, 화경이나 쑥에서 난 것도 아니지만 또 그것을 떠나 것도 아닌 것과 같으니라.

또 아난아, 인연이 화합하고 인연이 함께 이르되 적당하여 더하거나 덜하지 않아서 불이 생기는 것이니 배태도 그와 같아서, 부모를 따르지도 않고 부모를 떠나지도 않으며, 또 부모의 부정한 정(精)을 반연하여 포과를 이루고, 그것으로 인해 몸[色]이 만들어져 느끼고[痛痒], 생각[思想]하고, 지어가고[生死], 의식[識]이라는 이름을 얻으며, 그 이름을 반연하여 본래의 색을 이루기 때문에 그것을 명색(名色)이라 한다. 또 아난아, 이 연기(緣起)를 따르는, 가고 돌아옴과 시작과 끝남을 나는 칭찬하지 않느니라."

부처님께서 아난에게 말씀하셨다.

"비유하면 조그만 창병(瘡病)의 냄새와 같다. 즉 그것은 사람들이 다 싫어하거늘 하물며 많은 창병이겠는가? 조금 터져 새는 것도 더러운데 하물며 많은 것이겠는가? 이와 같이 아난아, 조금만 윤회하며 윤회로 종시(終始)에 머무는 것도 나는 칭찬하지 않거늘 하물며 오랜 세월이겠는가? 왜냐 하면 모든 죽음과 윤회의 우환은 매우 괴롭기 때문이니 누가 그것을 좋아하겠는가? 그 냄새나는 곳을 좋아해 어머니 태에 들어가겠는가?"

부처님께서 아난에게 말씀하셨다.

"그 제1주 동안 어머니 태를 받아서는 어떻게 자연히 태가 이루어지는가? 처음에 누워서 이룩되지 못했을 때는 그 태는 자연 그대로와 같다. 즉 7일 동안은 거기에 머물러 증감이 없다가 차츰 뜨거워지며 더욱 단단해지면서 곧 땅의 요소가 성립되고, 그 부드럽고 습한 것은 물의 요소가 되며, 그 중에서 따뜻한 것은 불의 요소가 되고, 그 가운데를 관통하면 바람의 요소가 된다.

제2주 동안에는 전전(展轉)이라는 바람이 있어 천천히 일어나 부는데 왼쪽 옆구리를 향해 불거나, 혹은 오른쪽 옆구리에 불어서 그 몸에 모여 포과가 되는데, 그것은 마치 타락 위의 기름과 같으며 그 정(精)이 더욱 굳어지는 것도 또한 그와 같다. 그것이 7일 동안 더욱 뜨거워지면 그 중에서 단단한 것은 땅의 요소가 되고, 부드럽고 습한 것은 물의 요소가 되며, 그 따뜻한 것은 불의 요소가 되고, 그 사이를 관통하는 것은 바람의 요소가 되느니라."

부처님께서 아난에게 말씀하셨다.

"제3주 동안에는 그 태 안의 어머니 배 속에 성문(聲門)이라는 바람이 있어 천천히 일어나 불어 그 태과(胎裹)를 더욱 엉기게 해 단단하게 한다. 그 단단한 것은 무엇과 같은가? 손가락에 붙어서 불어난 부스럼과 불어나는 살덩이와 같나니 그 정(精)도 그렇게 변한다. 그 가운데서 7일 동안 머물러 더욱 변화해 성숙해지면 그 단단한 것은 땅의 요소가 되고, 부드럽고 습한 것은 물의 요소가 되며, 그 따뜻한 것은 불의 요소가 되고, 그 사이를 관통하는 것은 바람의 요소가 된다."

부처님께서 아난에게 말씀하셨다.

"제4주 동안에는 그 태 안의 어머니 배 속에 음식(飮食)이라는 바람이 일어나 그 태 속에 불어 더욱 단단해지게 하는데 그 단단한 것은 무엇과 같은가? 마치 피를 머금는[含血] 무리가 부주(不注)라는 새끼를 두었는데 속뼈에 알맹이가 없는 것처럼 그 굳은 것도 또한 그와 같다. 거기서 7일 동안 머물러 더욱 변화해 성숙해지면 그 단단한 것은 땅의 요소가 되고, 부드럽고 습한 것은 물의 요소가 되며, 그 따뜻한 것은 불의 요소가 되고, 그 사이를 관통하는 것은 바람의 요소가 되느니라."

부처님께서 아난에게 말씀하셨다.

"제5주 동안에는 그 태 안의 어머니 배 속에 도어(導御)라는 바람이 일어 그 단단한 정에 불어 형체를 변하게 하여 다섯 곳[五處]을 이루는 조짐이 나타나나니, 이른바 두 정강이뼈와 두 어깨와 하나의 머리이다. 마치 봄에 허공에서 비가 내려 나무의 잎과 가지를 자라게 하는 것처럼, 그 태(胎)도 이와 같아서 그 어머니 배 안에서 변화하여 다섯 가지 조짐을 이루나니, 이른바 두 정강이 뼈와 두 어깨와 하나의 머리이니라."

부처님께서 아난에게 말씀하셨다.

"제6주 동안에는 어머니 배 속에 있는 그 태 안에 위수(爲水)라는 자연의 바람이 불어 그 태 안에 그 몸을 변하게 하고 네 가지 조짐을 이루나니 이른바 두 무릎과 두 팔꿈치이니라."

부처님께서 아난에게 말씀하셨다.

"제7주 동안에는 어머니 배 속의 그 태 안에 회전(廻轉)이라는 자연의 바람이 불어 변화시켜 네 가지 조짐을 이루나니 이른바 보드라운 두 손과 보드라운 두 팔이다. 그것은 차츰 저절로 자라 부드럽고 연약해져, 마치 물거품이 마를 때처럼 그 태 안의 네 가지 조짐도 그와 같아서 두 손과 두 발의 부드러운 것이 나타나느니라."

부처님께서 아난에게 말씀하셨다.

"제8주 동안에는 어머니 배 속의 그 태 안에 퇴전(退轉)이라는 자연의 바람이 불어 그 태 안에 스무 가지 조짐이 나타나는데, 열 발가락과 열 손가락이다. 비유하면 허공에서 비가 내려 나뭇가지에 흘러 더욱 무성하게 하는 것처럼, 그 때 배 속의 태 안에 스무 가지 살점이 생겨나나니 즉 열 발가락과 열 손가락이니라."

부처님께서 아난에게 말씀하셨다.

"제9주 동안에는 어머니 배 안의 그 태 속에 자연의 바람이 일어나 아홉 구멍이 생긴다. 이른바 두 눈과 두 귀와 두 콧구멍과 입과 또 밑의 두 구멍이니라."

부처님께서 아난에게 말씀하셨다.

"제10주 동안에는 어머니 배 속의 그 태 안에 좌단(痤短)이라는 자연의 바람이 일어나 그 태 속에 불어 급한 병으로 갑자기 까무라치면서 7일 동안 그 안이 매우 단단해지며, 7일째 밤에는 보문(普門)이라는 자연의 바람이 일어나 그 몸을 정리하여 마치 견고하고 구족한 음성과 같게 하느니라."

부처님께서 아난에게 말씀하셨다.

"제11주 동안에는 어머니 배 속의 그 태 안에 자연히 변화하는 힘을 가진 이괴(理壞)라는 바람이 일어나 그 태 속에 불어 그 모양을 잡으며, 어머니로 하여금 불안하여 질주하게 하거나, 초조하여 동요하거나, 거동이 유약하여 느리거나, 괜히 기뻐 웃거나 말을 헤프게 하거나 노래와 춤을 추거나 바람이 일어 눈물을 흘리게 한다.

이렇게 하여 어머니 태 안에 앉아 때가 되면 기꺼이 손과 다리를 펴며, 그 태의 전향(轉向)이 이루어질 때에는 모든 흩어진 것이 모여 안정된다. 또 주전(柱轉)이라는 바람이 일어 머리에 모였다가 그 정수리에 흩어지면서 그것을 넘어뜨리는데 마치 대장장이가 풀무를 불어 위에서 굴리는 것처럼 한다. 이와 같아서 아난아, 그 주전풍(柱轉風)이 목에 이르러 거기서 산발적으로 돌면서 오간다. 그 바람은 목에서 돌면서 그 목구멍과 배꼽과 모든 손발가락을 열어 그것을 뚫어 새게 하고 그 침전(侵轉)을 더욱 성취시키느니라."

부처님께서 아난에게 말씀하셨다.

"제12주 동안에는 어머니 배 속의 그 태 안에 부면(膚面)이라는 자연의 바람이 불어 그 태 속에 그 위장의 좌우의 형상을 이루게 한다. 비유하면 연뿌리가 땅에 붙는 것처럼, 그 위장이 성취되어 몸을 의지하는 것도 그와 같아서 열여덟 가닥으로 빈, 섬유가 얽힌 도랑이 되며, 이레가 되면 기모(棄毛)라는 자연의 바람이 불어 그 혀가 생기게 하고, 또 눈을 뜨게 하며, 몸의 백 마디를 이루어 다 갖추게 하여 의지함을 줄이지 않고 만 천 마디가 생기게 하느니라."

부처님께서 아난에게 말씀하셨다.

"제13주 동안에는 어머니 배의 그 태 안에 몸의 여윔[贏]을 깨닫고 또 배고프고 목마름을 깨닫는다. 어머니가 먹은 음식이 아이 몸 안에 들어가면 아이는 태 안에서 그것을 받아먹고 어머니에 의해 자라나느니라."

부처님께서 아난에게 말씀하셨다.

"제14주 동안에는 어머니 배 속의 그 태 안에 경루(經縷)라는 자연의 바람이 그 정체(精體)에 불어 9만 개의 힘줄이 생기는데, 2만

2천 5백 개는 몸 앞에 있고, 2만 2천 5백 개는 등에 있으며, 2만 2천 5백 개는 왼쪽 옆구리에 있고, 2만 2천 5백 개는 오른쪽 옆구리에 있느니라."

부처님께서 아난에게 말씀하셨다.

"제15주 동안에는 어머니 배 속의 그 태 안에 홍련화(紅蓮花)라는 자연으로 변화한 바람이 부는데, 그 이름은 파담(波曇)으로서 그 아이의 몸에 불어 20개의 맥(脈)을 편안하게 한다. 다섯 개의 맥(脈)은 몸 앞에 있고, 다섯 개의 맥은 등 뒤에 있으며, 다섯 개의 맥은 왼쪽 옆구리에 있고, 다섯 개의 맥은 오른쪽 옆구리에 있다. 그 맥 가운데에는 무앙수(無央數)의 헤아릴 수 없는 여러 가지의 빛깔들이 있는데 각각 현목(現目)이라고 한다. 다음 것의 이름은 역세(力勢)이고, 또 주립(住立)이며, 또 견강(堅强)이다.

또 청색이나 백색의 한 가지 빛깔이 있는데, 백색은 붉은 것이 되기도 하고, 적색은 흰 것이 되기도 하며, 혹 백색은 누런 것이 되기도 하고 혹 청백색으로 변하기도 한다. 소색(蘇色)·낙유색(酪油色)이기도 하며, 생숙(生熟)이 서로 뒤섞이고 숙숙(熟熟)이 서로 뒤섞인다. 그 20개의 맥(脈)에 낱낱 40개의 권속이 있어서 합하면 8백 개의 맥(脈)이다. 2백 개는 몸 앞에 있고 2백 개는 등 뒤에 있으며, 2백 개는 왼쪽에 있고 2백 개는 오른쪽에 있는데, 2백(百)·2력(力)·2존(尊)·2역세(力勢)이다."

부처님께서 아난에게 말씀하셨다.

"그 8백 개의 맥(脈)에 낱낱 맥마다 만(萬) 개의 권속이 있어서 합하면 8만 개의 맥인데 2만 개는 가슴과 배에 있고 2만 개는 등에 있으며, 2만 개는 왼편에 있고 2만 개는 오른편에 있다. 그 8만 개의 맥에는 무수한 구멍[空]이 있어서 헤아릴 수조차 없나니, 한 개의 구멍·두 개의 구멍·세 개의 구멍, 내지는 일곱 개의 구멍이 있다. 비유하면 연꽃 줄기에 많은 구멍이 있고 거기에는 차례로 한 개의 구멍·두 개의 구멍·세 개의 구멍, 내지는 일곱 개의 구멍이 나 있는 것과 같으니라. 이와 같이 아난아, 그 8만 개의 맥도 역시 그러하여 셀 수 없는 무수한 뿌리의 구멍[根空]이 있어서 하나·둘 ·셋 내지 일곱 개가 있느니라." 부처님께서 아난에게 말씀하셨다. "그 모든 맥(脈)은 털구멍으로 함께 서로 연이어져 있느니라."

부처님께서 아난에게 말씀하셨다.

"제16주 동안에는 어머니 배 속의 그 태 안에 무량(無量)이라는 자연의 바람이 있어 그 아이의 몸에 불어 그 뼈마디를 바르게 하여 각각 제 자리에 있게 하며, 두 눈·두 귀·콧구멍·입·목을 소통 하게 한다. 두루 심장을 안정시켜 먹는 음식이 유통하여 걸림이 없 게 하고 온갖 구멍에서 흘러 들어가고 흘러 나오게 하는데, 역순 (逆順)으로 몸을 따라 차질이 없게 한다. 설령 구애됨 없이 다 갖추 더라도 마치 옹기장이 집에서 옹기 만드는 스승과 제자가 진흙을 잘 조화하여 두드리고 골라서 위아래를 잘 다스려 떨어지지 않게 하여 제 자리에 잘 두는 것과 같으니라. 이와 같아서 아난아, 죄와 복의 인연으로 자연히 바람이 생기면서 그 형체를 변화시켜 그 눈 ·귀·코·입·목구멍·목을 소통하게 하고, 그 심장(心臟)을 열어 놓아 온갖 음식이 잘 통하게 하며, 모든 구멍에서 나오거나 들어감 이 걸림 없어서 그가 먹고 마시는 것을 자유롭게 하느니라."

부처님께서 아난에게 말씀하셨다.

"제17주 동안에는 어머니 배 속의 그 태 안에 모우면(耗牛面)이 라는 자연의 바람이 있어 그 아이의 몸에 불어 그 안정(眼精)을 열 어 깨끗하여 빛나게 하며, 또 두 귀의 정(精)과 코와 입의 문을 다 깨끗이 빛나게 하여 티가 없게 하는데, 비유하면 아난아, 저 거울을 가는 스승의 제자가 더러운 거울을 가져다 갈고 닦아 기름으로 빛나게 하고 그 때를 없애 빛이 안팎에 트이게 하는 것처럼, 이와 같이 아난아, 죄와 복의 인연으로 자연의 바람이 그 눈과 코와 입을 열어 그것이 청정하여 티가 없이 트이게 하느니라.”

부처님께서 아난에게 말씀하셨다.

“제18주 동안에는 어머니 배 속의 그 태 안에 있는 여러 가지 더러운 것을 제거해 다 청정하게 한다. 비유하면 월성곽(月城郭)이나 사람의 궁전에 대견강(大堅强)이라는 바람이 불어 궁전을 돌면서 모든 것을 쓸어 저절로 청정케 하여 아무 더러움이 없는 것처럼, 그 태도 그와 같아서 어머니 배에 들어간 모든 정(精)이 바람에 불려 저절로 깨끗하고 완전해지느니라.”

부처님께서 아난에게 말씀하셨다.

“제19주 동안에는 그 태 안에서 바로 4근(根)을 얻나니, 즉 안근(眼根)·이근(耳根)·비근(鼻根)·설근(舌根)이니라. 처음으로 어머니 배 속에서 3근(根)을 얻나니, 즉 몸[身根]·마음[心根]·목숨[命根]이니라.”

부처님께서 아난에게 말씀하셨다.

“제20주 동안에는 어머니 배 속의 그 태에 앙항(革+卬 革+元)이라는 자연의 바람이 있어 아이의 몸에 불어 그 왼발의 뼈를 나게 하고, 그 오른발에 불어 뼈를 나게 하며, 네 개의 뼈는 무릎에 있고, 두 개의 뼈는 정강이에 있으며, 세 개의 뼈는 목에 있고, 열여덟 개의 뼈는 옆구리에 있으며, 열세 개의 뼈는 손바닥에 있고, 각각 스무 개의 뼈는 좌우의 발에 있으며, 네 개의 뼈는 팔꿈치에 있고, 두 개의 뼈는 장딴지에 있으며, 두 개의 뼈는 어깨에 있고, 열여덟 개의 뼈는 목에 있으며, 세 개의 뼈는 귀 바퀴에 있고, 서른 두 개의 뼈는 입 안의 이에 있으며, 네 개의 뼈는 머리에 있다.

비유하면 아난아, 목수나 화가가 목인(木人)을 만들 때와 같다. 즉 모든 관절을 모으고는 먼저 재목을 다듬어 한데 모아 두고 줄을 나무에 매고 경압(經押)을 만들어서는 줄을 이어 형상을 만들면 사람과 다름이 없다. 이와 같이 아난아, 죄와 복으로 만들어진 자연의 바람이 불어 모양을 만들고 골절로 변하게 하면 인연으로 이루어지는 것이다. 거기서 20주 동안 배 속에 있다가 때를 맞추어 몸에 2백 개의 미세한 뼈가 생겨서는 살과 섞여 합쳐진다."

부처님께서 아난에게 말씀하셨다.

"제21주 동안에는 어머니 배 속의 그 태 안에 소유(所有)라는 자연의 바람이 있어 그 태아 몸에 불어 살이 생기게 한다. 비유하면 아난아, 저 기술 좋은 옹기장이가 묘한 질그릇을 만들 때 독이나 단지나 항아리나 병을 완전하게 만드는 것과 같다. 아난아, 그 소유라는 바람이 그 태아의 몸에 불어 살점이 생기게 하는 것도 그와 같으니라."

부처님께서 아난에게 말씀하셨다.

"제22주 동안에는 어머니 배 속의 그 태 안에 도악(度惡)이라는 자연의 바람이 있어 그 태아의 몸에 불어 음성이 생기게 하느니라."

부처님께서 아난에게 말씀하셨다.

"제23주 동안에는 어머니 배 속의 그 태 안에 침공청정(針孔淸淨)이라는 자연의 바람이 있어 그 태아의 몸에 불어 가죽이 생겨 차츰차츰 구족하게 하느니라."

부처님께서 아난에게 말씀하셨다.

"제24주 동안에는 어머니 배 속의 그 태 안에 견지(堅持)라는 자연의 바람이 있어 그 태아의 몸에 불어 그 가죽을 펴서 고르게 하느니라."

부처님께서 아난에게 말씀하셨다.

"제25주 동안에는 어머니 배 속의 그 태 안에 문재지(聞在持)라는 자연의 바람이 있어 그 태아의 몸에 불어 그 살을 말끔하게 하여 다 윤택하게 하느니라."

부처님께서 아난에게 말씀하셨다.

"제26주 동안에는 어머니 배 속의 그 태 안에 자연으로 된 바람이 있어 그 태아의 몸에 분다. 가령 전생에 죄업을 많이 지었으면 그 재앙이 이 때 나타난다. 모든 열 가지 악으로서, 혹은 간탐으로 재물을 아껴 보시하지 않고, 과거에 성인이나 스승이나 부모의 가르침을 듣지 않았으면, 청정하고 장대해야 할 것이 도리어 작고 왜소하게 되고, 굵어야 할 것이 가늘게 되고, 청정하게 커야 할 것이 추하게 크며, 많이 청정해야 할 것이 도리어 적고, 적어야 할 것이 도리어 많으며, 청정해야 할 것이 도리어 더러워지고, 더러워야 할 것이 도리어 깨끗해지며, 사내여야 할 것이 사내가 아니요, 쾌락하지 않는 사내는 도리어 도둑 같은 사내가 되고, 구해야 할 것을 도리어 얻지 못하고 즐겁지 않는 것이 저절로 이루어지고, 검어야 할 것은 도리어 노랗고, 노랗게 되어야 할 것이 도리어 검게 되느니라."

부처님께서 아난에게 말씀하셨다.

"그 전생에 심은 모든 악을 그대로 받나니, 혹은 장님이나 귀머거리나 벙어리나 미련한 몸을 받게 되기도 하고, 그 몸에 종창이 나며, 나면서 눈이 없고 입으로 말하지 못하며 모든 감관이 막히고 절름발이나 대머리가 되는 등, 전생에 지은 것을 그대로 받으며, 부모의 미움을 받고 법의 이치를 모른다. 왜냐 하면 아난아, 다 전생에 법 아닌 행을 심었기 때문이니라."

부처님께서 아난에게 말씀하셨다.

"가령 그 사람이 전생에 온갖 덕을 행하면서 모든 악을 짓지 않았으면 온갖 선이 그에게 오나니 이른바 열 가지 덕행(德行)이다. 즉 보시하기를 즐겨 아끼는 마음이 없어 과거의 성인이나 스승이나 아버지의 명령을 잘 들었으면, 몸의 모든 기관 중에 자라야 할 것은 청정하게 자라고, 깨끗해야 할 것은 저절로 깨끗해지며, 굵고 청정할 것은 곧 굵고 청정해지고, 가늘어야 할 것은 충분히 가늘어지며, 많이 청정할 것은 곧 많이 청정해지고, 조금 청정할 것은 곧 조금 청정해지며, 고와야 할 것은 곧 고와지고, 참음이 적어야 할 것은 곧 참음이 적어지며, 사내가 될 것은 곧 사내가 되고, 좋은 소리를 좋아하면 곧 좋은 소리를 얻으며, 영락을 좋아하면 곧 보배 영락을 얻고, 검어야 할 것은 곧 검게 되고, 즐겨할 말은 곧 즐기게 된다.

이와 같이 아난아, 전생에 심은 공덕을 따라 모든 선이 저절로 된다. 중생들의 반김을 받고 단정하고 깔끔한 색상이 제일이며, 그 몸과 입과 뜻의 구함과 지음과 원하는 바를 곧 뜻대로 얻나니, 왜냐 하면 아난아, 전생에 심은 것이 저절로 얻어지기 때문이니라."

부처님께서 아난에게 말씀하셨다.

"가령 그것이 사내아이면 곧 어머니의 오른쪽 옆구리로 가서 가부좌(跏趺坐)하고 두 손바닥을 얼굴에 대고 밖을 등지고 그 어머니를 향하는데, 그 위치는 생장(生藏)의 밑이요 숙장(熟藏)의 위이며, 다섯 결박으로 스스로 묶어 마치 가죽주머니에 있는 것과 같다. 가령 그것이 계집아이면 어머니의 왼쪽 옆구리에 가부좌(跏趺坐)하고 손바닥을 얼굴에 대고 있는데 그 위치는 생장 밑이요 숙장 위이며, 다섯 결박으로 스스로 묶어 마치 가죽주머니에 있는 것과 같다. 만일 어머니가 많이 먹으면 그 아이가 불안하고, 너무 적게 먹어도 그 아이가 불안하며, 기름기가 많은 것을 먹어도 그 아이가 불안하고 기름기가 없는 것을 먹어도 그 아이가 불안하며, 너무 뜨겁거나 너무 차거나 이익을 구하거나 너무 달거나 시거나, 굵거나 가늘거나 하여, 이와 같이 그 음식이 고르지 못하면 그 아이가 불안하며, 색욕이 과해도 아이가 불안하고, 바람받이에 있어도 그 아이가 불안하고, 많이 다니거나 너무 달리거나 도가 지나쳐도 아이가 불안하며, 혹 나무에 올라도 아이가 불안해 하느니라."

부처님께서 아난에게 말씀하셨다.

"아이가 어머니 배 안에 있을 때는 그 고뇌와 갖가지 근심과 어려움이 이와 같다. 속인들은 나면서 편안한 곳에 있다 하지만 그것은 이런 것이거늘 하물며 악한 갈래[惡趣]의 온갖 우환이겠는가? 그 갖가지 고난은 이루 비유조차 할 수 없는 것이거늘 누가 어머니 태에 있기를 좋아하겠는가?"

부처님께서 아난에게 말씀하셨다.

"제28주 동안에는 어머니 배 속의 그 태 안에서 여덟 가지 생각을 일으키느니라. 즉 수레를 생각하고 동산을 생각하며, 누각을 생각하고 유람하는 것을 생각하며, 평상을 생각하고 강물을 생각하며 샘물을 생각하고 목욕하는 것을 생각하느니라."

부처님께서 아난에게 말씀하셨다.

"제29주 동안에는 어머니 배 속의 그 태 안에 수중간(髓中間)이라는 자연의 바람이 있어 그 피부를 깨끗하게 하는데 안색이 굳어지면서 그 전생의 행을 따른다. 즉 전생에 검은 행을 지었으면 검은 빛이 나타나 형체가 옻칠과 같고, 전생에 희지도 않고 검지도 않은 행을 지었으면 희지도 않고 검지도 않은 빛이 나타나 형체와 얼굴이 한 모양이며, 전생에 광택이 없는 행을 지었으면 광택이 없는 빛이 나타나 온 몸이 하나같고, 전생에 흰 빛의 행을 지었으면 얼굴이 새하얗고 온 몸도 그러하며, 전생에 누런 빛의 행을 지었으면 얼굴이 누런 빛이며 온 몸도 그러하나니, 아난아, 이것이 세간 사람의 여섯 가지 색으로서 본래 심은 대로 저절로 얻어지는 것이니라."

부처님께서 아난에게 말씀하셨다.

"제30주 동안에는 어머니 배 속의 그 태 안에 자연의 바람이 일어나 그 태아의 몸에 불어 그 모발을 나게 하나니, 전생의 행을 따라 혹은 그 아이의 모발을 새까맣게 하여 한없이 묘하게 하고, 혹은 누런 모발이 나서 사람들이 꺼리기도 하느니라."

부처님께서 아난에게 말씀하셨다.

"제31주 동안에는 어머니 배 속의 그 태 안에 아이 몸이 자꾸 자라 구족하게 되느니라. 제32주 동안에는 어머니 배 속의 그 태 안에서 아이 몸이 저절로 이루어져 조금도 결함이 없느니라. 제33주·제34주·제35주·제36주 동안에는 아이 몸이 원만하고 골절이 견실해지면서 태 안에 있기를 좋아하지 않느니라."

부처님께서 아난에게 말씀하셨다.

"제37주 동안에는 어머니 배 속의 그 태 안에 있는데 저절로 생각이 생기되, 그물 속에 있는 것 같아서 밖으로 내달리고 싶어하며, 깨끗하지 않다는 생각과 더럽다는 생각과, 감옥과 같다는 생각과 어둠 속이라는 생각을 하여 거기 있기를 좋아하지 않느니라."

부처님께서 아난에게 말씀하셨다.

"제38주 동안에는 어머니 배 속의 그 태 안에 있는데 하소수취(何所垂趣)라는 자연의 빛나는 바람이 태아의 몸에 불어 그 있을 곳에 응하게 한다. 즉 두 손을 내려 생문(生門)을 향했다가 그 연과(緣果)를 따라 태아의 몸에 불어 다리를 올리고 머리를 내려 생문(生門)을 향하게 한다.

가령 전생에 온갖 악행을 지었으면 날 때에 임박하여 다리가 물러나고 손발이 뒤틀려 그 어머니가 곤욕을 당해 목숨을 잃기도 하며, 그 고통은 한량이 없다. 그러나 만일 전생에 덕을 닦고 선행을 하여 끝내 장수하였으면 곧 수명이 뒤틀리지 않고 중간에 요절하지 않으리니, 그 어머니는 이 때문에 고뇌와 무수한 근심을 만나지 않는다. 그는 제38주 동안에는 큰 고통과 끝없는 근심을 만나 걱정하면서 좋아하지 않느니라."

부처님께서 아난에게 말씀하셨다.

"생사의 고통은 매우 심하다. 사람이 남자 아이나 여자 아이를 낳으면 그것이 땅에 떨어지는 고통은 말할 수 없어 그 고뇌와 고생스러운 맛은 매우 좋지 못하나니, 혹은 그 몸에 옷을 걸치거나, 혹은 이불 위에 누이며, 혹은 평상에 두고, 혹은 맨땅에 두며, 혹은 덮어 주고, 혹은 벗겨 놓으며, 혹은 뜨겁거나 찬 곳에 두기도 하느니라. 그러므로 그 고통과 근심을 만난 처참함은 지독하기 말할 수 없느니라.

비유하면 아난아, 뱀이나 살무사나 소가죽을 달아매어 놓은 것과 같다. 즉 만일 벽에 있으면 곧 벌레가 생겨 도리어 그 껍질을 먹고, 혹은 나무나 풀이나 언덕에 두거나, 혹은 공중에 두어도 곧 벌레가 생겨 도리어 그 몸을 먹으며, 어디 두어도 곧 벌레가 생겨 도리어 그 몸을 먹는다. 아이가 처음 날 때에는 손으로 받는데 그 고통의 괴로움은 이루 말할 수 없다. 혹은 옷으로 해서 받는 느낌도 앞에서 말한 것과 같다. 혹 점차로 그 몸이 자라면 배고프고 목마르며 춥고 덥다. 그 어머니는 걱정하며 마른데 진 데를 가리면서 기를 때, 그 더러운 것들을 치우나니, 이른바 과거 성인의 법[法律]이 바로 이 어머니가 젖을 먹여 기르는 은혜이니라."

부처님께서 아난에게 말씀하셨다.

"이와 같이 못내 괴로운데 누가 그 어머니 태 안에 있기를 즐거워하겠는가? 아이는 난 지 오래되지 않아 음식으로 몸을 기르는데, 몸에는 곧 8만 가지 벌레가 생겨 두루 돌아다니면서 아이 몸을 먹는다. 머리털 밑에 있는 벌레의 이름을 설지(舌舐)라 하는데 그것은 머리털 뿌리를 의지하여 그 머리털을 먹는데 그 벌레의 이름은 도를 수행하는 자리에 있다 하여 첫째는 설지(舌舐)요, 둘째는 중지(重舐)이다. 세 가지는 머리 위에 있는데 이름은 견고(堅固), 상손(傷損), 훼해(毁害)이니라."

부처님께서 아난에게 말씀하셨다.

"사람 몸의 고뇌는 이와 같이 8만 가지 벌레가 밤낮으로 그 형체를 먹어, 사람을 여위고 피로하며 기운을 적어지게 하며, 또 그 몸을 병들게 하는데, 혹은 춥고 더운 온갖 질환을 만들어 그 숱한 고뇌는 이루 다 셀 수 없다. 번열과 초조의 고통이 심하며, 굶주려도 그 고통이 지극하고, 다녀도 그 고통이 지극하며, 안주해 있어도 그 고통이 지극하다. 만일 몸에 병이 있으면 또 의약을 구해 그것을 없애려 한다.

어머니 배 속에 있어서도 그 고통은 말할 수 없는데 사람으로 나서는 오래 살아야 1백 세이며, 혹은 길기도 하고 짧기도 하다. 1백

세 동안에 1백 번의 봄, 1백 번의 여름, 1백 번의 가을, 1백 번의 겨울을 지난다. 1백 세 동안에 1천 2백 달[月]을 지나게 되는데 봄의 세 달, 여름의 세 달, 가을의 세 달, 겨울의 세 달이다. 1백 세 동안을 명백청명(明白靑冥)의 부(部)로 나누면 무릇 2천 415일인데 봄이 615일요, 여름 615일, 가을이 615일, 겨울이 615일이다.

　1백 세 동안은 무릇 7만 2천 끼니이니, 봄이 1만 8천 끼니, 여름이 1만 8천 끼니, 가을이 1만 8천 끼니, 겨울이 1만 8천 끼니이다. 그 중에서도 혹 부끄러워서 먹지 않을 때와, 성이 나서 먹지 않을 때와, 가난해서 먹지 못할 때와, 일이 있어서 먹지 못할 때와, 몹시 취해서 먹지 못할 때와, 재(齋)로써 먹지 못할 때가 다 이 7만 2천 끼니 가운데 들어 있느니라. 아난아, 이렇게 고뇌가 심한데 누가 어머니 태에 있기를 좋아하겠는가? 이런 온갖 근심에 시달려서 일찍이 편안할 적이 없는 것이다.

　또 뭇 인연에 얽매어 혹은 눈병을 앓거나, 혹은 귀·코·입·혀·이에 통증이 있거나, 다리·목·허리·척추·팔 등, 모든 골절의 병과 질환, 풍병(風病)·전한(前寒)·장열(壯熱)·옴·치질·창병·부스럼·황달·천식·미친병·장님·귀머거리·벙어리·바보·혹·꼽추와 온갖 뼈마디의 아픔과 헛배부름·대하증과 신체의 부종(浮腫) 등을 앓는다. 이와 같이 아난아, 지(地)·수(水)·화(火)·풍(風)에서 하나만 치우치면 백 병이 생긴다. 바람이 많아도 1백 가지 질병이 생기고, 더위가 많아도 1백 가지 질병이 생기며, 추위가 많아도 1백 가지 질병이 생기고, 과식을 해도 1백 가지 질병이 더해지며, 바람과 추위와 더위의 세 가지가 모여 404가지 질병이 동시에 생겨난다.

　그 이외에도 다 말할 수 없는 우환이 있으니, 혹은 손을 잘리고,

혹은 다리와 귀와 코를 잘리며, 혹은 머리를 베이고, 혹은 결박당하고 매를 맞으며, 감옥에 갇히고 고문을 당한다. 혹은 사람을 겁내고, 혹은 사람 아닌 존재[非人]나 지옥·아귀·축생의 환난을 두려워하며, 광야에서 모기·등에·벼룩·가·벌의 쏘이는 환난의 고통과 호랑이·사자·뱀·살무사 등의 두려움에 괴로워하나니, 이런 고통은 다 말할 수가 없다. 구하는 것이 많아 고통의 뿌리를 심고, 얻지 못하면 걱정하며, 좋아하는 것이 있으나 뜻대로 되지 않고, 이미 얻은 것은 수호해야 하며, 살아감에 고생해야 소득이 있고, 원함에 있어 한도에 차지 않으니 진로(塵勞)의 고뇌에 장애가 많으니라."

부처님께서 아난에게 말씀하셨다.

"요약해 말하면 5음(陰)이 바로 고통이다. 모든 입(入)과 모든 쇠(衰)와 많은 생각으로 말미암아 고통이 생기고 이것으로 말미암아 교만을 일으켜 스스로 잘났다 뽐내며 멋대로 마음이 내달아 불안하나니, 하나하나의 모든 이치들을 통해 그 자연을 관찰해야 하느니라.

비유하면 수레바퀴가 한 곳에 가만히 있지 못하는 것과 같다. 누웠거나 앉아 있거나 땅에 서 있거나 노래하거나 춤추거나 즐겨 웃으면서도 괴롭다는 생각을 관(觀)해야 한다. 가령 경행(經行)하거나 앉았거나 서 있거나 거닐거나 항상 괴로움을 생각하라. 온갖 고뇌와 근심은 셀 수 없나니, 어느 하나 유쾌한 것이 있겠는가? 경행하는 곳에서 편안하다는 생각을 일으키지 않고 곧 걸음을 멈추고 앉아서 다니지도 않거나 평상에 앉아 있지 않을 때라 해도 괴로운 것임을 알아야 하느니라."

아난이 말했다.

"편안하다는 생각을 내지 않겠습니다."

부처님께서 아난에게 말씀하셨다.

"비록 위의(威儀)가 있더라도 휴식할 수 없는 것인즉, 갖가지 한량없는 고통이 있어 마음으로 스스로 상념을 일으키나니, 어찌 괴롭지 않다고 하랴? 아난아, 이와 같이 생사(生死)란 즐거워하기 어려운 것이다. 두 가지 우환을 생각하라. 즉 제 몸의 괴로움과 남의 괴로움이니, 이 두 가지 이치를 관찰하여 스스로 살펴보아야 한다. '내 비록 출가하였다 하나 무엇으로 지혜를 이루고 큰 과보를 얻어 안온하여 걱정이 없으며, 그 음식·의복·평상·침구·의약품 등을 수용할 적에 그 주인으로 하여금 큰 과보를 얻고 큰 광명과 무량한 넓은 이치를 얻게 하는가?'"

부처님께서 아난에게 말씀하셨다.

"마땅히 이렇게 배워야 한다. 아난은 어떻게 생각하느냐? 물질 [色]은 항상한 것[有常]인가, 무상(無常)한 것인가?"

아난이 대답하였다.

"무상한 것입니다. 천중천(天中天)이시여."

"만일 무상하다면 괴로움[苦]인가, 괴로움이 아닌가?"

아난이 부처님께 아뢰었다.

"심한 괴로움입니다. 천중천이시여."

"무상한 일들은 또 이별해야만 하는 법으로서 항상 존재할 수 있는 것이 아니다. 성현의 제자로서 이 이치를 듣고도 과연 '내[吾我]가 있다, 이것은 내 것이다'라는 생각을 일으키겠는가?"

아난이 부처님께 아뢰었다.

"아닙니다. 천중천이시여."

"물질[色]·느낌[痛痒:受]·지어감[生死:行]·의식[識]은 항상한 것인가, 무상한 것인가?"

대답하였다.

"무상한 것입니다."

"가령 무상한 것이라면 그것은 괴로움인가, 편안함인가? 성현의 제자로서 이 말을 듣고는 과연 '내[吾我]가 있다. 이것은 내 것이다'라고 하겠는가?"

"아닙니다. 천중천이시여."

"그러므로 아난아, 모든 색의 과거와 미래와 현재를 생각하면 안과 밖, 추함과 고움, 미묘함과 더러움이나, 멀거나 가깝거나 간에 그 모두에 나가 없고 남도 없고 내 몸도 아니니, 밝게 통달한 지혜로운 사람은 평등하게 관찰하는 것이다. 가령 아난아, 성현의 제자로서 물질을 싫어하거나 느낌·생각·지어감·의식을 싫어한다면 번뇌를 떠날 것이요, 번뇌를 떠나면 해탈할 것이며, 해탈에 뜻을 두면 해탈에 이르러 지혜로 깨달아 생사를 다 없애고 범행(梵行)을 칭양하며 몸으로 할 일을 마치고 저 언덕에 이르러 현재에 이 경계의 가장자리를 보일 것이니라."

부처님께서 이 경을 말씀하시자 현자 아난은 모든 법안(法眼)이 생기고 5백 비구들은 번뇌가 다해 뜻이 풀렸다. 그리고 현자 아난과 5백 제자와 모든 하늘과 용과 귀신들은 이 경을 듣고 다 기뻐하였다.

불설장수멸죄호제동자다라니경
(佛說長壽滅罪護諸童子陀羅尼經)

이와 같이 나는 들었다.

　어느 때 부처님께서 왕사성 기사굴산에 큰 비구스님 천 이백 오십 인과 함께 계시었다. 거기에는 큰 보살 일만 이천 인과 모든 천룡 팔부와 귀신과 사람인 듯 아닌 듯한 것들도 같이 모였었다. 그 때에 부처님은 신통력으로써 미간에서 여러 가지 광명을 놓았는데 그 빛은 오색이었다. 한 광명 가운데 한량없는 화신 부처님이 계셔서 이와 같은 부처님의 경계를 중생들로서는 도저히 헤아릴 수가 없었다. 그리고 화신 부처님마다 한량없는 화신보살이 있어 부처님의 공덕을 찬탄하여 노래하였다. 그 광명은 실로 미묘해서 헤아리기가 어려웠다.

　위로는 비비상천에 이르고, 아래로는 아비지옥에까지 미치었으며 팔만 겁을 둘러 비추지 않은 데가 없었다. 그 속에서 부처님의 광명을 만나는 중생이면 누구나 저절로 염불을 하게 되어 초지방편삼매를 얻었다.

　그 때 모인 대중 가운데서 새로 발심한 보살 마흔 아홉 사람이 있었는데 그들은 저마다 부처님에게서 오래 사는 법을 듣고 싶어했으나 묻지 못하고 있었다. 그 뜻을 알아차린 문수보살은 자리에서 일어나 옷깃을 여미고 부처님께 합장하며 이렇게 아뢰었다.

　"부처님이시여, 제가 보기엔 대중 가운데서 의문이 있는 것 같사와 이제 그것을 묻고저 하오니, 부처님께서는 제가 말씀드린 바를 들어 주시옵소서."

"착하고 착하다. 문수사리여! 너희에게 의문이 있다면 묻고 싶은대로 물어라."

문수사리는 이렇게 말씀하셨다.

"부처님이시여, 모든 중생은 생사의 바다에서 온갖 나쁜 업을 한량없이 지어, 그로 말미암아 지옥. 아귀. 축생. 아수라. 인간. 천당 등 여섯 갈래로 윤회하는 것이온데 어쩌다 사람의 몸으로 태어난다 할지라도 단명한 업보를 받는다 하옵니다. 어떻게 하오면 그 목숨이 길어지고 모든 나쁜 업을 없앨 수 있을지 부처님께서는 오래 사는 법을 말씀해 주옵소서."

부처님은 말씀하시기를 "문수여, 그대의 자비심이 한량없어서 죄로써 괴로워하는 중생들을 가엾이 여긴 나머지 그렇게 물었지마는 설사 내가 말한다 할지라도 중생들은 믿지 않을 것이다".라고 하셨다."

문수사리는 다시 부처님께 말씀하셨다.

"부처님은 천상과 인간의 스승이시고 두루 중생을 보살피시는 자비스런 어버이시니 바라옵건대 저희들을 가엾이 여기시와 널리 말씀해 주옵소서."

부처님은 문득 미소를 지으시고 대중에게 말씀하셨다.

"너희들은 잘 들어라. 이제 너희를 위해서 말해 주겠노라. 지나간 세상에 무구 청정이라고 하는 세계가 있었더니라. 거기 계신 부처님은 이름을 보광정견여래라 하였는데, 한량없이 많은 보살 대중이 공경하여 모시고 있었다. 그 불법가운데는 전도라고 하는 한 여자 신도가 있었는데 부처님이 세상에 출현하셨다는 소문을 듣고

출가하려고 하여 보광정견여래 앞에 나아가 말하기를

"부처님이시여, 저에게는 나쁜 업이 있어서 참회코저 하오니, 부처님께서는 제가 올리는 말씀을 들어주시옵소서. 제가 예전에 어떻게 잘못하여 어린애를 밴지 여덟 달만에 집안의 위신을 염려해서 어린 생명을 돌 볼 새 없이 약을 먹어 지운 일이 있었습니다. 일찍이 어떤 지혜 있는 이가 와서 제게 말하기를, 만일 태를 상하는 사람은 생전에는 중병이 들어 목숨이 단명하고 죽은 뒤에는 아비지옥에 떨어져 무서운 형벌을 받는다고 하였는데, 이제 와서 생각하니 두렵고 무서워서 어쩌면 좋을지 모르겠습니다. 바라옵건대 부처님께서는 자비로서 저를 위해 설법하여 주옵시고, 출가를 허락하여 이 괴로움에서 벗어나게 하여 주시옵소서." 하며 슬피 우는 것이었다.

보광정견여래는 전도 여인에게 이렇게 말씀하셨다.

"세상에는 참회해서 없애기 어려운 다섯 가지가 있는데 그것은 첫째 아버지를 죽임이요, 둘째 어머님을 죽임이요, 셋째 태아를 죽임이요, 넷째 부처님의 몸에서 피를 냄이요, 다섯째는 화합한 대중을 깨뜨리는 일들이니 이와 같은 나쁜 짓은 그 죄를 없애기 어려우니라."

이 말을 들은 전도여인은 슬피 눈물을 흘리고 부처님 앞에 꿇어 엎드려 흐느끼면서 말하였다.

"부처님이시여, 부처님께서는 너그러운 자비로써 모든 것을 구호하옵시니, 저를 가엾이 여겨 법문을 설해 주소서."

보광정견여래는 다시 전도 여인에게 말씀하셨다.

"너는 이 죄업으로 아비지옥에 떨어져 쉴 새 없이 견디기 어려운 고통을 받을 것이다. 훨훨 타오르는 사면에는 무쇠로 둘려있고, 위로는 철망이 쳐 있으며 네 문에도 불꽃이 맹렬하여 달아날 수도 없다. 만약 거기 한 사람이 들어가게 되면 몸은 옥 속에 가득 차 빈틈이 없으며, 수많은 사람이 들어간다 하더라도 또한 사람으로 가득 찰 것이다. 그런데 거기 죄인의 몸에는 독이 오른 뱀이 칭칭 감기어 물고 뜯으면 그 몸서리치는 아픔은 타오르는 불꽃의 아픔보다 더하리라. 또 거기에는 소의 머리를 하고 손에는 쇠뭉치를 든 옥졸이 나타나서 때릴 듯이 시뻘건 눈알을 부라리며 고래고래 고함을 칠 것이다. 이와 같이 오랜 겁을 두고 고통을 받으면서도 죽을 래야 죽을 수도 없는 것이다. 너도 태아를 죽인 죄 값으로 이러한 고통을 받으리라. 내 말이 거짓이라면 나는 부처가 아니다."

여인은 이 말을 듣고 놀란 끝에 기절을 하였다. 이윽고 다시 깨어나 슬피 울면서 부처님께 거듭 하소연하였다.

"부처님, 저 혼자서만 그러한 고통을 받습니까? 그렇지 않으면 모든 중생이 죄다 받게 되는 것입니까?"

"여인아, 네 어린것이 태 안에 있을 때에는 사람의 형상을 갖추어 마치 지옥에 있는 것과 같은 것이다. 어미가 더운 음식을 먹으면 더운 지옥과 같고, 차가운 음식을 먹으면 차가운 지옥과 같아서, 종일토록 괴로워하며 어둠 속에 있는 것이다.

네가 또한 나쁜 마음으로 독약을 먹었으니 이 악업으로 스스로 아비지옥에 떨어지게 된 것이다. 죄인은 다 너와 같은 무리니라."

"그러하오나 제가 듣사오니 나쁜 죄를 지은 사람일지라도 만약 부처님이나 큰스님 앞에서 참회하면 그 죄가 곧 없어진다 하였사온데 저를 불쌍히 여기사 말씀해 주소서."

보광정견여래는 다시 여인에게 말씀하셨다.

"만약 어떤 중생이 여러 가지 무거운 죄를 지었더라도 부처님이나 큰스님 앞에서 지성으로 참회하고 다시 죄를 짓지 않는다면 죄가 없어질 것이다. 목숨이 마친 뒤 염라대왕이 죽은 이의 죄가 있고 없음을 묻기 전에 육친 권속이 부처님이나 큰스님을 청해서 이레 동안 대승경전을 읽으며 향을 사르고 꽃을 흩으면 명부의 사자가 죽은 이의 선악을 가릴 때에 오색으로 된 신기한 깃대를 가지고 오는 데, 깃대 둘레에서는 노래로 찬탄하며 미묘한 음성으로 이 사람은 착한 일을 했다고 염라대왕에게 알릴 것이다.

그러나 이레 안에 삿된 짓만 믿고 불법과 대승경전을 믿지 아니하며 효순한 마음과 자비한 마음이 없으면, 반드시 명부의 사자가 검은 깃대를 가지고 올 것이다. 그 깃대 둘레에서는 한량없는 나쁜 귀신들이 모여와 이 사람은 나쁜 짓만 했다고 염라대왕에게 알릴 것이다.

이 때에 염라대왕이 오색의 기를 보게 되면 마음이 아주 기뻐서 큰소리로 노래해 이르기를 원컨대 나의 이 몸도 그대와 같이 착하게 된다면 모든 지옥이 연화대가 되어, 모든 죄인들이 다 기쁨을 누릴 것이다라고 할 것이다.

그러나 만약 염라대왕이 검은 기를 보게 되면 무섭게 성을 내어 고래고래 소리를 치면서 죄인을 잡아 십 팔 지옥에 보낸다.

칼 숲으로 된 산을 오르게 하거나 무쇠 평상에 누이며 혹은 혀를 빼어 보습을 삼아 밭을 갈며, 방아에 찧어 바사지게 하고 돌에 갈아 물이 되게도 하며, 하루에 만 번 죽이고 만 번 살리며, 마침내는 아비지옥에 떨어져 더할 수 없는 괴로움을 받으면서 한시도 쉴 때가 없느니라."

보광정견여래의 말이 채 끝나기 전에 공중에서 험악한 소리로 외쳤다.

"전도 여인아! 너는 태아를 죽인 죄로 단명한 보를 받을 것이다. 나는 귀신의 사자로서 너를 잡으러 왔노라."

이 소리를 들은 전도 여인은 질겁을 하여 부처님의 발을 안고 오들오들 떨면서 "부처님이시여, 저를 위해 널리 모든 불법을 말씀하셔서 죄업을 소멸하는 인연을 지어 주시옵소서. 죽기로써 원을 이루겠나이다."고 하였다.

그 때에 보광정견여래는 부처님의 위신력으로써 귀신의 사자에게 말씀하셨다.

"무상살귀여, 내가 이제 전도 여인을 위하여 장수멸죄경을 설하리니, 잠깐만 기다려라. 내 마땅히 너에게 과거 천불께서 설하던 부처님의 비밀한 장수명경으로써 너희로 하여금 나쁜 길에서 벗어나게 하리라."하시고 전도 여인에게 향하여 말씀하셨다.

"여인이여 잘 듣거라. 이 무상살귀가 구하는 뜻을 벗어나기란 정말 어려우니라. 설사 한량이 없는 백 천 금은 유리 같은 보배가 있다 할 지라도 그것으로 수명과 바꿀 수는 없는 것이다. 비록 국왕과 왕자와 재상과 부자의 세력으로도 무상살귀가 한 번 오게 되면 그 목숨을 더 이어갈 수가 없는 것이니라.

전도여 잘 듣거라. 그러나 오직 부처님만은 능히 이 괴로움을 면할 수 있느니라. 세상에 두 사람이 있는데 그는 심히 희귀하여 우담화처럼 만나 보기 어려우니라. 한 사람은 악한 법을 행하지 아니하고 다른 한 사람은 죄가 있으면 곧 참회하니 이와 같은 사람들은 결코 흔하지 않느니라. 네가 지극한 마음으로 내게 참회하니 나는 너를 위하여 장수경을 설해서 너로 하여금 무상살귀의 괴로움에서 벗어나게 해주겠노라.

전도여인이여, 똑똑히 알아라. 오는 세상 흐리고 악한 때에 만약 어떤 중생이 여러 가지 무거운 죄 곧 부모를 죽이거나 독약을 먹어 뱃속에 든 태아를 죽이거나 탑과 절을 무너뜨리거나 이와 같은 오역 죄를 범한 중생일지라도, 만약 이 장수경을 받아 가지고 쓰거나 읽고 외우며 몸소 쓰거나 남을 시켜 쓰게 할지라도 죄를 면하고 천상에 난다고 하였는데 하물며 네가 이제 친히 나를 만나봄에 있어서랴.

착하도다. 전도 여인이여! 네가 한량없이 많은 겁을 두고 여러 가지 착한 일을 해 왔으며 또 지극한 마음으로 참회함으로 내가 이제 더할 수 없는 법륜을 굴려서 끝없이 넓은 생사의 바다를 건너게 하리라. 너는 정신차려 들어라. 나는 과거 모든 부처님이 의지하던 열 두 인연법을 설하리라.

"무명은 행의 연이 되고 행은 식의 연이 되고, 식은 명색의 연이 되고, 명색은 육입의 연이 되고, 육입은 촉의 연이 되고, 촉은 수의 연이 되고, 수는 애의 연이 되고, 애는 유의 연이 되고, 유는 생의 연이 되고, 생은 노사와 근심. 슬픔. 괴로움을 연이 되는 것이니라.

무명이 없어지면 행이 없어지고, 행이 없어지면 식이 없어지고 식이 없어지면 명색이 없어지고, 명색이 없어지면 육입이 없어지고, 육입이 없어지면 촉이 없어지고, 촉이 없어지면 수가 없어지고, 수가 없어지면 애가 없어지고, 애가 없으지면 취가 없어지고, 취가 없어지면 유가 없어지고, 유가 없어지면 생이 없어지고, 노사와 근심. 슬픔. 괴로움이 없어지는 것이니라."

전도여 이렇게 알아라. 모든 중생이 열 두 인연법을 보지 못함으로, 나고 죽는 괴로움에 윤회하느니라. 만약 열 두 인연법을 보는 이가 있으면 그는 곧 법을 볼 것이요. 법을 보는 이는 곧 부처님을 볼 것이며, 부처님을 보는 이는 곧 부처님의 성품을 보는 것이니

라. 왜냐하면 모든 부처님은 이로써 성품을 삼기 때문이니라. 네가 이제 이 열 두 인연법을 내게서 들었으니 너는 이제 부처님의 성품을 얻어 청정한 법의 그릇이 되었노라. 내가 너를 위해 한가지 진실한 도를 말하리니, 너는 깊이 생각하여 일념으로 지키라.

일념이란 곧 보리심을 가리키는 말이며, 보리심은 곧 대승법을 이름이니, 모든 부처님과 보살들이 중생을 위하기 때문에 이 일을 분별하여 삼승으로 설하나니, 너는 마땅히 생각 생각에 항상 부지런히 이 보리심을 지켜서 잊어버리지 말 것이니라.

비록 탐욕, 성냄. 어리석은 등 삼독고가 눈. 귀. 코. 혀. 몸. 뜻의 육적이 있어 모든 악마가 와서 침범할지라도 마침내 이 보리심을 변할 수 없느니라. 이와 같은 보리심을 지킴으로 말미암아 몸이 금강 같고 마음은 허공 같아서 무너지지 아니하나니, 무너지지 않기 때문에 곧 바른 깨달음을 얻고 또 이로 말미암아 항상 즐겁고 청정해서, 무상살귀와 생로병사와 온갖 지옥의 괴롬에서 벗어나게 되느니라.“

보광여래가 대중 가운데서 이와 같은 법을 설할 때에 허공에서 귀신의 사자가 이렇게 말하였다.

“제가 일찍이 들사오니 부처님께서 이 법을 설하시면 지옥이 청정하여 연화대가 된다고 하였는데, 제가 이제 귀신의 경계를 버리겠나이다.” 하고 나서 전도 여인에게 이르기를 “그대가 도를 이룬 때에는 나를 제도해 달라.” 고 하였다.

그때에 보광정견여래는 다시 전도 여인에게 말씀하였다.

“내가 이미 너를 위하여 열 두 인연법을 설해 마쳤거니와 다시 여섯 가지 바라밀을 설하리니 잘 받아서 행하라.

보시하고, 계율을 지키고, 참고 견디며, 힘써 배우고, 선정을 닦으며, 지혜를 얻는 것이 여섯 가지 바라밀이니 명심해서 행하라. 그리고 지난 세상 모든 부처님이 성불하시던 게송을 말하리라.

『모든 행이 무상한 것이어서
이 또한 나고 죽는 법이니
나고 죽는 법이 없으면
고요한 즐거움을 누리리라.』

이 법문을 들은 전도 여인은 마음이 환히 열려, 부처님의 신통력으로써 허공에 올라 높이 일곱 다라수나 되는 곳에 편안한 마음으로 고요히 앉아 있었다.

이 무렵 한 바라문을 집안이 아주 부자여서 부러울 것이 하나도 없었는데 뜻밖에 중병이 들게 되었다. 의사에게 보이니 그의 말이 사람의 눈알을 약에 섞어서 먹어야만 병을 고칠 수가 있다고 하였다. 부자인 바라문은 곧 어린 시종을 시켜 거리로 다니면서 큰 소리로 이렇게 외치라고 하였다.

"누구든지 아픔을 참고 두 눈을 빼어 팔아 준다면, 그에게는 천금을 주고 창고에 있는 보배를 마음껏 쓰도록 하리라."고

그 때 마침 전도 여인이 그와 같이 외치는 소리를 듣고 마음속으로 아주 기뻐하면서 이렇게 생각하였다.

'나는 이제 부처님에게서 장수경을 듣고 악업을 없애고 마음이 환히 열려 모든 불성을 깨치고, 무상살귀의 지옥 고통에서 벗어나게 되었으니 마땅히 이 몸을 부수어 부처님의 자비하신 은혜를 갚으리라.'고

그리하여 전도 여인은 큰 소리를 불러 말하였다.

"내 나이 올해 마흔 아홉인데, 나는 얼마 전에 부처님으로부터 장수경의 법문을 들었소. 이제 이 몸과 목숨을 부수어 장수경 마흔 아홉 부질을 써서 모든 중생들로 하여금 받아 가지고 읽고 외우게 하고저 하니, 내 눈은 정한 값이 없으므로 마음대로 주고 사가시오."

이때 하늘의 제석이 화해서 마흔 아홉 사람이 되어 전도 여인 앞에 나타나 이렇게 말하였다.

"내가 그대를 위해서 이 경을 쓸 것이니, 그대가 본 뒤에 마음대로 눈을 파시오."

전도 여인은 천만다행이라. 여기고 뼈를 깎아서는 붓을 만들고, 몸과 살과 사지에서 피를 내어 먹을 만들어 글씨 쓰는 사람에게 주니, 이레만에 경전을 다 쓰게 되었다.

그들은 경을 다 쓰고 나서 전도 여인에게 말하였다.

"우리들은 이제 일을 다 마쳤으니, 당신의 눈알을 우리에게 주면 바라문의 집에 가서 값을 받고 팔겠소."

전도 여인은 곧 전다라 백정을 불러 자기의 두 눈을 빼어 마흔 아홉 사람에게 주어 가지게 하라고 당부하였다. 전다라가 칼을 들고 눈알을 빼려고 하는 그 때에 마흔 아홉 사람들은 소리를 모아

"정말 희유한 일이어라! 전도 여인이시여, 당신의 경계를 헤아릴 수가 없습니다. 뼈를 깎고 피를 내어도 얼굴 한 번 찡그리는 일 없고, 몸과 목숨을 아끼지 아니하고 이 경전을 써내었으니 우리들이 어찌 눈알을 가질 수 있겠습니까?"

그들은 전도 여인을 향하여 자비스런 마음으로 말을 이었다.

"우리들은 당신의 눈알을 탐해서 바라문에게 팔진 않겠습니다. 당신이 도를 성취한 뒤에 우리를 제도해 주시기를 바랄 뿐입니다.

원컨대 오는 세상에 당신과 함께 늘 한 곳에 있으면서 선지식을 같이 친견하고 이 경전을 널리 펼치어 모든 고통받는 중생들을 제도코저 합니다."

이 때 난타용왕등은 큰 위신력으로써 여러 가지 환술을 부려서 전도의 장수경을 훔쳐내어 용궁에 모셔두고 공양하였다.

전도는 잠깐 사이에 장수경을 잃어버리고 눈물을 흘리면서 부처님께 아뢰었다.

"부처님이시여, 제 몸을 부수어 장수경을 베껴서 모든 중생에게 널리 펼치고져 하였사온데, 눈 깜짝할 사이에 어디론지 간 곳을 알 수 없으니 억울해서 견딜 수가 없습니다."

보광정견여래는 전도 여인에게 말씀하셨다.

"네 경은 지금 팔 부 용왕이 용궁에 모셔 두고 공양하니, 기뻐할 일이요. 조금도 걱정할 게 아니다. 착하다. 여인이여, 너는 반드시 이 공덕으로 금생에 수명이 다한 뒤에는 무색계천에 태어나 온갖 즐거움을 누리면서 다시는 여자의 몸을 받지 않으리라."

이 말을 듣고 전도는 부처님께 사뢰었다.

"부처님이시여, 저는 천상에 나기를 원치 아니하옵고, 다만 세세생생에 늘 부처님을 뵈옵고 보리심이 물러나지 않아서, 가는 곳마다 항상 모든 고통받는 중생을 위하여 이 법을 베풀어 찬양하기가 소원이옵니다."

"너는 참 망녕된 말을 다 하는구나."

"아니옵니다. 제가 만일 망녕된 말을 했다면, 저는 그전과 같이 무상살귀에게 핍박을 받을 것이옵고, 진실한 마음으로 했다면 제 몸의 상한 곳이 부처님을 대하여 깨끗이 나아질 것이옵니다."

이 때 전도는 그 서원력으로써 상처가 아물어 전과 같이 되었다.

보광 여래는 전도에게 말씀하셨다.

"네가 일심으로 염불하면 한 부처님 세계에서 다른 부처님 세계에 이르도록 너는 한량없이 많은 모든 부처님 세계를 죄다 볼 수 있을 것이니 그것은 글이나 말로써 이야기할 바가 아니니라."

그 때 전도 여인은 잠깐 사이에 무생법인을 얻었더니라.

여기까지 말씀하신 부처님은 모인 대중을 죽 한번 둘러보시고 문수보살을 향해서 다시 말씀을 계속하였다.

"문수여, 마땅히 알아라. 보광여래는 그 때에 내 몸이고 전도 여인은 그 때의 네 몸이며, 경을 쓰던 마흔 아홉 사람은 지금 여기에 모인 새로 발심한 보살들이었느니라. 나는 한량없는 지난 세상으로부터 항상 너희들과 함께 이 장수경을 널리 설하여 모든 중생으로 하여금 그들이 지은 나쁜 업을 죄다 없애주었는데 이제 또 다시 설하였노라."

이 때 바사닉왕은 밤이 깊어 왕궁에 있으면서 어떤 여인이 슬픔에 겨워 통곡하는 소리를 듣고 울적한 생각에 잠기었다. '이 깊은 궁중에서는 일찍이 이런 일이 없었는데 어째서 저렇게 슬피 우는 소리가 들려올까?'

이튿날 아침 왕은 조신을 불러 간밤에 슬피 울던 여인을 찾아오라고 일렀다. 조신이 왕명을 받들어 이윽고 여자를 붙들어 왔다. 여자는 뜻밖에 임금님 앞에 붙들려 왔기 때문에 놀란 나머지 기절을 하고 말았다.

왕이 여인의 낯에 냉수를 뿌리자 여인은 이내 정신을 차렸다.

왕은 여인에게 물었다. "그대는 어제 밤 무슨 일로 그리 슬피 울었는가? 자세히 말하라."

여인은 슬픔에 잠긴 목소리로 말하였다. "그것은 저만이 지닌 슬픔입니다."

"무슨 까닭에서인지 알고 싶군. 혹시 누가 그대에게 귀찮게 굴었는가?"

"제가 슬퍼하는 것은 누가 귀찮게 해서가 아닙니다. 임금님께서는 제가 드리는 말씀을 잘 들어 주십시오.' 하고 여인은 슬픔을 참으면서 이렇게 말하였다.

"제 나이 열 네 살에 시집와서 서른 해가 되었는데 그동안 서른이나 되는 아이를 낳았습니다. 고 까만 눈망울과 고사리 같은 손이며 방실거리는 웃음을 볼 때 저는 모든 시름을 잊고 맙니다. 그런데 임금님 고 귀여운 것들이 한 살도 채 되기 전에 나를 버리고들 그만 가버린답니다. 그 막내 아이도 이제 병이 들어 죽으려 하니 이 일을 어쩌면 좋겠습니까? 어제 밤 제 신세가 하도 슬퍼서 이웃이 부끄러운 줄도 모르고 대성통곡한 것입니다." 여인은 말을 채 맺기도 전에 눈물을 머금으며 다시 흐느끼었다.

여인의 말을 듣고 난 왕은 깊은 근심에 잠겼다. 이 나라의 백성들은 나를 의지하고 살아가는데 만약 내가 그들은 도와 주지 않는다면 나는 어찌 이름을 왕이라 할 수 있으랴. 왕은 곧 여러 신하들을 불러 함께 의논해 보기로 하였다. 왕에게는 여섯 사람의 신하가 있어 그들은 늘 왕을 가까이 받들고 있었다. 첫째는 견색이요, 둘째는 문성, 셋째는 향족, 넷째는 변재, 다섯째는 수연, 여섯째는 역염이라고 불렀다.

그들은 임금님에게 이렇게 아뢰었다.

"어린애를 낳으면 곧 칠성과 이십 팔 수의 단을 모아 명이 길어지기를 빌어야 그런 슬픈 일을 면하게 됩니다. 바라옵건대 대왕께서는 세상에 널리 그런 법을 알려 주옵소서."

그 때 한 지혜로운 신하가 있었는데, 그는 지난 세상에 한량없이 많은 부처님 처소에서 온갖 착한 일을 한 사람으로서 이름을 정혜라 하였다.

정혜는 임금님 앞에 나아가 사뢰었다.

"임금님께서는 마땅히 아시옵소서. 방금 여섯 분이 말한 바로써는 그러한 고통을 면할 수 없습니다. 지금 큰 성인이 계시는데 이름을 고오타마. 싯다르타아라고 합니다. 그 분은 스승없이 스스로 깨달아 부처님이 되셨는데, 지금 기사굴산에서 장수경을 설하고 계십니다. 원컨대 임금님께서는 그 곳에 가셔서 법문을 들으셨으면 합니다. 만약 이 경의 반 게송이라도 듣는다면 백 겁 천 생의 무거운 죄가 있더라도 죄다 없어지고, 모든 동자들이 이 경을 듣기만 하더라도 비록 그 뜻은 알아듣지 못한다 할지라도 이 경의 공덕으로써 자연히 오래 살게 될 것입니다."

바사닉왕은 이렇게 말하였다.

"내가 일찍이 육사에게 들으니 고오타마 스님은 배운 날 수가 많지 않고 풋내기로 그 나이 어려서 만약 고오타마를 숭봉하는 이가 있다면 그는 바른 도를 잃을 것이라고 하더구나."

정혜는 다시 노래로써 임금님께 사뢰었다.

"천상 인간 스승이신 석가모니는
무량겁을 두고두고 고행을 닦아
부처되어 법의 바퀴 두루 굴리되
지난 세상 부처님들 그 법문으로

모든 중생 세운 원을 어기지 않네.

자비로써 중생들을 건지시오니

부처님을 뵈옵기란 눈면 거북이

바다에서 구멍 뚫린 나무만나기

여섯 외도 허튼수작 믿지 마시고

임금님은 어서 가서 법문 들소서."

이때 정혜는 노래를 마치고, 신통력으로써 땅에서 불끈 솟아 일곱 다라수 높이로 허공 중에 올라가, 왕의 앞에서 온갖 주술을 지었다. 삽시간에 수미산과 큰 바닷물이 마음 속에 들어도 거리낌이 없었다.

바사닉왕은 이걸 보자 비로소 탄복하고 "희한하다! 참으로 선지식이로다!" 하고 정혜 앞에 나와 절을 하고 나서 "그대 스승은 과연 어떤 분이신가"고 물었다.

정혜는 빙긋이 웃으면서 답했다.

"우리 스승은 석가모니 부처님이십니다. 지금은 왕사성 기사굴산에 계시면서 장수멸죄경을 설하십니다."

왕은 이 말을 듣고 마음이 아주 기뻐서 나라 일을 잠시 정혜에게 맡기고 수많은 권속과 대신과 장자들과 함께 보배수레에 싸여 기사굴산으로 길을 떠났다. 물론 슬픔에 잠긴 여인과 그의 동자도 함께 데리고 갈 것을 잊지 않았다. 그리고 수레에는 부처님에게 올릴 꽃다발이며 여러 가지 공양거리를 가득 싣고 길을 재촉하였다. 마침내 왕사성 기사굴산에 이르자, 왕은 모든 호의를 물리치고 부처님을 일곱 번 돌고 나서 합장하고 공손히 예배를 한 뒤 꽃을 흩어 공양하였다. 그리고 그 슬픈 여인의 일을 부처님에게 아뢰었다.

그 때 부처님은 바사닉왕에게 이렇게 말씀하셨다.

"이 여인은 지난 세상에 남의 계모가 된 적이 있었는데, 마음에 질투가 일어나 독약을 음식에 타서 먹게 하여 전처의 아들 서른 사람을 죽였느니라. 그래서 그 자식들이 죽으면서 저마다 서원하기를, "우리들은 세세 생생에 늘 그 부인의 자식으로 태어났다가 갑자기 죽어서 여인으로 크게 비통하게 하리라."고

그 때의 이 여인이 이제 와서 내가 설한 장수경 한 게송을 얻어 들었으니 이 공덕으로 그 때 맺힌 원한이 영영 끊어졌느니라."

그리고 부처님은 대중을 둘러보시고 말씀하셨다.

"어린애를 배었을 때에는 마왕이 곧 사대독사와 육진 악적을 놓아 그 몸에 머물러 있게 하니 만약 그 중에 하나라도 고르지 못하면 명근은 곧 끊어지리라. 내게 다라니 주문이 있어 모든 어린애의 수명을 길게 하리니, 만약 환란이 있을 때 나의 이 주문을 한 번 들어 귀에 지나가게 하면 낫지 않을 병이 없고, 능히 악귀들로 하여금 사방으로 흩어져 달아나게 하리라."

그리고는 주문을 말씀하셨다.

"파드미파 두미제비 해리해리 헤미제리 제라제려 후라후려 유려 유라 유려바라 바려문 제질질 빈질반서 말질지나가리 사바하"

부처님은 덧붙여 말씀하셨다.

이 다라니 주문의 구절을 만약 선남자 선여인이 받아 가지고 읽거나 외우면, 모든 수태와 출태할 때나 어린애가 있는 곳에서 이레 낮과 이레 밤을 연설하되, 향을 사르고 꽃을 흩으며 써서 공양하고 지극한 마음으로 받아 들으면 중병과 그 전에 지은 나쁜 업장이 죄다 스러질 것이다."

이 때 기바라고 하는 의왕보살이 부처님 앞에 나와 말했다.

"부처님이시여, 제가 일찍이 큰 의사가 되어 온갖 병을 다스려 오고 있사온데, 어린애들은 대개 아홉 가지 병으로써 그 명이 짧습니다.

그 아홉 가지란

첫째, 부모가 잉태한 뒤에도 함부로 자기 때문이요,

둘째, 어린애를 낳을 때에 피를 땅에 버려 지신이 떠나가고 악귀가 붙기 때문이며,

셋째, 어린애를 낳았을 적에 어린애의 배꼽 사이에 있는 여러 가지 작은 독충을 씻어내지 않기 때문이요,

넷째, ,깨끗한 솜으로써 어린애의 입안에 있는 더러운 피를 씻어내지 않기 때문이며,

다섯째, 산목숨을 죽여서 잔치하고 즐기기 때문이며,

여섯째 산모가 거칠거나 차고 더운 것을 함부로 먹기 때문이요,

일곱째, 어린애가 병들었을 때 고기를 함부로 먹이기 때문이요,

여덟째, 부정한 것을 보기 때문인데, 부정한 것을 보면 해산하기 전에는 산모가 죽고, 해산 후에는 어린애가 죽는 일이 있습니다. 무엇이 부정한 것이냐 하오면 만약 어떤 사람이 죽은 시체를 보거나 뱀이나 그밖에 더러운 것을 보고 산실에 들어오는 것이 부정이니 이런 때에 급히 우황이나 진주나 경면 주사를 티끌만치만 갓난아기의 가슴에 넣어두면 부정을 없앨 수 있습니다.

아홉째, 밤에 다니다가 악귀에게 맞기 때문입니다.

이와 같은 아홉 가지 일을 삼가면, 죽지는 않을 것입니다.

이 때 천마 파순은 타심통으로 마궁 중에서 부처님이 이 장수멸죄 호제동자 다라니 주문을 설법함을 알고, 마음에 크게 분노해서 악을 쓰며 몹시 못마땅해 하였다. 마왕에게는 세 딸이 있었는데 그

녀들은 아버지 앞에 나아가 "부왕은 어째서 그렇게 근심하세요?" 하고 물었다.

마왕은 퉁명스럽게 대답했다.

"고오타마 사문이 지금 왕사성 기사굴산에서 한량없는 중생을 위하여 장수경을 설하여 펼치고 있다. 모든 중생이 오래 사는 즐거움을 누리면 나의 세상을 침범할 것이니 어찌 화가 나지 않겠느냐, 나는 이제 모든 권속들과 마군의 병사를 거느리고 가서 쳐부수어야겠다. 고오타마의 설법을 그치게 할 수없다면 나는 위력을 써서 여러 하늘과 대중의 귀를 막아 장수경 설함을 듣지 못하게 하련다."

마왕의 세 딸들은 노래로써 아버지를 간하였다.

"천마파순 그에게는 세 딸이 있어
머리 숙여 부왕 앞에 사뢰 말하되
천상인간 스승이신 구담 사문은
마군이의 힘으로도 막지 못하리.
그 옛날에 보리수란 나무아래서
처음으로 길상법좌 앉았을 적에
우리 세 딸 교묘하게 단장을 하니
하늘 아씨 가운데서 제일이었네.
온갖 모양 다 부려서 유혹하여도
보살께선 움찍 않고 의젓이 앉아
우리 세 딸 보시기를 노파와 같이
이제 정각 이루어서 도사 되셨네.
부왕께서 활을 당겨 두렵게 하고

모든 병사 허공중을 두루 돌아도

　　보살께선 어린이로 여기시옵고

　　한쪽 눈도 까닥하지 않으시옵고

　　오늘날엔 도를 이룬 법왕이시니

　　부왕께선 나쁜 뜻을 버리옵소서."

　마왕 파순은 딸들이 노래하는 것을 듣고 , 모든 권속에게 이르기를

"나는 너희들과 함께 부처님의 처소에 가서 교묘한 방편으로 부처님에게 항복하노라하고 그래서 만약 우리를 믿게 되면 온갖 마군의 힘으로써 이 경을 막으리라." 하고, 곧 권속들과 함께 부처님께 나아가 부처님을 일곱 번 돌고서 사루어 말하였다.

　"부처님이시여, 설법하시기에 고되지 않습니까? 제가 이제 모든 권속들을 거느리고 와서 장수경을 듣고 부처님 제자가 되려 합니다. 원컨대 부처님께서는 저의 소원을 버리지 마옵소서."

　부처님은 마왕의 속마음을 빤히 들여다보시고 꾸짖어 말씀하셨다.

　"네가 너희 본궁에서는 분노심을 내었다가 여기 와서는 거짓으로 공손한 체하니, 불법 가운데서는 간사함을 용서하지 않노라."

　마왕 파순은 부끄러워 얼굴이 빨개 가지고 말하였다.

　"부처님이시여, 저는 실로 어리석은 계교와 간사한 짓으로, 부처님을 속이려 했습니다. 바라옵건대, 부처님께서는 자비심으로써 저의 허물을 용서해 주소서. 저는 이제 장수경 호제동자 다라니 주문을 얻어듣고 이러한 서원을 세우겠나이다.

　만일 말세에 이경을 받들고 쓰거나 독송하는 곳이 있으면 저는 반드시 옹호하여 나쁜 귀신들로 하여금 훼방하지 못하게 하겠습니

다. 그리고 설사 지옥에 떨어질 죄인이라도 잠깐 동안 이 경을 생각하면 제가 큰 신통력으로써 큰 바닷물을 길어다가 뿌려서 지옥으로 하여금 연화대 연못이 되게 하겠습니다."

이때 또 날아다니는 나찰과 아이를 잡아먹는 나찰들이 상수가 되어 그들의 수많은 권속들을 거느리고 공중에서 내려와 부처님 둘레를 천 번이나 돌과 나서 부처님께 사루었다.

"부처님이시여, 제가 한량없는 오랜 적부터 나찰의 몸을 받아, 저에게 딸린 무리들이 헤아릴 수도 없이 많은데, 늘 굶주림에 시달려서 태어거나 혹은 갓난아이의 피와 살을 먹었습니다. 저희 무리들은 모든 부부들이 동침할 때를 기다렸다가 그 정혈을 빨아먹어 잉태할 수 없게도 만들며, 혹은 잉태하면 저도 따라 들어가 태를 상하게 해서 피를 먹기도 하며, 아이가 난지 이레 안에 저희들은 오로지 그 명근이 끊어지기를 기다리기도 하고, 열 살이 되도록 저희 무리는 온갖 악독한 벌레로 화하여 동자의 몸 속에 들어가 그 오장에 있는 정기와 피를 빨아먹어 동자로 하여금 앓다가 마침내는 명근이 끊어지도록 해왔습니다.

부처님이시여, 저희들이 이제 부처님께서 장수멸죄 호제동자경 설하심을 듣고 부처님의 가르침을 받들어 저희 무리가 굶주림에 못 견딜지라도 이제는 결코 먹지 않겠습니다."

부처님은 나찰들에게 말씀하셨다.

"너희들이 나의 금지한 계를 받는다면, 너희로 하여금 그 나찰의 몸을 버리고 천상에 나서 즐거움을 누리게 하리라."

부처님은 다시 대중을 둘러보시고 말씀을 이으셨다.

"만약 어떤 동자가 병을 앓게 된다면 그 어미는 젖을 조금 짜서 허공 중에 뿌려서 모든 나찰들에게 먹이고, 청정한 마음으로 이 장수멸죄 다라니경을 써서 독송하면 병은 곧 나으리라."

이 때 나찰의 무리들은 기뻐 어쩔 줄 몰라하면서 부처님께 아뢰었다.

"천상에 나게 된다면 저희들은 결코 모든 동자의 젖을 한 방울이라도 먹지 않겠습니다. 차라리 쇳덩이를 먹을 지언정 결코 모든 동자의 피를 먹지 않겠습니다. 부처님께서 열반에 드신 뒤 이 경을 잘 독송하며 받들어 모시는 이를 혹시 악인이 있어 이 법사를 괴롭히거나 악귀가 모든 동자를 괴롭게 하거나 한다면 저희들은 마땅히 부처님의 금강저를 잡아 옹호해서 악귀들을 내몰겠습니다."

이때 또 모든 하늘과 용과 팔부의 왕들이 각기 많은 권속과 함께 부처님께 예배하고 한 마음으로 합장하여 이같이 말하였다.

"부처님이시여, 저희들은 이제부터 나는 곳마다 만약 어떤 비구. 비구니. 신남. 신녀가 이 경을 받아 가지거나 쓰거나 하면 저희 권속은 늘 그곳에 가서 마땅히 호위하고 악귀들을 쫓아 버릴 것이며, 만약 어떤 악귀가 중생들을 병고로써 괴롭히거나 할 때 이 경을 써 가지면 저희들 여러 왕이 모든 악귀들을 설복시켜 횡사하는 괴롬을 더하지 못하게 하겠습니다."

이 말이 끝나자 땅을 맡은 뇌고지천이 자리에서 일어나 다음과 같이 말하였다.

"부처님이시여, 만약 부처님의 제자가 이 장수멸죄 호제동자경을 받아 지니면, 저희들 지신은 항상 땅의 정기로써 그를 튼튼하게 하여서 그 몸의 수명을 늘게 할 것이며, 우리들은 항상 여러 가지 금은과 온갖 곡식을 풍족하게 주어서 이 신심있는 사람으로 하여금 조금도 아쉬운 것이 없이 근심과 걱정을 덜어주고, 항상 기뻐서 좋은 복전을 얻게 하고, 악귀들로 하여금 명근을 끊지 못하게 할 것입니다. 만약 어린애가 난지 이레가 되면 저희들 지신이 옹호해서 단명하지 않게 하겠습니다."

이와 같이 말하고 나서 금강력사는 다음 같은 주문을 설했다.

"다디야타 전달리 전달라비제 전달라마 훔 전달라발제 전달라불리 전달라사이 전달라지리 전달폐양 전도루 전달라바라다 전달라물달리 전달라바디이 전달라바양 전달라카기 전달라노기 사바하"

부처님께서 금강력사에게 말씀하시기를
"착하고 착하다, 금강력사여! 네가 이제 모든 동자를 보호하는 길상한 신주를 설하였으니, 너는 마땅히 모든 중생들의 큰도사가 되리라."고 하셨다.

부처님은 문수보살을 향해서 말씀하셨다.
"문수여, 마땅히 알아라. 이와 같은 신주는 과거 모든 부처님의 회상에서도 설하여 인간과 천상의 수명을 늘이고 모든 죄와 나쁜 생각을 없애며, 경전 가지는 사람을 지켜서 그 수명을 이어가게 하였더니라.

문수여, 내가 열반한 뒤 흐리고 악한 세상에서 만약 어떤 비구가 나의 계를 파하여, 비구니나 여러 처녀들과 가까이 지내며, 두 사미와 함께 술을 마시거나 고기를 먹고 음난한 짓을 하여, 모든 신도들에게 경멸을 받아 나의 법과 경전이 세속인들에게 더럽힘을 당하게 되어도 부끄러워하는 마음이 없다면, 그는 나무나 돌과 같으리니, 이런 무리들은 오욕죄인이지 결코 내 제자가 아니니라. 이들은 마군의 권속이니 그 이름이 육사이니라. 이와 같은 비구들은 현세에 단명한 보를 받으며, 비구니들도 또한 그러하리라. 그러나 만약 진심으로 참회하고 다시 그와 같은 허물을 짓지 않고 이 경을 받아 지닌다면 곧 오래 살게 되리라.

문수여, 그리고 내가 열반한 뒤 흐리고 악한 세상에서 만약 어떤 보살이 남을 비방하고 자기가 착하노라고 뽐내며 대승 경전을 남에게 전해주지 않으면 이와 같은 보살은 마군이의 권속이지 참된 보살이 아니니라. 그러나 만약 지극한 마음으로 이 경을 받아 지니고 쓰거나 독송하면 곧 모든 부처님과 같이 무너지지 않는 의젓한 몸을 얻으리라.

문수여, 내가 열반한 뒤 흐리고 악한 세상에서 만약 어떤 나라의 임금이 부모를 살해하고 육친을 죽이며, 국법에 의지하지 않고 군사를 일으켜 남의 나라를 함부로 침략하거나, 간하는 충신들을 형벌하고 음란한 짓을 마음대로 해서 선왕의 법을 어기며, 탑을 깨뜨리거나 절을 헐고 경전과 불상을 불태우거나 하면 가뭄이 들거나 홍수가 지고 왕도가 없으므로 인해서 백성들이 주림과 병으로 죽게 되는 것이다. 이와 같은 임금은 현세에는 단명하고 죽어서는 아비지옥에 떨어지리라. 그러나 만약 이 경을 베껴서 널리 펼치고 지극한 마음으로 참회하여 선왕의 법을 의지하면 곧 오래 살게 되리라.

또 내가 열반한 뒤 흐리고 악한 세상에서 만약 어떤 대신이나 관리들이 나라의 녹을 받아먹으면서도 청렴하거나 충성이 없고, 나라의 법대로 행하지 아니하며 백성을 학대하고 죄도 없는 사람들을 함부로 죽이며, 남의 재물을 빼앗고 경전을 가볍게 여기며 대승법을 방해하거나 하면 이와 같은 무리들은 현세에는 단명하고 마침내는 아비지옥에 떨어져 헤치고 나올 기약이 없느니라. 그러나 만약 진심으로 참회하고 이 경을 받아 지니고 쓰거나 독송하면 길이 하늘의 녹을 받게 될 것이다.

내가 열반한 뒤 흐리고 악한 세상에서 만약 어떤 남자 신도나 여자 신도가 사견을 믿고 정법과 대승경전을 믿지 아니하면, 그들은 비록 한량없는 금은 보배를 가지고 있더라도 만족할 줄 모르고 다만 재물 구하기에 급급하여 보시로써 모든 빈곤한 이를 구하려는 생각도 하지 않으며 십이부 경을 베끼지도 않고, 지니거나 독송하여 악도의 괴롬을 면하려고도 하지 않느니라.

이와 같은 무리들은 집이 기울고 뱀이 집안에 들어와 살게 되며 개가 지붕에 오르고 쥐 울음소리가 그칠 새 없으며 들에 사는 사나운 짐승들이 집에 들어오고 온갖 귀신들이 눈에 보이므로 마음이 어지럽고 그 때문에 단명하리라. 그러나 만약 이 경을 받아 지니고 널리 펼쳐 독송케 하면 곧 이런 괴변이 사라지고 오래 살게 되리라.

내가 열반한 뒤 흐리고 악한 세상에서 모든 중생들이 남녀의 관계가 이루어진 뒤에는 서로 생각하고 못 잊어 하므로 마음에 병을 얻게 되리라. 왜냐하면 남자는 장성해서 병역을 치루어야 하니 이와 같은 국법에 몸이 얽매이면 부모들은 걱정한 나머지 마음에 병이 되고 또 여자는 장성하여 남의 집에 출가하여 혹시 남에게 잘못 보이지나 않을까 부부의 도를 어기지나 않을까 부모들은 온갖 근심 걱정이 쌓여 병이 되므로 현세에 단명하게 되리라. 그러나 만약 이 경을 쓰거나 지니면 오래 살게 되고, 경의 힘으로 서로 화목하여 마음에 병이 없어지리라.

내가 열반한 뒤 흐리고 악한 세상에서 모든 중생이 자비스런 마음이 없이 산목숨을 해치면 모든 중생의 열 가지 고기를 먹는 것과 같으리라. 문수여, 마땅히 알아라. 그것은 부모를 죽이는 것과 같고 육친을 먹는 것과 같아서 혹은 목숨을 죽임으로써 또한 태를 상하게도 되니, 이러기 때문에 현세에 단명하며 혹은 부부끼리 잠을 잘 때에 악독한 나찰 귀신이 그 태를 먹어 자식을 없게 하니라. 그러나 만약 이 경을 쓰거나 받아 지니면 곧 그러한 괴롬에서 벗어나게 되리라.

내가 열반한 뒤 흐리고 악한 세상에서 모든 중생은 지난 세상의 일을 알지 못하고,, 잠깐 사람 몸 받는 것을 기쁘게만 여겨 서로 비방하거나 권세를 믿고 온갖 나쁜 마음을 일으켜, 남의 목숨을 해치고 대승경전을 믿지 않고 교만만 부리니 이런 사람은 현세에 단명하리라. 그러나 만약 지극한 마음으로 참회하고 그 마음을 착하게 가져서, 이 경을 써서 가지거나 독송하면 이 선근 공덕으로 오래 살게 될 것이며 설사 병환에 걸릴 지라도 죽지는 않을 것이다.

내가 열반한 뒤 흐리고 악한 세상에서 모든 중생이 왕의 명령이나 부모의 가르침으로 다른 나라에 가거나, 또는 위험한 길에 장사를 다니면서 온갖 보배를 구해 돈을 벌게 되면 교만심을 내어 주색잡기에 빠져 나쁜 벗을 사귀며, 왕명이나 부모의 타이름을 듣지 아니하여 마침내는 몸과 목숨을 망치게 되느니라.

그러나 만약 이 경을 써서 널리 서원을 세우면 모든 악적이 죄다 물러가 흩어지며, 기쁜 마음을 내어 온갖 독한 짐승이 해치지 못해서 몸과 마음이 안온하고 돈과 보배를 많이 얻으며, 이 경의 공덕으로 오래 살게 되리라.

내가 열반한 뒤 흐리고 악한 세상에서 모든 중생이 악업을 많이 짓기 때문에 죽어서는 지옥에 떨어지고, 지옥에서 나와서는 짐승의 몸을 얻게 되리라. 설사 사람의 모양을 하고 있을지라도 육근이 원만하지 못해서 귀가 먹거나 말을 못하거나 걷지 못하는 병신이 될 것이며, 혹은 여자의 몸이 되어 경문을 알지도 못하고, 설사 남자가 되었더라도 악업만 짓기 때문에 우둔하고 총명하지 못해서 이 장수경 같은 것을 가려 읽지는 못하며, 마음에 근심과 걱정이 생겨 마침내는 병이 될 것이니 그러한 병 때문에 현세에는 단명할 것이다. 그러나 만약 선지식으로 하여금 이 경을 쓰게 하되, 처음부터 끝까지 일심으로 받들어 지성으로 쓴다면 그 공덕이 한량없을 것이고, 이와 같은 악업을 다시는 짓지 않는다면 이 사람은 현세에는 오래 살게 되리라.

문수여, 내가 열반한 뒤 흐리고 악한 세상에서 만약 어떤 중생이 죽은 뒤에 칠일이나 혹은 사십 구일을 두고 죽은 이를 위해서 모든 복을 지으면, 그 공덕의 칠분가운데 죽은 이가 얻을 것은 그 중 일분밖에 되지 않으리라. 만약 살아 있을 때에 사십 구일 동안을 집안 일을 멈추고 이 경을 써서 향이나 꽃으로 공양하되 부처님이나 큰 스님네를 청하여 생칠제를 베풀면 그 얻은 공덕이 헤아릴 수도 없이 많아서 이 사람은 현세에 오래 살게 되고, 영영 삼악도의 고통을 여의게 되며, 죽은 이의 몸에 딸린 재산으로 복을 짓는다면 칠분을 다 갖게 되리라.

내가 열반한 뒤 흐리고 악한 세상에서 모든 중생이 효도하지 않고 오역 죄를 범하며 자비스런 마음이 없어 부모와 친척들의 은혜를 모르고, 어진 사람을 시기하며 나쁜 짓을 많이 하면, 병을 퍼뜨리는 귀신의 왕이 악귀를 불러 모진 병에 들게 하느니라. 만약 정월 초하룻날 향을 사르고 꽃을 흩으며 청정한 마음으로 이 경을 쓰며 법사를 청해서 이레 동안을 청결히 하고 독송하면 이 선근 공덕으로써 드디어 질병이 나아서 오래 살게 되리라.

그리고 내가 열반한 뒤 흐리고 악한 세상에서 중생들이 박복해서 그 겁을 면하고자 한다면 칠일 기도를 하라. 칠일 기도가 없으면 국왕이 무도하고 하늘에는 가뭄이 심해서 땅에 있는 초목과 곡식들이 시들어 죽으려 하리니, 이때 국왕과 모든 백성들이 이 경전을 받아 지니고 독송하며, 난타용왕과 발난타용왕들이 중생을 불쌍히 여겨 큰 바닷물을 끌어 올려 단비를 내려서 온갖 초목과 곡식을 싱싱하게 할 것이며, 중생들은 이 경의 위력으로써 오래 살게 되리라.

내가 열반한 뒤 흐리고 악한 세상에서 모든 중생이 말과 저울 눈을 속여 옳지 못하게 재물을 얻으면, 그 죄업으로써 죽어서 지옥에 떨어지고 지옥에서 나오면 온갖 축생의 몸을 받게 되리라. 만약 어떤 보살 마하살이 자비스런 마음으로 축생의 무리를 위하여 그들 앞에서 이 경전을 읽어 한번만이라도 귀에 지나게 한다면 이 경전의 위력으로 죄다 해탈해서 이러한 무리들은 천상에 나서 즐거움을 누리리라. 어떤 보살이 자비한 마음이 없이 널리 이 경전을 설하지 아니하면, 그는 부처님의 제자가 아니요, 마군이의 권속이니라.

내가 열반한 뒤 흐리고 악한 세상에서 모든 중생들이 거만한 생각을 일으켜 경전을 믿지 아니하고 정법을 헐어 비방하여 설법하는 곳에 있을지라도 들을 마음이 없다면 이 죄업으로써 현세에는 단명하고 죽어서는 모든 지옥에 떨어질 것이니, 만약 이 장수경을 강설하는 곳이 있어 모든 중생이 가서 듣거나 남을 권하여 자리를 나누어 함께 앉거나 하면, 이 사람은 부처님의 제자로서 오래 사는 기쁨을 얻고 악도에 떨어지지 아니하리라.

문수여, 그리고 내가 열반한 뒤 모든 여인들이 몸에 잉태하고서 산목숨을 죽이거나 새 짐승이 알을 먹거나 자비한 마음이 없으면,

현세에 단명보를 받고 해산할 때에는 난산의 괴로움을 받으리라. 난산 때문에 그 명이 짧아질 것이니 여기에는 선지식이 아니면 널리 서원을 세워서 이 경을 쓰면 곧 해산이 순조롭고 온갖 재앙이 없어지고, 모자가 다 편안하여, 사내아이나 계집아이나 원하는대로 낳으리라."

여기까지 말씀하시고 나서 부처님은 대중을 죽 한번 둘러보셨다. 그리고 다시 문수보살에게 말씀하셨다.

"내가 방금 장수멸죄경과 열 두 인연법을 설한 것은 과거 모든 부처님과 같이 설한 것이니, 만약 중생들이 받아 지니고 독송하면 그 복이 한량없고 수명이 백 스물을 채우고 임종할 때에도 모든 고통을 받지 않으리라. 부처의 성품 때문에 금강과 같이 단단한 모든 부처의 몸을 얻고 고요하고 청정하여 생각마다 견고하리라. 그리고 항상 관세음보살과 대세지보살이 오색 구름 속에 흰코끼리를 타고 연화대를 가지고 염불하는 사람을 맞아들여 부동국에 나게 하여 저절로 기쁨을 누리고 팔난을 면하리라.

문수여, 마땅히 알아라. 어리석은 중생이 알지 못하는구나. 수명이 짧기가 튀는 불꽃같고 물위에 뜬 거품이나 번개 불 같은 것인데, 어찌 이런 가운데서 놀라지 않고 두려워하지 아니하며 재물을 탐하는 것일까? 어찌 이런 가운데서 주색에 탐착하며 질투심을 내고 화를 내는 것일까? 이와 같이 생사가 흐르는 물결 같은 것이어서 모든 부처님과 보살들은 열반의 언덕에 건너가는 것인데 범부 중생들은 윤회의 바다에 빠져 있다가 어느 때고 무상살귀가 들이닥치면 비록 한량없는 금은과 재산이 있더라도 목숨을 구할 수는 없는 것이니라. 중생들은 모름지기 이 몸뚱이를 보고 생각하라.

이 몸은 독사 같아서 항상 많은 벌레를 잡아먹고, 이 몸뚱이는 더러운 냄새를 피우면서 탐욕이 지옥에 얽혀 있고, 이 몸은 죽은 개와 같으며, 이 몸은 깨끗하지 못해서 아홉 구멍으로는 항상 더러운 것을 흘리며, 이 몸은 성과 같아서 나찰 귀가 그 안에서 살며, 이 몸은 오래지 않아서 까마귀나 주린 개 의 밥이 될 것이니라. 모름지기 이 더러운 몸뚱이에 집착하지 말고 청정한 보리심을 구하라. 이 몸뚱이를 한번 자세히 보라. 목숨이 끊어질 때에 식은땀이 흐르고 양손으로는 허공을 허우적거리며 괴롬을 견디지 못하다가 명근이 다하면 하루 이틀이 지나 닷새에 이르러 부증이 나고 살빛이 청혹 같아서 살 썩는 물이 흘러서 부모와 처자들도 한결같이 보기를 싫어하지 않더냐. 시체가 땅속에 묻힌 뒤에는 두골과 다리뼈, 허리뼈, 등뼈 같은 것은 제멋대로 흩어지고 몸뚱이와 살과 내장 같은 것이 더러운 벌레집이 되어버리니, 어찌하여 이런 속에서 나라고 할 것이 있겠느냐!

살아있을 때에는 금 은 보배와 돈이 금고에 가득하더라도 한번 죽어버린 뒤이면 무슨 소용이 있으랴. 중생들이 이러한 괴로움을 벗어나고자 하려면, 마땅히 재물과 처자와 이 몸뚱이를 돌보지 말고, 이 경전을 써서 지니고 독송하여, 모든 부처님의 비밀한 장경인 열 두 인연법을 널리 세상에 펼쳐서 공양하면 생각 생각에 성취하여 반드시 바른 깨달음을 얻어 마침내 단명과 횡사에서 벗어나리라."

부처님이 대중가운데서 이 열 두 인연의 불성 법문을 설하실 때에 거기에 모인 비구. 비구니와 신남. 신녀와 천룡 팔부와 바사닉왕과 거기 딸린 수많은 권속들이 모든 삼먁삼보리인 무생법인을 얻어, 처음 보는 일이라고 찬탄하고 일심으로 예배하며 기쁘게 받들어 가졌느니라.

대보부모은중경(大報父母恩重經)

낳으시고 기르신 은혜

첫째는, 아기를 배어서 수호해 주신 은혜

둘째는, 해산에 임하여 고통을 받으신 은혜

셋째는, 자식을 낳고서 근심을 잊으신 은혜

넷째는, 입에 쓴 것을 삼키고 단 것이면 뱉어서 먹이시던 은혜

다섯째, 마른 자리는 아기에게 돌리시고 스스로는 젖은 자리로 나아가신 은혜

여섯째, 젖을 먹여 기르시는 은혜

일곱째, 부정한 것을 깨끗이 씻어주신 은혜

여덟째, 자식이 먼 길 떠나면 염려하고 생각하신 은혜

아홉째, 자식을 위하여 나쁜 일을 감히 하시는 은혜

열째는, 끝없이 자식을 사랑하는 은혜

제1분 법회를 이루다 (서분)

이와 같이 내가 들었다. 한 때 부처님께서 사위국(舍衛國) 왕사성(王舍城)에 있는 기수급고독원(祇樹給孤獨園)에서 대비구(比丘) 삼만팔천인(三万八千人)과 그밖에 많은 보살(菩薩)마하살들과 함께 계셨다.

제2분 마른 뼈의 가르침 (정종분)

그 때에 세존께서 대중을 거느리시고 남방으로 나아가시다가 한 뼈 무더기를 보시더니 5체(五體)를 땅에 붙이시어 그 마른 뼈를 정중히 예배하셨다. 이를 본 아난과 대중이 부처님께 말씀드렸다. "세존이시여, 여래께서는 바로 3계의 큰 스승이시며 사생(四生)의 어버이시라 여러 사람들이 귀의하고 공경하옵거늘 어찌하여 이름 모를 뼈 무더기에 친히 절하시옵니까?"

부처님께서 다시 아난에게 이르셨다. "네가 비록 나의 상족제자 (上足弟子)이며 출가한 지도 오래 되었지만 아는 것은 넓지 못하구나, 이 한 무더기의 마른 뼈가 어쩌면 내 전생의 조상이거나 여러 대에 걸친 부모일 것이므로 내가 지금 예배한 것이니라."

부처님께서 다시 아난에게 이르셨다. "네가 이 한 무더기 마른 뼈를 둘로 나누어 보아라. 만일 남자의 뼈라면 희고 무거울 것이며 여인의 뼈라면 검고 가벼우리라."

아난이 부처님께 말씀드렸다. "세존이시여, 남자는 세상에 있을 때 큰 옷을 입고 띠를 띠고 신을 신고 모자를 쓰고 다니기에 남자인 줄 아오며, 여인은 생전에 붉은 주사와 연지를 곱게 바르고 난사(蘭麝)로 치장하고 다니므로 여인인줄 알게 되옵니다. 그러나 죽은 후의 백골은 남녀가 마찬가지 이옵거늘 어떻게 그것을 제자로 하여금 알아보라고 하시옵니까?"

부처님께서 다시 아난에게 이르셨다. "만일 남자라면 세상에 있을 때에 가람에 들어가서 법문도 듣고 경도 외우며 삼보(三寶)께 예배하고 염불도 하였을 것이니라. 그런 까닭에 그 사람의 뼈는 희고 또 무거우니라. 그러나 여인은 세상에 있을 때에 감정을 함부로

하고 음욕을 행하여, 자녀를 낳고 기름에 있어 한번 아기를 낳을 때에 서 말 서 되나 되는 엉킨 피를 흘리며 아기는 어머니의 흰 젖을 여덟 섬 너 말이나 먹느니라. 그런 까닭에 뼈가 검고 가벼우니라."

아난이 이 말씀을 듣고 가슴이 터질 듯하여 눈물을 흘려 슬피 울면서 부처님께 말씀드렸다. "세존이시여, 어머님의 은덕을 어떻게 보답할 수 있으오리까?"

제3분 잉태하였을 때의 고생

부처님께서 아난에게 이르셨다. "너는 이제 자세히 들어라. 내가 너를 위하여 분별해설하리라.

무릇 사람이 이 세상에 있게 됨은 부모를 인연하기 때문이니라. 아버지가 아니면 나지 못하고 어머니가 아니면 자라지 못하나니 어머니 몸속에 의지하여 달이 차면 이 땅에 태어나게 되느니라. 이로부터 어머니는 여덟 섬에 너 말의 젖을 자식에게 먹이고 열 손가락 손톱에 묻은 자식의 더러운 것을 먹으니 어머니의 은혜는 하늘과 함께 다함이 없느니라.

어머니가 아기를 가지면 열 달 동안의 신고(辛苦)는 무엇으로도 형용할 수 없느니라.

어머니가 잉태한 첫 달에는 그 기운이 마치 풀잎 위의 이슬 같아서
아침에는 잠시 보존하나, 저녁에는 보존하지 못하나니, 이른 새벽에는 모여 왔다가 오시(午時)만 되면 흩어져 가느니라.

그러다가 잉태한 지 두 달이 되면 우유를 끓였을 때 엉긴 거와

같이 되느니라.

잉태한 지 세달 째에는 그 기운이 마치 엉킨 피와 같이 되고

잉태한지 네달 째에는 차츰 사람의 모양을 이루며

다섯 달에는 어머니 뱃속에서 아기의 다섯 부분의 모양이 생겨 나느니라. 무엇을 아기의 다섯 부분이라 하랴, 머리가 한 부분이고 두 팔꿈치까지 합하면 세 부분이고 두 무릎을 합치면 다섯 부분이 되느니라.

잉태한 지 여섯 달이 되면 어머니 뱃속에서 아기의 여섯 가지 정기(六氣)가 열리느니라. 여섯 가지 정기란 눈이 한 정기요, 귀가 둘째 정기가 되고, 코가 셋째 정기이며, 입이 넷째 정기가 되고, 혀 가 다섯째 정기가 되며, 뜻이 여섯 개 정기니라.

어머니가 잉태한 지 일곱 달이 되면 어린 아기가 어머니 뱃속에 서 삼백육십(三百六十) 뼈마디와 팔만 사천(八万四千) 모공(毛孔)이 생기느니라.

잉태한 지 여덟 달이 되면 그 뜻과 지혜가 생기고 아홉 구멍이 크나니라.

잉태한 지 아홉 달이 되면 아기가 어머니 뱃속에서 무엇인가를 먹게 되나니 이때 복숭아나 배나 마늘은 먹지 않고 오곡(五穀)만을 먹느니라. 어머니의 생장(生藏)은 아래로 향하고, 숙장(熟藏)은 위 로 향하여 있는데 그 사이에 한 산이 있으니 이 산에는 세 가지 이 름이 있느니라. 한 가지는 수미산(須彌山)이요, 또 한 가지는 업산 (業山)이요, 또 한 가지는 혈산(血山)이니라. 이 산이 한번 무너지 면 화하여 한 줄기의 엉긴 피가 되어서 아린 아이의 입 속으로 흘 러 들어가느니라.

잉태한 지 열 달 만에 바야흐로 태어나나니 만약 효순한 아들이

라면 주먹을 쥐어 합장하고 나와서 어머니 몸을 상하지 않게 하느니라. 그러나 만일 오역죄(五逆罪)를 지은 자식이라면 어머니의 포태(胞胎) 제치고, 손으로는 어머니의 가슴과 복장을 움켜잡고 다리로는 어머니의 엉덩이뼈를 밟아서 어머니로 하여금 마치 천개의 칼로 배를 저으며 만개의 칼로 가슴을 쑤시는 듯하게 하느니라.

이와 같이 어머니를 고통스럽게 하고 이 몸이 태어났는데도 그 위에 다시 열 가지의 큰 은혜가 있느니라.

제4분 낳으시고 기르신 은혜

첫째는 아기를 배어서 수호해 주신 은혜니라.
 송(松)으로 이르리라.
   여러 겁을 내려오며 인연이 중하여서
   어머니의 태를 빌어 금생에 태어날 때
   날이 가고 달이 저서 5장이 생겨나고
   일곱 달에 접어 드니 6정이 열렸어라
   한 몸이 무겁기는 산악과 한가지요
   가나오나 서고 안고 풍재가 겁이나며
   아름다운 비단 옷도 도무지 뜻 없으니
   단장하던 경대에는 먼지만 쌓였더라

둘째는 해산에 임하여 고통을 받으신 은혜니라
 송(松)으로 이르리라.
   아기를 몸에 품고 열 달이 다 차가서
   어려운 해산달이 하루하루 다가오니

하루하루 오는 아침 중병 들은 몸과 같고
하루하루 깊어 가니 정신조차 아득해라
두렵고 떨리는 맘 무엇으로 형용할까
근심은 눈물 되어 가슴 속에 가득하니
슬픈 생각 가이없어 친족들을 만날 때면
이러다가 죽지 않나 이것만을 걱정하네

셋째는 자식을 낳고서 근심을 잊으신 은혜나라.
 송(松)으로 이르리라.
　자비하신 어머니가 그대를 낳으신 날
　五장 六부 그 모두를 쪼개고 헤치는 듯
　몸이나 마음이나 모두가 끊어졌네
　짐승잡은 자리같이 피는 흘러 넘쳤어도
　낳은 아기 씩씩하고 충실하다 말 들으면
　기쁘고 기쁜 마음 무엇으로 비유할까
　기쁜 마음 정해지자 슬픈 마음 또 닥치니
　괴롭고 아픈 것이 온 몸에 사무친다.

네째는 입에 쓴것은 삼키고 단것이면 뱉아서 먹이시던 은혜나라
 송(松)으로 이르리라.
　중하고도 깊고 깊은 부모님의 큰 은혜요
　사랑하고 보살피심 어느 땐들 끊일손가
　단것이란 다 뱉으니 잡수실 게 무엇이며
　쓴 것만을 삼키어도 밝은 얼굴 잃지 않네
　사랑하심 중하시사 깊은 정이 끝이 없어

은혜는 더욱 깊고 슬픔 또한 더 하셔라
어느 때나 아린 아기 잘 먹 일것 생각하니
자비하신 어머님은 굶주림도 사양찮네.
다섯째는 마른 자리는 아기에게 돌리시고
스스로는 젖은 자리로 나아가신 은혜니라.
송(松)으로 이르리라.
어머니 당신 몸은 젖은 자리 누우시고
아기는 받들어서 마른 자리 눕히시네
양쪽의 젖으로는 기갈을 채워주고
고운 옷 소매로는 찬 바람 가려주네
은혜로운 그 마음에 어느 땐들 잠드실까
아기의 재롱으로 기쁨을 다하시네
오로지 어린 아기 편할 것만 생각하고
자비하신 어머니는 편안할 것 안 구하네

여섯째는 젖을 먹여 기르시는 은혜니라.
송(松)으로 이르리라.
어머니의 중한 은덕 땅에다 비유할까
아버님의 높은 은덕 하늘에 견줘볼까
하늘 은혜 땅의 은혜 이 은혜를 크다하랴
아버지와 어머니의 크신 은덕 그를 넘네
아기 비록 눈 없어도 미워할 줄 모르시고
손과 발이 불구라도 싫어하지 않으시네
배 가르고 피를 나눠 친히 낳은 자식이라
종일토록 아끼시고 사랑하심 한이 없네

일곱째는 부정한 것을 깨끗히 씻어주신 은혜니라
　송(松)으로 이르리라.
　생각하니 그 옛날의 아름답던 그 얼굴과
　아릿다운 그 몸매는 유연도 하셨어라
　두 눈썹은 푸른 버들 가른 듯 하였었고
　두 뺨의 붉은 빛은 연꽃보다 더 했어라
　은혜가 깊을수록 옥의 모습 스러졌고
　부정한 것 씻느라고 맑은 얼굴 상했어라
　오로지 아들 딸만 사랑하고 거두시다
　자비하신 어머니는 얼굴 모양 바뀌셨네

여덟째는 자식이 먼 길 떠나면 염려하고 생각하신 은혜니라.
　송(松)으로 이르리라.
　죽어서 헤어짐도 참아가니 어렵지만
　살아서 헤어짐은 아프고 서러워라
　자식이 집을 나가 먼 길을 떠나가니
　어머니의 모든 마음 타향 밖에 나가있네
　밤낮으로 그 마음은 아들 일을 따라가고
　흐르는 눈물 줄기 천 줄긴가 만 줄긴가
　원숭이 달을 보고 새끼 생각 울부짖 듯
　염려하는 생각으로 간장이 다 끊기네

아홉째는 자식을 위해 나쁜 일을 감히 하시는 은혜니라.
　송(松)으로 이르리라.
　부모님의 은혜가 강산같이 중하거니

깊고 깊은 그 은덕은 실로 갚기 어려워라
자식의 괴로움은 대신 받기 원하시고
자식이 고생하면 부모 마음 편치 않네
자식이 머나먼 길 떠난다 들을 지면
잘 있는가 춥잖은가 밤낮으로 걱정이고
자식들이 잠시 동안 괴로운 일 당할 때면
어머님의 그 마음은 오래 두고 아프셔라.

열째는 끝없이 자식을 사랑하는 은혜니라.
송(松)으로 이르리라.
부모님의 크신 은덕 깊고도 중하여라
크신 사랑 잠시라도 끊일 사이 없으시니
앉으나 일어서나 그 마음이 따라가고
멀든지 가깝던지 크신 뜻은 함께 있네
어머니 나이 높아 1백살이 되었어도
8십살 된 그 아들을 어느 때나 걱정하네
이와 같은 크신 사랑 어느 때에 끊치실까
수명이나 다하시면 그때에나 쉬실까.

제5분 불효

부처님께서 아난에게 이르셨다. "내가 중생을 보니 비록 사람 모양은 갖추었으나 마음과 행실이 어리석고 어두워서 이토록 큰 부모의 은덕이 있는 것을 생각하지 아니하고 공경심을 내지 않으며 은혜를 저버리고 덕을 배반하며 어질고 자비한 마음이 없어서 효도하지 않고 의리가 없더라.

어머니가 아기를 가진 열 달 동안은, 일어서고 앉는 것이 편하지 아니하여 마치 무거운 짐을 진 것 같고 음식이 잘 내리지 않아 마치 큰 병든 사람과 같으니라.

달이 차서 아기를 낳을 때는 한없는 온갖 고통을 받으며 잠깐 잘못으로 죽게 될까 두려워하며 돼지나 양을 잡은 것 같이 피가 흘러 바닥을 적시느니라.

이런 고통을 겪으면서도 자식을 낳으신 후에는 쓴 것은 삼키시고 단 것은 뱉어서 아기에게 먹이면서 품안에 안아서 기르느니라. 더러운 것은 말끔히 씻어 내고 아무리 힘들어도 싫어하지 않으시며 더운 것도 참고 추운 것도 참아 고생하는 것을 사양하지 않느니라.

마른 데는 아기를 눕히고 젖은 데는 어머니 차지니라. 3년 동안 어머니의 흰 피를 먹고 자라나서 동자가 되고 점점 나이가 차 가면 예절과 도의를 가르치며 장가들이고 시집보내고 벼슬도 시키고 직업도 갖게 하느니라.

수고롭게 가르치고 정성 들여 기르는 일이 끝나도 부모의 은혜로운 정은 끝나지 않느니라. 자식들이 병이 나고 병이 나으면 부모의 병도 바야흐로 낫느니라. 이렇게 양육하여 어서 어른이 되기를 바라느니라.

자식은 드디어 장성한 뒤에는 도리어 효도를 하지 않느니라. 존친들과 더불어 이야기함에도 그 웅대함이 불공스럽고 심지어 눈 흘기고 눈알을 부라리며 부모의 형제도 속이고 업신여기며, 형제 간에 때리고 욕하며 친척들을 헐뜯고 예절과 의리가 없으며 스승의 가르침도 따르지 않고 부모의 가르침이나 분부도 따르지 않느니라.

형제간이 함께한 말도 짐짓 지키지 않으며 출입 왕래를 어른께 아뢰지 않고 말과 행실이 어긋나 스스로 교만하고 함부로 일을 처리하느니라. 부모로서 이를 훈계하고 책망하며 백부나 숙부들이 그 잘못을 타일러야 하는데도 어려서부터 어여쁘게만 생각하여 존장들이 덮어두기만 하니 그가 점점 장성하면서 거칠어지고 잘못되느니라.

잘못한 일을 고치려 하지 아니하고 잘못을 일러주면 오히려 성을 내고 원망하며, 착한 여러 벗을 버리고 악한 사람을 가까이하느니라. 이러한 습성이 거듭되어 성격을 이루게 되니 드디어 나쁜 계교를 꾸미게 되고 남의 꾀임에 빠져 타향으로 도망쳐 가기도 하느니라.

이와 같이 부모를 배반하며 집을 떠나고 고향을 등져 혹 장사 길로 나아가기도 하고 전쟁에 나가기도 하여 이럭저럭 지내다가 장가를 들게 되면 이것이 걸림이 되어 오래도록 집에 돌아오지 못하게 되느니라. 혹은 타향에서 지내는 동안 조심하지 않다가 남의 꾐에 빠져 횡액을 만나 잡힌 몸이 되어 끌려 다니기도 하고 억울하게 형벌을 받기도 하며 감옥에 갇히어 목에 칼을 쓰고 발목에 쇠사슬을 차기도 하며 혹은 병을 얻어 고난을 당하거나 모진 액난에 얽혀 어렵고 고통스럽고 배고프고 고달파도 아무도 돌봐주는 사람이 없게도 되느니라.

또 남의 미움과 천대를 받아 길거리에 나와 앉아 의지할 데 없다가 마침내 죽게 되어도 누가 그를 보살펴 줄 사람도 없고, 이윽고 죽으면 시체가 붓고 썩어서 볕에 쪼이고 바람에 맞아 백골이 아무렇게나 타향 땅에 굴러다니게 되니 친족들과 즐겁게 만난다는 것은 영영 어긋나고 마느니라.

이렇게 되면 부모의 마음은 자식을 따라 길이 근심 걱정하나니 혹은 피눈물로 울다가 눈이 어두워져 마침내 멀기도 하며 혹은 너무 슬퍼하다가 기운이 쇠진하여 병들기도 하느니라. 자식 생각에 끝내 쇠약하여 마침내 죽기도 하며 외로운 혼이 되어서도 끝내 자식 생각을 잊어버리지 못하느니라.

혹은 다시 들으니 자식이 효도와 의리를 숭상하지 아니하고 나쁜 무리들을 따라서 어울려서 추악하고 우악스러운 건달패가 되어 무익한 일을 즐겨 익히고 남과 싸우고 때리며, 또는 도둑질을 하고 마음의 풍속을 범하며 술 마시고 노름하고 여러 가지 과실을 저지르느니라. 이로 인하여 형제에까지 누가 미치고 부모에게 큰 걱정을 끼치느니라. 새벽에 집을 나가 늦게 집에 돌아와서 부모에게 항상 근심하게 하느니라.

또 부모가 지내는 사정과 춥고 더운 것을 아는 체 아니하고 초하루와 보름에도 문안드리지 아니하며 길이 부모를 편히 모실 것을 생각하지 않고 부모가 나이 많아 모양이 쇠약하고 파리하게 되면 남이 볼까 부끄럽다고 구박하고 괄시하느니라.

혹은 또 아버지가 홀로 되거나 어머니가 홀로 되어 혼자서 빈 방을 지키게 되면 마치 손님이 남의 집에 붙어있는 것처럼 여겨서 평상이나 자리에 흙이 쌓여도 한 번도 씻을 때가 없으며 부모가 있는 곳에 들어가 문안하거나 보살피는 일이 없기도 하느니라. 방이 춥거나 덥거나 또는 부모가 배고파하거나 목 말라하는 것을 일찍이 아는 체하지 않느니라.

이렇게 되니 부모는 밤낮으로 항상 탄식하고 슬퍼하게 되느니라. 혹 맛있는 음식이 있으면 마땅히 부모에게 가져가서 봉양해야 하는데도 매양 거짓으로 부끄러운 체하며, 또 다른 사람이 웃는다 하면서도 이것을 가져다가 제 아내나 자식에게 주나니, 이것이 추하고 못된 짓이고 괴로운 일일지라도 수고로움도 부끄러움도 피하지 않느니라.

또 아내와의 약속은 무슨 일이든지 다 쫓으면서 어른의 말씀과 꾸지람은 전혀 어렵거나 두렵게 생각하지 않느니라.

혹, 딸자식으로서 남의 배필이 되어 가면 시집가기 전에는 모두가 효순하던 것이 시집간 이후에는 불효한 마음이 늘어가기도 하느니라. 성이 다른 남편 쪽의 종친에게는 정이 깊고 사랑이 두터우면서 자기의 친족들은 도리어 멀리하느니라.

혹 남편을 따라서 타향으로 옮겨 가게 되면 부모를 이별하면서도 도무지 사모하는 생각이 없으며 소식이 끊기고 편지도 없어서 부모로 하여금 창자를 끌어내고 거꾸로 매달리는 듯한 고통 받으며 매양 딸의 얼굴을 보고 싶어 하기를 마치 목 마를 때 물을 생각하듯이 잠시도 끊일 날이 없게 하느니라.

부모의 은덕은 이와 같이 한량없고 끝이 없건만 이 은덕을 배반하고 가지가지로 불효하는 허물은, 그것을 졸지에 다 말하기 어려우니라."

제6분 보은의 어려움

이때에 대중들이 부처님께서 부모의 은덕을 말씀하심을 듣고, 몸을 일으켜 땅에 던지고 스스로 부딪혀 몸에서 모두 피를 흘리면서 쓰러졌다가 한참 만에 깨어나서 큰 소리로 부르짖었다. "슬프고 슬프도다. 우리들은 큰 죄인임을 이제야 알았습니다. 이제껏 깨달지 못하여 캄캄하기가 마치 밤에 노는 것 같더니 이제야 잘못됨을 깨닫고 보니 가슴속이 부서지는 것 같습니다."

"바라옵건대 세존이시여, 저희들을 불쌍히 여기시어 구원하여 주옵소서, 어떻게 하여야 부모의 깊은 은덕을 갚을 수 있으오리까."

그때에 여래께서는 곧 여덟 가지 깊고 중한 범음(梵音)으로 여러 대중들에게 이르시었다. "너희들은 마땅히 알지어다. 내가 이제 너희들을 위하여 분별 해설하리라."

"가령 어떤 사람이 왼쪽 어깨에 아버지를 업고, 오른쪽 어깨에 어머니를 업고서, 수미산을 백천 번을 돌아 피부가 닳아져 뼈가 드러나고 닳아서 골수가 드러나더라도 부모의 깊은 은혜는 마침내 다 갚지 못하느니라.

또 가령 어떤 사람이 흉년을 당하여 부모를 위하여 자기의 온 몸뚱이 살을 도려내어 티끌같이 잘게 잘리도록 고통을 받으며 공양하기를 백천겁 동안을 계속하더라도 오히려 부모의 깊은 은혜는 다 갚지 못하느니라.

또 가령 어떤 사람이 손에 날카로운 칼을 가지고 부모를 위하여 자기의 소중한 눈동자를 도려내어 부처님께 바치기를 백천겁 동안 계속하더라도 오히려 부모의 깊은 은덕은 다 갚지 못하느니라.

또 가령 어떤 사람이 부모를 위하여 역시 날카로운 칼로써 그의 심장과 간을 찔러 피가 흘러 땅을 덮어도 아프고 괴로움을 사양하지 않기를 백천겁을 지나더라도 오히려 부모의 깊은 은혜는 다 갚지 못하느니라

또 가령 어떤 사람이 부모를 위하여 백천 자루의 칼로 자기 몸을 찔러 칼날이 좌우로 드나들기를 백천겁을 계속하더라도 오히려 부

모의 깊은 은혜는 다 갚지 못하느니라.

또 가령 어떤 사람이 부모를 위하여 자기 몸에 불을 질러 등을 만들어 부처님께 공양하기를 백천겁을 지내더라도 오히려 부모의 깊은 은혜는 다 갚지 못하느니라.

또 가령 어떤 사람이 부모를 위하여 뼈를 부숴 골수를 내어 백천개의 칼날과 창끝으로 일시에 자기 몸을 쑤시기를 백천겁 동안을 계속하더라도 오히려 부모의 깊은 은혜는 다 갚지 못하느니라

또 가령 어떤 사람이 부모를 위하여 뜨거운 무쇠 덩어리를 삼켜 백천겁을 지나도록 온 몸이 데어 부풀더라도 오히려 부모의 깊은 은혜는 다 갚지 못하느니라."

이때에 여러 대중들은 부처님께서 부모의 깊은 은덕을 말씀하심을 듣고 눈물을 흘리고 슬피 울면서 거듭 부처님께 말씀드렸다. "세존이시여, 저희들이 참으로 큰 죄인임을 알았습니다. 어떻게 하여야 부모의 깊은 은혜를 갚을 수 있으오리까."

부처님은 제자들에 이르셨다. "부모의 은혜에 보답하려거든 부모를 위하여 이 경을 서사하고 부모를 위하여 이 경을 읽고 외우며 부모를 위하여 죄와 허물을 참회하며 부모를 위하여 삼보께 공양하며 부모를 위하여 재계(齋戒)를 받아 지니며 부모를 위하여 보시(布施)하여 복을 지어야 하느니라.

자식 된 사람이 밖에서 햇과일을 얻거든 집으로 가지고 와서 부모에게 올려라. 부모는 이것을 얻어 기뻐하며 스스로만 먹을 수 없어 먼저 삼보께 올려 공양하면 곧 보리심을 일으키게 되느니라.

부모가 병이 나면 곁을 떠나지 말고 친히 간호할 지니라. 주야로 삼보께 귀의하고 부모의 병이 낫기를 축원하며 잠시라도 은혜를 잊어서는 안 되느니라. 부모가 완고하여 3보를 받들지 아니하며

어질지 못하여 남의 물건을 상하게 하고 의롭지 못하여 남의 물건을 훔치고 예절이 없어 몸을 단정히 하지 못하고 신의가 없어 남을 속이며 지혜가 없어 술에 빠지거든 자식은 그 잘못을 말하여 깨우치게 해야 하느니라.

그래도 깨우치지 아니하고 울고 호소하며 스스로 식음을 전폐하라. 부모가 비록 완고하다 하여도 자식이 죽는 것은 두려워하므로 은애의 정에 못 이겨 바른 길로 들어서게 되느니라.

부모가 마침내 5계(五戒)를 받들어 자비를 알아 죽이지 아니하고, 옳음을 알아 훔치지 아니하며, 예절을 알아 방탕하지 아니하고, 믿음을 알아 속이지 아니하며, 지혜를 알아 술에 취하지 아니하면, 이승에서는 편안하게 살고 저승에서는 천상에 나게 되어 부처님을 뵈옵고 법문을 들어 길이 지옥의 괴로움을 면하게 되느니라.

만일 능히 이렇게 하면 효순하는 자손이라 할 것이요 이렇게 하지 않으면 이는 지옥에 떨어질 사람이니라."

제7분 불효의 과보

부처님께서 아난에게 이르셨다. "불효한 자식은 몸이 허물어져 죽게 되면 무간 지옥에 떨어지느니라. 이 대지옥은 죽게 되면 길이와 넓이가 8만유순(八万由旬)이나 되고, 사면에 무쇠로 된 성이 둘러 있는데 그 위에는 쇠그물로 둘러 싸여 있으며 그 땅은 붉은 쇠가 깔려 있어 뜨거운 불길이 활활 타오르고, 맹렬한 불꽃은 우뢰같이 퍼져가고 번개같이 번쩍이느니라.

여기에서 끓인 구리와 무쇠 물을 죄인의 입에 부어 넣으며 무쇠로 된 뱀과 구리로 된 개가 연신 연기와 불꽃을 토하면서 죄인을 들볶고 지지고 구워서 살이 타고 기름이 끓어 그 고통은 참고 어렵고 견디기 어려우리라.

그 위에 쇠 채찍과 쇠 꼬챙이와 쇠 망치와 쇠 창이 그리고 칼과 칼날이 돌개바람처럼 몰아쳐서, 비나 구름처럼 공중에서 쏟아져 내려와서 혹은 베이느니라. 이와 같이 고통을 받기를 겁을 지내도록 끊일 사이가 없느니라.

또 이 사람은 다시 다른 지옥으로 들어가서 머리에 불화로를 이고 쇠로 만든 수레로 사지를 찢겨서 창자와 뼈와 살이 불타고 사방으로 찢어져 하루 동안에 천 번 살아나고 만 번이나 죽게 되느니라.

이와 같은 고통을 받게 되는 것은 모두가 전생의 5역죄와 불효에 해당하느니라."

제8분 은혜 갚는 길

이때에 여러 대중들이 부처님의 부모의 은덕 말씀을 듣고 눈물을 흘리고 슬피 울면서 부처님께 말씀드렸다. "저희들은 오늘날 어떻게 하여야 부모의 깊은 은덕을 갚을 수 있으오리까."

부처님께서 제자들에게 이르셨다. "부모의 은혜를 갚고자 하거든 부모를 위하여 경전을 다시 이룩하라. 이것이 참으로 부모의 은혜를 갚는 길이 되느니라. 경전 한 권을 만들면 한 부처님을 뵈울 수 있으며, 열 권을 만들면 열 부처님을 뵈울 수 있고, 백 권을 만들면 백 부처님을 뵈울 수 있으며, 능히 천 권을 만들면 천 부처님을 뵈울 수 있고, 능히 만 권을 만들면 만 부처님을 뵈울 수 있느니라. 이 사람들은 경을 만드는 공덕으로 말미암아 여러 부처님이 항상 오셔서 옹호하시므로, 그 사람의 부모는 천상에 나타나게 되어 여러 즐거움을 받으며 영원히 지옥의 고통을 여의게 되느니라."

제9분 경의 이름 (유통분)

저때에 여러 대중 가운데 있던 아수라(阿修羅), 가루라(加樓羅), 긴나라(緊那羅), 마후라가(摩候羅伽), 인비인(人非人) 등과 천(天), 용(龍), 야차(夜叉), 건달바(乾 婆)와 또 여러 작은 나라의 왕들과 전륜성왕(轉輪聖王), 등 모든 대중들이 부처님의 말씀을 듣고 각각 원을 발하여 말하였다.

이때에 아난이 부처님께 말씀 드렸다. "세존이시여, 이 경은 이름이 무엇이오며 저희들이 어떻게 받들어 지니오리까."

부처님께서 아난에게 이르셨다. "이 경은 이름을 「대보부모은중경(大報父母恩重經)」이라 할 것이니 이 이름으로 너희들이 항상 받들어 가질지니라."

그 때에 천과 사람과 아수라 등 여러 대중들이 부처님의 말씀을 듣고 모두 크게 환희 하여 믿고 받아 지니며 받들어 행하면서 절하고 물러갔다.

"저희들은 오는 세상이 끝날 때까지 차라리 이 몸을 부수어 가는 먼지를 만들어 백천겁을 지날지라도 맹세코 부처님의 거룩하신 가르침을 어기지 않겠습니다.

또 차라리 백천겁 동안 혀를 백 유순 길이가 되도록 빼어내어 이것을 쇠 보습으로 갈아서 피가 흘러 내를 이루더라도 맹세코 부처님의 거룩한 가르침은 어기지 않겠습니다.

또 차라리 백천 자루의 칼로써 이 몸을 좌우에서 찌르더라도 맹세코 부처님의 거룩한 가르침은 어기지 않겠습니다.

또 차라리 작두와 방아로 이 몸을 찧고 부수어 백천만 조각이 나고, 가죽과 살과 힘줄과 뼈가 모두 가루가 되어 떨어져 나가기를 백천겁을 지나더라도 마침내 부처님의 거룩하신 가르침은 어기지 않겠습니다."

태교와 태양

주훈남(周勳南) 강의
1998년 5월 12일 홍콩 국제문교기금회에서

오늘 남회근 선생님의 명을 받들어 귀 기금회에 와서 중국의 전
통태교 문제에 대해 말씀드리게 되어 영광입니다. 아울러 현대 태
교의 진전에 대해 소개해드리는 바가 있을 수 있기를 바랍니다.

먼저 말씀드릴 것은 우리나라의 고서중에 자주 보이는 '태양(胎
養)'과 '태교(胎教)'라는 이 두 명사 사이에는 구별이 있다는 겁니
다. 간단히 말해서 임신 기간 중 생리방면의 보양에 편중되어 있는
것은 '태양'이고, 심리의 건강에 편중되어 있는 것은 '태교'입니다.
그러나 우리나라의 고서중에는 왕왕 이 두 가지 방면을 한데 섞어
기록하고 있음으로써 그 둘 사이의 긴밀한 관계를 보여주고 있습
니다. 예컨대 명나라 시대의 서춘보(徐春甫)는 고금의통대전(古今
醫通大全)에서 이렇게 말합니다. "옛사람들은 태교와 태양의 방법
에 가장 신중하였기 때문에 상고 사람들 중에는 오래살고 현량한
사람이 많았다[古人胎教·胎養之方, 最爲愼重, 所以上古之人多壽多
賢良]."

이제 우리나라 고대의 태교와 태양에 관한 저술을 아주 빠르게
한번 조감해보겠습니다.

상고 시대부터 한나라 시대까지의 발전

중국의 상고시대부터 서한(西漢) 시대까지는 태양에 관련된 문제가 이미 싹트기 시작하여 그 최초의 형태가 형성되었습니다. 예컨대 기원전 16~11세기의 갑골문에는 임신부가 출산을 앞두고 병이 나서 모자가 평안할지 여부에 대한 '복사(卜辭)'와 '육질(育疾)'이라는 단어, 즉 임신 여성의 출산에 대한 질병 기록이 발견됩니다.

그리고 기원전 11세기에 책으로 된 주역(周易)에도 '부인이 임신을 했지만 키울 수 없다[婦孕不育]'는 기록이 있는 것으로 보아 당시에 임신의 병리변화에 대해 이미 비교적 깊은 인식이 있었음을 알 수 있습니다.

그리고 춘추전국 시대의 이른 시기의 좌전(左傳)에 기형의 태아와 임신 기간의 장단, 일태아나 쌍태아 등의 상황에 대한 기록이 이미 있습니다. 특히 희공(僖公) 23년(기원전 644년)에는 '남녀동성, 기생불번(男女同姓, 其生不蕃)'이라는 기록이 있는데, 근친결혼은 후대의 번식에 해를 끼친다고 이미 명확하게 지적하고 있습니다. 이는 다윈 보다 2천5백 년이나 앞서는 것입니다.

물론 우리나라에 현존하는 제1의 중요 의서인 황제내경(黃帝內經) 가운데는 임신의 진단·생리변화·산전(産前)의 질병·임신기간의 약물사용기준·분만의 진단 등에 대해 모두 비교적 상세하게 기록하고 있습니다.

한서(漢書)의 예문지(藝文志)의 기록에 의하면 우리나라에서 양태(養胎)에 관하여 가장 먼저 나온 전문 저작인 부인태장경(婦人胎藏經)이 있었으나 안타깝게도 이미 흩어져 없어졌습니다. 그러나 장중경(張仲經, 서기 150~219년)이 저술한 상한잡병론(傷寒雜病論)의 임신병 가운데는 태아의 양육과 태아의 보호에 관한 기록이 있습니다. 즉 잉태약물복용·임신의 기타질병과의 합병증 감별진단·오장육부 경락의 월별양태·출산 전의 질병의 진단치료·병의 제거와 태아의 양육 등에 관한 기록이 있습니다. 그리고 그의 또 다른 저작인 금궤요략(金匱要略)의 부인임신병맥증병치(婦人姙娠病脈証幷治) 가운데는 더욱이 임신구토·복부병·출혈·수종(水腫)·소변불리(小便不利) 등에 대해서 진단치료 방법을 제시하고 있습니다.

한나라 시대를 얘기하려면 우리는 유향(劉向)의 고열녀전(古烈女傳)의 모의전(母儀傳)을 언급하지 않을 수 없습니다. 왜냐하면 그 이전에 비록 태교설이 이미 전해져 오고 있었지만 정식으로 문자로 기록되어 그 책에서 이렇게 말하고 있기 때문입니다.

태임(太任)은 문왕(文王)의 어머니이며 지임씨(摯任氏)의 둘째 딸이다. 왕계(王季)가 그녀에게 장가들어 아내로 맞아 비(妃)로 삼았다. 태임의 성품은 곧고 성실하여 오로지 덕으로써 행동했다. 태임이 문왕을 임신하였을 때 눈으로는 나쁜 것을 보지 않았고, 귀로는 음란한 음악을 듣지 않았으며, 입으로는 오만한 말을 하지 않았다. 이처럼 그녀는 태교를 잘했다. 측간에서 소변을 보고서 문왕을 낳았다. 문왕은 태어나면서부터 비범하여 어머니 태임이 하나를 가르치면 백을 알았다. 마침내 주 왕조의 주인이 되었다.

군자가 말했다. "태임은 태교를 잘했다. 옛날에는 부인이 아기를 잉태하면 모로 눕지 않았고, 모서리나 자리 끝에 앉지도 않았으며, 외다리로 서지 않았고, 거친 음식을 먹지 않았다. 자른 것이 바르지 않으면 먹지 않았으며, 자리가 바르지 않으면 앉지 않았다. 현란한 것은 보지 않았고, 음란한 음악은 듣지 않았다. 밤에는 눈먼 악관으로 하여금 시를 읊게 했고, 올바른 이야기만 하게 했다. 이와 같이 하여 자식을 낳으면 모습이 반듯하고 재덕이 남보다 뛰어난 법이다. 그러므로 아이를 가졌을 때 반드시 감정을 신중히 해야 한다. 선하게 느끼면 아이도 선하게 되고 나쁘게 느끼면 아이도 악하게 된다. 사람이 태어나 부모를 닮는 것은 모두 그 어머니가 밖에서 느끼는 것이 태아에게 전해진 까닭이다. 그러므로 아이의 모습과 마음이 부모를 닮게 되는 것이다. 문왕의 어머니는 자식이 부모를 닮게 되는 이치를 알았다고 할 수 있다.

大任者, 文王之母, 摯任氏中女也。王季娶爲妃。大任之性, 端一誠莊, 惟德之行。及其有娠, 目不視惡色, 耳不聽淫聲, 口不出敖言, 能以胎敎。溲於豕牢, 而生文王。文王生而明聖, 大任敎之, 以一而識百, 卒爲周宗。

君子謂大任爲能胎敎。古者婦人妊子, 寢不側, 坐不邊, 立不蹕, 不食邪味, 割不正不食, 席不正不坐, 目不視於邪色, 耳不聽於淫聲。夜則令瞽誦詩, 道正事。如此, 則生子形容端正, 才德必過人矣。故妊子之時, 必愼所感。感於善則善, 感於惡則惡。人生而肖萬物者, 皆其母感於物, 故形音肖之。文王母, 可謂知肖化矣。

2백여 자에 이르는 이 단락의 문헌은 그 의미를 넓혀 많은 설명을 해 볼 수 있지만 시간 관계상 많은 얘기를 할 수 없습니다. 다만 첫 단락에 근거하여 세 가지 점을 지적 나열해 보겠습니다. 첫째, 태임의 덕성과 행위는 본래 좋았습니다. 사료의 기록에 의하면

왕계도 덕이 있는 현군(賢君)이었습니다. 그러므로 이 한 쌍의 부부는 이미 좋은 기본 바탕(오늘날 말하는 유전인자)을 가지고 있었다고 할 수 있습니다. 둘째, 태임은 임신기간에 눈·귀·입을 경계하고 지키기를 더욱 중시했습니다. 셋째, 문왕을 낳고 난 다음 태임은 또 몸소 교육을 시켰습니다. 두 번째 단락에서도 세 가지 점을 지적할 수 있습니다. 첫째, 걷고 멈추고 앉고 눕고 하는 일상생활 동작이 모두 올바르도록 신경을 썼습니다. 둘째, 더 나아가 경서를 외우고 바른 일을 말하는 등 적극적인 태교를 강구하여 태아에게 영향을 미칠 수 있었습니다. 유향은 이 책에서 주나라 태후의 태교법도 다음과 같이 말하고 있는데 함께 참고로 제공할 만합니다.

주나라 무왕의 후비가 성왕을 임신하였을 때, 설 때도 한쪽 다리로 비스듬히 서지 않았고, 앉을 때도 두 다리가 어긋나게 앉지 않았으며, 웃을 때도 떠들썩하게 웃어대지 않았다. 혼자 있는 경우에도 쭈그려 앉지 않았으며, 노여워도 욕하지 않았으니, 이는 태교를 했음을 말한다.

周妃后妊成王于身, 立而不跛, 坐而不差, 笑而不諠, 独处不倨, 虽怒不骂, 胎教之谓也。

부모 자녀간의 유전에 대해 말해본다면, 물론 우리나라 고대에는 유전이라는 단어가 없었습니다. 하지만 한나라 때의 가의(賈誼)가 신서(新書)의 태교에서 말하는 '소성(素成)'이라는 단어는 오늘날 말하는 선천적인 유전자[gene]의 의미가 들어있습니다. 그는 말합니다.

주역에 말했다: "그 근본을 바로잡으면 만물이 다스려지지만, 털 끝만큼이라도 어긋나면 천리의 차이가 생기게 된다."고 하였다. 그 러므로 군자는 그 처음을 조심하는 것이다. ...타고난 바탕대로 이루어지니, 자손을 위하여 신중하게 아내를 맞이하고, 딸을 시집보 냄에 반드시 효성스럽고 우애 있으며 대대로 도의를 행한 집안을 선택한다. 이렇게 하면 그 자손들도 또한 자애롭고 효성스러우며 감히 방탕하거나 포악하지 않으며, 그 친족들 모두 선하지 않는 사 람이 없을 것이며, 여러 친척들도 도울 것이다. 그러므로 봉황은 태어나면서 인의의 마음을 갖게 되고, 호랑이는 태어나면서 잔혹 한 마음을 지니게 된다. 이 두 가지 동물이 같지 않은 것은 각기 그 어미가 다르기 때문이다. 아! 조심할 일이다! 호랑이 새끼를 기 르지 말라, 천하를 해칠 것이다. 그러므로 타고난 바탕대로 이루어 진다고 했다.

易曰 : 正其本而万物理 , 失之毫厘 , 差以千里 , 故君子慎 始。..........素成 , 谨为子孙婚妻嫁女 , 必择孝悌世世有行义者 , 如是 则其子孙慈孝 , 不敢淫暴 , 党无不善 , 三族辅之。故凤凰生而有仁义之 意 , 虎狼生而有贪戾之心 , 两者不等 , 各以其母。呜呼 , 戒之哉 ! 无养 乳虎 , 将伤天下 , 故曰素成。

여기서 강조하는 것은 시작을 신중히 한다는 의미의 '신시(慎 始)'입니다. 만약 부부 쌍방이 모두 효제(孝悌) 가풍의 가정 출신이 라면 태양이나 태교에서 힘을 적게 들여도 그 효과가 훨씬 좋을 것 이라고 했습니다. 그렇지 않고 부부가 불화하면 좋은 태양 태교를 이루기 어렵다는 겁니다.

한나라 때의 왕충(王充)이 지은 논형(論衡)의 명의편(命義編)에서 언급하고 있는 '성(性)'도 오늘날 말하는 유전에 아주 가깝습니다. 그는 '성'에는 세 가지가 있다고 생각했습니다. 첫째, 정성(正性)입니다. 즉 타고난 바가 오상(五常)의 바름[正]으로 특히 좋은 유전이라고 할 수 있습니다. 둘째, 수성(隨性)인데 부모의 성(性)을 따른 것으로 보통의 유전이라고 할 수 있습니다. 셋째, 조성(遭性)입니다. 임신기간 중에 느낀 인상입니다 왜 '조(遭)'자를 썼을까요? 그는 말합니다.

나쁜 사물의 인상을 받을 수 있기 때문이다....생명은 근본에 있다. 그러므로 예기에 태교하는 법이 다음과 같이 있다. 아이를 배었을 때는 자리가 바르지 않으면 앉지 말라. 썰기를 바르게 하지 않은 음식은 먹지 말라. 바른 색깔이 아니면 눈으로 보지 말라. 바른 음악이 아니면 귀는 듣지 말라....기(氣)를 받을 때 어미가 근신하지 않아 마음이 어지럽고 사려가 사악하면 자식이 커서도 멋대로 이며 인륜에 어긋나 불순하고 착하지 않으며 그 용모 신체가 추악하다.

遭得惡物象之故也。......性命在本 , 故《禮》有胎敎之法 : 子在身時 , 席不正不坐 , 割不正不食 , 非正色目不視 , 非正聲耳不聽。....受氣時 , 母不謹愼 , 心妄慮邪 , 則子長大 , 狂悖不善 , 形體醜惡。

'조성'이 강조하는 것은 임산부가 임신기간 중에 심성과 행위가 바르지 못하는데서 발생하는 부작용이라고 한다면, 정성은 그 의미가 오늘날 말하는 우생학에 가깝습니다.

위진남북조 시대부터 당나라 시대까지의 발전

위진남북조 시대에 이르러 우리나라의 양태학(養胎學)은 깊이 있
게 발전하였습니다. 진대(晉代)의 왕숙화(王叔和)가 지은 맥경(脈經)
은 부녀의 임신·출산·대하(帶下)·월경과 관련 질병과 부녀의 잡
병에 대한 맥법(脈法)과 변증(辨證)을 기록하고 있습니다. 물론 가
장 명성이 훌륭한 것으로 북제(北齊)의 서지재(徐之才, 472~572)
가 저술한 축월양태법(逐月養胎法)은 임신 개월 수에 따른 배태·
태아의 생장발육과정을 논술하고, 아울러 각 달에 흔히 발생하는
질병에 대하여 임신 개월 수에 따른 태아의 보양·유산방지의 치
료방법 그리고 침구(針灸)의 금기·임신부의 위생보건과 질병 예방
치료 방법 등을 확립했습니다.

그러므로 서지재의 저작은 후세의 의학자들에게 몹시 추앙되고
옮겨 실어져 그 영향이 매우 심원했습니다. 우리는 여기서 태교에
관한 그의 몇 단락의 말만을 인용하여 말해보겠습니다.

임신 3개월째에 태아가 시작되는데, 이때에는 아직 그 형체가
정해지지 않아서 외부 사물을 무엇을 보느냐에 따라 변화한다. 자
식이 아름답고 좋기를 바란다면 벽옥(碧玉)을 자주 바라보라. 자식
이 재능과 인격을 겸비하기를 바란다면 단정히 앉아 마음을 맑게
하고 비우라. 이것을 일러 외부 사물의 인상을 통해 안으로 감응시
킨다고 말한다.

姙娠三月始胎。當此之時, 未有定儀, 見物而化......欲子美好, 數視璧
玉; 欲子賢良, 端坐淸虛, 是謂外象而內感也。

그래서 그는 강조하기를, "마땅히 몸을 고요히 하고, 마음을 온
화하게 하며, 슬퍼하지 않도록 하며, 생각이 놀라도록 하지 말며,
큰 소리로 말하지 말며, 울부짖지 말아야 한다[當靜形體, 和心志,
無悲哀, 無思慮驚動, 無大言, 無號哭]"고 함으로써 임신부의 정신변
화가 태아의 생장발육과 탄생 뒤의 성격형성에 영향을 주지 않도
록 하라고 했습니다. 이밖에 안지추(顔之推)의 안씨가훈(顔氏家訓)
에도 태교 방법을 언급했습니다.

수나라 당나라 시대부터 북송 남송 시대까지 양태 보태에 관한
대표 저작으로는 수나라 시대의 과원방(巢元方)의 제병원후론(諸病
源候論)이 있는데 임신의 맥상(脈象)·태아성별의 진단·임신부의
음식과 기거 주의사항, 그리고 임신기간 중의 각종의 상견병(常見
病)·태아발육의 비정상과 죽은 태아 등등을 논술하고 있습니다.
그리고 당나라 시대의 손사막(孫思邈)은 자신이 저술한 비급천금요
방(備急千金要方)에서 당나라 시대 이전의 의학 성취를 더욱 체계
적으로 총괄하고 있습니다. 제병원후론(諸病源候論)에 논술만 있고
약 처방이 없는 부족을 보충하고 있을 뿐만 아니라, 임신 기간 중
의 각종의 질병에 대하여도 그전보다도 진보했습니다. 우리는 여
기서 태교에 관한 그의 견해을 인용하여 말해보겠습니다.

옛날에 말했다. '대체로 수태한지 3개월이면 사물에 따라 변화
하면서 천성이 아직 정해지지 않았다. 그러므로 임신 3개월에는
코뿔소와 코끼리, 맹수, 주옥, 보물을 보고자하고, 현인, 군자, 덕

이 높은 대사를 보고자하며, 예악, 종과 북, 제기, 군대의 진열을 보고자 하여서, 이름난 향을 사르고 시경과 서경, 고금의 잠언훈계를 입으로 소리 내어 읽으라. 거처는 간소하고 조용히 하며, 바르게 썰지 않은 음식은 먹지 않고, 자리가 바르지 않으면 앉지 말라. 금슬을 연주하고 마음의 상태를 조절하며 성격을 온화하게 하고 이목구비의 욕망을 절제하며 여러 가지 일들을 깔끔히 하라. 그러면 낳은 자식이 모두 양호하고, 장수하며, 충효 인의롭고, 총명하고, 질환이 없을 것이다. 이것이 문왕의 태교란 것이다.'

舊說凡受胎三月，逐物變化，稟質未定。故姙娠三月，欲得觀犀象猛獸珠玉寶物，欲得見賢人君子盛德大師，觀禮樂鐘鼓俎豆軍旅陳設，焚燒名香，口誦詩書古今箴誡，居處簡靜，割不正不食，席不正不坐，彈琴瑟，調心神，和情性，節嗜慾，庶事清淨，生子皆良，長壽，忠孝仁義，聰慧無疾，斯蓋文王胎教者也。

유사한 견해가 통현자(洞玄子)에서 말하는 다음의 내용에도 보입니다.

무릇 여자가 아이를 밴 뒤에는 착한 일을 해야 한다. 악한 모습을 보지 말며 악한 말을 듣지 말라. 음욕을 줄이고 저주하지 말며 욕하거나 꾸짖지 말라. 놀라거나 두려워하지 말며 피로하게 노동하지 말라. 거짓말 하지 말며 근심하지 말라. ...그러면 아들이나 딸이 총명하고 슬기로우며 충성스럽고 진실하고 절개가 바르고 현량하게 될 것이니 이른바 태교라는 것이다.

凡女懷孕之後，須行善事。勿視惡色，勿聽惡語，省淫欲，勿咒詛，勿罵詈，勿驚恐，勿勞倦，勿妄語，勿憂愁……遂令男女如是聰明智惠，忠真貞良，所謂胎教者也。

여기서 말하는 '교태(教胎)'는 바로 태교입니다. 심리와 행위의 금기이외에 '착한 일을 행해야 한다[須行善事]'는 것은 도가가 제시하는 관념입니다. 그런데 인과(因果)를 중시하는 불가는 더욱 철저해서 여자의 임신 전후는 물론 남자조차도 일생토록 착한 일을 해야 옳다고 함께 규정하고 있습니다. 원료범(袁了凡) 부부의 경우가 바로 다들 잘 아는 모범 사례인데 그 자세한 것을 알고 싶다면 제가 서술한 료범사훈신해(了凡四訓新解, 이 책과 원료범이 저술한 기사진전祈嗣真詮과 정좌요결靜坐要訣 이 두 책은 노고출판사에서 출판하였습니다)를 읽어보시기 바랍니다(요범사훈 한글 번역본은 '운명을 뛰어넘는 길'로 출판되어 있습니다/역주).

송나라 시대부터 원나라 시대까지의 발전

송나라 시대에 이르러 조정은 의학 인재를 전문적으로 배양하는 태의국(太醫局)을 설립하였습니다. 태의국은 9개의 과로 나누어졌으며 학생은 3백 명이었습니다. 그 중에 산부인과는 십 명이었으며 산부인과 교수를 두었습니다. 그러므로 적지 않은 산부인과 전문 서적을 인쇄하였습니다. 설헌(薛軒)의 곤원시보(坤元是寶), 양자건(楊子建)의 십산론(十産論) 등등인데 비교적 유명한 것은 주서장(朱瑞章)의 위생가보산과비요(衛生家寶産科備要)입니다. 이 책은 그가 동남지방 각지를 돌아다니며 송나라 시대 이전의 산부인과 저작과 기타 출산 전의 여러 병들 관련 자료를 모아 엮은 것으로 오늘날도 상당한 참고 가치가 있습니다. 이 밖에 진자명(陳自明)의 부인대전양방(婦人大全良方)은 모두 여덟 부문으로 나누어져 있는데, 앞의 세 부문은 부인과이며 뒤의 다섯 부문은 산부인과로서 태교(胎教), 후태(侯胎: 임신진단/역주), 임신질병, 산난(産難), 산후(産後)인데 역시 깊이 자세히 읽어볼 가치가 있습니다. 그의 잉부약기가(孕婦藥忌歌)는 중의학 인사들이 잘 아는 것입니다.

원대에 이르러 홀사혜(忽思慧)가 지은 음선정요(飮饍正要)의 임신식기(姙娠食忌) 가운데는 다음과 같은 한 단락의 태교설이 들어가 있습니다.

성인(聖人)은 대부분 감응으로 태어나는 것이니, 임신하였을 때는 부모상, 파괴된 신체, 신체장애자, 가난한 사람을 보기를 일부러 꺼리고 마땅히 현량이나 기쁜 경사나 아름다운 일을 보아야 한다. 자식이 지혜가 많기를 바라면 잉어나 공작을 바라보고, 자식이 아름답고 예쁘기를 바란다면 진주와 아름다운 옥을 바라보고, 자식이 우람하고 씩씩하기를 바란다면 날고 있는 독수리나 달리는 개를 바라보라.

聖人多感生，妊娠故忌見喪孝、破體、殘疾、貧窮之人；宜見賢良、喜慶、美麗之事。欲子多智，觀看鯉魚、孔雀；欲子美麗，觀看珍珠、美玉；欲子雄壯，觀看飛鷹、走犬。

이 단락의 설에 대하여 우리가 여기서 논평할 시간은 없고 참고 연구하도록 자료만 제출할 뿐입니다. 원대에 제시한 태교 관련의 설로는 주진형(朱震亨)이 지은 격치여론(格致餘論)의 자유론(慈幼論)과 이붕비(李鵬飛)의 삼원연수참찬서(三元延數參贊書)가 있는데 한번 읽어보아도 됩니다.

특히 이붕비의 이 책은 태공(太公)의 태교에서 말하는 다음 내용을 전재 기술하고 있습니다.

어미는 항상 조용한 집에서 지내면서, 아름다운 말을 많이 듣고, 시경과 서경을 강론하며, 예악을 베풀며, 악한 말을 듣지 말고, 악한 일을 보지 말며, 악한 생각을 일으키지 말아서, 태어날 아들딸이 복이 있고 장수하고 인정이 두터우며, 충성과 효순이 둘 다 갖추어지게 하라.

母常居靜室, 多聽美言, 講論詩書, 陳說禮樂, 不聽惡言, 不視惡事, 不起惡念, 令生男女福壽敦厚, 忠孝兩全。

그 밖에도 송나라 시대 의학자 왕악(王岳)이 지은 산서(産書: 원서는 전하지 않은지 오래 되었다. 조선의 의방류취醫方類聚에만 수록되어 있었는데 뒷날에야 일본의 단파원견丹波元堅이 모아 출판했다)를 전재하고 있습니다. 그 가운데서 말하는 임신 기간의 배태와 태아의 경맥 발전과 임신부의 주의 사항은 일독의 가치가 있습니다.

첫째 달에는 족궐음(足厥陰) 간(肝) 경맥이 피를 기르니 육욕(肉慾)에 빠져 절제하지 않거나 피로할 정도로 체력을 극도로 소모하거나 병을 가져 올 수 있는 바람을 접촉해서는 안 된다.

둘째 달에는 족소양(足少陽) 담(膽) 경맥이 간과 합하므로 놀라는 일이 있어서는 안 된다.

셋째 달에는 수궐음(手厥陰) 심포(心包) 경맥과 오른쪽 신장이 정(精)을 기르므로 육욕에 빠져 절제하지 못하거나 슬퍼하거나 차가운 기운을 접촉해서는 안 된다.

넷째 달에는 수소양(手少陽) 삼초(三焦) 경맥이 신장과 합하므로 힘든 육체노동을 해서는 안 된다.

다섯째 달에는 족태음(足太陰) 비(脾) 경맥이 살을 기르므로 망녕된 생각을 하거나 배가 고파서는 안 되며 지세가 낮고 습한 곳을 접촉해서는 안 된다.

여섯째 달에는 족양명(足陽明) 위(胃) 경맥이 비장과 합하므로 여러 가지 음식을 가리지 않고 마구 먹어서는 안 된다.

일곱째 달에는 수태음(手太陰) 폐(肺) 경맥이 피부와 털을 기르므로 우울해하거나 고함을 쳐서는 안 된다.

여덟째 달에는 수양명(手陽明) 대장(大腸) 경맥이 폐와 합하여 기(氣)를 기르므로 말린 음식물을 먹어서는 안 된다.

아홉째 달에는 족소음(足少陰) 신(腎) 경맥이 뼈를 기르므로 두려움을 품거나 방사로 과로하여서는 안 된다.

열째 달에는 족태양(足太陽) 방광(膀胱) 경맥이 신장과 합하여 족태양이 모든 양 기맥의 주기(主氣)가 되어서 태아의 맥의 단서가 모두 이루어지게 하고 육부(六腑)가 조화를 이루고 잘 통하도록 하며 어미와 기(氣)를 나누어 신(神)과 기(氣)가 각각 갖추어져 때를 기다렸다 태어나게 한다.

一月足厥陰肝養血，不可縱慾，疲極筋力，冒觸邪風。

二月足少陽膽合於肝，不可驚動。

三月手厥陰心主右腎養精，不可縱慾悲哀，觸冒寒冷。

四月手少陽三焦合腎，不可勞役。

五月足太陰脾養肉，不可妄思，飢餓，觸冒卑濕。

六月足陽明胃合脾，不得雜食。

七月手太陰肺養皮毛，不可憂鬱，叫呼。

八月手陽明大腸合肺以養氣，勿食燥物。

九月足少陰腎養骨，不可懷恐，房勞。

十月足太陽膀胱合腎，以太陽為諸陽主氣，使兒脈縷皆成，六腑調暢，與母分氣，神氣各全，俟時而生。

이 논술을 불설입태경·선비요경(禪祕要經)·수행지도경(修行地道經)·대위덕다라니경(大威德陀羅尼經)·구사론(俱舍論) 속의 주태(住胎) 관련의 설과 현대의 인체배태학과 결합하여 비교 연구해보면 틀림없이 매우 재미있으며 틀림없이 의미도 있을 것입니다. 물론 중음신의 입태 관련의 설은 아마 현재의 배태학 연구의 대상은 아닐 것입니다. 현재는 밀종을 좋아하는 사람들이 점점 많아지고 있는데, 얘기 나온 김에 여기서 티베트의 찰막랑돈(札莫朗頓)이 지은 심심내의근본송(甚深內義根本頌) 가운데 나오는 주태 십 개월 동안의 기맥발전 관련 내용을 제출하여 비교연구 자료로 제공합니다.

정자와 난자가 결합하여 움직여서
둥근 덩어리가 생기기까지가 4주이고

업기(業氣)가 출렁이며 변동하기 시작하여
고체 덩어리가 생김은 5주째의 첫날이며
손가락 12개 반 정도로 길게 자란다
그렇게 자라면 중맥과 명기(命氣)가
생긴 뒤 심장과 배꼽 이 두 가지가
조직을 갖추어 열 가지 기(氣)의 의지처가 되고
태아는 한 마리 작은 물고기 모양과 같다
엄마와 태아의 배꼽은 서로 이어져
기혈(氣血)이 이를 통해 증장할 수 있다
그 뒤 제2개월부터
하루 밤낮마다 2백 개의 기맥이 생겨나고
지속되는 명기가 나누어져 하행기(下行氣)가 생겨나며
태아는 마치 거북 모습과 같다
제3개월에는 상행기(上行氣)가 생겨나서
상체가 이로부터 생겨나온다
제4개월에는 변행기(遍行氣)가 생겨나서
손과 발의 맥이 다 생겨나온다
제5개월에는 평주기(平住氣)가 있어서
몸 안에 의지하는 것이 이로부터 생겨나는데
이 기간을 야저(野猪)와 사자 시기라고 한다
평주기가 두루 운행하여 기가 원만하여
태아는 비로소 활동을 갖춘다
골절이 각 곳마다 토막토막 생겨나서
모두 합하면 그 수가 3백6십이라
이렇게 5온(五蘊)이 다 갖추어진 뒤

줄곧 제6개월 때까지 간다

용기(龍氣)의 힘이 점점 왕성해지는 까닭에

지대(地大) 상에 두 눈이 생겨난다

제7개월에 검은 오구기(烏龜氣)가 생겨나와

수대(水大) 상에 두 귀가 생겨난다

제8개월에 화대(火界) 상에 콧구멍이 생겨나며

이때는 해마기(海馬氣)가 생겨난다

제9개월에 제파기(提婆氣)가 생겨나서

5미(五味)를 알 수 있는 혀가 생겨난다

제10개월에 재생기(財生氣)가 생겨나서

열 가지 기가 이렇게 다 갖추어진다

1개월에 6천 개의 맥이 생겨나고

모친의 장기에서 처음에 5만4천개가 생겨난다

그 후 3개월에 7만2천 개가 생겨나고

9개월 뒤로는 예식(穢食)을 먹는다

그 뒤로 불청정계(不淸淨界)가 나오며

기로써 배고픔과 목마름을 감각하여

그 심한 고통을 극도로 느낀다

이때에 도기(倒氣)가 생겨나온다

이로부터 그 기를 타고 태로부터 나오니

이 기간은 인사자(人獅子)의 시기이다

生誕生蕩與生動　生團是爲四七日

業氣蕩漾而變動　生硬五七第一日

有如十二指半量　具此量中脈命氣

生後心與臍二者　　具輪為十氣所依
胎兒如一小魚然　　母兒之臍兩相連
氣血得由此增長　　此後從第二月起
一晝夜生二百脈　　持命氣分生下氣
胎兒有如龜狀然　　三月乃生上行氣
上身由此而出生　　四月乃有遍行氣
手足之脈皆出生　　五月始有平住氣
身內所依由此生　　名為野豬獅子時
平住遍行氣圓滿　　胎兒始具有活動
骨節各處段段生　　總數為三百六十
如此五蘊圓滿後　　直至第六月之時
以龍氣力增盛故　　於地大上生二眼
七月烏龜氣出生　　於水大上生二耳
八月火界生鼻孔　　是時海馬氣出生
九月提婆氣出生　　能知五味舌出生
十月財生氣出生　　十氣由是皆圓滿
一月六千脈出生　　母腸初生五萬四
其後三月七萬二　　九月以後食穢食
此後不清淨界出　　由氣感覺饑與渴
受極其厲害之苦　　此時有倒氣出生
由是乘氣從胎出　　是為人獅子之時

　주태기간이 다 차면 출태하는 갓난아이는 마치 사자와 같다며
태교·태양(胎養)을 말하고 있는 것도 출생하는 아이가 심신이 건
강한 갓난아이이기를 바라는데 지나지 않습니다.

명나라 시대부터 청나라 시대까지의 발전

원나라 시대를 얘기하면서 몽고인들처럼 제 자신도 모르게 말이 너무나 멀리까지 달렸습니다. 우리는 이어서 명나라 시대를 얘기하겠습니다. 다 갖추어진 육영가비(育嬰家祕)에서는 다음과 같이 말합니다.

태아는 뱃속에 있는 동안 어미를 따라 듣는다. 임신한 뒤로는 걷고 앉기를 단정 엄숙하게 하고 성정을 화기애애하게 하며 항상 고요한 곳에 있으며 아름다운 말을 많이 듣고 다른 사람으로 하여금 경서[詩書]를 외우게 하며 예법과 음악[禮樂]을 설명하게 하여 듣는다. 귀로는 그릇된 말을 듣지 않고 눈으로는 악한 일을 보지 않아야 한다. 이와 같이 하면 낳은 자식이 복이 있고 오래 살며 인정이 있으며 가르침에 충실하고 현명할 것이다. 그렇게 하지 않으면 낳은 자식이 대부분 비천하고 오래 살지 못하며 우매하고 완고할 것이다. 이것을 일러 외부 환경으로 인하여 안으로 영향을 받는 것이라고 한다.

子在腹中，隨母聽聞。自妊以後，則須行坐端嚴，性情和悅，常處靜處，多聽美言，令人誦讀詩書，陳說禮樂。耳不聞非言，目不視惡事。如此則生男女福壽敦厚，忠教賢明；不然則生男女多鄙賤不壽而愚頑，此所謂因外象而內感也。

이시진(李時珍)의 본초강목(本草綱目)·악보가(岳甫嘉)의 종자전편(種子全編)·이정(李梴)의 의학입문(醫學入門) 등은 모두 임신기간 질병의 진단치료에 대하여 많은 것을 제시하고 있습니다.

예로부터 의학자들은 임신부의 음식 방면에 많은 금기 사항을 제시했는데, 어떤 것은 일리가 있고 어떤 것은 순전히 민간에 전해 내려 오는 금기사항입니다. 그러나 장개빈(張介賓)의 경악전서(景岳全書)는 씨앗을 뿌리고자 준비하는 남편의 관점에서 이렇게 제시합니다.

무릇 음식물들은 사람의 오장의 기(氣) 면에서 저마다 적당히 먹고 마시되 꼭 지나치게 구애받을 필요는 없는 것 같다... 오직 술을 많이 마시는 것은 적합하지 않다. 술의 성질은 습열(濕熱)을 발생하는 것이며 성질을 어지럽게 할 뿐만 아니라 정(精)도 어지럽게 한다. 정(精)이 술에 어지럽혀지면 습열이 그 절반이 되며 진정(眞精)이 그 절반이 된다. 정(精)이 충실하지 못하면 태아의 원기가 튼튼하지 못하다. 정(精)에 습열이 많을 경우, 뒷날의 천연두나 경기(驚氣)나 비패(脾敗) 같은 질병들은 대체로 이미 그 때문에 형성된 것이다. 그러므로 무릇 시기를 선택하여 종자를 뿌리는 자는 반드시 먼저 삼가 해야 할 바가 있다. 술은 많이 마시기보다는 적게 마시는 것이 좋고 적게 마시기보다는 안 마시는 것이 좋다.

凡飲食之類, 則人之臟氣各有所宜, 似不必過分拘執, 惟酒多者為不宜……酒性濕熱, 非惟亂性, 亦且亂精。精為酒亂, 則濕熱其半, 真精其半耳。精不充實, 則胎元不固; 精多濕熱, 則他日痘疹驚風脾敗之類, 率已受造於此矣。故凡擇期布種者, 必宜先有所慎。與其多飲, 不如少飲; 與其少飲, 不如不飲。

물론 현대의학은 이미 경고하기를 임신부는 음주나 흡연을 해서는
안 되며 남편은 더더욱 임신부에게 간접흡연을 하게 해서는 안 된
다고 합니다.

　청나라 시대에는 다들 잘 알고 있는, 오겸(吳謙) 등이 편저한 의
종금감(醫宗金鑒)이외에도 진몽뢰(陳夢雷) 등이 편집한 고금도서집
성(古今圖書集成)의 의부(醫部)가 있는데, 역대의 태교학설과 관련
된 내용을 한데 모아 소아미생태양문(小兒未生胎養門)이라고 했습
니다. 연구해보면 가장 편리합니다. 그 외에 석성금(石成金)의 전가
보전집(傳家寶全集) 같은 책은 임신보호를 위한 주의사항[保孕諸
戒], 그리고 임신한지 2~3개월과 6~7개월에 이르면 비장과 위장
을 다스려야하는 중요성을 강조하고 있습니다. 청포제군자(青浦諸
君子)가 편집한 수세편(壽世編)은 '짐승을 잡고 죽이는 흉악한 모든
일을 보아서는 안 됨[一切宰殺凶惡之事 , 不宜看]'을 강조합니다. 섭
씨죽림여과(葉氏竹林女科)의 견해는 다음과 같습니다

　편안하면 태아가 길러진다. 기(氣)와 혈(血)이 조화를 이루면 태
아가 편안하고 기가 거스르면 병이 나게 되며 성을 내면 기가 막힌
다. 간의 기운이 솟구쳐 거스르면 구토하고 코피가 터진다...좋은
자식을 낳고 싶은 자는 반드시 먼저 그 기를 길러야 한다. 기가 길
러진다면 자식의 성질이 어질고 온순하고 비뚤어진 버릇이 없다.

　寧靜即養胎。蓋氣血調和則胎安 , 氣逆則致病 , 腦怒則氣閉塞 , 肝氣
沖逆則　嘔吐衄血……欲生好子者 , 必先養其氣。氣得其養 , 則子性和
順 , 無乖戾之習。

서문필(徐文弼)의 수세전진(壽世傳真), 심금오(沈金鰲)의 부과옥척(婦科玉尺)은 남녀불임 치료처방을 제시합니다. 그 외에도 언급하지 않을 수 없는 것은, 더 나아가 청나라 말기의 강유위(康有爲)가 지은 대동서(大同書)에 태교원(胎敎院)을 세워 총명한 후대를 배양함으로써 인구의 질을 높여야한다는 주장이 있다는 사실입니다.

마지막으로, 우리는 강희(康熙) 연간에 학자출신의 명의라고 일컬어진 장로옥(張路玉)이란 분이 있었다는 얘기를 해야겠습니다. 그는 수십 년의 시간을 들여 역대의 의학전적들을 충분히 이해하고 서로 연관시켜 그 원고를 열 번이나 고치면서 팔십여 세에 이르러서야 마침내 의통(醫通)이라는 책을 편집 저술하였으며 강희(康熙)황제의 인정을 받았습니다. 그 가운데서 태교를 말하고 있는데 역대 의학자들의 태교 담론에 대한 하나의 작고 작은 총 결론이라고 할 수 있는데, 소개할 필요가 있습니다.

태교설에 대하여 세상 사람들이 다들 그리 알지 못하는데 만약 임신에 있어 그 설에 따라 행한다면 분만위험이나 고통에 대한 우려가 없을 뿐만 아니라 자식을 낳아도 태독(胎毒)으로 요절하는 재앙도 드물 것이니 진실로 자식 복이 많게 되는 요지를 대략 소개한다. 부녀가 월경이 있은 뒤 40여 일 동안 그 다음 월경이 없다면 부부간 성 관계를 삼가야 한다. 일상생활에 신중하고 담박한 음식을 먹고 심신을 수양하여 한다. 시시각각으로 마음가짐을 마치 보배 옥을 받들고 있는 것이나 다름없듯이 해야 한다. 걸으려고 발을 들어 올림은 반드시 느려야 하며 걷거나 서 있을 때는 머리를 뒤로 젖히거나 앞으로 수그려서는 안 된다. 앉아 있을 때는 아랫배를 눌러서는 안 되며 누웠을 때는 한 쪽으로만 오랫동안 누워 있어서는 안 된다. 긴 시간 동안 앉아 있거나 눕기를 좋아해서는 안 된다. 기(氣)와 혈(血)의 흐름이 막히지 않고 잘 통하게 하는 것이 가장 중요하다.

비록 심한 체력활동은 해서는 안 되지만 늘 팔다리와 근육과 뼈를 활동시켜야 한다. 그래야 경락이 잘 통하여 흐르고 태아의 호흡 대사(代謝)도 쉽게 이루어진다. 배가 점점 불러오면 음식을 너무 배부르게 먹어서는 안 되며 차나 국 등 간식은 더더욱 줄여야 한다. 음식이 너무 차갑거나 뜨거워도 모두 좋지 않다. 개나 양이나 자라나 게 등 독이 있는 모든 음식물들은 물론 금지해야 하며 설사 고추나 생강 같은 상용 조미료도 적게 먹어야 한다. 돼지고기나 진한 술이나 물기 많은 국수 같은 음식물들은 비록 아예 끊어서 먹지 않을 수는 없더라도 실컷 먹어서는 안 된다. 이런 음식물은 태아의 성장 발육을 지나치게 빠르게 하여 모친이 조산이나 난산을 하게 되며, 태아는 자궁 안에서 체질이 허약하게 되어 상처받기 쉬워지고 출생 후에는 틀림없이 병이 많고 기르기 쉽지 않다. 마치 비옥한 땅위의 초목을 척박한 땅에 옮겨 심는다면 그 가지와 잎이 시들지 않을 수 있겠는가?

임신 3개월이 되었을 때는 허리와 복부를 보호해야 한다. 태아가 점점 성장하면 옷을 꼭 끼게 입지 말고 약간 느슨하게 해야 한다. 그러나 숨이 가쁘고 몹시 답답하다고 완전히 풀어놓아서는 안 된다. 여름에 목욕할 때는 반드시 지나치게 뜨거운 물을 피해야 한다. 겨울에 잠잘 때는 난로나 숯불 등을 가까이 해서는 안 된다. 가장 중요한 것은 성행위를 해서는 안 된다는 것이다. 성행위 중에 음욕의 불은 모두 뱃속의 태아에게 영향을 주어 아이가 뒷날 천연두나 옴 같은 것들의 독병에 걸릴 수 있다. 임신 기간 동안에는 가능한 한 내심의 안정을 유지하되 너무 억제하지 말고 실제에 따라야 한다. 만약 너무 억제하면 그 내심의 안정에 어긋나 울화가 더욱 더 활활 타오른다. 이것은 정욕에 방종하여 절제함이 없는 것과 비록 두 가지 극단적인 현상이지만 그로 인해 발생하는 열이 태아의 생장발육에 영향을 미칠 수 있기는 마찬가지이다. 예전에 본 적이 있는데, 간절히 자식을 구하는 자가 임신하고서는 방을 나누어 썼지만 자식이 여전히 천연두로 죽었으니. 이 어찌 억제하여 그 화가 더욱 더 활활 타오른 명백한 증험이 아니겠는가! 사람들의 의지 욕망은 서로 같지 않으므로 보통을 뛰어넘을 수 없다면 또 모정에 몸을 굽혀 그 자연스런 성품에 부합하게 함으로써 자식의 기가 편안하고 조화롭도록 하여야 하는 것, 이것이 바로 태교라는 것이다.

마땅히 알아야 한다. 태교는 원래 어느 한 면에만 국한되는 것이 아니다. 만약 모친이 자식을 임신하였을 때 놀람을 당하면 자식은 대부분 태중에서 놀란다. 자식을 임신하였을 때 우울해 하면 자식은 대부분 결핵에 걸려 고름이 흘러나온다. 자식을 임신하였을 때 두려워하면 자식이 대부분 지랄병에 걸린다. 자식을 임신하였을 때 허망을 탐하는 생각을 항상 일으키면 자식은 대부분 인색함을 탐한다. 자식을 임신하였을 때 분노하는 마음을 항상 품으면 자식은 대부분 난폭하고 모질다. 자식을 임신하였을 때 꾸미는 말을 하고 속이는 행위를 한 적이 있다면 자식은 대부분 기만행위를 한다. 자식을 임신한 뒤에는 몸과 마음을 단속하여 가볍고 맑게 교감하여야 할 뿐만 아니라 절대 제멋대로 함으로써 태아의 호흡에 재앙을 끼치지 않아야 한다. 만약 크게 술에 취한 뒤에 성행위를 하여 정(精)에 주습(酒濕)이 많이 붙어있으면 자식은 대부분 잘 자라지 않는다. 크게 성낸 뒤에 성행위를 하여 정(精) 가운데 노화(怒火)가

끼어있으면 자식은 대부분 비뚤어진다. 크게 노동한 뒤에 성행위를 하여 정(精) 가운데 진기(眞氣)가 가득하지 않으면 자식은 대부분 허약하다. 만약 남편이 열약으로써 성행위를 도와 의도적으로 정액 방출을 막으면 정 가운데 흉포함이 흘러 다녀 자식은 대부분 이상한 질병이 많다. 비바람이 부는 날이나 뇌성과 번개가 칠 때 성행위를 하여 진노의 기운을 감촉하면 자식은 대부분 괴이한 부류가 된다. 이 때문에 말한다. 삼원오랍(삼원절일은三元節日은 정월15일 상원천궁절上元天官節 , 7월15일 중원지궁절中元地官節 , 10월15일 하원수궁절下元水官節이다. 5랍절일五臘節日은 정월초하루 천랍天臘 , 5월초5일 지랍地臘 , 7월초7일 도덕랍七月初七日道德臘 , 10월초하루 민세랍民歲臘 , 10월초8일 왕후랍王侯臘/역주)에는 금계를 확실히 지켜야 한다. 낳고 기르는 일은 그 자체가 보통의 일이 아니요 일족의 세계(世系)의 중요한 일인데 어떻게 유희 장난으로 볼 수 있겠는가!

胎教之說 , 世都未諳 , 妊娠能遵而行之 , 不特無產難之虞 , 且生子鮮胎毒殤夭之患 , 誠為廣嗣要旨 , 姑以大概陳之。婦人經後四十余日不轉 , 即謹房室 ; 慎起居 , 薄滋味 , 養性情 ; 刻刻存心 , 與執持寶玉無異。舉趾必徐 , 行立勿仰 , 坐不實其前陰 , 臥不久偏一側 , 不得耽坐嗜臥 , 使氣血凝滯 , 為第一義。

雖不可負重作勞 , 然須時時小役四體 , 則經絡流動 , 胎息易於動運。腰腹漸粗 , 飲食不宜過飽 , 茶湯更須節省。大熱大涼 , 總非所宜。犬羊鱉蟹等一切有毒之物 , 固宜切禁 , 即椒姜常用之品 , 亦須少嘗。其豕肉醇酒濕麵之類 , 縱不能屏絕不食 , 亦不可恣啗 , 歸精於胎 , 過於蕃長 , 致母臨蓐難產 , 而子在胞中 , 御質肥脆 , 襁褓必多羸困。即如沃壤之草木 , 移植瘠土 , 枝葉得不凋萎乎？

甫交三月，即當滿裹其腹。胎氣漸長，僅可微鬆其束，切勿因其氣急滿悶而頓放之。在夏澡洗，須避熱湯。冬時寤寐，勿迫爐炭。其最甚者，尤在不節交合，淫火盡歸其子，以釀痘疹疥癩之毒。然須妊娠稟性安靜，不假強為，方遒實濟。若強制以違其性，則鬱火彌熾，此與恣情無禁者，雖截然兩途，而熱歸胎兒則一。嘗見有切於求嗣者，得孕即分處房幃，而子仍歿於痘，豈非強制其火彌熾之明驗乎！蓋人之志欲匪一，苟未能超出尋常，又須曲體母情，適其自然之性，使子氣安和，是即所謂胎教也。

當知胎教原非一端，若懷子受驚，則子多胎驚。懷子抱鬱，則子多結核流注。懷子恐懼，則子多癲癇。懷子常起貪妄之念，則子多貪吝。懷子常挾憤怒之心，則子多暴狠。懷子嘗造綺語詭行，則子多詐偽。非但懷子之後，當檢束身心而輕淨交感，慎毋恣肆以遺胎息之患。若大醉後媾精，精中多著酒濕，則子多不育。大怒後媾精，精中多挾怒火，即子多乖戾。大勞後媾精，精中不滿真氣，則子多孱弱。若夫熱藥助戰，作意祕精，精中流行毒悍，則子多異疾。至於風雨雷電媾精，感觸震氣，則子多怪類。以此言之，則三元五臟，宜確遵禁戒，誕育自是不凡，宗祧重務，安得視為嬉戲哉！

이 한 편의 짧은 글을 연구하고 그 의미를 충분히 풀이하여 본다면 적어도 두툼한 책 한 권을 쓸 수 있습니다. 어떤 의사 친구는 이 한 편의 글을 붓으로 노트에 가지런하게 베껴 써서 수시로 독송까지 합니다! 여기서 그저 약간의 감상을 말해보고 싶습니다. 예로부터 태교·태양을 말했던 우리나라 고대 의학자들은 모두 재삼경고하기를, 남편은 절대 임신부와 성관계를 가져서는 안 된다고 합니다. 그랬다가는 갖가지 심각한 결과가 있을 것이라고 합니다.

그래서 청나라 시대의 저인획(楮人獲)은 수태한 암말이 숫말이 가까이 다가오기만 하면 발굽으로 내찬다고 칭찬하면서 이것은 태를 보호하기 때문이라고 말합니다. 그리고 역경(易經)에서 '암말이 곧다[牝馬之貞]'고 말함은 이 때문이다.'이라고 말합니다. 그런데 현대의학에서는 대부분 주장하기를, 지나칠 정도로 격렬하게 혹은 자주 하지만 말고 조금 자연스럽고 편안한 자세를 강구하면 되고, 조금 엄격하게는 배태기와 임산기에는 피하면 된다고 합니다. 중의나 양의들은 모두 남자에 대해서만 '해도 좋다' 거나 '해서는 안 된다'는 말을 하지만 수십 년 동안 의술을 행했던 장씨 어르신네는 말하기를 "임산부의 감정을 세심하게 살펴 그 자연스런 성정에 적합하게 함으로써 태아의 기운이 안정되고 평안하게 해야 한다. 그렇지 않고 만약 너무 억제하면 그 내심의 안정에 어긋나 울화가 더욱 더 활활 타오른다. 이것은 정욕에 방종하여 절제함이 없는 것과 비록 두 가지 극단적인 현상이지만 그로 인해 발생하는 열이 태아의 생장발육에 영향을 미칠 수 있기는 마찬가지이다."라고 했습니다. 제 생각에는 설사 태교를 믿지 않는 신여성이라 할지라도 이 개명한 팔십 세의 아버님을 위하여 환호할 것입니다. 그는 어디까지나 근 4백 년 전의 선현이었습니다!

이상은 대단히 간략하게 우리나라 선현들이 말하는 태교의 작은 부분을 소개하였을 뿐입니다. 그런데 어떻게 임신하게 되고 어떻게 다른 임신 단계에서 태아 유산을 방지하고 보호할 것인지, 그리고 임신기간과 출산기간과 출산 후 어떻게 몸조리할지 등등을 포함한 태양 부분에 대해서는 더더욱 바빠서 생략하고 산부인과 전문 저작들을 언급만하니 뜻이 있는 분은 한 걸음 더 나아가 연구하기를 바랍니다. 왜냐하면 이번의 이 보고는 그 중점이 태교에 있기 때문입니다. 사실 선현의 저술 가운데 설사 태교를 말하고 있더라도 흔히들 태양과 서로 밀접하여 나눌 수 없는 것입니다. 이와 반대로 태양을 논술함에도 그 가운데는 또 태교를 포함하고 있습니다. 예를 들어 의린책속편(宜麟策續編)은 보잉육설(保孕六說)을 다음과 같이 제시합니다.

1. 번뇌를 없애라[除煩惱].
2. 방사와 노동을 금지하라[禁房勞]
3. 날것과 차가운 음식을 먹지 말라[戒生冷]
4. 추위와 더위에 조심하라[愼寒溫]
5. 약을 복용하라[服藥餌]
6. 고요히 수양하여야 한다[宜靜養].

그 가운데 제1항과 제6항은 태교에 편중되어 있습니다. 제1항은 다음과 같이 말합니다.

무릇 수태한 뒤에는 절대 남을 때리거나 꾸짖어서는 안 된다. 기(氣)의 운행이 순조로우면 태아가 편안하고 기가 순조롭지 않으면 태아가 병이 나며 분노하면 막혀서 순조롭지 못하다. 간장의 기가 위로 솟구치면 구토하고 코피가 터지고 비장과 폐가 상처를 입는다. 간장의 기가 아래로 몰리면 혈붕(血崩)이나 대하(帶下)가 일어나고 습관적으로 유산(流産)이 일어난다. 좋은 자식을 낳고 싶다면 먼저 그 기(氣)를 길러야 한다. 기가 길러지면 낳은 자식의 성질이 온순하고 부모에 효도하고 형제사이에 우애하는 마음이 있으며 인정과 도리에 벗어난 비뚤어진 버릇이 없다. 이른바 '화목함은 상서로움을 불러온다.'와 '한 집안에 경사가 있다.'함은 태교로부터 얻지 않음이 없다.

凡受胎後, 切不可打罵人。蓋氣調則胎安, 氣逆則胎病, 惱怒則否塞不順。肝氣上沖, 則嘔吐衄血, 脾肺受傷; 肝氣下注, 則血崩帶下, 滑胎小產。欲生好子者, 必須先養其氣。氣得其養, 則生子性情和順, 有孝友之心, 無乖戾之習。所謂"和氣致祥"、"一門有慶", 無不由胎教得之。

제6항은 다음과 같이 말합니다

임신기간 동안의 정양(靜養)이 가장 기묘한 방법이니, 시비(是非)를 헤아리지 않으면 기(氣)가 손상되지 않는다. 이해득실을 다투지 않으면 신(神)이 피로하지 않다. 마음에 질투가 없으면 혈(血)이 저절로 충만해진다. 감정에 음탕함이 없으면 정(精)이 저절로 넉넉해진다. 편안하고 한가롭고 평온함이 바로 태교이다.

胎前靜養, 乃第一妙法。不校是非, 則氣不傷矣; 不爭得失, 則神不勞矣; 心無嫉妒, 則血自充矣; 情無無淫蕩, 則精自足矣; 安閒寧靜, 即是胎教

이것이 어찌 태교에만 그치겠습니까. 머리와 꼬리 부분 말만 지워버리면 그야말로 수도자의 좌우명이 됩니다.

태교의 효과에 대하여는 앞서 소개한 문왕과 무왕의 본보기 이외에 우리는 다시 한 가지 실례를 얘기해 보겠습니다. 청나라 시대의 진강기(陳康祺)의 연향좌록(燕下鄕脞錄)에 근거하면 옹정(雍乾)

과 건륭(乾隆) 조정의 만승창(萬承蒼)이라는 학사는 남창(南昌) 사람이었는데 그의 모친이 그를 막 임신하였을 때 영당(靈堂)에 이렇게 말없이 기도한 적이 있었습니다. "아들을 낳아 높은 관리가 되기를 원하지 않고, 다만 선세의 학통을 짊어지기를 원합니다." 왜냐하면 만 씨의 선조로서 명대의 형부시랑(刑部侍郎) 만우개(萬虞愷)와 광록경(光祿卿) 만여언(萬如言)은 모두 왕양명(王陽明)의 염암(念庵)의 문하에서 학문을 강의하여서 당시에 석유(碩儒)라고 불렸기 때문이었습니다. 만승창은 사숙에 들어갔는데 과연 왕양명이 학문을 강의한 책들을 읽기 좋아했습니다. 당시 사람들은 모두 말하기를 이것은 태교에서 효험을 얻었기 때문이라고 했습니다. 물론 오늘날 어떤 사람은 그렇게 생각하지 않고 그것은 가풍과 모친의 교육이외에도 유전(遺傳)이 있었기 때문으로 봅니다. 유전에 대해서 송나라 시대의 유담(俞琰)이 석상부담(席上腐談)에서 이렇게 말합니다.

늑(勒)의 조부 언(偃)은 키가 7척이 되지 못하여 키가 작고 못생긴 것을 항상 스스로 탓을 했다. 자손이 자기를 닮을까 걱정하여 마침내 아들 항(伉)을 위해 키가 큰 여자에게 장가들게 하였다. 항의 아들 늑은 키가 8척3촌이었다.

勒祖偃長不滿七尺, 常自罪短陋。恐子孫之似也, 乃為子伉娶長妻。伉子勒, 長八尺三寸].

또 당나라 시대의 한산(寒山)대사의 한 수의 무제(無題) 시는 다음과 같습니다.

신랑 유 씨는 금년 나이가 여든둘	柳郎八十二
신부 난 씨는 금년 나이가 열여덟	蘭嫂一十八
부부의 나이가 합하면 백 살	夫妻共百年
서로의 애정은 아기자기 끝이 없네	相憐情狡獪
아들을 낳아서 오도라고 이름 짓고	弄璋字烏魗
딸을 낳아서 관납이라고 이름 짓자 하네	擲瓦名婠妠
나는 흔히 보았지 늙은 버드나무의 새싹이	屢見枯楊荑
항상 서리 맞아 죽는 것을	常遭青女殺

이것은 늙은 남편과 젊은 아내가 아무리 서로 애정이 깊어도 태어난 자녀들도 수명이 길지 않다는 것을 말합니다. 이 시와 앞서의 그 필기 사료는 모두 현대의 우생학이 말하는 유전과 우연히 일치합니다. 하지만 이것은 이미 태교·태양의 범위를 벗어나는 또 다른 주제에 속합니다.

현대의 태교

이제 우리는 현대로 들어가 현대의 태교 관련 발전 개황을 간략히 소개하겠습니다.

현대의 태교란, 모체 안의 배태와 태아의 점진적인 성장 상황을 이해하고 좋은 생장환경을 제공함으로써 태아의 몸과 마음이 건강하게 발전하고, 심지어는 태아의 잠재능력을 개발함으로써 출생 후 더욱 큰 재능과 지혜를 발휘하게 하는 것입니다.

무엇보다 먼저 이해가 필요한 것은 현대의학은 태아의 뇌 부위와 감각 관련에 대한 중요한 발견입니다.

1. 태아의 뇌 부위 발전

인간은 대략 150억 개의 대뇌피질 신경 세포를 가지고 있는데 그 전부가 태아기에 완성됩니다. 평균적으로 날마다 5~6천만 개가 생겨나며 태아 탄생 후에는 더 이상 증가하지 않습니다. 그러나 대뇌의 중량은 증가하며 태어난 뒤의 약 400 그램의 대뇌는 만 1살이 될 때는 이미 800 그램에 도달합니다. 그 뒤의 성장은 느려져서 남성은 20세가 되었을 때 여성은 17~18세가 되었을 때 대뇌는 이미 1200~1400 그램에서 멈춥니다. 이러한 출생 후의 뇌 부위 증가 무게는 뇌 부위의 그물 모양의 구성이나 복개물(覆蓋物)의 구성에서 오는 것입니다.

인간의 두뇌는 태아기에 부단히 진행하여 장래에 사용해야 할 언어를 말하고 듣고 그 속의 의미 등을 이해하고 사유하기 위하여 지성 활동의 기초를 점점 형성합니다. 이것을 지능기초 구성이라고 합니다. 동시에 대뇌의 내부도 질이 좋은 산물의 증가를 진행하고 불필요한 것을 감소시키면서 양을 중시하는 것으로부터 질을 중시하는 작업을 진행합니다. 알코올이나 담배 등 유해물질 혹은 모친의 초조함이나 스트레스는 그런 작업의 진행을 방해할 뿐만 아니라 태아의 대뇌 발육을 방해합니다.

2. 지능기초의 발전

지능의 기초란 간단히 말하여 바로 사람의 감각(즉, 시각 · 청각

· 미각 · 촉각 등 다섯 가지 감관에다 인식능력을 더한 것임)입니다. 이런 감각들과 중요한 관련이 있는 것은 대뇌 속의 대뇌변연(邊緣)계통과 대뇌 신피질(新皮質) 부분입니다.

대뇌변연계통의 형성은 임신 14주 무렵에 시작하는데, 이때의 태아는 만족을 얻으면 곧 쾌감을 느끼는 욕망이 있으며 만족할 수 없다면 곧 불쾌함을 느끼는 심지(心智)의 기초가 구축되기 시작합니다. 아울러 뇌 부위가 더욱 고난도의 능력을 발휘할 수 있도록 서서히 배양하는데, 그것은 바로 대뇌변연계통의 주변인 대뇌 신피질 부분에 자리 잡고 구축됩니다.

임신 3개월에서 5개월 사이는 태아의 대뇌 발육이 특별히 중요한 시기이자 대뇌 변연계통과 대뇌 신피질의 망상(網狀) 조직화의 시작에 해당합니다. 뱃속 태아의 뇌파를 관찰해보면 기록해낼 수 있는데 바로 수태 후 3개월 무렵에 시작합니다. 그리고 대뇌변연계통은 몽롱한 얕은 수면 중에 비로소 적극적으로 활동 성장합니다. 이 때문에 성급한 소리나 자궁 압박 등은 모두 태아의 수면을 방해하고 더 나아가 그 정서나 정감 능력의 배양에 좋지 않은 영향을 일으킵니다.

그 밖에 임신 제3개월이 되어 남아 태아의 성 기관이 형성된 후 제4개월 무렵 시작에 이르러 그 남성 호르몬이 자기의 뇌 부위에 영향을 미치기 시작하면서 점점 남성의 뇌 부위(뇌 부위의 이 생물 성별이 구분되어 성별의 중추적인 형태를 형성하고 출생 후 4살 때가 되어서야 그친다)를 형성합니다. 이때 임신부가 만약 무겁고 큰 스트레스를 받으면 태아로 하여금 남성 호르몬이 순조롭게 분비하지 못하게 합니다. 그래서 모친의 여성 호르몬의 영향을 받아 여성의 뇌 부위가 됩니다. 다시 말해 출생 후에 비록 남성이지만 행위는 매우 여성화되어 있습니다(이와 반대로 만약 여아 태아라면 비록 명확하지 않은 원인으로 말미암아 그 여성 호르몬의 분비가 순조롭지 못하게 되더라도 그 모친의 여성 호르몬이 역시 그 뇌 부위를 성별 구분이 되게 합니다).

그러므로 임신 중이거나 갓난애를 양육하면서 4살 되는 기간까지는 너무 많은 정신적인 스트레스를 피하도록 특별히 주의를 기울이고 유쾌한 심정으로 돌보아야 합니다.

3. 태아의 촉각

촉각은 청각이나 시각 등 다른 감각들 보다 더 일찍 형성됩니다. 대략 임신 제8주 무렵부터 시작하여 제12주 무렵에는 태아의 감각이 이미 성인의 감각과 마찬가지입니다. 그 가운데 특히 발달하는 것은 손가락과 입술 부위의 감각이며 남아 태아는 성 기관의 감각도 있습니다. 이때에 초음파로 살펴보면 태아가 손가락을 빨고 있는 모습을 볼 수 있습니다(손가락을 그리 빨지 않는 태아가 출생할 때는 손가락에 굳은살이 있는 경우가 비교적 많습니다). 손가락을 빨 뿐 아니라 일반적으로 입이 닿아 접촉할 수 있는 부위로서 손목·어깨부위·팔뚝 그리고 배꼽이나 자궁벽 등을 빨곤 합니다(그러기에 태어나면 사람이 가르쳐줄 필요가 없이 자연히 힘껏 엄마 젖을 빨 줄 압니다).

임신 제17주 무렵이 되면 임신부는 태아의 움직임을 느끼기 시작하는데, 그것은 태아가 발로 차는 동작으로 양수(羊水)를 흔들어 전신의 피부가 양수의 진동을 느끼게 하는 것입니다. 이런 피부의 자극은 태아의 뇌 부위 발전에 중대한 영향이 있습니다. 왜냐하면 피부는 제2의 뇌라고 일컬어지고 뇌 부위와 극히 유사한 성질을 갖추고 있어 피부와 뇌 부위의 외배엽(外胚葉) 세포층은 모두 대단히 발달하기 때문입니다. 피부는 단순한 안과 밖의 구분일 뿐만 아니라, 밖에서 오는 자극을 신경계통에 전달하고 아울러 내부의 상태를 밖으로 전달함으로써 신체 건강을 보호하기도 합니다. 예컨대 추위를 만났을 때는 닭살이 돋고 더울 때는 땀을 흘립니다.

촉각에 가장 좋은 태교는 임신부가 심정을 느긋하게 하면서 지내는 것입니다. 가장 좋기로는 느긋하게 하면서 산보를 하는 활동을 함으로써 자궁으로 하여금 자연히 매 분마다 반복적으로 한 번의 규칙적인 자궁 수축을 하게하는 것입니다. 이것은 태아에게 가장 기분 좋은 피부 자극입니다. 그러므로 임신부는 장시간의 자동차 운전 등과 같은 격렬한 활동은 피하는 게 대단히 좋습니다. 왜냐하면 불규칙적인 진동은 태아에게 영향을 주어 불쾌한 감각을 피부로부터 뇌 부위에 전달하여 뇌 부위의 발전을 방해할 수 있기 때문입니다. 이 밖에 바르지 못한 자세나 너무 꽉 끼는 옷을 입거나 무더운 실외에서 에어컨 방으로 들어가는 등은 모두 비정상적인 자궁 수축을 초래하므로 가능한 마땅히 피하거나 복부의 온도 유지를 기억해야 합니다.

4. 태아의 청각

대략 임신 제6주 무렵부터 태아는 귀를 형성하기 시작합니다. 맨 먼저는 반규관(半規管)이, 그 다음에는 외이(外耳)·내이(內耳)·중이(中耳) 등 중요 부분이 형성됩니다. 4개월이 지나면 뇌 부위가 형성된 뒤 소리를 느낄 수 있습니다. 특히 해마(海馬) 부분이 완성되면 모든 감각 정보는 여기에 집중되고 잊어버려야 하거나 기억해야 할 일을 취하거나 버릴 수 있습니다. 이런 잊어버리는 기능은 어쩌면 종교에서 말하는 격음미혹[隔陰之迷: 태속에 들어가거나 태에 머무르거나 태에서 나오거나 온통 미혹해져 전생의 일을 다 잊어버리는 것/역주)이나 기억 망각증의 생리학적인 근거인지도 모르지요! 출생 뒤로는 이러한 잊어버리는 기능은 사실 일반인들이 소홀히 하는 작용도 있습니다. 다생누겁(多生累劫)은 그만 두고라도 이 일생 가운데서 만약 잊어버려야 해서 이미 잊어버린 기억을 갑자기 떠올린다면 사람이 견뎌낼 수 있기란 어렵습니다.

5개월이 되면 귀의 달팽이관도 형성된 뒤 거의 성인과 같은 귀가 완성됩니다. 태아가 좋아하는 것은 200~1,000 헤르쯔 가량의 중간적인 소리인데, 이것은 대략 그 모친 소리의 높이입니다. 비록 이때에 태아는 소리에 대하여 아직은 구별할 수 는 없지만 늘 듣는 소리를 기억하고 있을 수 있습니다(그러므로 출생 후 아주 빨리 소리로 누가 모친인지를 알 수 있습니다). 뇌 부위의 발전에 따라 임신 8개월 뒤에야 태아는 비로소 음조(音調)의 강약을 구별할 수 있는 신경이 형성됩니다. 비록 태아가 소리의 의미를 알지 못하지만 모친의 소리 강약에 근거해서 민감하게 그 정서를 느낍니다. 그러므로 임신부는 반드시 온화하고 평정한 심정과 어기로 태아와 말을 해야 합니다.

이 밖에 임신 기간에도 가능한 한 시끄러운 소리, 예를 들면 엔진 소리·차 브레이크 소리, 자명종 시계 소리·귀를 찌르는 소리와 임신부의 우렁찬 소리 등등 이런 소리들은 태아의 뇌 부위를 긴장시켜 베타파가 일어나게 하면서 뇌 세포 성장을 억제하는 호르몬을 분비하게 하기 때문입니다.

5. 미각과 후각의 태교

임신 3개월 무렵부터 혀의 미각이 형성되기 시작하여 7개월 무렵에 이르면 충분히 발달하여서 맛을 느낄 수 있습니다. 아울러 뇌 부위도 코를 통해 들어오는 정보를 받아들일 수 있기 시작합니다. 출생한 지 얼마 지나지 않은 갓난애는 자기 모친의 맛을 구별하는 능력을 갖추고 있습니다. 그러므로 임신부는 음식에 주의해서 달걀이나 우유와 대두를 지나치게 섭취하지 말아서 태아의 체질이 과민해지지 않도록 해야 합니다. 생선이나 미역·채소, 특히 칼슘이 들어있는 음식물은 많이 먹어도 됩니다. 좀 맑고 담박한 음식물을 먹고 굽거나 튀기거나 기름진 음식물은 적게 먹는 것이 제일 좋습니다.

임신부가 사람을 즐겁게 하는 냄새를 맡고 유쾌한 기분이 일어난 뒤에는 호르몬 분비를 촉진하여 태아의 뇌 부위로 전달되어 태아에게도 유쾌한 느낌이 들게 할 수 있습니다. 그러므로 실내에 꽃 장식이나 화원 혹은 산뜻한 세수 비누 향기는 모두 임신 중의 모친과 태아의 심신으로 하여금 상쾌함을 느끼게 합니다.

6. 시각의 태교

태아의 눈 부위의 수정체 기능을 책임지는 망막 기관의 근원은 대략 임신 제4주에 형성됩니다. 태아는 모친의 두툼한 복부에 싸여 보호되기 때문에 외부에서 오는 광선의 성가심을 받지 않아 안심하고 어두운 곳의 온상에서 잠잘 수 있습니다. 태아의 이 시기에는 비록 눈이 보지는 못하더라도 명암도를 또렷이 느낄 수 있습니다. 느낀다는 것은 뇌 가운데 송과체(松果體)의 퇴흑색소(褪黑色素) 호르몬 활동 작용 때문인데 이러한 호르몬은 밝은 물체를 만나면 감소하고 어두운 물체를 만나면 증가합니다. 임신부가 보고 느끼는 외부에서 오는 광선은 태반을 통하여 태아의 뇌 부위에 전달되어 태아로 하여금 밝음인지 어둠인지를 느끼게 합니다. 제7개월 무렵에 이르면 태아가 비로소 물체를 희미하게 볼 수 있는 능력이 나타나기 시작합니다.

그러므로 임신부의 생활 방식은 대단히 중요합니다. 만약 일찍 자고 일찍 일어난다면 날이 밝아 일어나 활동하고 날이 어두워 잠자는 '생물시계(生物時計)'가 태아에게 전달됩니다. 이와 반대로 만약 임신부의 생활이 늦게 일어나고 밤새워 활동한다면 태어난 아이는 좋지 않은 생물시계를 가질 가능성이 있습니다.

결론 : 태교의 연구와 통합완성은 이제 막 시작이다

이상은 안이비설신 5종의 감각과 의식생리의 기초인 뇌의 발전에 대해서만 그 태교 방법을 간략히 한 번 얘기해 본 것일 뿐입니다. 오늘날 세계 각국에 유행하는 태교연구도 대체로 말하면 이런 범위를 벗어나지 않습니다.

예를 들어 일본의 무루카 이치(室岡一, Murooka Ichi) 교수는 모체 밖의 소리가 태아의 귀에 확실히 전달된 뒤, 태아가 들은 소리와 모친의 심장 뛰는 소리와 혈액 유동 소리를 녹음하여 두었다가 태아가 출생한 뒤에 그 소리를 틀어 그 갓난애에 들려주었더니 갓난애는 듣고 곧 울음을 멈추며 심지어 편안히 잠든다는 사실을 조사하여 밝혔습니다. 뒷날 후생성에도 고바야시(小林登)로 하여금 모자 상호간의 관계 연구를 주관하고 촬영기로 촬영하여 분석을 진행하도록 위탁하였습니다. 결과적으로 다음과 같은 사실을 발견했습니다. 태어난 지 3일 된 갓난애는 그에게 말을 거는 다른 사람들에 대하여 뚜렷이 다른 반응을 보였습니다. 모친이 하는 말에 대하여는 갓난애의 두 손이 적극적으로 활동하였지만 간호사가 한 말에 대하여는 그리 반응이 없었습니다. 여러 사람의 소리가 섞인 녹음테이프를 틀어주자 손발이 아예 움직이지 않았습니다. 심지어는 머리를 한 쪽으로 돌렸습니다. 이런 실험들은 모두 태아기에 기억력이 있었음을 증명하고 있으며 태어난 지 하루 이틀 뒤 모친의 소리에 대하여 다시 인식하는 능력을 갖고 있음을 표현해 준 것입니다. 소리의 자극이외에도 태아는 빛과 접촉 자극에 대한 반응에 대하여, 예컨대 태아의 심장 변화나 태동의 변화·눈 깜박임의 반응·악수 반응 등에 대하여 연구하였습니다.

프랑스의 파리건강위생학원과 영국의 오더스(奧德斯, Orders)도 실험을 통해 태아가 음악에 대하여 좋아하거나 싫어하는 반응이 있으며 출생한 뒤에도 그런 다른 음악에 따라 다른 반응이 있다는 사실을 증명하였습니다. 그리고 미국의 벤터 카(凡特佧, Venter Ka) 교수는 한걸음 더 나아가 1977년에 임신부태교로드맵 전문학교를 하나 세웠습니다. 그는 체계적으로 태아에 대하여 말하거나 음악을 틀어주거나 임신부의 복부를 적당히 문질러주거나 복부의 일정한 부위를 두드려 주는 등의 방식을 채용하여 태아의 청각과 촉각 신경의 발육을 촉진시켰습니다. 그는 주장하기를 임신부의 남편도 태교활동에 참여하면 부부사이의 친밀한 관계를 강화시킬 수 있는 동시에 출생 후의 갓난애로 하여금 비교적 빨리 부모를 인식하게 하며 언어와 문자를 이해할 수 있도록 한다고 했습니다. 미

국의 토마스 웨이니(湯瑪斯 維尼, Thomas Vigny)는 심지어 자아
암시와 불교의 갖가지 관상법(觀想法)을 태교에 응용하였습니다.
중국도 1987년 3월 28일에 중국환경음향의학연구협업센터를 설
치하여 각종 음파 조건하에서의 태아의 반응의 측정과 기록, 그리
고 임신부에 대한 영양 화학실험 탐측과 지도에 종사하여 이미 초
보적인 성과가 있습니다.

미래를 전망해보면 태교와 태양 그리고 우생학 등등의 영역과
관련하여 장래에 한걸음 더 나아가 과학기술과 통합을 진행함으로
써 더욱 큰 성과를 얻을 수 있을 것입니다. 시간 관계상 이번은 바
쁘게 간략히 여기까지만 보고하니, 여러분께서 아낌없이 질정(叱
正)하여 주시면 감사하겠습니다. 감사합니다.

음욕을 경계하라

이글은 김지수 옮김 전남대학교출판부 2002년 5월 15일 발행
『불가록』에서 발췌 전재하였음을 밝힙니다

음란을 경계하는 글(戒淫文)

듣자하니, 죄업의 바다가 아득하지만, 색욕(色欲)처럼 끊기 어려
운 욕망이 없고; 티끌 속의 세상 시끌벅적하지만, 사음(邪淫)보다
범하기 쉬운 죄가 없다고 한다. 산을 뽑아 던질 힘과 세상을 뒤덮
을 만한 기개를 자랑하는 영웅도, 여기에 걸려 나라를 망치고 목숨
을 잃으며; 비단결 같은 마음과 폭포수 같은 달변을 갖춘 천재도,
이것 때문에 절개를 꺾고 명예를 땅바닥에 떨어뜨린다. 이는 동서
고금을 막론하고, 어진 이나 어리석은 자 가릴 것 없이, 모두 한결
같이 되풀이해 밟는 발자취가 되어 왔다.

하물며, 지금 세상에 음란한 풍조가 날로 치성하고, 옛 윤리 도
덕은 갈수록 쇠퇴하여, 경박하게 날뛰는 젊은이들이 홍등가(紅燈街
: 유흥가)의 유혹에 푹 빠져드는가 하면, 지혜롭고 학식 많은 문인
조차도 값싼 연애 소설의 습기에 젖어 든다. 입으로는 욕심을 억제
해야 한다고 말하면서도, 욕정의 생각은 더욱 불어나고; 귀로는 음
란을 끊어야 한다고 들으면서도, 음란의 기회는 배나 늘어난다.

길가에서 교태로운 모습을 만나면, 눈동자가 천 번이나 휘둥그
레지고; 문틈 사이로 아름다운 여색을 스치면, 창자가 백 번이나

꼬부라진다.

　결국 마음이 육신의 부림을 당하고, 의식(정신)이 감정에 질질 끌려간다. 쭈글쭈글한 얼굴의 하찮은 할멈이라도, 어쩌다 꽃과 풀잎을 머리에 꽂으면, 마치 서시(西施)같은 미인인 것처럼 생각하고; 볼품없는 몸매의 시골뜨기 아낙이라도, 더러 향수라도 뿌리고 몸치장을 하면, 금방(미인 서시가 배가 아파 얼굴을 찡그리자, 자기도 얼굴을 찡그리면 서시 같은 미인이 될 줄 알고 흉내 낸) 동쪽 추녀(東施)의 모습도 까맣게 잊고 만다. 그러니 간음이 천지도 용서하기 어렵고, 신명까지 진노하는 엄청난 죄악임을, 어찌 염두에 두겠는가? 만약 다른 여자의 지조와 절개를 빼앗으면, 자기 아내나 딸들이 그 빚을 갚아야 하고; 또 남들의 명예와 소문을 더럽히면, 후세 자손들이 그 과보를 받는 줄은 아는가? 후손이 끊긴 무덤의 주인공은, 모두 경박하게 미쳐 날뛰던 젊은이 아닌 자 없으며; 기생과 창녀의 조상들은, 죄다 화류계에 탐닉했던 건달들이라네. 부자가 될 수 있는 자도 옥루(玉樓)의 호적에서 삭제되고, 귀인이 될 운명의 사람도 금방(金榜)의 명단에서 제명되지. 회초리(笞: 치)·곤장·징역·유배·사형 등, 살아생전에는 다섯 등급의 형벌을 당하고, 지옥·아귀·축생 등 죽은 뒤에는 삼악도(三惡途)의 윤회 고통을 받아야 하리.

　이전의 은혜와 사랑, 이제 와서 텅 비어 버리니; 옛날의 영웅 같은 기개는, 지금 어디 가고 없는가? 포부 큰 청년과 뜻 높은 선비와 학식 많고 덕망 있는 명인 모두에게 두루 권하노니, 진리를 깨달으려는 마음 내어, 색마(色魔)의 장애를 과감히 쳐부수라. 부용(芙蓉)같이 흰 얼굴도, 잠시 살점 붙은 해골에 불과하고; 화려하게 치장한 미모도, 옷 덮어씌운 똥오줌통임을 아는가? 설령 옥같이 곱고 꽃처럼 아름다운 모습을 마주하더라도, 모두 누이 같고 어머니 같은 마음을 품고 대하라. 아직 사음의 죄악을 범한 적이 없는 이는, 발을 헛디뎌 빠지는 일이 없도록 예방할 것이며; 일찍이 나쁜 짓을 행한 적이 있는 자는, 한시 바삐 고개 돌려 회개하세. 나아가 이러한 소식을 널리 알리고 서로서로 일깨워서, 도처에서 깨달음의 길로 함께 나아가고, 사람마다 모두 미혹의 고해를 벗어날 수 있도록, 우리 모두 간절히 기원하세.

음욕을 경계하는 격언(戒淫格言)

1. 삼봉(三丰) 장진인(張眞人)이 이렇게 말하였다.

사람이 천지 사이에 태어나면서, 음양오행(陰陽五行)의 정수(精粹)를 받아, 굳세고 올곧은 호연지기(浩然之氣)를 갖게 된다. 그래서 남편이 남편답고 아내가 아내다운 것은 인지상정의 도리이며, 예법을 벗어나 윤리를 어지럽히는 짓은 짐승과 다를 바 없다. 그러므로 사음(邪淫)은 뜻 있는 사람(志士)들이 마땅히 힘써 막아야 할 죄악이다.

무릇 천하의 짐승들은 예법도 모르고 꿈틀거린다고 하지만, 비둘기는 한번 짝을 지으면 바꾸는 법이 없으며, 짝 잃은 기러기는 홀로 슬피 울며 다시 짝을 짓지 않는다고 한다. 그런데 사람이 날짐승만도 못하면, 사람이라는 이름값도 못하는 것이며, 짐승에게 부끄러워해야 할 판이다.

어찌하여 어리석기 짝이 없는 중생들은, 색(色: 여색을 포함한 일체 빛과 형상을 지닌 물체)이 곧 텅 빈 공(空)이며, 허깨비나 물거품과 같다는 진리를 이해하지 못하고 아직도 그저 불그레한 얼굴에 새까만 머리카락을 그리워하며 애정에 얽매인단 말인가?

또 사람마다 마음이 똑 같으므로 자신의 마음을 거꾸로 되돌아 보면 저절로 깨달을 수도 있지 않은가? 가령, 우리들이 남의 부녀자를 간음할 적에 스스로 이런 생각을 한번 해보자. 지금 바로, 여기서 내 아내가 남과 간음을 하면서 베갯머리에서 애교스런 말과 웃음을 간드러지게 주고받는데 내가 바로 그 곁에서 이 모습을 보고 있다고 가정해 보라. 마음은 가시에 찔리고 눈에는 불꽃이 튀며 몹시 흥분한 감정으로 한 순간도 참지 못하고 당장이라도 그들을 쳐 죽이려고 날뛰지 않겠는가? 그런데, 입장을 바꿔 생각해 보지 않고 남의 부녀자를 간음하면서 오히려 마치 전쟁에서 승리한 것처럼 스스로 득의양양한단 말인가? 바로 그때 천지신명께서 위에서 지켜보시고 곁에서 증거하신다. 배우자가 이 모습을 보면, 원한과 분노가 치밀어 즉석에서 쳐 죽이고 싶어 할진데 이를 지켜보신 천지신명인들 눈을 부릅뜨고 이를 갈며 그에 상응하는 보답(천벌)을 생각하지 않으시겠는가? 그래서, 온갖 재앙이 잇달아 닥치나니 여기까지 말하려면 한심(寒心)하지 않을 수 없다.

아내를 남에게 간음당한 자가 힘이 세면 공공연히 드러내어 보복하여 처리하겠지. 하지만, 만약 힘이 약하면 사실을 몰래 숨기고 종신토록 원한을 머금은 채 집안 친족 모두 수치로 여겨 부부 백년해로(百年偕老) 인륜만 끊기고 만다. 상황에 따라 결과는 예측 불허하게 다양히 전개된다. 몰래 보복을 꾀하기 때문에 생사조차 불안해 진다. 할아버지나 아버지가 본디 큰 허물이 없는데도 자칫, 몸시, 사악한 집안으로 몰리기 싫고 남편이나 자손들은 말할 것도 없이 깨끗한 명예를 온통 먹칠 당한다.

말하자면, 남의 집 핏줄 하나 잘못 들어온 것이, 온 집안 혈통을 어지럽히는 꼴인 셈이다. 설사 벼슬길에 올라 명망이 널리 알려진 자라도, 아내의 간음으로 평생 추문을 들으며, 선비 취급도 제대로 받지 못한 채, 영원히 구설수에 오른다. 살인의 참극은 해독이 본인 한 사람에 그치지만, 서슬도 없는 예리한 날의 간음은 몇 대를 걸쳐 살인하는 셈이 된다.

요컨대, 사음의 생각은 여색을 좋아하는 데서 비롯되므로, 사음의 뿌리를 끊으려면, 먼저 여색을 엄격히 경계해야 한다. 한번 여색을 좋아하면, 사음을 좋아하게 되고, 자기 몸을 단정히 갖지 못하게 된다. 그러면 여자들의 부드럽고 애교스러운 자태에 이끌려, 자기를 절제하지 못하고; 한 순간의 욕정 때문에, 효도나 우애의 윤리는 생각지도 않는다. 부모 형제는 거들떠보지도 않고, 자기가 좋아하는 여색 이외에는 눈에 들어오는 것이 없게 된다. 그러다 보면, 자기 아내나 자녀들도 제대로 단속하지 못하고 그냥 멋대로 방치하여, 은연중에 자신의 간음으로 인한 과보를 받게 되는 것조차 알지 못한다.

그리고 사음을 좋아하는 자들은, 자손이 틀림없이 요절하고, 집안이 번창하지 못할 게 뻔하다. 왜냐하면, 내 자손은 내 정신(精神: 보통 精氣神으로 일컫는데, 精力 . 元氣 . 精神이 삼위일체로 융합되어 생명력으로 나타난다.)으로 씨를 뿌리기 때문이다. 지금 유한한 정신을 무궁무진한 화류(花柳) 놀음에 흩어 뿌린다면 어찌되겠는가? 비유하자면, 도끼로 나무를 찍어 수액(樹液)이 고갈 되면, 그 열매도 틀림없이 말라 비틀어져 떨어질 것과 같은 이치이다.

자기 한 몸의 정신도 모두 흩뿌려 소모하면서, 어떻게 아들의 몸에 그 정신이 모이도록 바랄 수 있겠는가? 그렇게 낳은 자식이 비실비실 허약할 것은, 너무도 당연한 이치이다. 몸을 그렇게 허약하게 타고난 자식은, 부모의 사음 근성이 끊이지 않아, 그 기질과 성격도 대개 비슷하게 닮기 마련이다. 그래서 아래로 대물림하면, 그 정신이 더욱 박약(薄弱)해져, 마침내 집안이 풍비박산(風飛雹散)하고, 제사까지 끊기는 경우가 허다하다. 사음의 재앙이 이렇게 혹독한 것은, 어찌 말로 다 표현할 수 있으랴!

　오호라! 인간의 수명이 얼마나 된단 말인가? 백 년도 눈 깜박할 사이에 지나가는 것을! 설사 명예나 절개를 돌아보지도 않고, 자신의 목숨까지 아끼지 않는다고 할지라도, 자손을 생각하고 집안혈통을 염려하지 않는 자는 없을 것이다. 이 가운데 한 가지만 생각이 미쳐도, 참회하기에 바쁠 터이거늘, 하물며 오락으로 여기고, 욕정을 쏟을 생각에만 골몰한단 말인가?

　더욱이 여스님이나 무당. 청상과부. 하녀. 노비. 창녀. 기생 등은, 명예와 직결되고 집안과 관련된다. 때문에 특히 각별하게 살피고 분명히 처신하여, 절대로 불필요한 오해의 소지를 두어서는 안 된다.

　뜻 있는 선비라면, 청정(淸淨)을 밑바탕으로 삼고, 정성(精誠)으로 마음 쓰며, 굳센 인내로 지키고, 매서운 결단으로 밀어붙여, 흔들림 없이 보존하고, 담담하게 꾸준히 수양해 나아가야 할 것이다. 무릇 사람을 죄악의 함정으로 유혹하는 음란 서적은, 모두 거센 불 속에 집어 던져 태워 버리는 것이, 천하 중생들을 위해 복덕을 짓는 일이다.

　사음을 좋아하거나 말하는 친구는, 아예 단호히 물리치고, 가까이 사귀지도 말라. 여색 좋아하는 마음이 꿈틀거리지 않게 잘 단속하고, 정신을 집중하여 함양한다면, 장차 어떤 명성인들 세우지 못하고, 어떠한 이익인들 얻지 못하겠는가? 그러면 오복(五福)의 아름다움이 모두 나 자신에게 집중될 것이니, 마음에 새겨 두고 실행하도록, 우리 함께 노력하자.

2. 왕주차(汪舟次)가 이렇게 말했다.

모든 악업(惡業: 죄악 행위)중에 여색(간음)이 가장 범하기 쉽고, 덕행을 파괴하여 화를 불러들이는 원인도 여색보다 큰 게 없다. '모든 죄악 가운데 간음이 으뜸이다(萬惡淫爲首)'는 말을 늘상 생각한다. 세상에 악업이 끝없이 많은데, 어찌 간음을 으뜸으로 꼽았을까? 그 이유를 곰곰이 궁리해 보았다.

무릇 음란한 생각[淫念]이 한번 생기면, 모든 나쁜 생각이 한꺼번에 일어난다. 사악한 연분이 아직 이루어지기도 전에, 온갖 환상과 망상의 마음이 생겨난다. 또 어떻게 꼬시고 꾀어낼까 궁리하며, 온갖 기교와 계략을 꾸미는 마음이 생겨난다. 그러다가 조금만 장애가 생겨 순조롭게 풀리지 않으면, 분노와 원한의 마음이 생겨난다. 욕정이 전도(顚倒)되면, 탐욕과 집착의 마음이 생겨난다. 남에게 예쁜 여자 있는 것을 보고 부러워하다 보면, 질투와 악독(저주)의 마음이 생겨난다. 그리고 예쁜 여자를 서로 차지하거나, 심지어 남의 여자를 빼앗으려고, 사람을 살해하려는 끔찍한 마음까지 생겨난다.

염치는 온데 간데 없이 사라지고, 윤리 도덕은 완전히 구겨진다. 온갖 죄악이 여기서부터 일어나고, 갖가지 착한 소망과 발원이 이

것 때문에 스러진다. 그래서 모든 죄악 가운데 간음이 으뜸이다고 말하는 것이다. 무릇 음탕한 마음이 한번 꿈틀거리면, 비록 반드시 실제 그런 일까지 저지르지는 않는다고 할지라도, 이미 이처럼 엄청난 죄를 짓고 악업을 쌓는 게 된다. 하물며, 남들의 시선도 아랑곳하지 않고, 거리낌 없이 공공연하게 간음을 행하는 짓이야, 말할 필요가 있겠는가?

세상에 충실하고 후덕하기 짝이 없는 착한 사람이 후손도 변변치 못하고, 재주 있고 문장이 뛰어난 선비들이 종신토록 실의에 빠져 어렵게 고생하는 것은, 대부분 그 병의 원인이 바로 여기에 있다. 이제 이 병을 고쳐 없애려고 한다면, 처음 생각이 일어날 때, 그 뿌리를 싹둑 잘라 내야 마땅하리라.

태상감응편(太上感應篇)에서도 "예쁜 여자(美色)와 사통하다(私美色)"라고 표현하지 않고, "다른 사람의 예쁜 여자를 보고 사통하려는 마음을 일으키다(見他色美,起心私之)"라고 말한 것도 그 때문이다. 무릇 간음의 마음을 일으키는 데 그쳐도, 그 죄악은 이미 감추거나 피할 수 없다.

음욕을 경계하는 격언(戒淫格言)

살인은 피살자 한 사람을 해치는 데 그치지만, 남을 간음하면 그 해독은 몇 세대에 미친다. 단지 간음 당한 여자의 남편(또는 부모)만, 규방이 정숙하지 못하다는 불명예로, 종신토록 남을 대할 수 없는 게 아니다. 위로는 시부모와 친정 부모로부터, 아래로는 자녀에 이르기까지, 수치로 눈살을 찌푸리고, 가슴 속 깊이 남 모르는 고통을 안고 살아야 한다. 더욱이 남편이 노하여 간음한 아내를 죽이기도 하고, 아버지가 분하여 간음 당한 딸을 독살하기도 한다. 심지어 그로 말미암아 그 자식들까지 몰살시켜, 집안의 대(제사)마저 끊어 버리는 경우도 있다. 한 순간의 오락으로 얻는 게 얼마나 된다고, 여염집(良家) 부녀자가 처녀를 까닭 없이 불구덩이 속으로 밀쳐 넣는단 말인가? 무형 중에 그윽한 과보가 뚜렷이 나타남은 물론이지만, 이 마음 어찌 그리도 모질고 잔인하단 말인가?

한 점 올곧은 마음(一點貞心)

남편을 여의고 과부로 절개를 지키는 일은, 본시 한점 올곧은 마음(一點貞心)인지라, 귀신도 흠모하고 공경한다. 그런데 이제 눈짓(윙크)하고 추파(秋波) 던져, 수절하던 마음을 한번 움직이게 만들면, 더 이상 스스로 지탱하지 못하고, 지금까지 힘들여 지킨 절개를 한 순간에 모두 잃게 된다. 이보다 더 크고 막심한 죄악도 없을 것이다.

그리고 정숙한 규수(閨秀: 규방의 처녀)의 정조를 짓밟고 빼앗으면, 추문(醜聞: 지저분하고 수치스런 소문)이 널리 퍼져 나가, 남들의 손가락질과 버림을 받기 마련이다. 설사 다른 사람이 아내로 데려간다고 할지라도, 왕왕 그 사실이 탄로 나고, 시집에서 쫓겨나 친정으로 되돌아오곤 한다. 그러면 부모 형제는 말할 수 없는 수치심을 느껴야 한다. 그 때문에 분노가 크게 치솟아 죽는 사람도 있고, 울화병에 건강을 크게 해치는 사람도 있다. 그들에게 무슨 원한과 감정이 있다고, 이처럼 남도 해치고 자기도 해칠 엄청난 짓을 저질러야만 하는가?

어리석어 넘어가는 유혹의 죄

부녀자가 어찌 멀고 큰 것을 볼 줄 알겠는가? 더러 일시적인 애정과 연모로 원앙이 되길 원하고, 더러 철없는 어린 나이 때문에 야릇한 유혹에 이끌려 넘어간다. 가련하도다, 흠 없이 순결하던 흰 보배옥이, 단박에 더럽고 지저분한 티끌과 상처를 뒤집어쓰다니! 비록 나중에 평생토록 후회한들, 그 날 묻힌 간음의 얼룩은 결코 씻어지지 않는다. 더구나 하루아침에 물든 얼룩으로, 평생의 염치가 모조리 잊어지고 만다. 여기까지 말하자면, 정말 한심하기 짝이 없다.

그래서 옛날 군자들은, 비록 부녀자가 옷소매를 펄럭이며 맞이하고 휘장(커튼)을 가리며 끌어 당겨도, 엄숙하고 단호하게 거절하곤 했다. 미색에 빠져들려는 광란의 충동을 되돌이켜, 오히려 완곡하게 타이르고 설득하였다. 비단 휘장에서 고개를 돌리면, 바로 진리의 언덕[道岸]임을 보여 준 것이다[回頭是岸]. 그렇게 하여, 꽃다운 여자가 마음을 거두어 들여 정절(貞節)을 온전히 지키게 되면, 몇 대에 걸친 저승의 영혼들이 모두 어진 사람의 후덕한 은혜를 입게 된다.

아랫사람에게 범하기 쉬운 간음의 죄

하녀나 머슴의 아내에게는, 더욱 간음을 범하기 쉽다. 이들도 본래는 양민인데, 다만 먹고 살기 어려워서 의탁하는 신세인 줄 생각지도 않는 것이다. 가난으로 자신을 팔았으니, 그 육신을 부려먹으면 되었지, 어찌하여 정조를 유린하고 정신까지 어지럽힌단 말인가?

집안을 다스림이 엄숙하지 못하고 집안이 화목하지 못한 것은, 대부분 이 때문이다. 더러 부인(아내)이 질투로 (간음 당한)하녀를 매질하여 생명을 손상시키고, 더러는 사나운 머슴(간음 당한 하녀의 남편)이 이를 갈며 주인을 물어뜯기도 한다. 더러는 주인집 부자(父子)가 멋도 모르고 한 여자를 간음하기도 하고, 더러는 형제가 서로 교대로 동침하기도 한다. 심지어는 한 핏줄의 같은 골육이 천인(賤人)으로 전락한 경우(예컨대, 주인이 하녀를 건드려 낳은 딸이 어머니 신분에 따라 하녀가 되는 경우), 나중 사람(예컨대, 주인의 아들)이 사정을 모르고 가까이 하거나 건드리기도 한다. 그러면 겉으로 명분은 주인과 하녀의 관계지만, 사실은 이복(異腹: 배 다른, 어머니가 다른) 오누이 사이가 된다. 풍기 문란과 패륜 행위를 어떻게 차마 말할 수 있으리?

청정도량에서 범하는 간음의 죄

또 기뻐 따른다[隨喜]는 수행의 명분을 빌어, 종교 울타리(空門: 본디 불교 문중을 뜻함) 안의 여자를 꾀하기도 한다. 그렇게 감히 종교 성지를 더럽히고, 천지신명과 부처님을 모독하며, 청정한 수행 도량을 파괴하면, 그 죄악은 보통 간음보다 틀림없이 백 배 이상 가중된다.

바르지 못한 문란 죄

해괴한 미치광이가 있으니, 이른바 남색(男色: 남성끼리의 동성연애를 가리킴)을 밝히는 것이다. 겉으로는 친구 사이라는 이름을 빌어, 속으로는 응큼하게 부부인양 성관계를 맺는 자들이다. 상대방이 일반 사람들에게 비천하다고 멸시를 당함은 물론이고, 본인도 올바른 선비[正士]취급을 받을 수 없다.

그 아래로 내려가면, 압우동(狎優童)이나 일준복(昵俊僕)같은 부류가, 안팎(남녀)구분도 없이 문란한 짓들을 하는데, 그들 사이에 무슨 일이 있는지는, 밖에서 알 수도 없다.

매춘의 죄

화류계에 노닐거나 유흥가에 붙어사는 자들은, 스스로 우아한 풍류(風流) 생활을 즐긴다고 여기곤 한다. 이는 음탕한 창녀(촌)가 온갖 천한 기질과 불결한 병마의 온상인 줄 모르는 소치이다.

야릇한 미끼와 낚시에 걸려 한번 빠져들어 가면, 제 아무리 총명하고 잘난 사람도 미혹되기 마련이다. 그래서 자기의 굳센 의지와 착한 마음도 어지럽게 흩어지고, 자신의 본분을 망각한 채 학업과 직업도 내팽개치게 된다. 가산을 탕진하고 패가망신하여, 불량배나 흉악범의 소굴로 떨어지기도 다반사다. 하물며, 치명적인 전염병을 앓는 부녀자나, 온갖 성병을 지닌 창녀를 만나면 오죽하랴? 병이 전염되어, 눈썹이 빠지고 코가 문드러지거나, 온갖 견디기 어려운 병고를 당하게 된다. 그러면 친족이나 친구들에게 따돌림 당할 뿐 아니라, 처자식조차도 싫어하고 멀리하게 된다. 아무리 훌륭한 의사와 약물로도 치료하기 어렵고, 다행히 목숨은 보전한다고 하더라도, 병의 독기가 전신에 퍼져 한 평생 괴롭힌다.

또 자식을 못 낳거나, 낳더라도 병신이나 기형아를 낳아, 선천적인 감염으로 요절하는 경우가 허다하다. 그 결과 집안을 망치고, 대를 이을 후사(後嗣)마저 끊기면, 이보다 더 큰 불효 죄가 어디 있으랴? 그때야 후회하고 통탄한들, 무슨 소용이 있겠는가?(요즘은 ADIS라는 후천성 면역 결핍증이 새로이 등장하여, 기존의 온갖 성병(性病)의 해독이 무색할 정도가 되었으므로, 한번 실수로 인한 후유증의 공포를 새삼 말할 나위가 없겠다)

안광충의 조언

안광충(顔光衷)이 다음과 같이 말했다.

젊은이들의 욕심은 어디엔들 미치지 못하겠는가? 예컨대, 음식의 입맛과 기호는 밝히면 밝힐수록, 더욱 미친 듯이 자극적으로 치닫는다. 그러나 스스로 힘써 절제하면, 입맛도 담백해지고 식욕도 차분히 가라앉는다.

또 개중에는 이단사설(異端邪說)을 함부로 지껄여, 젊은이들의 욕정을 부추기는 자들도 있다. "여색을 좋아하는 것은, 영웅이나 지혜로운 성품의 남아 대장부가 아니면 불가능하다"고 한다.

그렇다면, 메추라기처럼 바람나 짝을 짓거나, 여우처럼 요염한 짓으로 상대방을 흘리는 자들도, 모두 영웅이고 대장부가 아니겠는가? 자신의 욕정만 부리느라 예의염치도 없으면, 짐승과 다를 게 무엇인가?

또 젊은이나 재주 있는 선비(학생)들이 양가 처녀를 잘못 건드리면, 무형(無形) 중에 (음으로) 죽음이나 참혹한 화를 당할까 몹시 두렵다. 또 재산을 믿고 방탕하게 기생질(매춘)을 하면, 가산을 소모하고 악질에 걸릴까 염려된다. 더구나 같은 남자(여자)끼리 동성연애[男色]를 자행하면, 그 불명예와 모욕은 얼마나 수치스럽겠는가?

욕정을 조금씩 더 참고 점차 끊어, 이러한 비통한 결과를 줄여나가고, 음덕을 더 쌓아 가는 것이 훨씬 낫지 않겠는가? 못된 이단 사설로 사람들을 미혹시키고 욕정을 부추기는 자들은, 그 죄가 음욕을 몸소 저지른 자와 똑같이 부과되어야 마땅하다.

일상생활에서 일어나는 죄

음욕을 멋대로 부리도록 이끄는 계기는, 도회지 유흥가나 시장통이 특히 심하다. 사람들이 모였다 하면, 음담패설을 지껄이기 일쑤고, 무리를 지어 거리를 쏘다니며 흥청거린다. 무심(無心)히 눈길만 마주쳐도, 정이 많다[多情]고 말하는가 하면; 길거리서 서로 만나면, 기특한(각별한) 인연이라고 어깨를 으쓱거리곤 한다. 옥을 훔치고 향을 빼돌리는 짓(竊玉偸香: 남녀 간의 은밀한 애정 왕래)을 운치 있는 일로 생각하고, 패륜과 부도덕을 밥 먹듯 보통으로 여긴다. 이런 짓들이 아무 거리낌 없이 서로 부추기고 꾀어, 마치 유행처럼 풍조를 이룬다. 사람 마음이란 게 동시에 두 곳으로 나누어 쓸 수 없는 법! 화류(花柳: 유흥 오락)에 정이 깊어지다 보면, 반드시 정상적인 생활이 황폐하게 버려진다는 이치를 모르고 있다. 이러한 짓거리로 이익을 추구하는 자는, 그 밑천(자본)이 점점 깎여

나가 바닥나고; 이러한 짓에 남을 방조하는 자는, 그 생활조차 보장되기가 어렵다. 또 사악의 원인이 날로 쌓여 가고, 죄업의 과보가 날로 깊어 간다. 그래서 겉으로는 가산을 탕진하고, 직업상의 노력도 헛수고로 돌아가며; 안[陰]으로는 수명과 복록을 삭감당하고, 부귀영화의 운명도 모두 잃어버리게 된다.

또 크게는 부모님이 의지할 곳조차 없어져, 속으로 애간장이 다 타고 녹아 버리며; 작게는 건강과 명예가 일시에 추락하여, 한심할 정도로 몰락하고 만다. 심지어는 흉악한 살기가 끼어, 7척(尺)육신이 눈 깜짝할 사이에 뿔 달린 귀신이 되고 만다. 어찌하여, 이처럼 뚜렷하고 분명한 음란의 재앙을, 터무니없는 헛소리나 고리타분한 잔소리로 치부하고, 그런 못된 짓거리를 일삼으려 하는가?

무심코 짓는 구업의 죄

세상 사람들은, 손아래 사람이나 어린애들 앞에서도, 음란한 말을 서슴지 않고 지껄이며, 희희낙락하곤 한다. 뭘 모르는 순진한 젊은이들이, 그런 음란한 말의 이해득실을 어찌 알겠는가? 그런 말을 한번 듣고 나면, 욕정의 상념이 불길처럼 치솟기 마련이다. 그래서 아직 깨뜨려지지도 않은 순수한 원기를 파헤치고, 아직 다 차지도 않은 정수(精髓)를 고갈시킨다. 그리고는 시름시름 병에 걸려 고생하고, 심하면 요절하기까지 한다.

이러한 한 평생의 재앙과 화근은, 정말이지 대부분 주위 사람들이 옆에서 알게 모르게 부추기고 자극한 데서 비롯된다. 무릇 올바른 말로 잘못을 바로잡거나 타이르지 못하는 자도, 이미 유익한 친구[益友]가 아니다. 하물며, 한술 더 떠서, 음란을 꾀고 부추긴단 말인가? 혀를 뽑는다는 발설지옥(拔舌地獄)은, 틀림없이 이런 자들을 위해 설치되었을 것이다.

음란 서적(그림) 을 보면 해치는 다섯 가지

옛 사람의 말씀에 따르면, 음란 서적(그림) 보는 해악은 크게 다섯 가지이다. 정상적인 직업(생활)을 방해함이 첫째 해악이고, 정신을 소모함이 둘째 해악이며, 마음과 뜻을 어지럽힘이 셋째 해악이고, 더러 친구들이 빌려 보면 친구들을 해침이 넷째 해악이며, 더러 자손들이 몰래 훔쳐보면 자손들을 해침이 다섯째 해악이다.

또 음란한 말을 지껄이는 죄악은 세 가지가 있다. 첫째 남의 추함을 들추어내고, 둘째 자기의 덕행을 손상시키며, 셋째 천지신명을 모독한다. 만약 음란한 글을 보거나 음란한 말을 지껄이는 사람을 만나거나, 마땅히 정숙과 음란의 과보를 인용하며, 모든 것을 잘 타일러 주어야 할 것이다. 더러는 대중 앞에서 공개로 경건히 말하고, 더러는 은밀한 장소에서 개인적으로 간곡히 일깨운다. 희롱이나 모욕을 두려워하지 않으며, 고지식하고 바보 같다는 비아냥도 피하지 않으며, 자신이 솔선수범하여, 완곡하게 권고하고 간절히 타일러 보라. 그러면 백천 사람 가운데 적어도 한둘은 틀림없이 그 이익을 받게 될 것이다. 요즘 시내 서점에서 팔거나 빌려주는 음란 소설(서적)이 몹시도 많다. 입에다 차마 담을 수도 없고, 귀로 듣기도 어려운 음담패설을, 공공연하게 책에다 글로 쓰고 있다. 설사 그 가운데 가장 우아하다는 것을 보아도, 은밀히 약속하고 몰래 만나, 명예를 더럽히고 정절을 잃는 이야기가 고작이다. 그런데 도리어 그들이 나중에 더욱 출세하여 부귀영화를 누린다고 꾸미는 것이다. 안방의 은밀한 추태를 조금도 거리낌 없이 대담하게 묘사한 걸 보라. 아무 것도 모르는 순진한 규수가 이걸 보면, 마침내 멋진 남자나 재주 있는 선비들의 일로 오인(誤認)하게 된다. 그래서 정절을 잃고 가문을 욕되게 더럽혀, 만년이 지나도록 씻기 어려운 오점을 남기는 경우가 허다하다. 그밖에도, 아직 성숙하지도 못한 어린애들에게 이상한 짓을 일깨우고, 시골의 순박한 총각에게 야릇한 선망의 마음을 불러일으키는 등, 온갖 해악을 이루 다 말할 수 없다. 더욱이 음란 그림(포르노.황색 잡지)은 음란으로 직접 인도하는 사다리와 같다. 이러한 것들은 모두 사람 마음을 심하게 어지럽히고 해치는 독약이다. 높은 자리나 언론의 직책을 가진 분들이여, 정말로 이런 음란 서적(그림)을 엄격히 금지시키고, 인쇄 원판을 모두 압수하여 불태워 없애길 바란다. 그러면, 인심을 정화하고 풍속을 교화하는 데, 아주 막대한 보탬이 될 것이다.

낙포(樂圃) 주선(朱善)의 조언

락포(樂圃) 주선(朱善)이 다음과 같이 말했다.

규방(침실)의 즐거움은 본디 사음(邪淫)이 아니고, 부부간의 기쁨은 별 손상이나 장애가 없다. 그렇지만 그 즐거움도 극도에 이르면 안 되고, 그 욕정은 제멋대로 부려서는 안 된다. 욕정을 제 멋대로 부리면 우환이 되고, 즐거움이 극도에 이르면 슬픔이 생긴다. 이러한 상대적 이치는, 옛 사람들이 이미 말하였다. 사람의 정력(精力)은 한계가 있는데, 음욕(淫慾: 정욕)은 끝이 없다. 한계가 있는 정력으로, 끝이 없는 음욕을 부리면 되겠는가? 나이가 한창 젊은데 수명이 갑자기 요절하고, 사람이 아직 늙지도 않았는데 기력부터 쇠약해지는 것도, 전혀 괴이하지 않다. 하물며, 사람의 몸이란 위로 부모한테 물려받아, 아래로 처자식을 양육하는 밑천이 아닌가? 크게는 부귀공명을 이루려고 기대하고, 작게는 집안 살림을 꾸려가야 한다. 그러기에, 그렇게 대수롭지 않은 존재가 결코 아니다. 그런데 이러한 사명을 모두 불문(不問)에 부치고(거들떠보지도 않고), 눈앞의 한 순간 즐거움에 탐닉하여, 앞으로 머지않아 들이닥칠 우환과 위험은 전혀 고려하지도 않는다면, 도대체 정말로 무슨 심사(心思)란 말인가? 대체로 욕정이 적은 이는 반드시 아들이 많고, 음욕에 탐닉하는 자는 번번이 후손이 없기 마련이다. 정력이 쇠퇴하고 희박하여(요즘 말로 정액이 묽고 정자 수가 적어), 자식을 제대로 낳아 건강히 기르기가 어렵기 때문이다. 마침내 자식이 달랑달랑하거나, 심지어 후손이 끊기는 경우도 있다. 이러한 재앙을 어찌 다 적을 수 있겠는가?

욕정의 불길로 사라지는 기(氣)

욕정의 불길이 타오르면, 정기(精氣)와 골수(骨髓)가 쉽게 고갈되어, 총명을 덮어 가리고 사려(思慮)를 위축시킨다. 그래서 제 아무리 재주 있고 유능한 사람이라도, 몇 년이 채 안 되어 쓸모없는 폐인이 되고, 점차 고질적인 병이 들고 만다. 꼭 항상 여색을 가까이 해서 그렇게 되는 것은 아니다. 단지 혼자 있을 때 한 순간 삿된[邪] 염두를 잘못 굴리기만 해도, 생명을 해치고 잃기에 충분하고도 남음이 있다.

그래서 손진인(孫眞人)이 이렇게 말했다. "텅 빈(부질없는) 양기(陽氣: 정력)가 발동하도록 유인하지 말지어다. 정력이 고갈되어 얼굴이 시들해지고, 온갖 질병이 침입한다."

여색(성욕)은 청소년기에 통과해야 할 첫 번째 관문이다. 이 관문을 제대로 잘 통과하지 못하면, 제아무리 총명한 재주와 비상한 학식을 갖추었다 할지라도, 충분히 발휘하지 못하여 쓸모없게 된다. 무릇 세상만사는 모두 육신(건강)을 바탕으로 해서 이루어진다. 혈육(血肉: 피와 살)의 몸이 오래토록 건강하게 생존할 수 있는 까닭은, 정(精)과 기(氣)와 혈(血) 때문이다. 피(血)는 음(陰)이고 기(氣)는 양(陽)인데, 음과 양이 만나 결합하여 생기는 것이 정(精)이다. 정(精)은 골수(骨髓)에 서려(담겨)있으면서, 위로는 수해(髓海: 골수의 바다란 뜻으로, 뇌腦를 가리킴)에 통하고, 아래로 미려(尾閭: 척추 꼬리뼈 끝)까지 관통하는 존재(물질)로, 사람 몸의 지극한 보배이다.

그래서 선천적인 물(天一之水)인 정(精)이 마르지 않아야, 귀와 눈이 총명하고, 사지와 몸이 건강하게 된다. 마치 물이 만물을 윤택하게 적셔 성장시키고, 등잔의 기름이 마르지 않아야 등불이 꺼지지 않고 타는 것과 같다.

그래서 옛 유학자들은, 마음(心: 심장)과 콩팥(腎: 신장)이 서로 교류하는 것을, 주역의 기제(旣濟: 밑에 불을 상징하는 리離괘가 있고, 위에 물을 상징하는 감坎괘가 있음)괘로 비유하였다. 무릇 마음은 사람 몸의 주된 불(君火: 임금 같은 불기운)에 해당한다. 불의 본성은 위로 타오른다. 그래서 항상 아직 안정되지도 않은 혈기(血氣)를 올라타고, 음란한 생각을 치성하게 일으킨다. 마음의 주된 불(君火)이 한번 움직이면, 간(肝)과 콩팥(腎)의 부수적인 불(相火: 재상 같은 불)도 모두 따라서 움직인다. 그러면 콩팥의 물기운(腎

水)이 불의 공세를 받고 밖으로 빠져 나가면서, 안에서 말라 버리게 된다.

남자는 16세가 되면, 비로소 정(精)이 몸(고환: 생식기)에 통하게 된다. 옛날에는 반드시 남자 나이 서른(30세)이 된 뒤에야 아내를 맞이하였다. 몸에 돌기 시작한 정(精)으로, 먼저 뼈(골수)와 근육을 튼튼하게 다지고, 원기(元氣)를 보양하기 위해서다. 그렇게 해서 혈기(血氣)가 다소 안정이 되어야, 청소년 때처럼 무분별하게 저절로 정기(精氣)를 소모해 버리지는 않을 수 있기 때문이다. 근래 총각 처녀의 결혼 연령이 너무 빨라지고 있다.(다행히 현대에는 사회경제적 요인으로 결혼 연령이 늦어지고 있다. 문제는 성性 관념과 행동이 너무 자유분방해진 점이다/옮긴이) 그래서 뼈와 근육이 아직 튼튼하게 굳지도 않은 상태에서, 원기를 소모하고 정신을 분산시킨다. 장가들기 전부터 그 근본을 파헤치다가, 결혼한 뒤에는 그 싹까지 모조리 쳐낸다. 그러니 몇 년이 안 되어 정력(精)과 피(血)가 모두 탕진되어, 맥없이 시름시름한다. 겉으로 비록 사람 모습은 지니고 있지만, 이미 귀신의 명부에 올라가 있다. 이렇듯 자제들이 훌륭한 인재로 성장하지 못하는 까닭은, 바로 부모와 어른들이 잘 가르쳐 이끌지 않았기 때문이다.

이제 여기에 세 가지 큰 원칙을 세우고자 한다. 첫째, 정상적인 직업에 부지런히 힘써서, 마음을 순조롭게 일 시키자. 둘째, 남자와 여자 사이를 잘 구별 지어, 본능의 발동을 막자. 셋째, 친구 사귐을 조심하여, 못된 유혹을 끊자. 이와 같이 하여, 안과 밖으로 함께 닦아 간다면, 덕행 공부가 날로 진보하고, 부모와 어른 된 도리도 다하게 된다.

삿된 음심을 억제하는 방법

보통 사람들이 아름다운 여색을 보고 사음의 마음을 일으키면, 온갖 나쁜(사악한) 마음이 모두 일어난다. 나쁜 마음들이 생겨나면, 양심은 곧 죽고 만다.

무릇 사음의 마음이 불끈 솟구쳐 억제할 수 없는 때에는, 오직 '죽을 사(死)' 자를 생각하거나, 아니면 자기 몸이 심한 환난이나 질병 고통을 당하는 일을 생각하라. 그러면 틀림없이 마음이 담담하고 차분히 가라앉을 것이다.

그래도 가라앉지 않거든, 이 미녀가 죽은 뒤 육신이 썩고 뼈만 앙상하여, 가까이할 수 없이 추악해질 것이며, 지금 눈앞의 요염한 미모는 허깨비 같은 환영(幻影)이라고 생각하라. 그러면 틀림없이 뭔가 크게 깨달을 것이다.

그래도 안 되거든, 내가 이 여자를 사랑하여 그 명예와 절개(정조)를 망가뜨리면, 똥이나 두엄처럼 더러워지지만; 그 명예와 절개(정조)를 온전히 지켜 주면, 옥구슬처럼 진귀할 것이라고 생각하라. 따라서 마땅히 아끼고 불쌍히 여겨 온전히 지켜 주고, 내가 이 여자를 사랑할수록 더욱더 차마 더럽힐 수 없다고 생각하라. 그러면 틀림없이 숙연히 공경하게 될 것이다.

그래도 안 되거든, 내가 한 순간의 쾌락과 기쁨을 누리려고, 공명의 희망을 꺾고 부귀의 운수를 깎아 내며, 수명을 덜어내고 심지어 살해까지 당하며, 자손이 끊기고 명성까지 크게 훼손하는 엄청난 결과를 초래한다(대가를 치른다)고 생각하라. 그러면 틀림없이 번뜩 제 정신이 들 것이다.

그래도 안 되거든, 부끄러워하고 싫어하는 마음(羞惡之心)을, 사람이면 누구나 가지고 있음을 생각하라. 여자가 정조와 절개를 잃으면, 단지 한 순간의 미혹으로 틀림없이 부모 형제에게 미움을 사고, 시부모나 남편에게 버림받으며, 이웃이나 친척에게 비웃음 당하기 마련이다. 그래서 후회 막심하지만, 엎지른 물 주워 담을 수 없어, 결국 원한을 품고 죽는다고 생각해 보라.

또는 더러 그렇게 잘못 임신한 아이를 낙태시키려다가, 모자(母子)가 함께 죽는다고 해 보라. 그러면 눈에 보이지는 않지만, 저승을 떠도는 원혼(怨魂)이 무형 중에 그대를 그냥 가만 놔두고 깨끗이 떠날 것 같은가? 그래도 소름이 쫙 끼치며 깜짝 놀라지 않겠는가?

(옛 속담에 "한 아낙이 원한을 품으면, (음력) 오뉴월에 서리가 내린다.(一婦含怨, 六月飛霜.)"고 하였다. 다행인지 불행인지, 요즘은 사회가 아주 개방되고 윤리 도덕 의식이 느슨해져, 한번 잘못하여 정조나 절개를 잃었다고, 자살이라는 극단의 길을 택하는 여자는 거의 없는 듯하다: 옮긴이)

그래도 안 되거든, 여자가 남편을 배신하여 바람피우고 외도하면, 그 남편이 모욕과 분통을 어떻게 참으며, 얼마나 악독스런 원망과 저주를 퍼부을지 생각해 보라. 자기 아내와 간통하는 외간 남자를, 틀림없이 이리나 늑대로 볼 것이다. 아니면 뱀이나 전갈로 보거나, 영혼(생명)을 잡아갈 귀신의 사신으로 보거나, 전생의 원수로 볼 게 틀림없다. (그대가 그렇게 흉악한 존재로 간주되는데도 괜찮겠는가?) 그러면 반드시 정신이 번쩍 나며 자제하게 될 것이다.

남의 딸을 보거든, 자기 딸이 다른 남자의 침범을 싫어하는 것과 똑같이 생각하라. 남의 아내를 보거든, 자기 아내가 다른 사람에게 더럽혀지길 두려워하는 것과 똑같이 생각하라.

사람들이여! 사음의 생각이 꿈틀거리기 시작하거든, 자신을 깊이 되살피고 흔들어 일깨우며, 스스로 이렇게 경책(警策)하자. "내가 남의 아내나 딸을 간음하고 싶은 마음이 있는데, 만약 나의 아내나 딸이 또 다른 사람에게 간음을 당한다면 어떠하겠는가?"

여자의 얼굴을 마주 대하고서, 위와 같이 한번 생각해 본다면, 나쁜 마음은 저절로 사라지고 그칠 것이다. 이것이 음욕의 불길을 잡는 데, 가장 효과가 빠른 약이다.

그리고 사실, 남의 딸을 침범하고서, 자기 딸이 남에게 침범 당하지 않을 자가 없다. 마찬가지로, 남의 아내를 더럽히면, 자기 아내가 남에게 더럽혀지기 마련이다. 이러한 사실은 굳이 고대 역사 문헌에서 고증할 필요도 없다. 근래의 인과응보 사례들을 두루 살펴보아도, 하늘의 도(天道)는 정말 터럭 끝만큼도 차이가 나지 않는다.

이미 그러한 과보를 받은 간음한 자들을 보면, 낱낱이 모두 이와 같다. 그래서 아직 과보를 받지 않은 간음한 자들도, 앞으로 틀림없이 하나하나 그와 같을 것임을 알 수 있다.

그래서 옛 사람의 시에 이러한 구절이 있다.

그대에게 풍류 빚 빌리지 말기를 권하노니 　勸君莫借風流債
손쉽게 얼른 빌린 빚 갚기도 아주 빠르다네. 　借得快來還得快
집안에 누군가 틀림없이 대신 갚아야 하나니 　家中自有代還人
그대가 내빼려고 할 때 남이 가만있지 않으리 　你要賴時他不賴

이 시구는 정말 적확(的確)한 말씀이다. 미혹된 꿈을 일깨워 줌이 적지 않은 경책(警策)이다.

건강 장수를 위한 성욕의 절제와 금기

사음에 관한 인과응보의 이치와 사례는 이미 상세히 소개했다. 그런데 정당한 부부 관계는 사람들이 소홀히 하기 쉽다. 일 년 가운데 부부 관계를 금하고 재계(齋戒)를 지켜야 할 특정한 날들이 있는 줄도 잘 모른다. 예컨대, 주(周)나라 예법 중 월령(月令)에 따르면, 천둥이 나오기(치기) 사흘 전(즉, 춘분 3일전)에, 해당 관청에서는 목탁(木鐸)을 치면서 백성들에게 이렇게 훈시했다.

"천둥이 장차 나와 치기 시작할 때가 되었는데, 용모나 행동을 단정히 지키지 않는 자는, 자식을 낳아도 불구가 되고, 틀림없이 나쁜 재앙이 따를 것이다."

무릇 사람 몸 안의 혈기(血氣) 순환은, 원래 천지자연의 절기(節氣)와 서로 호응하여 이루어진다. 가령 제 때가 아닌데 움직여 쏟으면, 남녀 간의 혈기가 서로 적절히 합칠 수 없게 된다. 그 때는 정액(精)과 혈기(氣)가 다른 때보다 백 배 이상 크게 손상된다.

그리고 신명(불보살님, 천사)께서 강림해 순시하고 감찰하는 시기에는, 부부 관계를 가지면 신명을 모독한 죄로, 눈에 보이지 않지만 무형 중에 심한 견책(譴責)을 당하게 된다. 그래서 남들 보기에는 세상에 아주 착하고 조심스러운 사람이라도, 더러 음(陰)으로 복록이나 수명을 삭감 당하기도 하고, 심하면 양(陽)으로 심한 질병에 걸리거나 요절하는 재앙을 당하기도 한다. 그러한 화는 흔히 이러한 연유에서 비롯된다.

나중에 후회해도 돌이킬 수 없는 액운을 당하는 것보다는, 미리 이러한 금기를 잘 알고 지켜, 스스로 혁신해 나가는 것이 낫지 않겠는가? 이에 성욕(부부 관계)을 절제해야 할 기일과, 천상·지상

·인간의 세 가지 금기를 차례로 삼가 기록하노니, 자신을 사랑하는 현명한 군자 숙녀 모두 잘 준수하길 바란다.

1. 절제해야 할 기일

원본(原本)에는, 유불선(儒佛仙) 삼교(三敎)가 융합된 중국의 전통 민간 종교 신앙 관점에서, 월별로 기피해야 할 구체 날짜들이 상세히 열거되어 있는데, 종교 신앙의 자유 평등이 보장되는 다원화된 현대 사회에 맞춰, 옮긴이가 간략하게 정리하여 일반론을 대신 언급하고자 한다. 각자 믿고 따르는 종교 신앙에서 거룩한 날로 지정한 각종 기념일에는 부부 관계를 절제해야 한다.

예컨대, 불교 신자의 경우 부처님이 태어나고 출가하고 성도(成道)하고 열반하신 날(齋日) 및 매월 6재일(齋日)은 최소한도 부부 관계를 가져서는 안 된다. 또 천주교 신자의 경우, 예수님이 태어나고 악마의 시험을 받고 십자가에 못 박혀 돌아가신 날 및 뭇 성현들의 축일(祝日) 등에는, 마찬가지로 부부라도 별침해야 한다. 다른 종교 신앙의 경우에도 마찬가지로 생각하면 된다.

이밖에 절기(節氣)상으로 누구나 절제해야 할 날은 다음과 같다. 춘분·추분·하지·동지 때는 최소한 당일을 포함하여 전후 3일씩 모두 7일간은 절제하는 것이 좋다고 한다. 또 입춘·입하·입추·입동·상원(上元: 음력 정월 15일)·중원(中元: 음력 7월 15일)·하원(下元: 음력 시월 15일)·초복·중복·말복과 조상의 기일(忌日)·부모의 생신·자기와 배우자의 생일 등도 부부 관계를 가지면 안 좋다고 한다. 그밖에도 세세한 규정이 있으나 생략한다.

2. 천상(특별한 날씨·천문 현상)의 금기

몹시 덥거나 추운 날씨, 비바람이 거세고 천둥 치는 날, 일식, 월식, 무지개 뜬 날, 지진, 대낮, 별빛이나 달빛 아래 등.

3. 지상(특별한 장소 환경)의 금기
사찰·교회·도량 등 종교 신앙의 거룩한 장소, 우물·부엌·화장실 부근, 황무지(폐허)·무덤·시신(棺)의 주위 등.

4. 인간(특별한 신체 상황)의 금기
① 울컥 화 낸 뒤에는 간이 손상되어, 성 관계를 가지면 틀림없이 병이 난다.

② 먼 길을 여행한 뒤에는 성 관계를 금한다.
(옛날 걸어다닐 때의 이야기지만,) 성 관계를 가진 뒤 백 리 길을 가면 병나고, 백 리 길 간 뒤 성 관계를 가지면 죽는다고 한다.

③ 술에 취하거나 포식한 뒤에 성 행위를 하면 오장이 뒤집힌다.

④ 빈 속(허기)에는 원신(元神: 선천 정신)이 손상되고, 병이 나은 직후에는 재발한다.

⑤ 임신 후 성교를 하면 태(胎)가 손상되어, 심하면 유산(流産)하고, 출산 후 태독(胎毒)의 후유증이 각종 질병으로 나타난다. 건강하고 단정한 아이를 낳기 위해서는, 반드시 임신 중 부부 별침을 엄수해야 한다.

⑥ 산후 10일 안에 성교하면, 산모가 죽을 위험이 높고; 백일 안에 성교하면, 산모가 병이 나기 십상이다.

⑦ 월경 기간 중에는, 남녀 모두 병을 얻기 쉽다.

⑧ 대자리(竹席) 같은 차가운 바닥이나, 얇은 이부자리, 문틈의 찬 바람 등은 피해야 한다.

⑨ 성교 직후에는, 어린애가 옆에서 울더라도 젖을 주어서는 안 되며, 선풍기(에어컨)의 찬 바람을 쐬거나 찬 음식을 먹어서는 안 된다. 성교 후 지나치게 찬 기운을 받으면 즉사할 수도 있다.

⑩ 하루 저녁에 두 차례 성교해서는 안 되고, 회춘(回春)시킨다는 삿된 약(요즘 비아그라 따위의 최음제)을 먹으면 안 된다.

⑪ 성교 시 일부러 사정(射精)을 억제하거나 참아서는 안 된다.

⑫ 질병에 걸렸거나 종기 등이 난 경우에는, 완전히 나은 뒤가 아니면, 절대 성 관계를 가져서는 안 된다. 생명의 위험을 초래한다. 특히 눈병이 낫지 않았거나 막 나은 때 성교하면, 눈이 멀 위험이 아주 높다.

⑬ 무릇 몸이 허약(쇠약)하여 요양하는 사람은, 비록 원기를 회복하여 강건해졌더라도, 1년 간은 성욕을 끊어야 한다. 재발하면 죽을 위험이 높다.

⑭ 근육이나 뼈를 다친 경우에는, 다 나은 뒤에도 반년은 성욕을 금해야 한다. 백일이 지나기 전에 성 관계를 가지면 죽을 위험이 높고, 백일이 지났더라도 반년 이내에는 불구가 될 수 있다.

⑮ 지나친 근심 걱정·고통·공포·긴장 뒤에는 성 행위를 피해야 한다.

이상 소개한 절제 기일이나 각종 금기를 엄격히 따져 보면, 아무런 금기나 탈이 없는 날은 매달 6-7일 정도가 된다. 자신의 건강과 수명을 잘 보전하는 현명한 사람 같으면, 한 달에 많아야 서너 차례 부부 관계를 갖는 데 그친다. 그런 사람은 질병이 침범하지 못하고, 정신이 강건하다. 그리고 성욕이 적은 사람은 틀림없이 아들을 많이 낳고, 자손들은 신체도 반드시 강건하게 된다. 그런데 요즘 젊은이들은 막 결혼하여 성욕을 지나치게 부리기 때문에, 몸을 크게 망치고 부부 백년가약(百年佳約)마저 위협하는 경우가 많다. 이 어찌 비통하고 안타깝지 않겠는가?

이상의 절제와 금기를 삼가 잘 지켜, 자신의 건강과 수명을 잘 보전한다면, 부부가 백년해로(百年偕老)하며, 자손들이 번성하는 경사가 절로 넘치리라.

저자 소개

남회근(南懷瑾) 선생은 1918년 중국 절강성 온주(溫州)에서 태어났다. 어릴 적부터 서당식 교육을 받아 17세까지 사서오경 제자백가를 공부하였다. 절강성성립국술원에 입학하여 2년간 무술을 배웠고 문학·서예·의약·역학·천문학 등도 두루 익혔다. 1937년 국술원을 졸업하였다. 그후 중앙군관학교 교관직을 맡았으며, 금릉(金陵)대학 대학원에서 사회복지학을 연구하였다. 25세 때인 1942년에 스승인 원환선(袁煥仙) 선생이 사천성 성도(成都)에 창립한 유마정사(維摩精舍)에 합류하여 의발제자가 되었다. 1942년부터 1944년까지 3년간 사천성 아미산 중봉에 있는 대평사(大坪寺)에서 폐관 수행하며 대장경을 완독하였다. 28세 때인 1945년 티베트 밀교의 여러 종파의 고승들을 참방하고 밀교 상사로 인가 받았다. 그 후 운남(雲南)대학과 사천(四川)대학에서 한동안 강의하였다. 30세 때인 1947년 고향에 돌아가 사고전서(四庫全書)와 고금도서집성(古今圖書集成) 등을 읽었다. 1949년 봄에 대만으로 건너가 문화(文化)대학 보인(輔仁)대학 등 여러 대학과 사회단체에서 강의하며 수행과 저술에 몰두하였다. 또 노고문화사업공사(老古文化事業公司)라는 출판사를 설립하고 불교연구단체인 시방(十方)서원을 개설하였다.

2004년 대륙으로 이주한 선생은 중국의 강소성 오강(吳江)에 태호대학당(太湖大學堂)을 창건하여 교육문화 연구 등의 활동을 해오다 세연이 다하여 2012년 9월 29일 향년 95세로 세상을 떠났다. 다비 후 온전한 두개골과 혀 사리, 그리고 1백여 과의 사리자를 거두었다. 논어별재 등 저작이 60여종에 이른다. 자세한 소개는 마하연 출판 『생과 사 그 비밀을 말한다』와 『중용강의』의 부록을 참조하기 바란다.

이숙군(李淑君)은 하북(河北)의 정정(正定) 사람이다. 1948년생으로, 부모를 따라 대만으로 왔다. 이숙군과 남회근 선생과 수십 년 동안의 선생과 학생으로서의 인연은 최초에 불교 때문이었다. 그녀가 대학교 3학년 때 남회근 선생이 한 '선(禪)과 심리실험'이라는 주제의 불학강연을 듣고서 자기의 인생길을 바꾸었다. 대학 졸업 전에 남회근 선생이 창립한 동서정화협회(東西精華協會)의 정관을 보고 남회근 선생이 하고자 하는 일이 바로 자신이 어려서부터 마음속에 간직해온 이상이었기에 남회근 선생을 따르기로 결심했다. 남회근 선생은 그녀의 앞날에 영향을 줄까봐 신중하게 고려하라고 했지만 이숙군은 두말도 하지 않고 따르기로 정했다. 그로부터 2십여 년을 줄곧 남회근 선생의 학생이자 조수였다.

번역자 송찬문(宋燦文)

1956년생으로 금융기관에서 20년 근무하였다. 대학에서 중어중문학을 전공했으며 1990년 대만담강대학 어학연수, 1991년 대만경제연구원에서 연구하였다. 1998년 이후 유불도 삼가 관련 서적들을 번역중이다.

번역서로는 남회근 선생의 '논어강의', '생과 사 그 비밀을 말한다', '불교수행입문강의', '원각경 강의' 등이 있으며,

편역 저서로는 '21세기 2천자문', '삼자소학', '그림으로 배우는 한자 첫걸음', '나무아미타불이 팔만대장경이다'가 있다.

다음카페 유마불교학당 (http://cafe.daum.net/youmawon)

e-mail : youmasong@naver.com

마하연의 책들

1. 나무아미타불이 팔만대장경이다 송찬문 엮음

참선법문과 염불법문은 어떻게 다른가? 나무아미타불의 심오한 의미는 무엇인가? 극락세계는 어떤 곳인가? 왜 염불법문이 뛰어난가? 등 염불법문의 기본교리를 이해하도록 이끌어 준다.

2. 생과 사 그 비밀을 말한다 남회근 지음, 송찬문 번역

생사문제를 해설한 기록으로 사망에 대해서부터 얘기를 시작하여 사람의 출생을 설명한다. 인간의 정상적인 생명의 윤회환생 변화를 기준으로 말한 것으로, 불법의 원리에서 벗어나지 않지만 종교의식에 물들지 않고 순수하게 생명과학의 입장에서 한 상세한 설명이다. 진귀한 자료로서 자세하고 명확하여 독자의 마음속에 있는 적지 않은 미혹의 덩어리를 풀어준다.

3. **원각경 강의**   남회근 지음, 송찬문 번역

원각경은 인생의 고통과 번뇌를 철저히 해결해주는 경전으로서, 어떻게 수행하여 성불할 것인가를 가리켜 이끌어 주는 경전이다. 남회근 선생의 강해는 쉽고 평이하면서도 어떻게 견성할 것인가와 수행과정에서의 문제들을 분명히 가려 보여준다. 참선을 하려거나 불교를 연구하고자 하는 사람이 반드시 보아야 할 책이다.

4.. **논어 강의 (상, 하)**   남회근 지음, 송찬문 번역

논어로 논어를 풀이함으로써 지난 2천년 동안 잘못된 해석을 바로잡은 저자의 독창적인 견해가 담긴 대표작이다. 동서고금과 유불도 제자백가를 넘나들면서 흥미진진한 강해를 통해 고유문화의 정수를 보여주어 현대인들로 하여금 전통문화를 이해하게 하고 나아가 미래를 창조하게 하는 교량 역할을 한다.

5. **역사와 인생을 말한다**   남회근 지음, 송찬문 번역

논어별재(論語別裁), 맹자방통(孟子旁通), 노자타설(老子他說) 등 남회근 선생의 여러 저작들 가운데서 생동적이며 유머가 있고 뛰어난 부분들을 골라 엮은 책으로 역사와 인생을 담론하고 있다

6. **선(禪)과 생명의 인지 강의**   남회근 지음, 송찬문 번역

생명이란 무엇일까요? 당신의 생명은 무엇일까요? 선은 생명 가운데서 또 어떠할까요? 당신은 자신의 지성(知性)을 이해합니까? 당신은 자신의 생명을 장악할 수 있습니까? 범부를 초월하여 성인의 영역으로 들어가고 싶습니까? 그 가장 빠른 길은 무엇일까요? 등, 선과 생명과학과 인지과학에 대한 강의이다.

7. **선정과 지혜 수행입문**   원환선 남회근 합저, 송찬문 번역

원환선 선생과 그 문인인 남회근 선생이 지관수정(止觀修定)에 대하여 강의한 기록을 모아 놓은 책이다. 선 수행자나 정토 수행자에게 올바른 지견과 진정한 수행 방법을 보여 주는 것으로 초학자에게 가장 적합하다.

8. **입태경 현대적 해석** 남회근 지도, 이숙군 역저, 송찬문 번역

사람이 모태에 들어가기 전에 자기의 부모를 인식할까요? 모태에 있을 때 어떤 과정을 거칠까요? 모태에 있을 때 교육을 받아들일 수 있을까요? 모태에 있을 때 심신은 어떻게 변화할까요? 이런 문제 등을 논술하고 있는 입태경은 인간 본위의 생명형성의 심신과학을 내포하고 있으며 범부를 뛰어넘어 성자가 되는 관건을 언급하고 있음에도 1천여 년 동안 마땅한 중시를 받지 못했습니다. 그래서 저자는 남회근 선생의 치밀한 지도 아래 입태경을 현대의학과 결합하는 동시에 전통 중의학 개념과도 일부 결합하여 풀이합니다. 태교부분에서는 3천여 년 전부터 현대까지를 말하면서 동서의학의 태교와 태양의 정화를 융합하고 있습니다. 그러므로 이 책은 부모 되는 사람은 읽지 않으면 안 되며 심신과학에 흥미가 있는 사람이라면 더더욱 읽어야 합니다.

9. **장자 강의**(내편) (상, 하) 남회근 강술, 송찬문 번역

장자 내7편에 대한 강해이다. 근대에 많은 학자들이 관련된 주해나 어역(語譯)이나 주석 같은 것들을 참고로 읽어보면 대부분은 문자적인 해석이거나 다른 사람의 주해를 모아 논 것일 뿐 일반 독자들의 입장에서 보면 사실 그 속으로부터 이익을 얻기가 어렵다. 남회근 선생은 청년 시기에 이미 제자백가의 학문을 두루 연구했고 30대에는 경전 도법(道法)에 깊이 들어가 여러 해에 걸쳐서 몸소 힘써 실제 수증하였다. 그러므로 그의 장자강해는 경사자집(經史子集)에서 노닐고 있다. 또 통속적인 말로써 깊은 내용을 쉽게 풀어내서 독자 청중을 위하여 문을 열어주고 있다. 남선생의 강의가 따로 일가의 품격을 갖췄다고 일컫더라도 과분한 칭찬이 되지 않을 것 같다.

10. **능엄경 대의 풀이** 남회근 술저, 송찬문 번역

옛사람이 말하기를 "능엄경을 한 번 읽은 뒤로부터는 인간세상의 찌꺼기 책들을 보지 않는다" 고 했듯이, 이 경은 우주와 인생의 진리를 밝히는 기서(奇書)이며, 공(空)의 이치를 깨달아 들어가는 문이자, 단계적인 수행을 거쳐 최후에 부처의 과위에 이르기까지 거울로 삼아야 할 경전이다. 옛날부터 난해하기로 이름난 이 경전을 현대적 개념으로 대의만 풀이했다.

11. 유마경 강의 (상, 중, 하)   남회근 강술, 송찬문 번역

어떤 사람은 말하기를, 유마경을 조금 읽고 이해하고 나면 마음의 크기가 자기도 모르는 사이에 확대되어서, 더 이상 우리들이 생활하는 이 사바세계에 국한하지 않고, 동경하는 정토세계에도 국한하지 않으며, 무한한 공간에까지 확대될 것이라고 합니다. 또 어떤 사람은 말하기를, 이 경전은 온갖 것을 포함하고 있어서 당신이 부처님을 배우면서 어떻게 해야 할지 모를 때에는 당신에게 줄 해답이 본 경전에 들어있으며, 당신이 사리(事理)를 이해하지 못할 때에는 당신에게 줄 해답도 본 경전에 들어있다고 합니다. 남회근 선생이 1981년에 시방서원에서 출가자와 불교도를 위주로 했던 강의로 수행방면에 중점을 두었기 때문에 일반적인 불경강해와는 다르다. 유마경은 현대인들에게 원전경문이 너무 예스러운데 남선생은 간단명료한 말로써 강해하였기에 독자들이 이해하기 쉽다.

12. 호흡법문 핵심 강의   남회근 강의, 유우홍 엮음, 송찬문 번역

남회근 선생은 석가모니불이 전한 가장 빠른 수행의 양대 법문이 확실하고 명확함을 얻지 못한 것이 바로 수행자가 성공하기 어려웠던 주요 원인이라고 보고 최근 수년 동안 남선생님은 수업할 때 항상 '달마선경(達磨禪經)' 속의 16특승안나반나(特勝安那般那)법문의 해설과 관련시켰다.

이 책은 남회근 선생님의 각 책과 강의기록 속에 여기저기 흩어져 보이는 안나반나 수행법을 수집 정리하여 책으로 모아 엮어서 학습자가 수행 참고용으로 편리하도록 한 것이다.

13. 중용 강의   남회근 저 송찬문 번역

자사(子思)가 『중용(中庸)』을 지은 것은 증자의 뒤를 이어서 「곤괘문언(坤卦文言)」과 『주역』「계사전(繫辭傳)」으로부터 발휘하여 지은 것입니다. 예컨대 『중용』이 무엇보다 먼저 제시한 '천명지위성(天命之謂性)'으로부터 '중화(中和)'까지는 「곤괘문언」에서 온 것입니다. 이런 학술적 주장은 저의 전매특허입니다."

남회근 선생의 강해는 '경문으로써 경문을 주해하고[以經註經]', 더 나아가 '역사로써 경문을 증명하는[以史證經]' 방법으로 『중용』을 융회관통(融會貫通)하고 그 심오한 의미를 발명하여 보여주고 있다.